東亞學系列

達志通欲

朝鮮漢語譯官與十七至十九世紀的中朝關係

羅樂然 著

Ainosco Press

有志竟成
序羅樂然《達志通欲：朝鮮漢語譯官與十七至十九世紀的中朝關係》

教學相長

  樂然聯繫我，詢問隨我讀博士的時候，我有些驚訝。讀過和引用過樂然幾篇材料豐富、內容紮實的論文，知道他在學術單位工作，一直以為他已經是資深學者，沒想到竟然相當年輕。

  樂然到新加坡拜訪我，更具體地談到想要研究的博士論文計畫。我想，他只要結合理論框架，有機地組織過去的研究成果和強化闡述的深度，修讀博士，以及完成博士論文，都是水到渠成之事。

  很高興看到樂然順利畢業，謀得教職，博士論文也修訂妥善，即將出版。

  樂然囑我為書寫序，我欣然從之。做為導師，面對樂然這樣已臻成熟的研究者，我能做的，與其說是「指導」，更多的只是「提點」，協助他釐清思路，彰顯學術意義。

  關於「以朝鮮漢語譯官為切入點，探討十七至十九世紀中朝關係」的適切性及成果收穫，樂然在本書各章節旁徵博引、條分縷晰，讀者自可細細品讀吸收。樂然剛到新加坡求學時，他香港口音的漢語有時擔心人們聽不懂，尤其遇到專有詞彙和人名，難免讓不同知識背景的人無法掌握，我便隨機補充說明。樂然說他研究翻譯官，

我則像他的翻譯，這篇序文延續我和樂然的合作關係，再充當一次「翻譯」，不是語種音訊的翻譯，而是提舉歸納，希望讀者得知本書的價值。

誠如樂然在本書指出的，翻譯除了如實傳遞兩種語言，翻譯者或者夾帶個人主觀理解和認知，這篇序文也不例外。我的「翻譯」主要集中在三個重點：本書的論題為何值得我們關注？作者的研究方法和視角提供了什麼新意？青年學者能夠從作者的研究學習到什麼借鏡之處？這三個重點，分別對應概括為「感知東亞」、「轉益多方」，以及「高效管理」。

感知東亞

「東亞文化交流」的課題已經從過去區域史、國際外交關係等領域，擴展和深入到文化的內涵。受惠於前人的研究成果，吾人得以基本掌握東亞各國的歷史發展和對外政策，形成探求內容細節的概念架構。一些學貫中西、視野開闊的學者，也引領我們突破區分「核心」與「邊緣」，側重「文化中央」影響論的觀點，進行實質意義上的交流研究。也就是說，不偏向強調文化／文明由某一據點向周邊「低下」地區灌輸。假如某個文獻、制度、儀式保留得較「文化母國」完整，便貼上「禮失求諸野」的簡單標籤，忽略其中的變異原因／元素，那麼所謂「文化交流」始終只能停滯在「流」——傳播和接收。

本書的主角人物──朝鮮漢語譯官，恰恰是彌補以上認知漏點的關鍵中介者。譯官的語文、語義翻譯，連繫了中國和朝鮮兩端，

讓我們看到細節中攤開的真相。他們既是知識的載體，也因個人交遊而做為情感信使或啟動力。本書舉例的許多事蹟，讓原本在歷史上較為默默無聞的人物，介於貴族「兩班」和平民百姓之間的「中人」譯官的人生面貌靈動再現。

轉益多方

研究翻譯官，很容易進入翻譯文化、語言學、歷史學的範疇，這固然無可厚非，本書作者能用更宏觀的視角，處理繁瑣的史料。全書包括緒論總共九章，先勾勒十七至十九世紀——明末至清末和韓國史的朝鮮王朝的歷史處境與面臨的國際變局；而後解說譯官的能力技術培訓過程。再從外交禮儀、國家權益、知識生產等方面，層層剖析譯官的職務和成就。接著聚焦於李尚迪和清朝文人的往來，運用文圖學的方法，針對清人欣賞金正喜〈歲寒圖〉的題跋，展示中朝文壇的互動實況。

十九世紀西風東漸，譯官的職業敏銳度使得他們在中國收集情報訊息，身份轉變，接觸西方知識和文明，返國後影響了朝鮮的開化改革。最後，本書收束於思考朝鮮漢語譯官與東亞世界網絡，為讀者鋪陳可直達今日世界格局的底色。

高效管理

即使並非研究東亞文化交流的讀者，也能夠從本書獲得跨角度解析史事的閱讀趣味。至於猶豫徘徊在學術論文選題的青年學者，

不妨嘗試在本書抽絲剝繭,學習作者如何高效管理大量的文獻,切中命題,讓文獻回到其歷史情境,支撐論述。

例如本書附錄的〈17–19 世紀期間漢語譯官事蹟舉隅〉,綱舉目張,既是著手研究時整理文獻的根柢,從而引導出問題意識,旁生援用其他輔助材料的枝椏,終而落實於各章節內容中。因此,本書得以要言不繁,論點明確。

祝賀樂然成功出版他的第一本學術專書,「千里之行,始於足下」,我知道樂然將有更多貢獻學界的著作,也期待與樂然同行,繼續問學求道。

衣若芬書於新加坡

2020 年 8 月 31 日

目　錄
Contents

推薦序 i

緒論
　　一、前言 1
　　二、何謂東亞世界？ 3
　　三、為什麼是朝鮮譯官？ 8
　　四、朝鮮譯官的過去研究面相 16
　　五、從語言學到東亞文化交流史的朝鮮譯官研究 28
　　六、小結 33

第一章　服事天朝：17-19 世紀的中朝關係變遷
　　一、引言 35
　　二、明滿衝突與朝鮮的對應 36
　　三、丙子胡亂後與朝鮮稱臣後的新秩序 49
　　四、朝鮮北學興起的思想與思想轉移 59
　　五、鴉片戰爭與東亞秩序的重塑 76
　　六、小結 85

第二章　因譯以達：朝鮮漢語譯官的培訓與翻譯規範

　　一、引言　　　　　　　　　　　　　　　　　　　　87
　　二、朝鮮社會制約與譯官的培訓及身分形成　　　　　89
　　三、譯官培訓與派遣制度的落實與其轉變　　　　　　95
　　四、譯官教材《伍倫全備諺解》、《象院題語》的　　103
　　　　翻譯規範
　　五、小結　　　　　　　　　　　　　　　　　　　　119

第三章　善為周旋：朝鮮漢語譯官對清活動的禮儀履行

　　一、引言　　　　　　　　　　　　　　　　　　　　123
　　二、中國歷代的賓禮與朝鮮的對應　　　　　　　　　125
　　三、清代朝貢禮儀與朝鮮譯官的職責　　　　　　　　137
　　四、禮儀下的交談與朝鮮譯官的對答　　　　　　　　153
　　五、小結　　　　　　　　　　　　　　　　　　　　157

第四章　悉委於譯：朝鮮譯官與國家權益

　　一、引言　　　　　　　　　　　　　　　　　　　　159
　　二、使行內外的權益與譯官的多元職責　　　　　　　161
　　三、譯官金指南、金慶門與白頭山定界碑　　　　　　174
　　四、金是瑜與明史朝鮮部分書寫與辨誣　　　　　　　186
　　五、小結　　　　　　　　　　　　　　　　　　　　193

第五章　雖不目見：朝鮮漢語譯官與朝鮮士大夫的知識生產過程

　　一、引言　　　　　　　　　　　　　　　　　　　197
　　二、朝鮮人的吳三桂歷史記憶　　　　　　　　　　199
　　三、清廷宮廷與社會的禮俗　　　　　　　　　　　213
　　四、域外人士的接觸　　　　　　　　　　　　　　232
　　五、小結　　　　　　　　　　　　　　　　　　　243

第六章　藕船雅正：譯官與清人對朝鮮文壇的認識

　　一、引言　　　　　　　　　　　　　　　　　　　245
　　二、董文煥的《韓客詩存》與清人的朝鮮文壇的認識　248
　　三、譯官李尚迪與清人的朝鮮認識形塑　　　　　　260
　　四、李尚迪與清朝文人對金正喜的關心　　　　　　280
　　五、小結　　　　　　　　　　　　　　　　　　　302

第七章　前古未行：19世紀朝鮮開化期的譯官身分轉變

　　一、引言　　　　　　　　　　　　　　　　　　　307
　　二、譯官在中國收集的西方勢力情報　　　　　　　310
　　三、卞元圭的講究武備與東北亞活動　　　　　　　320
　　四、吳慶錫與開化改革的倡議　　　　　　　　　　328
　　五、小結　　　　　　　　　　　　　　　　　　　343

第八章　結論：朝鮮漢語譯官與東亞世界網絡　　347

附錄　17–19世紀期間漢語譯官事蹟舉隅　　357

後記　　367

參考文獻　　371

圖目錄

圖 1	洛學思想承傳圖	66
圖 2	太和圖宴圖	144
圖 3	臺北故宮博物院所藏乾隆年間暹羅國金葉表文	242
圖 4	佚名繪〈燕行圖・琉璃廠〉	277
圖 5	李用霖摹〈藕船先生像〉	278
圖 6	朱鶴年繪〈秋史餞別宴圖〉	284
圖 7	許鍊摹〈蘇東坡笠屐圖〉	287
圖 8	許鍊〈阮堂先生海天一笠像〉	287
圖 9	秋史〈歲寒圖〉	290

表目錄

表 1	朝鮮王朝譯官的學習教材	104
表 2	《韓客詩錄》曾點定入選的詩文集	250
表 3	十九位與〈歲寒圖〉有關聯的清朝人	295
表 4	吳慶錫出使列表	343

緒論

一、前言

　　一位居住漢陽南山下的兩班後裔許生，他家裡諸事拮据但仍苦讀多年。許生妻子一天感到十分饑餓，哭著問許生：「讀書多年為什麼還不赴考？」許生笑答：「我讀書還未熟透。」夫人再問：「何不擔當工人？」許生對答：「從來未學過，奈何？」夫人追問：「何不從商？」許生再答：「從商無本錢，奈何？」夫人非常生氣罵道：「日夜讀書只學奈何，不工不商，何不盜賊？」許生回應：「可惜！本想花十年時間讀書，今年只是第七年。」隨後，許生便離開家園走到市集打聽漢陽城最富有的人，希望尋求資助。當地的人都說最富有的是「卞氏」，故許生上門向卞氏借貸萬金，而卞氏欣賞許生的態度，決定幫助他，也開始了許生棄文從商的傳奇故事。

　　這是朝鮮（1392–1910）士大夫朴趾源（1737–1805）創作的《許生傳》故事的開端，是朴趾源在參與燕行使團期間與使團裨將交流時，得悉的一些故事與片段重塑而成的漢文小說，他細說許生如何在無人島建立新秩序，並與卞氏的交談，闡述了朴趾源對整個朝鮮社會的經濟、社會與政治實況進行種種批判的個人看法。但朴趾源提到的卞氏不是自己憑空構想的，說的是卞承業（1623–1709）的孫

子，實際參考對象就是17世紀時的倭學譯官卞承業本人。而譯官在當時朝鮮社會富甲一方的情況，是漢陽上下為人所知的。朴趾源也是順理成章的回應著社會的思考脈絡來撰寫這篇小說。

說到這裡，朴趾源何以創作《許生傳》的故事？他在〈玉匣夜話〉篇首便提及：「行還至玉匣，與諸裨連狀夜語。燕京舊時風俗淳厚，譯輩雖萬金能相假貸，今則彼以欺詐爲能事，而其曲未嘗不先自我人始也。」[1]朴趾源在交代許生的故事前，詳細解釋一位譯官如何通過使行商貿賺錢富甲天下的故事，也曾提到李樞（1675–1746）、洪純彥（1530–1598）等都是具君子之風，好評如潮的譯官。朴趾源甚至聽說譯官洪純彥曾救贖一名妓女，而後來這位女子便成為明朝兵部尚書石星（1537–1599）的繼室。這樣的傳說一直流傳在朝鮮社會，並解釋此乃壬辰戰爭（1592–1598）期間，石星出兵全力支援朝鮮之故。[2]這些關於譯官的故事都在《許生傳》故事前，詳盡地記載在朴趾源的文集中。

《許生傳》提及的人物與故事均是虛構的，但是朴趾源為什麼可以從使團的譯官裨將裡得悉到這些故事呢？又為什麼故事裡的譯官可以毫無疑慮貸金千萬予許生？又何以朴趾源對譯官的各種媒介工作那麼關心與批判？朴趾源的《許生傳》雖然是創作的作品，講述

1　朴趾源：《燕巖集》，收入民族文化促進會編：《韓國文集叢刊》（서울：民族文化促進會，2003年），冊252，〈玉匣夜話〉，頁90a。
2　洪純彥救助石星繼室的故事，從來沒有具體史料全面記載，即使18世紀史家李肯翊（1736–1806）在其史書《燃藜室記述》也未敢放之在史類的條目，而是放在別集〈譯舌典故〉中陳述，可見此事只是譯官們之間流傳的事件。但石星的崇祀以及其後人在朝鮮事跡的記載，都反映傳說如何形塑著石星在朝鮮歷史所占據的重要地位。關於此，詳參孫衛國：〈朝鮮史料視野下的石星及其后人事跡略考〉，《古代文明》，2012年第4期（2012年10月），頁63–72。

許生在無人島建立一個重視商貿的社會,從而批判朝鮮過去強調士大夫朱子理學的堅持,並借故事主張「利用厚生」的想法。朴趾源故事裡多番強調譯官在商貿與對外交涉的故事,目的也是細數熟悉商貿的譯官,如何為朝鮮社會帶來不同方面貢獻。

從朴趾源的《許生傳》可以看到朝鮮的譯官不只是單純的技術官僚,而是一個有著多元角色的社會群體,在朝鮮,甚至是東亞世界有著舉足輕重的地位。以朝鮮為例,朝鮮既要處理對華的宗藩關係,也需涉及對日的交鄰關係,還有區域內的女真與蒙古,也是朝鮮需要考慮的周邊勢力,這些都是涉及對外勢力的互動。該國大多起用譯官以外語進行溝通及執行職務。那麼東亞世界裡的譯官如何處世,在中朝宗藩關係下,朝鮮對譯官有什麼期盼,而自身也是如何看待自己的工作,這些都是值得深入探討的話題。因此,本書有意從譯官角色的形塑作為研究的出發點,尋找譯官在東亞歷史備受忽略的因由,並從譯官的各種舉動來分析朝鮮譯官如何作為東亞世界的交流關鍵,讓朝鮮接觸世界,也讓世界接觸朝鮮。

二、何謂東亞世界?

朝鮮作為東亞世界一員,文化的形塑與社會的建構,均涉及著其與東亞之間的互動。何謂東亞世界?[3] 採用日本學者西嶋定生

---

3 東亞世界的討論備受關注,可以從各地近年相關的學會成立與期刊出版引證到。如東アジア文化交渉学会;研究計劃的合作,包括臺灣中央研究院的「東亞文化意象之形塑」計畫和「共相與殊相:十八世紀前東亞文化意象的匯聚、流傳與變異」、國立

（1919-1998）的說法，可謂最為透徹。其所觀察的東亞世界，是以中國為中心，周邊各地，包括朝鮮、日本、安南等地因中國文化的傳播與政策而所形成的獨特文化圈。此文化圈主要由四大要素：漢字、儒教、律令及佛教所形成的。而受此影響之下，以漢字為媒介的文學交流、建基於儒學與律令而維繫的中華秩序與朝貢體系，形成了各地的共同性，但同時未有因此而取代了這些地區的在地的獨特文化。[4]這種構想的脈絡，可理解為中原地區所形成的文化雖然成為東亞世界的共通性，但是沒有完全抹殺在地文化，反而可引起更多關於中國文化與在地文化之間互動的討論，或是由他們角度重新思考東亞。這種東亞世界的文化特性亦可從子安宣邦說明得最透徹：「以大陸中國為中心的文明圈之內，中國之外的個別地區、國家都可以從他們各自的立足點對這個文明提出新的學術觀點。『東亞』文明就是這樣一種新的文明論，或者是文化史的概念。」[5]於是，東亞世界的文化文流，成為了很多學者包括張伯偉、[6]黃俊傑等的討

臺灣大學人文社會高等研究院的「東亞經濟與文化研究計畫」、國立臺灣大學文學院的「跨國界的文化傳釋：東亞各國間的文化交流跨學科研究計畫」、復旦大學的「從周邊看中國」計劃等，以及期刊的發行，如國立臺灣大學人文社會高等研究院出版的《臺灣東亞文明研究學刊》、臺灣國立政治大學的《東亞觀念史集刊》、東アジア文化交涉学会（東亞文化交涉學會）出版的 Journal of Cultural Interaction in East Asia、南京大學《域外漢籍研究集刊》等，均可看到這種研究風氣獲得了不少學者的關注，亦證明了東亞是一個有相當發揮空間的研究領域。

4 西嶋定生著，高明士譯：〈東亞世界的形成〉，收入劉俊文編：《日本學者研究中國史論著選譯》，第2卷（北京：中華書局，1992年），頁88-92。
5 子安宣邦著，童長義譯：〈「東亞」概念與儒學〉，收入高明士編：《東亞文化圈的形成與發展：儒家思想篇》（臺北：國立臺灣大學出版中心，2005年），頁44。
6 張伯偉對於東亞世界的理解為漢文化圈，故他的研究方法論則被稱為「作為方法的漢文化圈」，他不但撰寫專著，專門探討研究方法的落實，可參考張伯偉：《作為方法的漢文化圈》（北京：中華書局，2011年）；同時亦撰寫了一本專為對此研究方法有所興趣的研究生們，作為入門的參考材料，內容包括了研究的材料、目錄、工具書

論課題。[7]他們不但探討了多種個案呈現他們的想法,更特別就此提出了各種研究方法論與問題意識,而這種學術關注的轉向,不單能夠觀察到中國文化向外擴展的影響力以及如何因此成為這些東亞國家文化建構過程中不可或缺的因素,而最重要的是能夠瞭解中國文化與東亞其他國家文化的在地因素之間的互動,從而出現在地化的轉向,這些問題的討論均可證明東亞文化交流的過程值得再深入地探討。

東亞世界的文化交流,大多數的情況下,是建基於朝貢體系(或有學者較傾向稱為宗藩制度)而進行各種形態的活動。[8]而在中國與周邊國家之間,又以朝鮮被視為當中最重要的朝貢國。[9]古代中國統治者用於掌控周邊地區的朝貢體系,是維繫自漢朝以來,中國與周邊地區,包括中原地區與朝鮮半島關係建立的重要基石,[10]其中學

以及研究方法等,可參考張伯偉:《域外漢籍研究入門》(上海:復旦大學出版社,2012年)。

[7] 關於黃俊傑就東亞文化交流史的研究方法論的探討,可參考黃俊傑:〈東亞文化交流史中的「去脈絡化」與「再脈絡化」現象及其研究方法論問題〉,《東亞觀念史集刊》,第2期(2012年6月),頁55–77;黃俊傑:〈作為區域史的東亞文化交流史:問題意識與研究主題〉,《臺大歷史學報》,第43期(2009年6月),頁187–218。

[8] 金鳳珍(Bongjin Kim)以 Edward Said(愛德華・薩伊德,1935–2003)的東方主義為中心,質疑朝貢制度帶有西方學者觀察東亞秩序時,帶有偏見以及不全面的情況。他認為以禮與理為中心的概念來了解儒家經典如何維繫東亞世界的社會秩序。關於他的進一步解釋,詳參 Bongjin Kim, "Rethinking of the Pre-Modern East Asian Region Order," *Journal of East Asian Studies* 2:2 (2002): 67–101.

[9] 在費正清(1907–1991)舉辦的 Chinese World Order 研討會之中,基本上學者一致同意中國歷與朝鮮為最典型的朝貢體系。關於此,詳參耿胤、石之瑜:《恢復朝貢關係中的主體:韓國學者全海宗與李春植的中國研究》(臺北:國立臺灣大學政治學系中國大陸暨兩岸關係教學與研究中心,2012年),頁42。

[10] 關於古代朝貢體制的發展與落實,可參考李雲泉:《朝貢制度史論:中國古代對外關係體制研究》(北京:新華出版社,2004年),頁1–60。

界經常把明清兩代與朝鮮之間的關係建立及發展作為探討朝貢體系之實踐以及東亞世界形成的典型例證。[11] 在兩地漫長的歷史互動過程中，朝貢體系在學界引發了很多關於中朝關係史研究的長期辯論；在不同的時空及地域下，怎樣體現朝貢體系，是學者們對中朝關係史的主要觀察。然而，中朝之間朝貢體系的落實，並非只能夠用作瞭解中國對外關係史，以及中國看待周邊國家的手段，並且亦可以透過體制落實過程，探討朝鮮受在地因素影響下，如何在中國朝貢體系實現相關體制的規定，從而衍生各種文化現象以及相關的政治與社會轉變。這種視野的轉換，並配合各種新材料梳理及應用，將瞭解東亞在傳統文化因素所形成的交流結構之中，如何因為周邊國家的考量，而對關係的變化，有新的角度理解。因此，這樣的視野轉移不但能夠有助重新書寫中朝關係史，同時亦可觀察東亞各國立足點所出發之角度，與傳統中國立場的觀察的差別，將會有助於學界可以思考更多有關東亞世界研究的面向與可能性。

鑑此，近來不同背景的研究者開始在已經整理編輯出版的朝鮮《燕行錄》材料之內，[12] 展開以朝鮮使節前往北京的使行活動過程作

11　Hae-jong Jeon, "Sino–Korean Tributary Relations in the Ch'ing Period," in John K. Fairbank, (ed.) *The Chinese World Order: Traditional China's Foreign Relations*, (Cambridge, MA: Harvard University Press, 1968), 90–111. 下文將作更詳盡的討論。

12　可參考韓國學界最早以「燕行」的角度探討中朝關係的研究，金聖七（김성칠）：〈燕行小攷：朝中交涉史의 일좍〉，《歷史學報》，第12期（1960年5月），頁1–79；另外，中國學界近年都對於「燕行錄」提出新的研究見解。詳версен張伯偉：〈名稱・文獻・方法：關於「燕行錄」研究的若干問題〉，收入鄭光、藤本幸夫、金文京編：《燕行使와 通信使：燕行・通信使行에 관한 韓中日 三國의 國際워크숍》（서울：박문사，2014年），頁47–49。該文再刊於《南國學術》以供中國學界參考。張伯偉：〈名稱・文獻・方法：「燕行錄」研究中存在的問題〉，《南國學術》，2015年第1期（2015年1月），頁76–89；並參漆永祥：〈關於「燕行錄」界定及收錄範圍之我見〉，《古籍

為研究對象,並日漸發展成為東亞文化交流以及中朝關係史中主要的研究課題,亦有不少學者撰有不少專著所肯定有關的研究價值,[13]並提出了這些使行活動如何改變了朝鮮文化史的脈絡及兩地文化之間互動的歷史,都是當今學界,特別是華文學界所流行的課題。[14]

但是,對於朝鮮使節前往中國期間,如何與當地人互相溝通,以及認知對方文化的過程,似乎尚有很大的空間更深入去探討。其中,使節並不能完全單靠自我觀察或是文化體驗便能夠得到外界的知識,這是關乎到一種知識如何生產、傳播與接收的過程。這種知識掌握的具體過程稍欠深入的探討。故本書希望發掘朝鮮譯官對此議題的潛在影響,透過理解學者對朝鮮譯官的歷史面相的貫通,並試圖尋找一個可行新方向,嘗試於中朝關係史及東亞文化交流史的脈絡作出回應,以闡述東亞世界內的知識生產與接收的具體形式。

整理研究學刊》,第5期(2010年9月),頁60–65;英語的回顧與研究突破,可參考 Yoong-hee Jo, "New Directions for Research and the Tradition of *Yeonhaengrok*," *The Review of Korean Studies* 13:2 (2010): 135–157; Jae-hoon Jung, "Meeting the World through Eighteenth-century *Yonhaeng*," *Seoul Journal of Korean Studies* 23:1 (2010): 51–69.

13　提倡《燕行錄》研究用力最深的學者,自然是《燕行錄全集》主編林基中。關於其《燕行錄研究》,詳參林基中(임기중):《연행록 연구》(서울:일지사,2006年);並參林基中:《燕行錄研究層位》(서울:學古房,2014年)。

14　以下為近年值得關注的華文專著成果,包括王鑫磊:《同文書史:從韓國漢文文獻看近世中國》(上海:復旦大學出版社,2015年);楊雨蕾:《燕行與中朝文化關係》(上海:上海辭書出版社,2011年);吳政緯:《眷眷明朝:朝鮮士人的中國論述與文化心態(1600–1800)》(臺北:秀威資訊,2015年)。

三、為什麼是朝鮮譯官？

　　中朝之間的交聘過程，協助朝鮮處理大小事務的，除了被任命為使團正使的士大夫階層官員外，還有一群懂得各種中國應對語言的翻譯官。[15] 除了作為朝鮮使臣的翻譯，他們亦同時需為朝鮮使團準備各種禮節安排，以維繫著朝鮮為「禮儀之邦」的名譽。[16] 西嶋定生曾指出傳統中國與周邊地區的華夷秩序，區別的重點「並非種族或者地域，而是對周室之『禮』的體會如何，易言之，是如何編入以周天子為中心的秩序體制。而區別的基準，定於『禮』之有無，關聯到後來『東亞世界』的形成。」[17] 故對於朝鮮來說，無論在交聘的過程還是社會風俗等，禮的合符，成為了重要的考量，因為涉及擺脫被認為「夷」的想像，故無論從政治還是文化上，朝鮮半島歷代政權都對於禮，特別是交聘的賓禮相當重視，而履行有關禮儀工作時，譯官扮演極為重要的角色。

　　其實從《周禮》、《禮記》等早期關於中國禮儀問題的典籍中，

15　在明（1368–1644）清（1644–1912）時期，女真語、蒙語皆中國使行時或會涉及的常用語言，特別是在清代，滿語是官方語言之一，而不少貴族皆為蒙古人，故蒙語地位亦相當重要。所以，在朝鮮的譯官的譯學四學中，除了前往日本的倭學譯官外，另外三學分別是漢學、清學和蒙學，都是專為中國主要使行時所需用的語言。關於朝鮮四譯學的情況，詳參林東錫：《朝鮮譯學考》（臺北：臺灣師範大學國文學系博士論文，1982年），頁189–260。

16　詳參金指南、金慶門、李湛編：《通文館志》（서울：서울大學校奎章閣韓國學研究院，2006年），〈通文館志序〉，頁1a；並參丘祹榮（구도영）：〈조선 전기 조명외교관계의 함수：" 예의지국 "〉，《大東文化研究》，第89輯（2015年3月），頁159–203。

17　西嶋定生著，高明士譯：〈東亞世界的形成〉，頁94。

已經展示出翻譯與禮儀的落實有密切關係。[18]自儒家成為中國文明甚至東亞世界的主要思想來源以後，禮便被視為維繫秩序的概念與方法，無論是人與人之間，還是國與國之間，透過禮儀的落實以作為秩序運作的綱領。《禮記·王制》指出：「五方之民，言語不通，嗜欲不同。達其志，通其欲，東方曰寄，南方曰象，西方曰狄鞮，北方曰譯。」[19]可見中國傳統以來，一直特別關注到譯官協調國家之間溝通過程的官職，而這種官職的安排，正是為了以中國為中心的周邊關係與秩序所建構的，而周邊關係秩序的落實過程，則由禮制以及各種禮儀形式去維繫。《周禮·秋官·象胥》提到象胥，即譯人的工作：「掌蠻夷、閩貉、戎狄之國使，掌傳王之言而諭說焉，以和親之。若以時入賓，則協其禮與其辭，言傳之。凡其出入送逆之禮節、幣帛、辭令而賓相之。凡國之大喪，詔相國客之禮儀而正其位。凡軍旅、會同，受國客幣而賓禮之。」[20]由此可見，傳統的禮儀經典也說明了譯官擔當的責任不但只是單純的「達其志，通其欲」，也是擔當「協其禮與其辭」的執行與輔助禮儀落實的工作，以展示朝貢國如何履行各種責任，而付出的努力。

中國朝貢體系的具體運作，包括清朝時期，禮儀如何落實是重

18　Martha P. Y. Cheung, *An Anthology of Chinese Discourse on Translation (Vol. 1): From Earliest Times to the Buddhist project*, (Manchester: St. Jerome Publishing, 2006), 42–48.

19　鄭玄注，孔穎達正義，呂友仁整理：《禮記正義》（上海：上海古籍出版社，2008年），頁1338。

20　本文採用晚清孫詒讓（1848–1908）的《周禮正義》的注釋作討論，雖然有學界對《周禮》的成書有各方面的質疑，但本文集中討論的是《周禮》對中國不同管治階層與外界接觸對禮儀掌握的想法。關於此，詳參孫詒讓著，汪紹華點校：《周禮正義》（北京：中華書局，2015年），第9冊，〈秋官·象胥〉，頁3687–3690。

要的課題。關於中國與周邊國家與勢力互動時的禮儀活動以及的種種「賓禮」安排的討論，華文和英文同樣豐富的論述，例如臺灣國立故宮博物院的陳維新所著的《清代對俄外交禮儀體制及藩屬歸屬交涉（1644–1861）》，[21] 他主要透過俄國與中國之間的交際過程之中，瞭解到外交禮儀體制之下，所帶出的各種衝突。而特別是西力東漸的大背景下，各種費正清構想中的 "Outer Zone"（外部區）的歐洲各國隨著地理大發現紛紛抵達東亞地區進行各種政治、經濟的活動，改變了東亞世界之中的原來秩序與禮儀體制，亦因此而引發了各種因此而所出現的討論。例如James Hevia（何偉亞）曾引起美國漢學界重大爭議的專著 *Cherishing Men from Afar: Qing Guest Ritual and the Macartney Embassy of 1793*，[22] 便嘗試關注到賓禮如何成為了中國對外關係秩序之中關鍵的因素，儘管Hevia受到Joseph W. Esherick（周錫瑞）猛烈的批評，[23] 但是「特殊禮儀對於特殊的政治與社會組織合法化所起的特殊作用。」[24] 而不是單純的象徵性禮儀，這一點無疑是帶來新的思考，就是在交往的過程中，過去被視為形

21　陳維新：《清代對俄外交禮儀體制及藩屬歸屬交涉（1644–1861）》（哈爾濱：黑龍江教育出版社，2012年）。

22　James Hevia, *Cherishing Men from Afar: Qing Guest Ritual and the Macartney Embassy of 1793* (Durham : Duke University Press, 1995).

23　除了周錫瑞曾先後撰寫中英文書評，批評何偉亞外，羅志田亦就何偉亞的研究，提出了新的討論。關於周錫瑞的書評，詳參周錫瑞（Joseph W. Esherick）著，尚揚譯：〈後現代式研究：望文生義，方為妥善〉，《二十一世紀》，第44期（1997年12月），頁105–117；並參艾爾曼（Benjamin A. Elman）、胡志德（Theodore Huters）著，趙剛、孟悅譯：〈馬嘎爾尼使團、後現代主義與近代中國史：評周錫瑞對何偉亞著作的批評〉，《二十一世紀》，第44期（1997年12月），頁118–130；再參羅志田：〈十八世紀清代「多主制」與《賓禮》的關聯與牴牾〉，《清史研究》，第4期（2001年11月），頁51–55。

24　周錫瑞著，尚揚譯：〈後現代式研究：望文生義，方為妥善〉，頁113。

式化的外交禮儀,如何背後反映出各種作用或權力關係。不過,值得一提的是,這些研究都關注於看見明顯變化的 "Outer Zone" 國家,特別是英人來華後的各種衝擊與變化。相比之下,對於 "Sinic Zone"(中華區)與 "Inner Asia Zone"(內亞區)的「外藩」,特別是「朝貢國」如何看待賓禮落實及賓禮對於中國與國家之間關係建構的意義,似乎可作更多深刻的探究,[25] 特別是如何看到譯官在朝貢禮儀運作的媒介角色。

除了譯官掌握禮儀的角色外,在朝鮮與中國交涉期間,不少使節因語言上的隔閡,未必能夠順利地與中國人溝通,亦未能更深入地認識中國社會,故他們需要依靠譯官,特別是漢語譯官的協助才能在中國順利完成使命,並藉此擴闊他們對中國的認識。[26] 透過觀察譯官於中朝交流期間的各種角色及職掌,不但能夠對擔任文化媒介的譯官有更深入的認識,亦有助於理解譯官如何傳遞相關資訊的功能,以及詮釋中國有關的知識予朝鮮王室與士大夫,從而瞭解中朝

---

25 郭嘉輝的研究試圖在明清不同的階段,試圖解決朝貢制度下,朝廷如何處理相關問題,其中他的博士論文主要以洪武朝(1368–1398)為研究對象,而他另有撰文比較明清之間處理有關問題時,中華帝國朝廷是如何對應的。關於此,詳參郭嘉輝:《明洪武時期「朝貢制度」之研究(1368–1398)》(香港:香港浸會大學歷史學系博士論文,2015年);郭嘉輝:〈明清「朝貢制度」的反思:以《萬曆會典》、《康熙會典》中〈禮部・主客清吏司〉為例〉,收入周佳榮、范永聰編:《東亞世界:政治・軍事・文化》(香港:三聯書店,2014年),頁42–79。此外,金文植透過使臣接待的儀禮特徵及外交文書來方面來討論,是這課題的少有成果。關於此,詳參金文植(김문식):〈조선시대 외교의례의 특징〉,《東洋學》,第62輯(2016年1月),頁77–98。
26 1721年出發的燕行使團,副使李正臣(1660–1727)透過譯官的介紹認識中國境內的西洋文化及傳教士後,直指自己「雖不目見,詳聞其酬酢之言,可喜。」由此可見,使臣依靠譯官讓他們對中國有更多認識。詳參李正臣:《櫟翁遺稿》,收入民族文化推進會編:《韓國文集叢刊》(서울:民族文化推進會,2001年),續冊53,卷8,〈燕行錄・辛丑五月〉,頁3b。

之間的知識如何生產、傳播與接收的過程。讓該領域從以往著重交流結果的研究，移轉到著重交流的經過及具體情況。

本書將聚焦於譯官於中朝交流之間的功能，包括譯官如何協助朝鮮王朝面向使臣們或其他朝鮮士大夫傳遞的訊息，並非單純的語言翻譯，更包括在文化及政治上透過他們理解並詮釋而成的各種觀點。[27] 因此，朝鮮使臣們在交流的過程中所掌握的知識及訊息，與譯官的行為有相當密切關係。而事實上，在中國與朝鮮過去歷史發展的進程，多次因譯官的活動與工作，改變了外交結果、政治格局甚至是文化取態的轉變，各種從朝鮮與清廷留下來的史料，均可看見相關的事例，說明譯官的一舉一動，都對雙邊關係有很大的影響。

由此可見，透過研究譯官不但可梳理中朝關係的具體運作過程，更解構到朝鮮士大夫如何在有限的時間與空間下，得到譯官的翻譯工作及情報搜集的幫助，擴大了他們對中國知識的瞭解與資訊掌握。與此同時，中國朝廷與士大夫則憑藉朝鮮譯官的工作與禮儀，能夠瞭解朝鮮的文化、政局，以及社會情況，相信有關的研究將為朝鮮文化史、中國對外關係史，以及東亞文化交流史等研究領域，帶來各種新的視野及論據來回應舊有課題。[28]

---

[27] 1765年，陪同其叔父洪檍（1722–1803）前往北京參與使行的洪大容（1731–1783）與傳教士劉松齡（Ferdinand Augustin Hallerstein，1703–1774）對話時，當中都需要譯官洪命福（1733–?）從旁協助，才能夠與傳教士有深刻的對談，改變其西洋觀。關於此，可參考羅樂然：〈清代朝鮮人西洋觀的形成：以洪大容燕行為研究中心〉，《臺灣東亞文明研究學刊》，第10卷第1期（2013年6月），頁324。

[28] 孔慧怡曾就如何重寫中國翻譯史的課題，就譯者的問題作出了討論，這一點相當值得借鑑瞭解朝鮮譯官的研究價值。孔氏指出過去譯者主要分為事務性譯者與文化性譯者，前者主要是滿足各種贊助人或僱主在翻譯上的需求，但因材料的考慮，過去學界對他們的研究的「能見度」相當低，而被學界所忽略。然而，如能從制度上以及譯者的每一種翻譯及相關的媒介工作具體的探討，仍可發現各種相當大的研究價

那麼為什麼特別是朝鮮的譯官更有探討的價值，而非中國的翻譯制度？自漢四郡成立以後，中原地區與朝鮮半島兩地之間開始有頻繁的交往，[29]及後更發展出兩地之間的朝貢關係。[30]由於東亞的朝貢體系存在不對等的關係，往往是周邊的"Sinic Zone"與"Inner Asia Zone"主動與中國交涉來確保國家的安全與權益。因此，培訓可靠的溝通人才責任，便落在這些朝貢國身上，而非中國。

特別在元代，因為征東行省的建立，元（1276–1368）與高麗（918–1392）兩地之間有更緊密的政治關係，故高麗更有所必要培訓譯官。先後成立了通文館，後來於朝鮮時代被改名為司譯院，專門培訓各種中國語言的譯官。[31]自此，朝鮮便利用譯官展開更具規模的對外交涉關係，特別成為中朝雙邊之間的重要溝通媒介。

例如明中葉，東亞世界經歷了豐臣秀吉（1537–1598）發動的壬辰戰爭，進攻朝鮮半島。明朝萬曆皇帝（明神宗，朱翊鈞，1563–1620，1573–1620 在位）傾全國之力，守衛朝鮮，強化了朝鮮人對明

值。關於此，詳參孔慧怡：〈重寫翻譯史〉，《二十一世紀》，第71期（2002年6月），頁50。

29　關於漢四郡的性質問題，涉及到雙方之間的歷史領土所屬問題，現時仍有相當多的爭議，故也不能完全妄下定論，但從地理的角度來說，朝鮮半島南北的百姓與中原地區的百姓透過了漢四郡的建立，得到了更多的交流機會，這一點是可以肯定的。故此議題的參考，務必兼及雙方以及更多方面的研究，包括奇修延（기수연）：〈中國學界의 漢四郡 研究 동향과 분석〉，《문학사학》，第27輯（2007年6月），頁1143–1160；趙紅海：〈漢四郡設置述評〉，《北方文物》，2013年第4期（2013年12月），頁46–48、77。

30　全海宗（전해종）：〈韓中朝貢關係考：韓中關係史의 鳥瞰을 위한 導論〉，《동양사학연구》，第1輯（1966年10月），頁10–41。

31　關於高麗朝譯官制度及譯官活動，詳參李英淑（이영숙）：〈高麗時代의 譯官 研究〉，《韓國思想과 文化》，第46輯（2009年1月），頁201–234。並參李貞信（이정신）：〈高麗後期의 譯官〉，《한국중세사연구》，第38期（2014年4月），頁373–401。

帝國產生的好感,並產生「再造藩邦」的感恩之情。[32]期間,譯官便充分擔當朝鮮的對外使節,與明軍將領進行交涉,以保障朝鮮的權益。因此,其後發生的明清易代,不但對於中國社會,而且對於朝鮮亦有莫大的衝擊與轉變。朝鮮雖然接受了時為後金(1616–1636)君主的皇太極(1592–1643,1626–1643在位)所提出的條件,停止向明朝貢,轉為視後金(即後來的清朝)為宗主國。[33]但是同時代的朝鮮士大夫對於這個新宗主國的態度極為蔑視,儘管清廷對朝鮮的規限較明朝時寬鬆,但是「視清為夷」日漸成為了17世紀朝鮮知識分子的主流觀點,但朝鮮上下考慮到現實情況後,無可奈何地需要維繫各種朝貢體系所訂下的禮儀活動。自此,朝鮮王朝便起用身分低微的朝鮮譯官,取代士大夫執行不少職務,來處理各種涉及對清關係的各種活動,減少了士大夫前往北京時接觸職務的安排。因此,朝鮮譯官在明清易代以後,成為了朝鮮與清帝國之間文化交流媒介,無論是文化之間的互動,或是禮節上的交涉過程等,其重要角色都從中發揮出來。故朝鮮王室與士大夫在各種關涉於清朝活動以及中國觀建構的過程中,使得譯官的工作更顯得重要,較明朝時的單純的禮儀執行者與使行輔助者來說,有更多重的深層意義,更能展示出其作為文化媒介的特徵。

更值得關注的是,東亞各國包括清帝國和朝鮮,在19世紀中葉,面對西方列強紛紛嘗試打開各個東亞地區港口的局面時,本為

---

32 孫衛國:〈試論入關前清與朝鮮關係的演變歷程〉,《中國邊疆史地研究》,第16卷第2期(2006年6月),頁101–102。

33 Erling Mende, "Korea between the Chinese and Manchu," *Bochumer Jahrbuch zur Ostasienforschung* 23 (2003): 45–61.

專責參與對外事務的譯官們，特別是漢語譯官，當中有不少有志之士面對這個局面，並思參與應對局勢的變化，[34]如譯官吳慶錫（1831–1879），更成為了日後對朝鮮史影響深遠的開化思想的倡議者，[35]均可窺探出譯官的身分與職責，均在中朝關係，以及東亞局勢的轉變之中，角色亦因此隨之改變來爭取個人或國家利益。然而，甲午戰爭（1894–1895）後，傳統的朝貢體系正式瓦解，而朝鮮漢語譯官的身分亦不再復存，而新的制度亦使朝鮮面臨著新的局面，故本作亦不旁及甲午戰爭後中朝關係變化與譯官的問題。

　　因此，17至19世紀這個時段之中，[36]經歷明清易代以後，至開港前後的東亞格局劇變，都反映出中朝關係有著很多值得探討的課題。而這些課題都均與譯官，特別是參與較多中國事務的漢語譯官的交涉活動相有關，故本書把時限設定在朝鮮後期（即明清易代至開港前後的200多年之間），以圖窺探清朝與朝鮮的互動過程，如何因漢語譯官的職掌及角色影響下，產生各種的轉變，改寫了歷史的脈絡，相關的變化是不可把譯官角色抽離作論述的。

34　金良洙（김양수）曾撰文探討譯官卞元圭在19世紀複雜的東亞政局之中，如何在俄國南下的背景下，進行各種外交活動，為朝鮮在東亞環境中，取得各種有利條件。關於此，詳參金良洙（김양수）：〈朝鮮開港前後 中人의 政治外交：譯官 卞元圭 등의 東北亞 및 美國과의 활동을 중심으로〉，《역사와 실학》，第12輯（1991年1月），頁311–366。

35　關於吳慶錫的開化思想，可參考慎鏞廈（신용하）：〈吳慶錫의 開化思想과 開化活動〉，《역사학보》，第107期（1985年9月），頁107–187。

36　其實更具體來說，本作將清朝為一個連貫整體的觀點出發作研究，而非單純的視此階段為傳統與現代之間的過度。詳參羅威廉（William Rowe）著，李仁淵、張遠譯：《中國最後的帝國：大清王朝》（臺北：國立臺灣大學出版中心，2013年），頁12。

四、朝鮮譯官的過去研究面相

本作所聚焦的朝鮮譯官是在交涉中朝之間朝貢關係發展的漢語譯官，而朝貢體系是研究譯官的不可避免而有所觸及的時代脈絡。學者為中朝之間的朝貢體系的存在與想像，進行了多年來的討論。全海宗（1919–2018）可說是在此領域之中最早涉獵有關課題的韓國學者，[37] 費正清當時邀請了全海宗出席1965年9月舉行的Chinese World Order學術研討會。[38] 該會舉辦的目的主要是針對費正清就中國傳統朝貢體系所提出的理論作出多角度的討論，以完善或思考其理論涉及之議題。費正清嘗試提出中國傳統的對外關係之中，以朝貢體系聯繫周邊的國家，從中分別形成了以儒家文化為結構諸如朝鮮與安南等的"Sinic Zone"、滿洲、蒙古與維吾爾等與中國文化有所距離，但仍屬於中華秩序之下的"Inter Asia Zone"，以及地理距離甚遠，關係較疏離，如東南亞各國、歐洲與日本的"Outer Zone"三種範圍，而三種分類也好，費正清認為此等國家都會以中國天子為中華秩序的中心，無論是文化上的向心，還是天子對化外民族開恩的觀念，都透過定期或不定期的朝貢活動之中，以貢物或禮儀維繫中國與朝貢國之間的關係。[39]

---

[37] 徐耿胤、石之瑜：《恢復朝貢關係中的主體：韓國學者全海宗與李春植的中國研究》，頁39–54。

[38] 該會議於1965年舉辦，先後邀請了多位重要學人參與其中，包括楊聯陞（1914–1990）、王賡武等。關於此，詳參 John King Fairbank, *The Chinese World Order: Traditional China's Foreign Relations*.

[39] 關於費正清的朝貢制度理解及有關課題的延伸，可參林孝庭的整理。林孝庭：〈朝貢制度與歷史想像：兩百年來的中國與坎巨堤（1761–1963）〉，《近代史研究所集刊》，第74期（2011年12月），頁41–46。

當時,全海宗以韓國學者的角度,就費正清建構出的理論提出討論,當時就清代的韓中(或中韓)關係,所發表的 "Sino-Korean Tributary Relations in the Ch'ing" 引起了巨大回響,也可被視為學界第一次以韓國的角度重新理解傳統中華秩序與中國對外關係的問題。相關論文修改後,以韓文出版,[40] 後來在中國大陸被翻譯成為中文。[41] 其論文除了提供中朝朝貢關係下的各種重要事務的具體信息,包括關於使行的形式、使行的次數、人手的安排、貢物的要求、雙方的行使過程等,也提及一些需中朝雙方合力處理的議題,如漂民、犯禁等,清代獨特且需雙方合力處理的議題。更關鍵的是,在朝貢體系所築建的中朝關係中,全海宗從朝鮮的角度出發,留意到其實朝鮮並沒有因此獲得極大的經濟利益,故試圖澄清並改變傳統論述中,認為朝貢國能從中獲得豐厚的經濟利益的想像。

　　臺灣在此領域素有研究的張存武,則撰寫書評回應全海宗的觀點,包括認為應以「封貢」取代「朝貢」;質疑全海宗認為清朝為典型朝貢原則,原因是清朝對於朝鮮來說是一種征服,而非「修文德以來之」的宗藩關係,亦反駁全海宗認為朝鮮經濟損失頗大的事情,也否定了全海宗指出清代禁令嚴苛導致文化交流過程中燕行使節的貢獻實為不足的觀點。[42]

40　全海宗(전해종):〈清代韓中朝貢關係綜考〉,《진단학보》,第29期(1966年12月),頁435–480。

41　全海宗著,全善姬譯:〈清代韓中朝貢關係考〉,收入氏著:《中韓關係史論集》(北京:中國社會科學出版社,1997年),頁181–242。

42　張存武:〈「清代韓中朝貢關係綜考」評介〉,《思與言》,第5卷第6期(1968年3月),頁48–49、51。

全海宗閱讀過張存武的評論後,以英語撰寫了回應文章,[43]全海宗主要認為張存武出現各種誤解的原因,是對於韓國研究領域中的用詞、研究情況不太掌握而成的,也認為張氏作出評論時,帶有其先入為主的想法。儘管雙方之間的討論無法得到共識,但是有關討論提醒了後來學者務必在這領域中,兼顧不同背景的研究學人的成果,也肯定了這個領域還是值得深究的地方。

　　而事實上,有關的討論引起了張存武對此領域的興趣,後來亦因此撰寫了多篇學術論文以及出版了兩本重要的專著《清韓宗藩貿易》[44]以及《清代中韓關係論文集》,[45]確立了他在臺灣中朝關係史研究領域的領導地位,[46]其所涉及的研究成果不但包含了清代中國與朝鮮之間的朝貢體系延伸的課題,亦關係到各種韓國史研究以及材料的發現及採用。[47]

43　Hae-jong Chun, "Notes on the Sino-Korean Tributary Relations: Remarks on Mr. Chang's Review Article",《歷史學報》,第37輯(1968年6月),頁127–129。

44　詳參張存武:《清韓宗藩貿易(1637–1894)》(臺北:中央研究院,1978年)。

45　另外,張存武關於中朝關係的研究,亦散見於各期刊,如〈清韓封貢關係之制度性分析〉,《食貨月刊》,第1卷第4期(1971年7月),頁11–17;〈清韓關係,1636–1644〉,《故宮文獻》,第4卷第1期(1972年12月),頁15–37;〈清入關前與朝鮮的貿易,1627–1636〉,《東方學志》,第21期(1979年3月),頁187–193;〈清季中韓關係之變通〉,《中央研究院近代史研究所集刊》,第14期(1985年6月),頁105–125。這些研究亦收錄在他的論文集之中,張存武:《清代中韓關係論文集》(臺北:臺灣商務印書館,1987年)。

46　張存武的其中一位學生葉泉宏過去主要研究的是明代中朝關係的變遷,他的碩士論文以明朝與朝鮮前期的中韓國交為主題,詳參葉泉宏:《明代前期中韓國交之研究(1368–1488)》(臺北:臺灣商務印書館,1991年);他同時亦旁及使行的其他問題,如葉泉宏:〈鄭夢周與朝鮮事大交鄰政策的淵源〉,《韓國學報》,第15期(1998年2月),頁97–114;葉泉宏:〈偰氏家族與麗末鮮初之中韓關係〉,《韓國學報》,第12期(1993年11月),頁59–79等。

47　張存武、葉泉宏,《清入關前與朝鮮往來國書彙編,1619–1643》(臺北:國史館,2000年);張存武:〈有關韓國的中國史料之考察〉,中國學論叢刊行委員會編:《金

過去數十年，清代中朝之間朝貢體系的研究亦相當豐富，[48]未因時間過久而淡忘，其中不少已經走出單純以制度史為主的角度，例如，劉為探討朝貢體系下兩地之間派遣使節時的制度以及具體情況；[49]葉泉宏對於朝鮮在參與千叟宴與人質問題上與宗藩關係互動有相當深入的研究。[50]另外，滿州人在1627年的丁卯及1636年的丙子之役先後兩次入侵朝鮮，促使朝鮮降服於清廷，放棄對明朝貢的課題，相當受到早期學者們的相當重視。此外，由於朝鮮對於清廷並非千依百順，而清廷亦對其立場有所警惕。因此，雙方對於接壤邊界多次進行討論，甚至曾派遣使團到邊境進行交涉，故此題材也常在清與朝鮮關係研究領域之中被學者談及。[51]

俊燁教授華甲紀念：中國學論叢》（서울：中國學論叢刊行委員會，1983年），頁645–656；張存武：〈韓人保留下來的明代公牘：吏文謄錄殘卷〉，聯合報文化基金會國學文獻館編：《第五屆中國域外漢籍國際學術會議論文集》（臺北：聯合報文化基金國學文獻館，1991年），頁111–120。

48　付百臣所編的書之中有不少篇幅涵蓋清中朝朝貢制度的課題，詳參付百臣編：《中朝歷代朝貢制度研究》（長春：吉林人民出版社，2008年），頁140–276。

49　劉為：《清代中朝使者往來研究》（哈爾濱：黑龍江教育出版社，2002年）。

50　葉泉宏：〈乾隆千叟宴與清朝宗藩關係〉，《韓國學報》，第17期（2002年6月），頁283–297；葉泉宏：〈藩館幽囚記（1637–1645）：清鮮宗藩關係建 時的人質問題〉，《韓國學報》，第18期（2004年6月），頁284–299。其他的研究成果不於此處贅述，關於晚清的中韓關係，可參考林亨芬：〈近四十年來有關「甲午戰後清韓關係史」的研究回顧〉，《歷史教育》，第18期（2011年6月），頁135–165；另可參考較全面的整理，吳政緯：〈從中朝關係史看明清史研究的新面向：以《燕行錄》為中心〉，《臺灣師大歷史學報》，第51期（2014年6月），頁209–242

51　例如 Andre Schmid, "Tributary Relations and the Qing Choson Frontier on Mount Paektu," Daana Lary, ed. *The Chinese State at the Borders* (Vancouver: University of British Columbia Press, 2007), 126–150; Seonmin Kim, "Ginseng and Border Trespassing Between Qing China and Chos n Korea," *Late Imperial China* 28:1 (2007): 33–61；中文學界亦有李花子：《明清時期中朝邊界史研究》（北京：知識產權出版社，2011年）。

文化課題一直受到各地學者關注，[52]例如朝鮮人對滿清的意識以及華夷觀的轉變便是近年的重要論題。其中值得參考的例子，包括崔韶子、[53]陳尚勝、[54]葛兆光、[55]孫衛國、[56]宋慧娟等……[57]在朝貢體系下，通過文化史、思想史以及交流史的角度，豐富了這方面的知識。不過，這些著作大多只停留於士大夫層面的世界觀，忽略了世界觀建構的方式與過程。

因此，相關的研究必須勾勒朝鮮譯官在歷史的形象，特別是朝鮮的漢語譯官在中朝關係及東亞文化交流史如何扮演特殊與顯要的角色。[58]一直以來，譯官及其相關研究大多只保留在韓國國別史或是語言史研究的課題之中，例如，有一定數量的相關研究文章及書籍於韓國出版，以及少量以華文、日文與英語為寫作語言的研究成

52　吳政緯：《眷眷明朝：朝鮮士人的中國論述與文化心態（1600–1800）》，頁42。
53　崔韶子（최소자）：《淸과 朝鮮：근세 동아시아의 상호인식》（서울：혜안，2005年）。
54　陳尚勝等：《朝鮮王朝（1392–1910）對華觀的演變：〈朝天錄〉和〈燕行錄〉初探》（濟南：山東大學出版社，1999年）。
55　葛兆光：〈大明衣冠今何在〉，《史學月刊》，2005年第10期（2005年10月），頁41–48；葛兆光：〈從「朝天」到「燕行」：十七世紀中葉後東亞文化共同體的解體〉，《中華文史論叢》，2006年第1期（2006年1月），頁28–58。
56　孫衛國：《大明旗號與小中華意識：朝鮮王朝尊周思明問題研究（1637–1800）》（北京：商務印書館，2007年）。
57　宋慧娟：《清代中朝宗藩關係嬗變研究》（長春：吉林大學出版社，2007年）。
58　歷朝的中原王朝均在通過培訓通事作為與別國溝通與交流的媒介，而懂外語的人往往備受重視。不過，選擇不以中原王朝的譯官為探討中心，原因是這些譯員均為朝廷效力，缺乏了周邊國家對事情的重視以及權益問題，故本文以朝鮮的譯官為主，亦希望將翻譯的話題放置在一個更廣闊的東亞世界之中探討。關於一些海外通事的研究，詳參松浦章著，卞鳳奎、鄭潔西譯：〈明代的海外各國通事〉，收入氏著，鄭潔西等譯：《明清時代東亞海域的文化交流》（南京：江蘇人民出版社，2009年），頁42–55；並參馬一虹：〈古代東亞漢文化圈各國交往中使用的語言與相關問題：以唐、日本、新羅和渤海為中心〉，載石源華、胡禮忠編：《東亞漢文化圈與中國關係》（北京：中國社會科學出版社，2005年），頁99–119。

果。[59]這些研究成果較多以探討譯官制度為主。[60]最早涉獵這領域的是姜信沆，他主探討朝鮮時代的譯學政策以及譯學者的活動。[61]另外，林東錫則有系統地梳理了從古到今，關於朝鮮半島內譯學的發展。[62]白玉敬則以朝鮮王朝前期的譯官活動及體制作全面討論，既探討譯官的培養政策、職制與充員，又兼及譯官的活動與著述，以顯示其文化意義與歷史地位，[63]與過去只疏理過去譯學制度的研究，明顯有所突破。一方面，學者們對於朝鮮譯官的培訓的探討亦有一定

---

59 關於朝鮮半島譯學發展流程，華文研究包括了張敏：〈韓國譯學源流考〉，載復旦大學韓國研究中心編：《韓國研究論叢》，第22輯（上海：復旦大學韓國研究中心，2009年），頁319–334；烏雲高娃：〈14–18世紀東亞大陸的「譯學」機構〉，《黑龍江民族叢刊》，2003年第3期（2003年），頁80–83；英語研究成果則可參考 Ki-joong Song, *The Study of Foreign Languages in the Yi Dynasty (1392–1910)* (Seoul: Jimoondang International, 2001); 李元植：〈朝鮮通信使に随行した倭学訳官について－捷解新語の成立時期に関する確証を中心に〉，《朝鮮学報》，第111期（1984年4月），頁53–117；伊藤英人：〈高宗代司訳院漢字書字音改正について－「華語類抄」の字音を通して〉，《朝鮮語研究》，第1期（2002年3月），頁129–146

60 關於譯官制度的研究可參考，元永煥（원영환）：〈朝鮮時代의 司譯院制度〉，南溪曹佐鎬博士華甲紀念論叢刊行委員會編：《現代史學의 諸問題：南溪曹佐鎬博士華甲紀念論叢》（서울：一潮閣，1977年），頁257–280。烏雲高娃博士論文以《明四夷館及朝鮮司譯院研究：以「蒙古語學」為研究中心》為題，探析中朝的翻譯機構及其歷史，其後並發表若干論文討論朝鮮司譯院的研究，特別是蒙學方面的教習活動。詳參烏雲高娃：〈朝鮮司譯院蒙古語教習活動研究〉，《中央民族大學學報（人文及社會科學版）》，第28卷第4期（2001年7月），頁122–123。

61 姜信沆（강신항）：〈李朝時代의 譯學政策에 關한 考察：司譯院, 承文院設置를 中心으로 하여〉，《大東文化研究》，第2卷（1965年），頁1–31；姜信沆：《李朝時代의 譯學政策과 譯學者》（서울：塔出版社，1978年）；姜信沆：〈李朝中期以後의 譯學者에 對한 考察〉，《成均館大學校論文集》，第11期（1966年），頁43–58。

62 其博士論文是由聲韻學與文字學專家林尹（1910–1983）以及莊子、思想研究、文字學等領域的專家黃錦鋐所指導。該文及後以韓文於韓國出版，林東錫（임동석）：《朝鮮譯學考》（서울：亞細亞文化社，1983年）。

63 白玉敬（백옥경）：《朝鮮前期譯官研究》（서울：韓國研究院，2006年）。

的成果,如李健衡、[64]岳輝、[65]白玉敬、[66]羅樂然等,[67]都對譯官制度的變化有所概括。

制度以外,一些具體的社會史與文化史的角度,學界亦有所涉獵。其中梁伍鎮曾撰文說明譯官培訓過程以及所面對的困難,特別是譯官面對貴族的歧視以及不公平對待的問題,展示譯官與朝鮮身分制度之間的張力。[68]鄭光則利用譯官考試試卷,考察他們的教育水平以及能力,[69]為學界提供了更直接的角度瞭解譯官的語言能力。

近年,部分韓國的研究生在這尚待開發的議題,提出新角度探討譯官的角色。如高光一從朝鮮時代的中國語教育角度出發,探討譯官的培訓與教材,瞭解到譯官如何學習漢語,從而瞭解到譯官在

---

64 李健衡(이건형):〈朝鮮王朝의 譯學教育〉,收入大邱教育大學校編:《大邱教大論文集(人文・社會科學篇)》(大邱:大邱教育大學校,1980年),頁241–363。
65 岳輝:〈朝鮮時代漢學師生的構成及特徵分析〉,《學習與探索》,2005年第6期(2005年12月),頁172–173。
66 白玉敬:〈朝解前期譯官養成策과 制度의 整備〉,《역사문화연구》,第12輯(2000年11月),頁135–164。
67 羅樂然:〈漢語與事大:從朝鮮的漢語翻譯人才培訓看其對明政策的轉變〉,《漢學研究集刊》,第19期(2014年12月),頁109–136。
68 梁伍鎮(양오진):〈한국에서의 중국어 역관 양성에 대한 역사적 고찰〉,《중국언어연구》,第11卷(2001年),頁1–33。
69 鄭光(정광):《朝鮮朝譯科試卷研究》(서울:成均館大學校出版部,1975年);鄭光:〈譯科 試券 연구의 제문제:朝鮮朝 後期의 譯科 試券을 중심으로〉,《精神文化研究》,第15卷第1號(1992年3月),頁109–122;鄭光:〈朝鮮時代 燕行・通信使行과 譯官 教材의 修訂〉,收入鄭光、藤本幸夫、金文京編:《燕行使와 通信使:燕行・通信使行에 관한 韓中日 三國의 國際워크숍》,頁95–98。另外,鄭光亦有其他關於譯學書及譯官的研究成果,如鄭光:〈朝鮮司訳院の倭学における仮名文字教育-バチカン図書館所蔵の「伊呂波」を中心に〉,《朝鮮學報》,第231期(2014年4月),頁35–87;鄭光:〈司訳院訳書の外国語の発音転写に就いて〉,《朝鮮学報》,第89期(1978年3月),頁95–131;鄭光:〈朝鮮朝における訳科の蒙学とその蒙学書-来甲午式年の訳科初試の蒙学試差を中心として〉,《朝鮮学報》,第124期(1987年7月),頁49–82;鄭光:〈朝鮮朝の外国語教育と訳科倭学について〉,《紀要〈関西大・東西学術研究所〉》,第23期(1990年3月),頁57–84。

朝鮮的漢語教育發展上的重要性。[70]金南京特別提出譯官的培訓以及其品位所帶來的社會地位作分析，指出譯官的身分與近代開港期的朝鮮近代化與社會變化有相當密切的關係。[71]

　　此外，語言學者對培訓譯官的譯學書展示出相當的興趣，如梁伍鎮、[72]鄭光等，[73]都有專門書籍探討，這方面也獲得了很多各地學者所關注，因為朝鮮譯學書所留下來極為豐富的學術材料，[74]無論是哪一種語言的譯學書，都讓語言學者用作中古及近世語言特徵的文獻，其中關於語音變遷、用字、音韻與語法等課題，都成為了學者

70　高光一（고광일）：《朝鮮時代 中國語 教育 研究：譯官 養成 및 教材를 中心으로》（서울：東國大學校教科教育學科碩士論文，2006年）。
71　金南京（김남경）：《朝鮮時代 譯官과 翻譯史에 관한 研究：過擧의 譯官考察과 近代翻譯史를 中心으로》（서울：高麗大學校中國語翻譯學科碩士論文，2006年）。
72　梁伍鎮（양오진）：《漢學書研究》（서울：박문사，2010年）；梁伍鎮：《〈漢學書〉乞大朴通事 研究》（서울：제이앤씨，2008年）。
73　鄭光：《譯學書研究》（서울：제이앤씨，2002年）。
74　汪維輝先後與幾位日本、韓國學者聯合點校及編輯了《朝鮮時代漢語書叢刊》及其續編，讓學界能一目了然地掌握各種漢語教科書。關於此，詳參汪維輝編：《朝鮮時代漢語教科書叢刊》（北京：中華書局，2005年），共4冊；汪維輝、遠藤光曉、朴在淵、竹越孝編：《朝鮮時代漢語教科書叢刊續編》（北京：中華書局，2011年），共兩冊。當中的朝鮮漢語教材包括了不同版本的《老乞大》和《朴通事》、《訓世評話》、《華音啟蒙》、《你呢貴姓》、《學清》、《象院題語》、《中華正音》、《騎著一匹》、《關話略抄》、《漢談官話》等。英語世界中，出生於中國的白俄羅斯裔澳洲漢學家葛維達（Svetlana Rimsky-Korsakoff Dyer）於澳洲國立大學修讀博士時，以《老乞大》與《朴通事》翻譯成英語，並對兩本書的材料進行了詳盡的分析，其中《老乞大》分析更是其1977年博士論文，詳參 Svetlana Rimsky-Korsakoff Dyer, "Structural Analysis of the Lao ch'i-ta" (PhD diss., Australian National University, 1977); Svetlana Rimsky-Korsakoff Dyer, *Grammatical Analysis of the Lao ch'i-ta with an English Translation of the Chinese Text* (Canberra: Australian National University Press, 1983); Svetlana Rimsky-Korsakoff Dyer, *Pak the Interpreter: An Annotated Translation and Literary-Cultural Evaluation of the Piao Tongshi of 1677* (Canberra: Pandanus Books, 2006).

們的論文主題，成果相當全面與顯著。[75]可是，關於譯學書應用於譯官的訓練及對他們的思維的影響，顯然是不多碰及的。儘管梁伍鎮亦曾提出以有關材料作為文化史的探索題材，[76]可是有所回應的成果不多。[77]

朝鮮譯官的文化史面相，早期僅有金良洙的研究，他撰有多本著作專門探討朝鮮後期譯官身分問題，[78]並且根據18世紀初期的金指南（1654–1718）與金慶門（1673–1737）父子的家族的經歷為個案，探討中人家族的變遷以及在朝鮮社會的角色。[79]不少譯官其實一直都涉及到對外往來的經歷，其中他們在通信使的貢獻比較多學者探討。[80]

---

75 關於譯言學的語言領域相關的研究成果，將不區列出來，具體的資訊可參考遠藤光曉等編：《譯學書文獻目錄》（서울：박문사，2009年）；編者們就各種朝鮮所出版的譯學書的版本作出了全面的整理，同時亦將相關研究的材料也羅列，而且有關資訊更新至2009年，故對於譯學書方面的研究趨勢有相當大的參考價值。
76 梁伍鎮：〈原本《老乞大》의 文化史的 價值에 대하여〉，《中國學報》，第47輯（2003年），頁43–65。
77 陳遼：〈《朴通事》：元明兩代中國文化的百科全書〉，《中華文化論壇》，2004年第2期（2004年2月），頁76–81；王永超：〈《朴通事》所見元末北方官話區民俗〉，《民俗研究》，2009年第1期（2009年1月），頁123–144；周晏菱：〈《老乞大》與《朴通事》中的民俗文化探究〉，《臺灣首府大學學報》，第1期（2010年9月），頁77–100；
78 金良洙（김양수）：《朝鮮後期의 譯官身分에 關한 研究》（서울：延世大學校大學院歷史學科博士論文，1986年）。
79 金良洙（김양수）：〈朝鮮後期의 牛峰金氏의 成立과 發展：繼仝公派의 金指南等中人을 中心으로〉，《歷史와 實學》，第33輯（2007年），頁5–74；金良洙：《조선후기 中人 집안의 발전：金指南，金慶門등 牛峰金氏事例》（서울：백산자료원，2008年）。
80 這方面的研究，比較多是關心譯官在朝鮮通信使時的貢獻及角色。例如康遇聖、洪喜男及金指南等譯官在通信使期間的經歷。類似的研究成果可參考，李尚奎（이상규）：〈17세기 전반 왜학역관 康遇聖의 활동〉，《한일관계사연구》，第24期（2006年4月），頁101–141；李尚奎：〈17세기 초중반 왜학역관 洪喜男의 활동：통신사 파견시 수행역관 활동을 중심으로〉，《한일관계사연구》，第26期（2007年4月），頁233–272；白玉敬：〈역관（譯官）김지남의 일본 체험과 일본 인식：『동사일록（東槎日錄）』을 중심으로〉，《한국문화연구》，第10期（2006年10月），頁169–198；李

不過,前往北京的燕行使團的譯官工作其實更值得學者關心。[81]他們不但是中韓交流之間的關鍵媒介,也是形塑東亞文化交流圈之中的重要一員。[82]可是,學界對於這方面並沒有太多關注,僅散見於不同的燕行使行研究之中說明到譯官在介入兩地士人的交流,[83]或是曾經涉及過關乎他們潛商的問題,[84]抑或是明清易代以後譯官政治動向的轉變以及當中的活動。[85]

這情況在近年中韓古典文學界方面比較多的討論,主要談及譯

尚奎:〈17세기 전반의 조일관계 전개와 왜학역관 제도의 변화〉,《조선시대사학보》,第62卷(2012年9月),頁251-296。

[81] 近年開始亦有些研究,並非以譯官為主題,但卻肯定了譯官作為文化交流或情報收集的作用,可參考劉婧:〈通過董文煥日記考朝鮮詩文集流入中國及朝鮮譯官的作用〉,《東亞人文學》,第12輯(2007年12月),頁255-276。

[82] 最早把翻譯官員視為文化交流及外交媒介的研究可見於楊聯陞:〈中國文化的媒介人物:聯合國中國同志會第一七〇次座談會紀要〉,《大陸雜誌》,第15卷第4期(1957年8月),頁32-33。

[83] 如葛兆光亦曾引用譯官金慶門與李正臣的對話為例,說明吳三桂(1608-1678)事件成為了燕行使常談及的話題,而當中亦牽涉到譯官的角色。可參考葛兆光:〈吳三桂非姜伯約:從清朝初年朝鮮人對吳三桂的評價說起〉,收入氏著:《想象異域:讀李朝朝鮮漢文燕行文獻札記》(北京:中華書局,2014年),頁79-101;關於金慶門的燕行角色,可參考羅樂然:〈燕行使團擔任文化媒介的朝鮮譯官:以金慶門為研究中心〉,《漢學研究》,第33卷第3期(2015年9月),頁345-378。另外白玉敬亦曾撰文提及燕行使在收集情報的過程中,譯官有一定的角色。參考白玉敬,〈18세기 연행사의 정보수집활동〉,《명청사연구》,第38輯(2012年10月),頁201-229。

[84] 不少研究成果特別關注譯官在使行期間,利用了多次前往中國的各種機會,進行貿易,以賺取比他原來職務更多的金錢。此舉當然引起朝鮮朝廷的不滿。關於此,詳參李哲成(이철성):《朝鮮後期對清貿易史研究》(서울:國學資料院,2000年),頁44-60;並參李哲成:〈18세기 후반 조선의 對清貿易 實態와 私商層의 성장:帽子貿易을 中心으로〉,《한국사연구》,第94輯(1996年9月),頁113-150。

[85] 白玉敬:〈朝鮮後期 譯官의 政治的 動向研究:明‧清交替期를 中心으로〉,《國史館論叢》,第72輯(1996年12月),頁127-149;在此課題中,經常被談及的譯官為懂滿洲語的譯官鄭命壽,關於其活動大多從道德上批判其活動,但亦有學者觀察他在貿易過程中的角色。關於此,詳參金宣旼(김선민):〈朝鮮通事 굴마훈,清譯 鄭命壽〉,《명청사연구》,第41輯(2014年4月),頁37-65;白玉敬:〈仁祖朝 清의 譯官 鄭命守〉,《이화여자대학교 대학원 연구논총》,第22輯(1992年),頁5-21。

官與中國士大夫之間的詩文交流,如溫兆海、[86]孫衛國等對李尚迪(1803-1865)的探討。[87]學者都對李尚迪這位譯官有充分瞭解,特別是他與中國學人的交往及其詩文成就。然而,學者們雖提及李尚迪為一位譯官,但是卻未有從譯官的脈絡重新認識李尚迪,而只是按其著作及文藝活動而討論。此舉不能全面瞭解李尚迪在中朝關係之中的角色,以及譯官制度及培訓在東亞世界的意義。可見,儘管不少穿梭於中朝兩地的譯官,有很多值得學界注意的活動,但甚少有學者把譯官角色有系統地整理與討論。[88]

最新的韓國學界譯官研究,似乎為此領域帶來了新的視野。張安榮探討18世紀朝鮮使行的知識分子如何懷疑譯官能力,不信任譯官提供的情報,進行討論與思考,是首次嘗試專注在譯官的對話過程之中,來瞭解他們的角色。[89]此外,王思翔曾探討譯官、語言知識

---

86 溫兆海曾撰有多篇論文,及後將有關成果集結成專著。溫兆海:《朝鮮詩人李尚迪與晚清文人交流研究》(北京:中國社會科學院出版社,2013年)。韓國方面的李尚迪研究,則可參考李春姬(이춘희):《19世紀 韓·中 文學交流:李尚迪을 중심으로》(서울:세문사,2009年)。
87 孫衛國:〈清道咸期中朝學人之交誼:以張曜孫與李尚迪之交往為中心〉,《南開學報(哲學社會科學版)》,2014年第5期(2014年10月),頁95-113。
88 以譯官活動為主的研究成果包括,金良洙:〈朝鮮前期의 譯官活動(上)〉,《역사와 실학》,第7輯(1996年1月),頁33-86;金良洙:〈朝鮮前期의 譯官活動(下)〉,《역사와 실학》,第8輯(1996年1月),頁5-66;朴成柱(박성주):〈朝鮮前期 對明 御前通事〉,《경주사학》,第29輯(2009年6月),頁27-51;李奎泌(이규필):〈오경석의『삼한금석록』에 대한 연구〉,《민족문화》,第29輯(2006年12月),頁341-374;李尚泰(이상태):〈백두산정계비 설치와 김지남의 역할〉,《역사와 실학》,第33輯(2007年9月),頁75-119。
89 張安榮(장안영):〈18세기 지식인들의 눈에 비친 역관 통역의 문제점 고찰:『노가재연행일기』、『을병연행록』、『열하일기』를 중심으로〉,《어문론집》,第62輯(2015年6月),頁349-372。

及語文政治之間的關係,[90]把譯官放置在語言與政治之間的關係來探討,突破了過去學界忽略了譯官角色對朝鮮社會,甚至是東亞政治的影響力。[91]

無疑從上述的例子觀之,學界已積極地就譯官的角色及歷史價值作重新的定位,也肯定了他們的學術意義,但同樣地,可發展的研究空間仍然相當廣闊,例如學界較偏重於朝鮮前期,即17世紀明清易代以前的譯官角色與工作,又未特別將翻譯與禮儀並行討論,嘗試從禮節安排的角度,瞭解譯官在這方面的工作性質與職能,又較少提及譯官如何在使行期間,進行傳譯的過程,讓朝鮮使臣對中國有更多認識或是帶來更多的討論,同時協助朝鮮使臣與中國官員與士人周旋與交往,為朝鮮掌握更多有用的資訊。諸例可引證譯官在中朝兩地交流的活動過程,是值得更多的探討。

研究朝鮮譯官活動的意義之一,是希望用作回應與補充明清中朝關係史的研究領域,現時所缺乏的觀點及思考角度。崔韶子曾歸納出中國與朝鮮兩地之間的交流及關係史現時研究課題可分為九種:[92](一)明末清初朝鮮外交政策研究;[93](二)丁卯、丙子胡亂研

---

90 Sixiang Wang, "The Sounds of Our Country: Interpreters, Linguistic Knowledge and the Politics of Language in Early Chosŏn Korea (1392–1592)," in *Rethinking East Asian Languages, Vernaculars, and Literacies, 1000–1919*, ed. Benjamin A. Elman (Leiden, Netherlands: Brill, 2014), 58–95.

91 衣師若芬亦有留意到翻譯與政治取捨之間的關係,她利用了李邦翼漂流之旅的不同書寫,觀察到漢文與諺文之間,論述背後的文化與政治因素。詳參衣若芬:〈漂流到澎湖:朝鮮人李邦翼的意外之旅及其相關書寫〉,《域外漢籍研究集刊》,第4輯(2008年5月),頁131–156。

92 關於此,詳參崔韶子(최소자)、鄭惠仲(정혜중)、宋美玲(송미령):《18세기 연행록과 중국사회》(서울:혜안,2007年),頁27。

93 崔韶子(최소자):〈清과朝鮮:明清交替期 東亞洲의 國際秩序에서〉,《梨花史學研究》,第22輯(1995年),頁183–196。

究;[94]（三）清朝貢關係相關研究;（四）北伐、對明義理討論的研究;（五）國境設定問題研究;（六）朝鮮後期實學家對外認識變化研究;[95]（七）清朝文人、學者之間的交流研究;（八）經濟交流相關係研究;（九）接受西學、天主教相關研究。

雖然分為九類，但實際上若作出一定的整理，不難發現中朝之間的研究問題，主要涉及的是朝貢體系落實下，特別是明清易代之後，一連串的事件，包括兩次胡亂、朝鮮國王的更替、外交政策的轉變，以及後來引伸的北伐與對明義理等的討論，甚至是對外認識的改變及文人的交流，都必從中朝的朝貢體系的角度之下延伸出來的學術課題。因此，必須瞭解學者對這方面的研究成果及他們所涉獵的課題，更能瞭解到譯官研究如何回應這一領域的研究不足。

五、從語言學到東亞文化交流史的朝鮮譯官研究

學術界以往傾向討論中朝關係史中的交流結果，甚少以交流的過程作為主題，又譯官也甚少放置於文化交流脈絡下討論。著眼於

---

94 例如李光濤：《記明季朝鮮之「丁卯虜禍」與「丙子虜禍」》（臺北：中央研究院歷史語言研究所，1972年）。
95 韓國的實學者是一群主張改革朱子學所衍生的性理學思想在僵化的朝鮮社會中提倡各種不同方式的改革，以圖在現實社會之中，尋求解決社會問題的方法。像李睟光（1563-1628）本人所指：「以實心而行實政，以實功而致實效，使念念皆實，事事皆實，則以之為政，而政無不舉，以之為治，而治無不成。」關於此，詳參黃元九（황원구）：〈「實學」私議：東亞에서의 實學의 異同性〉，收入氏著：《東亞細亞史研究》（서울：一潮閣，1976年），頁358–359；葛榮晉：《韓國實學思想史》（北京：首都師範大學出版社，2002年），頁2–3。

先行研究不足之處，筆者在此研究規劃中提出的核心問題是，到底朝鮮譯官在清朝治下的朝鮮與中國之間的文化交流過程中擔當什麼角色？當中所探討的不只是語言上的角色，而是在傳統儒學傳播到東亞各國後，朝鮮譯官的角色。例如，譯官如何在使行期間反映朝鮮的禮儀精神，以及履行賓禮的責任；又如，譯官如何利用了他們的獨特身分與責任，協助朝廷搜集各種情報及新知識？官員或許也肯定譯官的重要性，[96] 但現實中的譯官扮演怎樣的角色？他們怎麼改變中朝之間的關係？而朝鮮士大夫及朝廷又是如何受到朝鮮譯官的活動影響，改變了他們對中國的認識？同樣地，中國士大夫與朝鮮譯官的交流，又如何透過翻譯或詩文創作，來擴闊兩國之間的互相認知呢？

相關的問題，可考察朝鮮譯官與東亞世界的互動脈絡找出關鍵。傳統的東亞文化交流史研究，大多以中國視野出發，窺探東亞作為中、日、韓、越等國的交流空間，如何產生各種不同的互動結果及文化意義。然而，自古中國雖然是文化圈中的明顯領導者，但絕對不是決定此空間文化蘊含的唯一中心。[97] 朝鮮、日本、琉球以及

---

[96] 在朝鮮英祖（李昑，1694–1776，1724–1776在位）年間，左議政金在魯（1682–1759）曾指出透過譯官才可以獲得各種語言書本以及理解蒙古語。他向英祖表示：「蒙古種類，最盛而強實，有他日之深憂，而其語音，有古今之異，故譯舌之誦習蒙書者，遇蒙人，全不通言語。頃年譯官李纘庚赴燕也，與蒙人相質言語，作冊以來，近又得《清蒙文鑑》，自此蒙學可以通解矣。請依譯院諸學例，設蒙學聰敏廳，勸課講習，而試取於雜科。」此例可反映時人對譯官對外文的認識十分重視。詳參國史編纂委員會編：《朝鮮王朝實錄》（서울：國史編纂委員會，1968年），《英祖實錄》，第44卷，英祖十三年五月辛丑日條，頁3b。

[97] 這種概念可參考黃俊傑的說法：「數千年來的東亞文化交流圈並不是一場交響曲演出，並不是由作為交響曲指揮者的『中國』指揮著全體樂團成員依照樂譜演奏。相反地，在中國周邊的日本、朝鮮與越南經由交流活動而形成自己的主體性之過程中，

越南對東亞世界的演繹也相當重要;這些地域與東亞其他文化交往時,需要經由媒介人物連繫,使文化在東亞各國之間經歷傳播後,出現「去脈絡化」或「再脈絡化」而有所轉變。[98] 故此,透過探討中國以外的媒介人物的背景及他們在交流的各種舉動,有助我們將東亞文化的脈絡轉化情況更具體地呈現。

除此之外,本作特別著重的是文化交流史的過程經歷,而非結果。黃俊傑提出:「將過去聚焦於文化交流活動之『結果』的研究,轉向聚焦於文化交流活動的『過程』的研究,從而進行某種東亞文化交流史研究的『典範轉移』」[99] 這種想法可以改變傳統以中國眼光為中心的東亞研究,建立一個更全面的東亞文化共同命題。因此,從結果轉向至過程,正是本作的關鍵觀點,希望探討譯官在燕行使團或中國的活動之中的文化中介活動,在禮儀的執行或是情報的收集過程中,從而更立體地呈現東亞地區文化的多元特性。

翻譯史研究方法近年被應用於中國以及東亞歷史的重寫,張佩瑤(1953–2013)認為:「翻譯史其實就是人類文化交流史,涵蓋著不同時代的文化交匯與跨文化交流 —— 無論那是成功的還是失敗的 —— 並能說明文化間的各種關係,包括彼此的接觸、碰撞,能夠緩解差異的協商,良性的互動,以及不同程度的磨合;也包括競

『中國』是『重要的他者』(significant other),但是卻不是指揮周邊國家『演出』的唯一的『中心』。」這種說法正反映出東亞文化交流圈並不只是以中國為主導,而是在各自以中國為『他者』的互動下,建構各自的文化脈絡。詳參黃俊傑:〈東亞文化交流史中的「去脈絡化」與「再脈絡化」現象及其研究方法論問題〉,頁60–61。

98　關於這兩個概念在東亞文化交流史上的理解,詳參黃俊傑:〈東亞文化交流史中的「去脈絡化」與「再脈絡化」現象及其研究方法論問題〉,頁59–60。

99　黃俊傑:〈作為區域史的東亞文化交流史:問題意識與研究主題〉,頁192。

爭、衝突、一方被另一方征服、敗者與勝者融合等等。簡而言之，翻譯史所述說的，是文化間互相角力的故事。其所表達的觀點更深受治史者的民族文化身分、意識形態及政治立場的影響。」[100]

另一方面，翻譯史，如翻譯規範與贊助人等概念均可有助瞭解朝鮮譯官在東亞的多元面相。所謂翻譯規範即在語言翻譯的過程中，因當時的社會、文化及政治等多種的因素決定了翻譯策略與行為的形態。[101]而贊助人則指的是要求進行翻譯策略與行為的背後支持者，[102]包括財政上或權力上要求進行翻譯，都需顧及其考慮因素，並對翻譯成果的期盼，而這種翻譯期盼往往影響最終的翻譯形式與結果。因此透過這些翻譯研究的概念，來探析朝鮮譯官的工作以及朝鮮朝廷的期盼之間的關係，從而更能掌握一些譯官的行為，包括與使臣的對話、禮節活動的協調，甚至乎是情報上的收集，都是直接關係到朝鮮社會對譯官的期盼，也能以全新的觀點解讀朝鮮譯官，作為瞭解東亞文化交流全貌的視野。

本作將試圖為還原譯官的歷史形象，以供學界有新的視野。首先，從朝鮮譯官的培訓習慣與方式，觀察朝鮮朝廷如何培訓合符朝鮮朝廷社會期盼的譯官，特別是與中國交涉的漢語譯官。再透過各種《燕行錄》、[103]譯官手本或與中朝兩地官方文獻的梳理，探析漢語

---

100 張佩瑤：〈從二元對立到相反相濟：談翻譯史研究的關鍵問題與太極推手的翻譯史研究路向〉，《中國文哲研究通訊》，第22卷第2期（2012年6月），頁22。
101 Andres Chesterman, *Memes of Translation* (Amsterdam and New York: John Benjamins, 1997).
102 André Lefevere, *Translation, Rewriting, and the Manipulation of Literary Fame* (London and New York: Routledge, 1992).
103 關於《燕行錄》研究的文獻回顧，可參考裴英姬：〈《燕行錄》的研究史回顧（1933–2008）〉，《臺大歷史學報》，第43期（2009年6月），頁219–255。

譯官於17世紀以後，參與中朝之間的朝貢禮儀、邊界問題、外交交涉，以及中朝文士的文學互動等工作，希望能擺脫以文本主義的意識，閱讀各種文本折射表面傳達內容，背後的各種歷史與文化現象，說明譯官對中朝雙邊的知識生產的作用。此外，東亞世界於19世紀面對著傳統秩序的破碎，以及新勢力的日益擴展，朝鮮如何掌握對外的新知識，似乎重塑譯官於近代東亞多變政局中的角色，有助對近代朝鮮與世界間的關係，找到明確的研究線索。

本作的結論希望借鑑自新文化史思潮興起以後，對中西學界所引發以更多面向重新思考歷史的文化與社會概念，諸如跨國者間的知識傳遞文化認同、「記憶所繫之處」的記憶理論或是行動者網絡等，[104] 來重現譯官在東亞世界的角色。本作藉此希望反映譯官研究，不再只是單純描述譯官工作的研究，而是可回應與挑戰過去單一面向的東亞世界的歷史書寫，從而建立一個更多面向的東亞文化交流討論。

---

104 本文所引之新文化史的理解，可按李孝悌的說法：「他們反對過去社會史、經濟史和人口史學家以建立科學的解釋為最終目的的基本立場。在福柯和後現代主義的影響下，文化史家主張所謂的真實，其實是深深受到每個時代所共有的論述（話語）的影響。而在Clifford Geertz（1926–2006）的影響下，對意義的追尋和詮釋就成了文化史家的首要工作。」詳此，李孝悌：〈序：明清文化史研究的一些新課題〉，收入氏編：《中國的城市生活》（北京：北京大學出版社，2013年），頁3；並參夏提葉（Roger Chartier）著，楊尹瑄譯：〈「新文化史」存在嗎？〉，《臺灣東亞文明研究學刊》，第5卷第1期（2008年6月），頁199–214。從此而看，文化史重視的是如何在某種話語與論述之中，讓史料再作閱讀，以了解各種文化、族群、人物的獨特性研究。因此，譯官在過去的經驗之中，不被重視，故利用各種原來的史料，以各種概念再現譯官群體的課題與歷史價值。

六、小結

歐亞史學者E. Natalie Rothman於其著作 *Brokering empire: Transimperial subjects between Venice and Istanbul* 提出關於跨國間的文化代理人（Culture Brokers）的觀念，[105] 考察文化相交的過程中，一些頻繁來往的跨國個體或群體，如移民、奴隸、商人、傳教士與翻譯等。如何通過他們的語言、宗教或政治互動，形塑著帝國與文化之間的界線，特別是呈現出歐洲人與黎凡特人（Levant）之間的區別。其中，Rothman以威尼斯的外交翻譯——通事（dragomans）為例，來引證翻譯等媒介如何生產與傳播有關鄂圖曼的外界知識，[106] 並且於帝國之間的界線間建立緊密的贊助者（patronage）或人際網絡，作為學界的全新框架解釋地中海地區與周邊差異的概念。

然而，Rothman的研究也可以借鑑於東亞世界的研究，瞭解東亞世界的譯者如何於國家之間，形塑著文化的界線。[107] 本作將定位在東亞文化交流史的視野出發，希望研究以協助重寫文化交流的過程為基調，揭示東亞文化交流種種結果的形成、不同思想的出現，都涉及文化媒介的翻譯及詮釋。與舊世界（old world）或是地中海地區的文化蘊涵不同，東亞世界的文化氛圍由中國所操作的朝貢體

105　E. Natalie Rothman, *Brokering Empire: Trans-Imperial Subjects between Venice and Istanbul* (Ithaca: Cornell University Press, 2012), 1–18.
106　Rothman, *Brokering Empire: Trans-Imperial Subjects between Venice and Istanbul*, 165–186.
107　Rothman 在書中提到，文化的相遇並非單純的相遇、衝突與掙扎而形成的，而是有具體的中介者在文化間界線進行操作，維持互動與差異。換言之，文化如何相遇並非自然而生，而是中間媒介人為而形成的。關於 Rothman 的主張，詳參 Rothman, *Brokering Empire: Trans-Imperial Subjects between Venice and Istanbul*, 4–5.

系為基礎,頻繁來往的文化代理人進行知識生產與掌握的過程時,均牽涉各種朝貢體系脈絡下的禮儀、經貿、文藝以及外交的因素,從而折射出朝鮮譯官在東亞的獨有價值。

近年華文學界開始大量以「從周邊看中國」為方向的研究,通過引用朝鮮的資料去瞭解與重寫中國社會史及儒學問題。[108] 然而,似乎這些觀點還是從中國的視野去觀察東亞,或是利用東亞周邊材料,最終目標認識的只是中國。這方式的研究,當然為中國史帶來新的刺激,但卻未能做到真正的脈絡轉移,忽視東亞世界的其他角度。故此,本作希望通過學術上進行某程度的範式轉移,擺脫利用域外資料研究中國的想法,或只以朝鮮為中心的角度去瞭解朝鮮的譯官以及中朝的關係史。改以東亞世界作為視野,透視朝鮮自身培訓的譯官如何操作中朝之間的禮儀執行、情報收集、文化互動,並透過其所建立的獨有人際網絡,考釋中國與朝鮮社會對外知識的產生過程,以及東亞世界的知識流轉與接收的關鍵,以啟發新的觀點,更新傳統的既有認知。

---

108 關於「從周邊看中國」,參復旦大學文史研究院編:《從周邊看中國》(北京:中華書局,2009年),頁1。

第一章　服事天朝：
17–19 世紀的中朝關係變遷

一、引言

　　17 世紀以來的中朝關係史及相關的文化交流議題，現已成為不同地區學者的主流研究，[1] 其中關係的變遷已有不少學者提出全面的研究，而本章主要針對各樣 17 世紀以降，涉及不少朝鮮譯官所處理的重大議題，探析其中的歷史背景，闡述為何在 17 世紀以降的中朝關係變化之中，譯官擔當角色變得重要？從而彰顯本作的意義，亦解釋可以從此階段作為探討譯官的時限。在 17 至 19 世紀，橫跨 200 多年的中朝關係的歷史發展進程之中，首以丙子胡亂（1636–1637）對朝鮮政壇、社會及思想界造成極大的衝擊，而有關事件留下了關鍵的因素，驅使朝鮮的漢語譯官較以往擔當更多的職責，當中值得關注的是華夷觀之變化，亦即韓國學者現在所指的「朝鮮中華觀」，或是華文學界所認識的「小中華意識」。[2] 有關意

1　李孟衡近年整理了韓國學界怎樣看待韓中及韓日關係的觀點演變，有助瞭解韓國學界在朝鮮對外關係史之中，在主體與他律之間遊走的特徵，此文有助華文學界掌握從20世紀以來的韓國學者就有關課題研究的觀點與爭議。關於此，詳參李孟衡：〈在主體性與他律性之間：戰後韓國學界的十七世紀朝鮮對外關係史研究特徵與論爭〉，《臺大東亞研究》，第3期（2015年10月），頁61–100。
2　朝鮮中華與小中華的討論，在韓文與華文學界不同的認知下，有著不同的瞭解。朝鮮中華觀或主義，始於1985年，由韓國學者鄭玉子（정옥자）提出，認為朝鮮在明

識在 18 世紀前後有所轉變，其中以洪大容為首對清學有新思考，更引發北學的思潮，[3] 倡議仿效清廷的社會與文化，進行朝鮮的改革，同時雙方士人開始了各種不同形式的交往，一改自 17 世紀以來朝鮮士人蔑視清廷的觀感，當中各種的交涉，自然不乏譯官在場。而在 19 世紀初期，東亞世界隨著鴉片戰爭打破了原來的傳統，各國嘗試進行對應，清廷、日本以及被視為隱士之國的朝鮮，亦開始有各樣的改變，當中譯官為重要的改革人員。故透過闡述各樣東亞世界歷史進程中的重要議題，有助於瞭解朝鮮的漢語譯官實際如何在知識生產與掌握的過程中，擔當文化媒介的角色。

二、明滿衝突與朝鮮的對應

14 世紀末年，高麗王朝派出右軍都統使李成桂（朝鮮太祖，1335–1408，1392–1398 在位），出征遼東北伐新立的明朝。然而，行軍至威化島時，李成桂決定造反，回軍攻陷開京，並廢禑王（王

亡以後，成為了中國與儒家道統的繼承者，並發展成為東亞文化中心。然而，王元周、孫衛國等中國大陸學者則認為朝鮮所持的是小中華觀，並否定鄭玉子的朝鮮東亞文化中心論的想法，故不認同「朝鮮中華」一詞。近年中韓學者在討論明末清初的朝鮮及東亞史研究之中，都有這些論調作出爭議。關於鄭玉子的主張，詳參鄭玉子（정옥자）：《조선후기 조선중화사상 연구》（서울：一志社，1998年）；詳參王元周：〈論「朝鮮中華主義」的實與虛〉，《史學集刊》，第3期（2009年5月），頁55；並參禹慶燮（우경섭）：〈朝鮮中華主義에 대한 학설사적 검토〉，《한국사연구》，第159輯（2012年12月），頁237–263。

3　關於洪大容的北學思想構成情況，詳參羅樂然：〈清代朝鮮人西洋觀的形成：以洪大容燕行為研究中心〉，頁299–345；楊雨蕾：〈朝鮮華夷觀的演變和北學的興起〉，收入氏著：《燕行與中朝文化關係》（上海：上海辭書出版社，2011年），頁200–245。

禑，1365–1389，1374–1388 在位），另立昌王（王昌，1381–1389，1388–1389 在位），[4] 及後更將之篡去，自立為王，並向明朝請臣，獲賜封號為朝鮮。[5] 朝鮮亦順理成章奉明為宗主國，展開了長達二百多年的事大關係，並定期派遣使節到北京。[6] 事大關係的建構是中國社會傳統，國家交鄰的指導思想，後來在東亞世界的形成過程之中，成為了大小國之間的關係。而事大思想最早的傳統歷史來源，可參考《孟子‧梁惠王》之中齊宣王（田辟疆，約前350– 前301，約前319– 前301 在位）與孟子（約前372– 前289）的對話：

齊宣王問曰：「交鄰國有道乎？」

孟子對曰：「有。惟仁者為能以大事小，是故湯事葛、文王

---

4 此事史稱為威化島回軍，這是一場高麗末年的軍事政變，當時親元的崔瑩（1316–1388）建議當時的高麗禑王征討明軍，以取回高麗所轄的鐵嶺衛。李成桂被任命為右軍都統使，北征遼東，到威化島期間，最終回軍開京（即開城），兵諫禑王，最終崔瑩與禑王先後被捕與被廢，史稱威化島回軍。關於此，詳參金正義（김정의）：〈위화도회군에 관한 고찰〉,《군사지》，第16期（1988年8月），頁55–79。

5 朝鮮初立國時，派出韓尚質（?–1400）到南京，邀請明朝從和寧與朝鮮兩者之間定國號，《朝鮮王朝實錄》有記載有關的出使情況：「遣藝文館學士韓尚質如京師，以「朝鮮」、「和寧」請更國號。」而《明太祖實錄》則載明太祖的回應云：「東夷之號惟『朝鮮』之稱最美，且其來遠矣，宜更其國號曰『朝鮮』。」因此，李成桂將國號改為今天為人所知的朝鮮王朝。關於此，詳參國史編纂委員會編：《朝鮮王朝實錄》，《太祖實錄》，卷1，太祖元年十一月丙午條，頁15a；夏原吉等修：《明太祖實錄》（臺北：中央研究院歷史語言研究所，1966年），卷204，洪武二十三年九月甲午條，頁1a。

6 一般稱之為朝天使，其中最為人關注的是16世紀朝天使許篈與中國儒者討論儒學問題，成為了不少人對朝天使的重要切入點。關於此，可參考金東珍（김동진）：〈許篈의 大明使行과 陽明學 變斥〉,《문화사학》，第21輯（2004年6月），頁825–853；張崑將：〈十六世紀末中韓使節關於陽明學的論辨及其意義：以許篈與袁黃為中心〉,《臺大文史哲學報》，第70期（2009年5月），頁55–84；王鑫磊：〈從16世紀末中、朝士人的陽明學辨論看東亞儒學資料：以許篈《朝天記》為中心〉，收入復旦大學韓國研究中心編：《韓國研究論叢》，第27輯（上海：社會科學文獻出版社，2014），頁181–192。

事昆夷。惟智者為能以小事大，故大王事獯鬻、勾踐事吳。
以大事小者，樂天者也；以小事大者，畏天者也。樂天者保
天下，畏天者保其國。」[7]

孟子的理念，顯示的是大小國之間的禮儀關係，大國對小國以仁，小國對大國則以忠與信，此想法影響到自先秦以來，中國士大夫及政權對於中央與蠻夷或非中華之間的關係，而這樣的思考亦構築了東亞世界之形成。國家與國家之間交流的禮儀過程，亦不離於此。對於小國而言，「以小事大」除了一種禮儀秩序，也如同孫衛國與范永聰所云的：「保國之道。」[8]而事實上，自朝鮮於14世紀立國以後，這種傳統的小國與大國之間的禮儀精神，更被引用成為了國家的立國精神。《朝鮮王朝實錄》的總序中，明確說明有關想法：

以小事大，保國之道。我國家統三以來，事大以勤。[9]

明與朝鮮的關係中，當中涉及各種事件，使兩地關係經過不少起伏，[10]但整體而言明與朝鮮關係一直被視為穩定的朝貢關係。但直接

7　朱熹：《孟子集注》（上海：上海古籍出版社，1987年），卷2，〈梁惠王章句下〉，頁213。
8　范永聰：《事大與保國：元明之際的中韓關係》（香港：香港教育圖書，2009年），頁vii；孫衛國：〈論事大主義與朝鮮王朝對明關係〉，《南開學報（哲學社會科學版）》，2002年第4期（2002年8月），頁67。
9　國史編纂委員會編：《朝鮮王朝實錄》，《太祖實錄》，卷1，總序，頁22a。
10　明與朝鮮早期的關係，多見於一些朝貢制度實施下的各種互動，其中如范永聰留意到土木之變中，朝鮮關注遼東情勢、英宗親征的事宜。而明朝亦曾向朝鮮徵兵，而朝鮮卻託辭了有關要求。詳參范永聰：〈明代土木之變與朝鮮的對應〉，《當代史學》，第7卷第3期（2006年3月），頁64–70。

關係到17世紀，中朝兩地明顯的政治及文化轉變的事件，則是16世紀末，統一了日本的關白豐臣秀吉發動的萬曆朝鮮之役（或稱文祿‧慶長之役及壬辰倭亂）。[11] 豐臣秀吉統一日本全國後，[12] 欲假道朝鮮進攻明朝，卻在未獲朝鮮答覆下出兵朝鮮，朝鮮軍力無法抵抗日本進攻，故遣使明朝求援，明神宗（朱翊鈞，1563–1620，1572–1620在位）見及此，便派兵支援朝鮮，並展開了長達數載的戰事。[13] 戰爭對朝鮮半島的社會造成嚴重的破壞，[14] 但卻強化了朝鮮與明朝之間的關係，朝鮮士大夫更視明軍援朝之舉為「再造藩邦」。[15] 因此，萬曆以後朝鮮對明關係較明初更為緊密。一般學者均如吳政緯一樣的相近論述：

> 朝鮮對明朝的感念其來有自，立國之初即力學中國之制，舉凡國家典章、學術思想與器物工法，莫不與中國同。朝鮮以

---

11 關於萬曆朝鮮之役的研究成果與趨勢，可參考 Myung-gi Han, "A Study of Research Trends in Korea on the Japanese Invasion of Korea in 1592 (Imjin War)," *International Journal of Korean History* 18:2 (2013): 1–29; Nam-lin Hur, "Works in English on the Imjin War and the Challenge of Research," *International Journal of Koraen History* 18:2 (2013): 53–80.
12 關於此，詳參 Andrew Gordon, *A Modern History of Japan: From Tokugawa Times to the Present*, New York: Oxford University Press, 2003), 9–11.
13 李光濤：《朝鮮「壬辰倭禍」研究》（臺北：中央研究院歷史語言研究所，1972年）。
14 許南麟（허남린）曾指出士族在壬辰戰事爆發時，如何通過儒家思想所帶來的學識賦予的特權，而避免了兵役，即使在外敵的威脅之下，士族依然不受影響，從中瞭解文與武之間的價值如何被放置在對立面。關於此，詳參 Nam-lin Hur, "Confucianism and Military Service in Early Seventeenth-Century Chosŏn Korea," *Taiwan Journal of East Asian Studies* 8:1 (2011): 51–84.
15 關於此，詳參劉寶全：〈壬辰亂 後 朝鮮 對明 認識의 變化：「再造之恩」을 중심으로〉，《亞細亞文化研究》，第11輯（2006年12月），頁141–161。

朱子學立國，深以文明之國自居，此番建國氣象，在政治上的表現為奉行朝貢體系，在文化上則是親中慕華的中國情結。[16]

但明神宗傾全國之力，以助朝鮮抗敵，使朝鮮上下大受感動，18世紀的洪大容與其中國友人筆談時有以下的記載：

余曰：「我國於前明，有再造之恩，兄輩曾聞之否？」皆曰：「何故？」余曰：「萬曆年間，倭賊大入東國，八道糜爛。神宗皇帝動天下之兵，費天下之財，七年然後定；到今二百年，生民之樂利，皆神皇之賜也。且末年流賊之變，未必不由於此，故我國以為由我而亡，沒世哀慕，至今不已。」[17]

而宣祖（李昖，1552–1608，1567–1608 在位）在位期間甚至刻寫再造藩邦的碑刻，以確認有關的想法。[18]可見，明清交替之際的朝鮮社會之中，在朝廷也好，還是士大夫的眼光也好，已建構一種「萬曆再造之恩，將百世不可忘也」的感恩心態。[19]正如孫衛國研究指

---

16 吳政緯：《眷眷明朝：朝鮮士人的中國論述與文化心態（1600–1800）》，頁57。
17 洪大容：《湛軒書》，收入民族文化促進會編：《韓國文集叢刊》（서울：民族文化促進會，2003年），冊248，外集卷2，〈杭傳尺牘・乾淨衕筆談〉，頁27a。
18 關於此，詳參 Myung-gi Han, "The Inestimable Benevolence of Saving a Country on the Brink of Ruin': Chosŏn–Ming and Chosŏn–Later Jin Relations in the Seventeenth century," in *The East Asian War, 1592–1598: International Relations, Violence, and Memory*, ed. James B. Lewis (New York: Routledge, 2015), 277–293.
19 成大中：《青城先生文集》，收入韓國文集編纂委員會編：《韓國歷代文集叢書》（서울：景仁出版社，1999年），冊2733–2734，卷7，〈明隱記〉，頁17b。成大中（1732–1809）是著名尊周思明的學者成海應（1760–1839）的父親。成大中與成海

出，事大思想與慕華觀兩大元素，影響朝鮮長久以與明朝保持友好關係。[20] 但是，桂勝範（Seung B. Kye）提到朝鮮王朝的各種事大活動早期是基於兩國國王與皇帝的友好以及實質效益才維持事大朝貢關係。[21] 直至中宗（李懌，1488–1544，1506–1544在位）時期為了確保自己權位，而不斷派出各種特別的使節，希望在明朝皇帝的認同下，保障他的權力。於是，中宗甚至將原來是為了政治現實的事大關係，轉化為儒學理念建構下的事大關係，以鞏固，甚或強化他在朝廷的地位。此例所說明的是明朝與朝鮮之間的事大秩序，曾經歷不同階段的演變，而中宗時期得以逐漸被強化。[22] 直至萬曆朝鮮之役以後，這種情緒進一步強化到一種「明之於我，即周之於魯也」

應均有強烈的尊周思明的想像，他的書籍中所記載的明隱金壽民（1734–1811）的故事，是一位清交替後因明亡而隱退的士人，明隱自稱正是「我之思明，恩也，義也」的意思。明隱的故事說明一種萬曆朝鮮之役以後，朝鮮社會如何建構濃厚的尊周思明的思想氣氛；關於金壽民的故事，另參李書九：《惕齋集》，收入民族文化促進會編：《韓國文集叢刊》（서울：民族文化促進會，2003年），冊270，卷9，〈明隱金君墓誌銘〉，202a–203a；關於成大中的思想，詳參孫蕙莉（손혜리）：〈青城 成大中의 史論 散文 研究：『青城雜記』「揣言」을 중심으로〉，《대동문화연구》，第80卷（2012年12月），頁367–399。

20 孫衛國：《大明旗號與小中華意識：朝鮮王朝尊周思明問題研究（1637–1800）》，頁56–62。

21 他以明成祖（朱棣，1360–1424，1402–1424在位）與朝鮮太宗之間的友誼為例說明這樣的事大關係，據《朝鮮王朝實錄》記載：「上國士人見殿下，皆稱朝鮮世子，甚敬之。殿下過燕府，燕王親見之，旁無衛士，唯一人侍立。溫言禮接甚厚，因使侍立者饋酒食，極豐潔。」當時仍為世子的朝鮮太宗至燕京時，得到時任燕王的朱棣的信任，不帶守衛情況下親自接待，可見兩人之間的關係。關於此，詳參國史編纂委員會編：《朝鮮王朝實錄》，《太祖實錄》，卷6，太祖三年十一月乙卯條，頁17a。
Seung B. Kye, "Huddling under the Imperial Umbrealla: A Korean Approach to Ming China in the Early 1500s," *Journal of Korean Studies* 15:1 (2010): 42–43.

22 Seung B. Kye, "Huddling under the Imperial Umbrealla: A Korean Approach to Ming China in the Early 1500s," 41–66.

的想法。[23] 因此，這種尊明的思緒在明清交替以後，顯得更為強烈，這一點並非單純的儒學思想可解釋，而是現實政治環境之下，使文化心態出現異動，故有關的討論必須放置於兩地之間歷史脈絡之中討論。

在東北亞世界中，另一值得留意的是女真人在 17 世紀於建州興起。他們的崛起旋即發展成具有體制的國家。[24] 在 17 世紀以前，還是部落聯盟的女真人利用羈縻衛所制的方式控制當地的族落，即容許當地的女真人歸附明朝，並以他們的部落領袖作官職，實際為一種招撫當地女真人的做法。與此同時，女真人也與朝鮮王朝保持友好的關係。關於這樣的女真人雙邊外交的關係，莊吉發扼要地指出：

> 永樂初年，明朝政府在鳳州設置建州衛，其後又增設建州左衛、建州右衛，三衛並立。建州女真輾轉遷移到遼寧婆豬江、竈突山即赫圖阿拉（hetu ala）之西烟筒峰（hūlan hada）一帶，以蘇子河流域為中心。建州女真由綏芬河、琿春江進入遼東境內後，獲得更多的可耕地，一方面憑著敕書與明朝維持封貢貿易關係；一方面因地理背景，繼續出入於朝鮮後門。[25]

而早於朝鮮太祖期間，與女真族有若干的聯繫，尤如傳統中國宗藩

---

23 成大中：《青城先生文集》，卷7，〈明隱記〉，頁18a。
24 關於努爾哈赤（清太祖，1559–1626，1616–1626在位）如何塑造與發展滿族由部落成為國家的歷史過程，華文書籍中，首推劉小萌之著作。詳參劉小萌：《滿族從部落到國家的發展》（北京：中國社會科學出版社，2013年），頁95–100。
25 莊吉發：〈他山之石：朝鮮君臣對話中的大清盛世皇帝〉，收入氏著：《清史論集（二十一）》（臺北：文史哲出版社，2011年），頁129–130。

關係。²⁶李成桂自幼出生於高麗王朝的東北，故其家門曾是女真族聚居的長官，故對女真族有親近關係，加上原女真族酋長之一的義兄李之蘭（1331–1402）的影響下，女真與朝鮮有緊密的交流與往來。²⁷

這樣的脈絡線索可以瞭解明朝、朝鮮與女真在建國以前有著錯綜複雜的關係，亦隨著建州女真建國為後金後，事情變得更為複雜。建州女真在萬曆朝鮮之役之後，在東北亞崛起，²⁸ 1616 年，努爾哈赤將女真由部落制度發展為國家，而當時稱之為「asisin gurun」（滿文意譯為金國，又稱後金），同時自稱「天命金國汗」。²⁹ 獨立稱國後，擺脫與明朝的朝貢關係，並中斷與明的互市，³⁰ 透過戰爭進一步擴大其版圖。³¹

1619 年在薩爾滸戰爭，努爾哈赤率領金軍大敗楊鎬（?–1629）

---

26 關於此論述在學界仍存爭疑，如河內良弘亦觀察到女真、朝鮮與明朝是一種兩元中心的朝貢體系，即一方面明朝管轄女真；另一方面朝鮮亦以藩邦的態度對待女真諸部，如《朝鮮王朝實錄》之中可見女真族進貢與賞賜的形式出現。儘管孫衛國提出朝鮮王朝與女真並非真正宗藩關係，只是一種現實政治的考慮。但筆者認為有必要說明，女真在朝鮮與明朝之間，不同的部落均向兩邊來確保部落的安全或建立部落對外的關係。關於此，詳參河內良弘：《明代女真史の研究》（京都：同朋舍，1992年）；孫衛國：〈試論入關前清與朝鮮關係的演變歷程〉，頁99；王永一：〈韓國朝鮮王朝世宗大王時期與女真族關係研究〉，《中國邊政》，第194期（2013年6月），頁44–60。
27 王永一：〈朝鮮初期女真族裔李之蘭在政界的活躍〉，《中國邊政》，第177期（2009年3月），頁45–58。
28 當時建州女真在明朝與日本戰鬥期間，打敗呼倫蒙古等九部聯軍，並滅長白山部，壯大了建州女真。關於此，詳參張存武：〈清韓關係：一六三六—一六四四〉，收入氏著：《清代中韓關係論文集》（臺北：臺灣商務印書館，1987年），頁3。
29 劉小萌：《滿族從部落到國家的發展》，頁161。
30 劉小萌：《滿族從部落到國家的發展》，頁164–171。
31 劉家駒：《清朝初期的中韓關係》（臺北：文史哲出版社，1975年），頁1–2。

率領的明軍,[32] 一方面確認明軍在東北與後金長年的戰事失利,亦象徵明朝逐漸失去過去傾全國之力抵擋豐臣秀吉軍隊的能力,朝鮮在此戰事中,應明朝的要求派出了姜弘立(1560–1627)支援有關戰爭,但卻在當時的君主光海君(李琿,1575–1641,1608–1623在位)的默許下,朝鮮軍向後金投降。[33] 是次戰役,朝鮮光海君維持兩線外交的策略,一方面保持原來與明朝的朝貢關係,[34] 另一方面與後金保持良好的關係。張存武對於薩爾滸戰爭,光海君的策略有正面評價,也同時客觀地說明了當時的國際形勢,他指出:

> 萬曆四十六年(1619)明朝徵兵朝鮮伐後金。光海君初無積極表示,後以大臣主張,派都元帥姜弘立、副元帥金景瑞率一萬三千兵援明。臨行光海君密旨:「觀形勢,定背向」及明兵戰敗,弘立即派人通敵,陳說出兵乃不得已之舉,並率眾投降。金國留其將遣其兵。其後弘立返國,立主與後金建

---

32 關於戰役的性質與爆發原因,可參黃仁宇:《大歷史不會萎縮》(臺北:聯經出版,2004年),頁191–217。
33 刁書仁:〈論薩爾滸之戰前後金與朝鮮的關係〉,《清史研究》,2001年第4期(2001年11月),頁43–50;白新良:〈薩爾滸之戰與朝鮮出兵〉,《清史研究》,1997年第3期(1997年8月),頁9–15。
34 光海君的登基曾不被明朝認可,在個人心態上對明朝有所不滿,甚至出現拒絕執行明朝命令的情況,故有學者認為有關的心態使他對明朝的外交策略與過去強調事大的歷代君主有所不同。關於此,詳參尹鉉哲、劉吉國:〈試論光海君的世子身份問題與即位初期的政策〉,《延邊大學學報(社會科學版)》,第45卷第1期(2012年2月),頁136–140;許怡齡:〈從「光海君」統治正當性看朝鮮的價值觀:冊封、執政能力與儒家道德〉,收入中國文化大學韓國語文學系暨韓國學研究中心編輯委員會編:《韓國學研究論文集(四)》(臺北:中國文化大學華岡出版部,2015年),頁143–156;徐佳圓:《朝鮮王朝後期「事大」與「保國」政策的游移——以光海君到孝宗為中心(1608–1659)》(臺北:臺灣師範大學東亞學系碩士學位論文,2016年),頁35–56。

立邦交關係。金兵敗楊鎬大軍後,下遼瀋,進迫河西。朝鮮與金國強弱之勢大變。天啟二年(1622)毛文龍據皮島為東江鎮,圖恢復遼東。朝鮮對金明的外交益形艱難。綜觀光海君的對金政策,除嚴備國境防禦外,頗能及時把握明金雙方的正確動態,巧妙的保持觀望態度,採取不背明、不怒金的兩面外交政策。故能免於金人的侵略,即戊午援明一事,當時也頗得金人的諒解。[35]

直至1623年仁祖(李倧,1595–1649,1623–1649在位)反正,將光海君貶為庶人以前,光海君試圖在明金之間,確保朝鮮國內的穩定,希望與努爾哈赤建立友好的關係。而事實上,光海君的策略,也使朝鮮與後金有著相對穩定的關係。[36]然而,在再造藩邦與日益強化的尊明事大之情之下,群臣對於光海君之舉極為反感,甚至利用各種方法阻止光海君的做法,最終以儒家的正統觀念,發動政變,將他廢除。[37]

《仁祖實錄》記載了朝鮮朝廷當時廢光海君的理由:

我國服事天朝,二百餘載,義即君臣,恩猶父子。壬辰再造之恩,萬世不可忘記。先王臨御四十年,至誠事大,平生未嘗背西而坐,光海忘恩背德,罔畏天命,陰懷二心,輸款奴夷。己未征虜之役,密教帥臣觀變向背,卒致全師投虜,流

---

[35] 張存武:〈清韓關係:一六三六—一六四四〉,頁4。
[36] 魏志江:〈論後金努爾哈赤政權與朝鮮王朝的交涉及其影響〉,《民族研究》,2008年第2期(2008年3月),頁56–62;高志超:〈試論薩爾滸戰後朝鮮與後金的關係:以姜弘立為中心〉,《東北史地》,2009年第2期(2009年3月),頁49–52。
[37] 孫衛國:〈試論入關前清與朝鮮關係的演變歷程〉,頁103。

丑四海。王人之來本國，羈縶拘囚，不啻牢狴，皇敕屢降，無意濟師。使我三韓禮義之邦，不免夷狄禽獸之歸，痛心疾首，胡可勝！夫滅天理，糜人倫，上以得罪於宗社，下以結怨於萬邦，罪惡至此，其何以君國子民，居祖宗之天位，奉宗社之神祀乎？茲宜廢之，量宜居住。[38]

從引文所知，光海君在朝臣以儒家的事大華夷觀之中，其行為遭到狠批。而更值得一提的是，在這段論述中，朝臣均強調「再造之恩」不可忘記，故在明清交替的過程中，明神宗積極介入朝鮮戰爭，使朝鮮士大夫對其力量的印象尤其深刻，即使事大外交已維持二百多年，但這種觀念的強化，尤甚於朝鮮戰爭以後的再造之恩，對於朝鮮面對明清改朝換代時的政治選擇與情感投射，出現更多的變化因素。

1623年，仁祖反正以後，一改光海君的兩面政策，而轉向在明滿之間，支持明朝的行動。1626年袁崇煥（1584–1630）在寧遠之戰（1926）中取得成功，[39] 明軍在戰事上得到了轉機，而努爾哈赤在明金之間的戰爭中受到了挫折，不久努爾哈赤便因病而逝，其子皇太極繼位後則先行整理內部，避開了與袁崇煥硬碰，故明金之間換得了短暫的和平。[40] 而當時仁祖反正以後，為確保王位的冊封便結束

38　國史編纂委員會編：《朝鮮王朝實錄》，《仁祖實錄》，卷1，仁祖二年三月甲辰條，頁5a。
39　學界對袁崇煥研究相當完整，近年扼要介紹袁氏在東北戰事的成就者，可參袁展聰：〈投筆從戎：晚明袁崇煥及其部將之研究〉，周佳榮、范永聰編：《東亞世界：政治・軍事・文化》（香港：三聯書店，2014年），頁196–222。關於過去的研究綜述則可參考王榮湟的整理，他嘗試整合中港臺以及海外的袁崇煥研究成果，主要針對軍事思想、議和、與毛文龍關係、人際關係、詩作與歷史地位等各方面，詳參王榮湟：〈百年袁崇煥研究綜述〉，《明代研究》，第17期（2011年12月），頁155–186。
40　王鍾翰：〈論袁崇煥與皇太極〉，《社會科學戰線》，1985年第1期（1985年1月），頁126–134。

了光海君的政策,並改為轉移向明朝效忠,而皇太極亦棄難取易,而先轉移向朝鮮出征。

此外,朝鮮一方面容許毛文龍(1576-1629)在朝鮮與後金之間活動,[41] 毛文龍在朝鮮的默許下,駐守於朝鮮鴨綠江以南的鐵山、皮島等地,並經常突襲後金軍隊,使當時後金亦認為朝鮮刻意容許毛文龍在遼東地區活動,這樣對後金的後防安全有極大威脅。[42] 因此,1627年皇太極即位後,便派遣阿敏(?-1640)等將領率軍渡鴨綠江先後擊退毛文龍軍隊,並迅速地攻克義州、平壤、定州、開城等朝鮮半島北部重要城鎮,甚至使仁祖要逃至江華島。[43] 此時皇太極擔心後金將受明朝襲擊,便向朝鮮議和,最終作出約定,同意訂立為兄弟盟約,兩國開始進行互市,並確保不再侵犯對方領土,而朝鮮則須停止使用明朝天啟年號。[44] 有關事件在朝鮮史冊中,稱之為「丁卯胡亂」。[45]

胡亂以後,朝鮮稱後金為兄國,按約交往恢復和平。然而,朝鮮在此階段不斷的留難後金,諸如後金欲藉此關係,增加朝鮮所提供的禮貢,以符合接待明朝的準則,但朝鮮不依;孔有德(?-

---

41 關於毛文龍的研究,詳參葉高樹:〈明清之際遼東的軍事家族:李、毛、祖三家的比較〉,《臺灣師大歷史學報》,第42期(2009年12月),頁121-196。
42 張存武:〈清韓關係:一六三六—一六四四〉,頁4。
43 韓明基(한명기):〈조중관계의 관점에서 본 인조반정의 역사적 의미 : 명의 조선에 대한 "의제적 지배력"과 관련하여〉,《남명학》,第16輯(2011年),頁239-279。
44 鄭錫元(정석원):〈丁卯胡亂時 反清思想의 展開와 그 原因〉,《중국어문학논집》,第5輯(1993年8月)頁4。
45 關於丁卯胡亂經過,可參考金鍾圓(김종원):〈丁卯胡亂時의 後金의 出兵動機:後金의 社會發展過程에서의 社會經濟的 諸問題와 관련하여〉,《동양사학연구》,第12、13輯(1978年8月),頁55-93;南浩鉉(남호현):〈朝清關係의 초기 형성단계에서「盟約」의 역할:丁卯胡亂期 朝鮮과 後金의 講和過程을 중심으로〉,《조선시대사학보》,第78輯(2016年9月),頁51-85。

1652)、耿仲明(1604–1649)投降時,[46]朝鮮卻拒絕提供任何幫助,以及越境偷參、[47]逃人等問題,[48]兩地之間的交涉也有嚴重的分歧。種種有意與無意的留難,引起了當時後金的不滿,而後金於1636年稱帝並改稱大清時,朝鮮拒絕向清廷稱君臣之禮,故皇太極以朝鮮違背盟約,便派兵攻打朝鮮,韓國學界稱之為丙子胡亂。[49]清軍由皇太極親自率領大軍進攻朝鮮半島,仁祖儘管試圖派員抵抗,但始終清軍與朝鮮軍之實力差距明顯,使漢陽亦無可避免地被攻陷,仁祖逃難到南漢山城,最終清軍將他包圍,並迫令仁祖最終在三田渡與皇太極會面,更向皇太極實行三跪九叩之禮,使稱丁丑下城,而韓國學界則稱之為「三田渡的屈辱」。[50]

---

46 關於孔、耿等人投降的經過,詳參趙亮:〈論東江軍將領降(後)金及其影響:以孔有德、耿仲明、尚可喜為中心〉,《理論界》,2006年第12期(2006年12月),頁170–172。
47 關於此,詳參 Seonmin Kim, "Ginseng and Border Trespassing Between Qing China and Chosŏn Korea," 33–61.
48 李孟衡:《從朝鮮、滿洲間的逃人刷還問題看十七世紀東北亞國際秩序變遷》(臺北:臺灣大學歷史學研究所碩士論文,2015年)。
49 關於丙子胡亂相關的軍事史研究情況,可參考吳宗祿(오종록):〈壬辰倭亂～丙子胡亂時期 軍事史 研究의 現況과 課題〉,《군사》,第38輯(1999年10月),頁135–160。
50 三田渡該處立了清廷的功德碑,記述丙子胡亂以後,皇太極要求於三田渡成立大清皇帝功德碑,而該碑主要是希望朝鮮頒揚皇太極保全朝鮮社會百姓的功德,而停止出兵的內容。對於朝鮮社會與士大夫來說,是社會的一大屈辱。關於功德碑的研究,詳參宋康鎬(송강호):〈三田渡 大淸皇帝功德碑의 硏究:滿漢文 對譯을 中心으로〉,《만주연구》,第11期(2011年6月),頁293–358;李銀順(이은순):〈李景奭의 政治的 生涯와 三田渡碑文 是非〉,《韓國史研究》,第60號(1988年3月),頁57–102。

三、丙子胡亂後與朝鮮稱臣後的新秩序

三田渡的會面不只是單純的國王的屈辱,而是中原政權與朝鮮半島展開新形態交往的轉捩點。皇太極迫使仁祖接受,在《清實錄》記載了皇太極上親謁時,描述本人如何親率大軍,並使朝鮮接受新的形式進行朝貢安排,放棄對明的進貢。

> 於去年十二月(1636),親統大軍往征。朝鮮王李倧,率其長子李溰,及群臣,遁入南漢山城。次子李淏、三子李滆,及其妻子遁匿江華島。我兵圍南漢,朝鮮八道兵將來援,為我兵擊斬甚眾。又以舟師克取江華,獲其王妃、並李淏、李滆、及其妻孥、與群臣家屬。朝鮮王李倧,勢窮力屈,率眾出城,獻明國原賜冊印。執左袒明國建言敗盟之臣洪翼漢、尹集、吳達濟,縛詣軍前,請罪乞降,更兄弟之稱,執藩臣之禮。臣釋其前怨,還其妻子、令彼世守其國。每歲進貢,復以其二子李溰、李淏為質。誅洪翼漢、尹集、吳達濟,以警其餘。朝鮮既平,又率朝鮮水師,乘舟渡海,攻克明國毛文龍所居皮島。殺其總兵沈世奎、金日觀等,及士卒甚眾。海島遺孽,悉經蕩平。數月之間,兩成大功……[51]

在此可得知皇太極在三田渡以後,規定朝鮮交出明朝所賜的冊封印鑑,象徵的是朝鮮終止視明廷為宗主國,並將親明官員一一降罪。朝鮮不再以兄弟之稱看待兩地關係,而是要求朝鮮執君臣之禮。此

---

51 剛林等奉敕修:《清實錄・太宗文皇帝實錄》(北京:中華書局,1985年),卷36,崇德二年六月丙辰條,頁466a。

外，清廷亦規定立世子為質、支援清軍攻打明軍、[52] 遣送瓦爾喀人等均為當時的要求，具體可見於《清太宗實錄》的記載：[53]

> 是日、敕諭朝鮮國王李倧曰：「朕覽來奏，知爾欲保全宗社，束身來歸，且述二十日之詔旨，欲求信實，朕詔已出，寧肯食言，既盡釋前罪，將永定規則，以為子子孫孫、君臣世守之信義。爾若悔過自新，不忘恩德，委身歸命，子孫世守信義，則當去明國之年號，絕明國之交往，獻納明國所與之誥命冊印。躬來朝謁，爾以長子，並再令一子為質。諸大臣有子者以子、無子者以弟為質。爾有不諱，則朕立爾質子嗣位。從此一應文移，奉大清國之正朔。其萬壽節及中宮千秋、皇子千秋、冬至、元旦、及慶弔等事，俱行貢獻之禮，並遣大臣、及內官奉表。其所進往來之表，及朕降詔敕，或有事遣使傳諭，爾與使臣相見之禮，及爾陪臣謁見，并迎送餽使之禮，毋違明國舊例。朕若征明國、降詔遣使，調爾步騎舟師，或數萬，或刻期會處，數目限期、不得有誤。朕今移師攻取皮島，爾可發鳥鎗弓箭手等兵船五十艘，大軍將還、宜備禮獻犒。軍中俘獲、過鴨綠江後、若有逃回者、執送本主。若欲贖還，聽從兩主之便，蓋我軍以死戰俘獲之人，爾後毋得以不忍縛送為詞。爾與內外諸臣、締結婚媾、以固和好。新舊城垣、不許擅築。爾國所有瓦爾喀俱當刷送。日本貿易，聽爾如舊，當導其使者來朝，朕亦將遣使

52　關於此，詳參劉家駒：《清朝初期的中韓關係》，頁191–288。
53　亦可參考劉家駒：《清朝初期的中韓關係》，頁121–124。

與彼往來也。其東邊瓦爾喀、有私自逃居於彼者,不得復與貿易往來。爾若見瓦爾喀人,便當執送。爾以既死之身,朕與生存,保全爾之宗社,復還所獲。爾當念朕再造之恩,後日子孫、毋違信義,則邦國永存矣。朕見爾國狡詐反覆,故降茲詔諭,每年進貢一次,其方物數目:黃金百兩、白銀千兩、水牛角二百對、豹皮百張、鹿皮百張、茶千包、水獺皮四百張、青黍皮三百張、胡椒十斗、腰刀二十六口、順刀二十口、蘇木二百觔、大紙千卷、小紙千五百卷、五爪龍蓆四領、各樣花蓆四十領、白苧布二百疋、各色綿紬二千疋、各色細麻布四百疋、各色細布萬疋、布千四百疋、米萬包。」[54]

朝鮮仁祖以此嚴厲的敕諭之要求下選擇了妥協,並向皇太極投降,為朝鮮半島換來了往後的和平。但卻為朝鮮社會與思想界帶來了極大衝擊,社會之間對於如何看待清朝以及瞭解華夷秩序,有了新的思考。

丙子胡亂後,朝鮮士大夫對宗藩觀與華夷的想像有不少新思考與回響,如石室書院的創辦人金尚容(1561–1637)以自盡拒絕受辱,[55] 其弟金尚憲(1570–1652)則發展石室書院為一座以老論及明確華夷觀為中心的書院,該書院早期並帶有強烈的朝鮮中華意識的

---

[54] 剛林等奉敕修:《清實錄・太宗文皇帝實錄》,卷33,崇德二年正月戊辰條,頁431a–b。
[55] Login Lok-yin Law, "Kim Wŏn-haeng's Intellectual Influences on Hong Tae-yong: The Case of Relations between Nakhak and Pukhak," *International Journal of Korean History* 20:2 (2015): 121–152.

學風,而該書院的廟碑,由宋時烈(1607-1689)所題的「身任禮義之大宗,以樹綱常於既壞」[56]反映了當時朝鮮士大夫對於華夷觀的基本立場。

而作為朝廷重臣兼思想界大儒宋時烈則在當時也鼓吹一段崇明抑清的思想潮流。丙子胡亂爆發前,宋時烈已被安排擔任鳳林大君(即後來的孝宗李淏,1619-1659,1649-1659在位)的老師。[57]宋時烈因仁祖接受了南漢山城的和約,憤而辭職歸鄉,直至孝宗在瀋陽與北京擔當人質後,[58]於1649年回國繼位後,宋時烈獲孝宗邀請再次出仕,共謀國事。而孝宗因極受尊明抑清的宋時烈影響,更曾計劃北伐。[59]

據《顯宗改修實錄》記述了孝宗與宋時烈的對話,[60]當中看到宋時烈如何精神與理論上並建構了孝宗的北伐想法。

---

56 宋時烈:《宋子大全》,收入民族文化促進會編:《韓國文集叢刊》(서울:民族文化促進會,2003年),冊108-116,卷171,〈石室書院廟庭碑〉,頁20a-21b。
57 金東煥(김동환):〈尤庵 宋時烈의 著述과 刊行에 관한 一考察〉,《서지학연구》,第37輯(2007年9月),頁9。
58 時為大君的孝宗,曾擔任人質,以維繫清與朝鮮的宗藩關係。關於此,詳參葉泉宏:〈瀋館幽囚記(1637-1645):清鮮宗藩關係建立時的人質問題〉,《韓國學報》,第18期(2004年6月),頁284-299。
59 關於孝宗北伐的計劃,詳參 JaHyun Kim Haboush, "Constructing the Center: The Ritual Controversy and the Search for a New Identity in Seventeenth-Century Korea," in *Culture and the State in Late Choson Korea*, ed. JaHyun Kim Haboush and Martina Deuchler, (Cambridge, MA: Harvard University Asia Center, 1999), 71-72.
60 因西人與南人之間的黨爭,故當時《顯宗實錄》就禮儀上以及一些政治爭論上,士大夫有所爭議。當時南人派的許穆(1595-1682)當政期間,大量關於宋時烈的事蹟以及禮訟等西人派的主張未有載於《顯宗實錄》,故在肅宗(李焞,1661-1720,1674-1720在位)晚年西人派再次得政以後,他們再以《顯宗實錄》有所偏頗為由,而改編修成《顯宗改修實錄》。關於此,詳參張春海:〈論明亡後《大明律》在朝鮮地位的動搖:以「禮訟」為中心的考察〉,《暨南學報(哲學社會科學版)》,2011年第6期(2011年6月),頁148-156。

己亥三月十一日，召對諸臣于熙政堂，臨罷，上命時烈獨留。令中官洞開門戶，悉辟左右然後，上曰：「每欲與卿從容說話，等待屢日，終無其便。故今日予決意爲此擧。予亦氣幸蘇快，庶幾罄吾所懷矣。」上因喟然曰：「今日之所欲言者，當今大事也。彼虜有必亡之勢。前汗時兄弟甚蕃，今則漸漸消耗，前汗時人才甚多，今則皆是庸惡者。前汗則專尙武事，今則武事漸廢，頗效中國之事。此正卿前日所誦，朱子謂，虜得中原人，敎以中國制度，虜漸衰微者也。今汗雖曰英雄，荒于酒色已甚，其勢不久。虜中事，予料之熟矣。群臣皆欲予勿治兵，而予固不聽者，天時人事，不知何日是好機會來時。故欲養精砲十萬，愛恤如子，皆爲敢死之卒然後，俟其有釁，出其不意，直抵關外，則中原義士豪傑，豈無響應者？蓋直抵關外，有不甚難者。虜不事武備，遼瀋千里，了無操弓騎馬者，似當如入無人之境矣。且以天意揣之，我國歲幣，虜皆置之遼瀋，天意似欲使還爲我國用矣。且我國被擄人，不知其幾萬，亦豈無內應者耶？今日事，惟患其不爲而已，不患其難成。」時烈對曰：「聖意如此，非但我東，實天下萬世之幸。然諸葛亮，尙不能有成，乃曰：『難平者事。』萬一蹉跌，有覆亡之禍則奈何？」上笑曰：「是卿試予之意也。以大志擧大事，豈可保其萬全也？大義旣明，則覆亡何愧？益有光於天下萬世也。且天意有在，予以爲似無覆亡之虞也……」[61]

---

[61] 國史編纂委員會編：《朝鮮王朝實錄》，《顯宗改修實錄》，卷1，顯宗在位年九月癸亥條，頁51b–52a。

當時甚至有完善的計劃,例如宋時烈曾向孝宗表示,應仿效高麗以密奏形式通報宋朝之法與南明聯絡:[62]

> 臣竊聞麗氏於契丹時,請醫於宋,密奏忠慮,而金虜之時,又有奔問宋朝之事,當時義之……竊聞今日一脈正統,偏寄南方,未知殿下已有麗朝之事,而機禁事密,群下有未得知耶?若然則天怒自息,民心自悅,我國其庶幾乎。如其不然,則未有大倫有虧,大義有壞,而天佑民服者也。萬里鯨波,信息難傳,而精誠所在,無遠不屆。一國軍民,文武之中,豈無忠信沈密,而應慕願行者乎?伏乞殿下,默運神機,獨與腹心大臣,密議而圖之。臣雖駑劣,極欲懷符潛行,以達吾君忠義之心,以明祖宗誠悃之極,則聖上培養之恩,庶幾少效,而假使未達,溺死於萬丈層波,萬萬甘心,榮幸無窮矣。惜乎今病已矣,南望長慟,只自匪風之思而已。伏願殿下,潛留睿思無忽,則千萬幸甚。[63]

同時,在軍事方面孝宗也嘗試作出一些改革以圖有足夠的軍力發動戰爭。雖然在現實的考慮下,北伐最終無法成功,還被清廷要求派兵協助征伐羅禪,[64] 但列舉宋時烈與孝宗之間的對話,一方面足以證

---

62 關於高麗密奏研究,中韓學界有不少的研究成果,如洪瑀欽(홍우흠):〈11世紀 高麗와 北宋關係에 대한 蘇軾의 上疏文〉,《모산학보》,第13輯(2001年10月),頁149–166。
63 國史編纂委員會編:《朝鮮王朝實錄》,《孝宗實錄》,卷19,孝宗八年八月丙戌條,頁12b。
64 羅禪征伐是應清朝的要求,派出鳥銃手協助討伐當時影響清俄邊界的沙俄哥薩克軍隊事件。事件中朝鮮在別無選擇的情況下,派出100名鳥槍手,與八旗軍等會師助戰。有關事件對清鮮關係的象徵意義是,有助抒緩自丙子胡亂以後朝鮮與清廷

明當時宋時烈對孝宗以及朝廷的主流政策想法有很大的影響，更重要的是，他造就了朝鮮士大夫17世紀，甚至延伸百多年的仇清想像的重要例證。而事實上，宋時烈的主張在其學生輩的推動下，[65]成為了當時朝鮮士大夫思想界的主流，甚至到18世紀正祖（李祘，1752–1800，1776–1800在位）年間，正祖手書宋時烈的墓碑為：「有明朝鮮國左議政允庵宋先生之墓」，[66] 又親賜書院大老祠碑：「明天理，正人心，使衣冠之倫，得免為披髮左衽，不與夷狄禽獸同歸者，大老之力也。」[67]

由此可見，朝鮮思想與政界在後期，極力推舉宋時烈，其實可說明宋時烈已化成一種尊周攘夷，尊明仇清的思想呈現的例證或是傳播代表，而宋時烈的門人，如崔慎（1642–1708）、[68] 閔鼎重

之間的關係。關於羅禪征伐，學者亦有不少的研究，如 Hyeok Hweon Kang, "Big Heads and Buddhist Demons: The Korean Musketry Revolution and the Northern Expeditions of 1654 and 1658," *Journal of Chinese Military History* 2:2 (2013): 127–189；李康七（이강칠）：〈朝鮮孝宗朝羅禪征伐과 被我鳥銃에對한小考〉，《고문화》，第20輯（1982年），頁15–28；潘允洪（반윤홍）：〈備邊司의 羅禪征伐 籌劃에 대하여：효종조 寧古塔 파병절목을 중심으로〉，《한국사학보》，第11號（2001年9月），頁123–143。

65 關於宋時烈在各地的弟子以及弟子的活動，特別是推動建構宋時烈道統的各個主張者，詳參李娟俶（이연숙）：《尤菴學派研究》（大田：忠南大學校史學科博士論文，2003年），頁50–112。
66 孫衛國：《大明旗號與小中華意識：朝鮮王朝尊周思明問題研究（1637–1800）》，頁152。
67 國史編纂委員會編：《承政院日記》（서울：國史編纂委員會，1964年），第86冊，正祖十一年三月十九日，頁28b。
68 姜智恩以宋時烈與崔慎的對話為例，說明宋時烈的朱子學的觀感，詳參姜智恩：〈東亞學術史觀的殖民扭曲與重塑：以韓國「朝鮮儒學創見模式」的經學論述為核心〉，《中國文哲研究集刊》，第44期（2014年3月），頁173–211。

（1628–1692）等，[69] 以及其他受宋時烈影響的士大夫，[70] 也在各種論述中銳意強化宋時烈的地位與角色，[71] 而事實上，宋時烈的各種主張與行為，如創立萬東廟、摹刻崇禎（朱由檢，1611–1644，1627–1644 在位）御筆以及成立華陽書院等，[72] 都使宋時烈本人成為了一種尊周思明的象徵，而這種象徵在其弟子們的傳播下，成為整個朝鮮思想界 18 世紀的一種主流想法。

然而，思想界的一面仇清蔑滿，但現實外交政治之下，朝鮮丙子胡亂後，一面仍派遣使節到瀋陽與北京。據夫馬進整理，從1637年丙子胡亂至甲午戰爭前夕，共計有494次，加上臨時派遣的600多次的賫咨行，可見平均每年有3.7次使節派遣的活動。[73] 這樣的派遣數量反映的是朝鮮仇恨的同時，仍在現實的政治考慮或經濟需要等因素下進行，使朝鮮在派遣使團上，對比明朝時有更多的材料與紀錄，記述相關的事情。換句話說，朝鮮常與清廷有不同程度的交涉，但士大夫在義理為先的思想主張之上，如何接納或應對這些接踵而至的交涉活動？

69　閔鼎重曾於1669年擔任冬至使使節期間，與一名河北省生員交談，並藉此機會收集各樣反清情報，可見他深受其師的影響。關於此閔鼎重的反清情報收集研究，可參夫馬進：〈朝鮮燕行使による反清情報の収集とその報告：1669年閔鼎重の「王秀才問答」を中心に〉，收入氏著：《朝鮮燕行使と朝鮮通信使》（名古屋：名古屋大學出版會，2015年），頁187–204。
70　關於此，詳參李娟俶（이연숙）：〈17~18세기 영남지역 노론의 동향－송시열 문인가문을 중심으로〉，《역사와 실학》，第23輯（2002年1月），頁81–116。
71　孫衛國：《大明旗號與小中華意識：朝鮮王朝尊周思明問題研究（1637–1800）》，頁172–180。
72　全用宇（전용우）：〈華陽書院과 萬東廟에 대한 研究〉，《湖西史學》，第18輯（1990年12月），頁135–176。
73　夫馬進：〈朝鮮燕行使とは何か〉，收入氏著：《朝鮮燕行使と朝鮮通信使》，頁4–5。

據李花子的研究整理，如順治（愛新覺羅福臨，1638–1661，1643–1661 在位）年間便有9次的伐木或偷參的越界事宜，[74] 當中不少案件需要朝鮮派員交涉。又因為長久的越境問題，清廷亦與朝鮮衍生了邊界的問題。朝鮮過去與明朝的邊界未有明顯的爭議，故朝鮮並未有各種的論述，但朝鮮人普遍越過鴨綠江尋找各種工作與獲利機會。滿清崛起於東北，對東北的邊疆意識亦特別重視。[75] 丁卯與丙子之役後，朝鮮與清廷雖以鴨綠江為界，但兩地之間卻因朝鮮越界的頻密程度，而有處理邊疆事宜的必要。而到康熙（愛新覺羅玄燁，1654–1722，1662–1722 在位）年間，甚至多次嘗試向朝鮮要求查界與定界，朝鮮多次的拒絕，最終在1711年，以李萬枝越界事件為由，[76] 打牲烏拉總管穆克登（1664–1735）負責到中朝之間的邊界查明，[77] 而朝鮮亦因此需要派出各種接伴使及譯官，與穆克登進行交涉，可見邊界是中朝關係之間的重要議題。[78]

74　李花子：《清朝與朝鮮關係史研究：以越境交涉為中心》（香港：香港亞洲出版社，2006年），頁24–25。

75　圖們江下游在朝鮮世宗（李祹，1397–1450，1418–1450年 在位）期間曾設置慶源、會寧、慶興、鐘城、穩城、富寧等鎮，鴨綠江、圖們江等作天險的領土，但在女真人的反抗下，朝鮮很快就放棄了有關土地。因此，直到努爾哈赤興起以後，朝鮮與後金邊境之間才漸趨頻繁的交往。關於此，詳參李花子：《清朝與朝鮮關係史研究：以越境交涉為中心》，頁2。

76　此事又稱為謂原越界，《朝鮮王朝實錄》與《清實錄》亦有相關的記載。關於此，詳參李花子：《清朝與朝鮮關係史研究：以越境交涉為中心》，頁70。

77　《清聖祖實錄》載道：「乘此便至極盡處詳加閱視，務將邊界查明來奏。」關於此，詳參馬齊等奉敕修：《清實錄・聖祖仁皇帝實錄》（北京：中華書局，1985年），卷25，康熙五十年五月癸巳，頁6b–7a。

78　Naehyun Kwon（權乃鉉）教授的研究留意到邊界地區因清代中朝關係的因素影響下，其實對平安道的經濟以及社會形成有莫大影響，關於此，詳參 Naehyun Kwon, "Chosŏn–Qing Relations and the Society of P'yŏngan Province During the Late Chosŏn Period," in *The Northern Region of Korea: History, Identity, and Culture*, ed. Sun

另一方面，早於丙子胡亂以前，已有不少朝鮮人為了採參或伐木等原因而前往明朝所管轄的東北地區，即使後來努爾哈赤成立後金以後，朝鮮人亦有越境採參的記載。當時對邊境的定義模糊，但是越境活動極為平常，未有得到拒絕。而朝鮮與後金亦多次就朝鮮人越境採參一行進行磋商，而後金亦曾撰國書，向朝鮮抗議越境採參事宜。[79] 由此可見，朝鮮人越境問題，是後金與朝鮮之間交涉的重要問題之一。

　　這些事宜與傳統的朝貢使節派遣不一樣，故亦同時衍生了一種使行模式名為齎咨官的派遣。[80] 齎者，有付給的意思。[81] 故齎咨實指的是傳遞信息的意思，意即將一些信息與資訊傳遞的官員。而一般來說，他們都是一些非重大事情而派遣的使臣，主要的是傳遞奏文、咨文、押解漂流人、向化人和犯越人的任務。有趣的是，因需與中方朝廷官員對話與交涉，故所派遣的都不是士大夫，而一般被派遣的是司譯院譯官，即他們能以漢語及漢文進行交涉。

　　因此，丙子胡亂以後，朝鮮在思想界雖然產生了對於滿清政權的仇恨，但是礙於現實的環境之下，朝鮮派遣入京的使節卻沒有因此而減少，反而為了盡顯朝鮮的禮義之邦精神，在派遣使節期間，

　　　　Joo Kim, (Seattle: Center for Korea Studies, University of Washington, 2010), 37–61；並參權乃鉉（권내현）：〈17세기 후반~18세기 전반 평안도의 대청사행 지원〉，《조선시대사학보》，第25輯（2003年6月），頁145–172。
79　金宣旼（김선민）：〈人蔘과 疆域：後金－清의 강역인식과 대외관계의 변화〉，《明清史研究》，第30輯（2008年10月），頁227–257。
80　李善洪：〈明清時期朝鮮對華外交使節初探〉，《歷史檔案》，2008年第2期（2008年6月），頁61。
81　《儀禮‧聘禮》中有云「問大夫之幣，俟于郊，為肆，又賞皮馬。」據關於此，詳參顧寶田、鄭淑媛譯注、黃俊郎校閱：《新譯儀禮讀本》（臺北：三民書局，2002年），頁290、295。

透過貢品的數量、使團的數量以及各種的安排配合，希望在清廷社會，盡顯禮義之邦的一面。這種對禮儀的重視，除了是朝鮮社會與文化所塑造的特徵，更重要的是，刻意利用禮儀作為一種對於華夷觀表態的工具。然而，實行禮儀活動期間，普遍士大夫入京後，均拒絕或不太願意接受這些工作，而不少當時的工作轉嫁到其他職級的官員，興起的其中一群，正是漢語譯官。譯官職能得到重視是從這種時代背景所塑造的社會與文化因素而產生的。

四、朝鮮北學興起的思想與思想轉移

順治、康熙年間清廷為了改善與朝鮮之間的關係，嘗試作出穩定兩國關係的政策與措施，希望藉此改變朝鮮在丙子之役後反覆的舉動，改善兩國的關係。如1644年，清軍入北京後不久，便容許昭顯世子（李㳫，1612–1645）回國。[82] 據《仁祖實錄》所載，可見清廷此舉，實為一種釋出善意，改善兩地關係之舉。

> 十一日早朝，九王（註：即多爾袞〔1612–1650〕）招世子、大君，使龍將及孫伊博氏等傳言曰：「未得北京之前，兩國不無疑阻，今則大事已定，彼此一以誠信相孚。且世子以東國儲君，不可久居於此，今宜永還本國。鳳林大君則姑

---

82 一般學界對昭顯世子除了他被質於北京時，他更曾與湯若望（Johann Adam Schall von Bell, 1591–1666）有非常緊密的接觸。關於此，可參考日本學者山口正之的研究。山口正之：〈昭顯世子と湯若望：朝鮮基督教史研究其四〉，《青丘學叢》，第5號（1933年8月），頁101–117。

> 留，與麟坪相替往來。三公六卿質子及李敬輿、崔鳴吉、金尚憲等，亦於世子之行，竝皆率還，而待本國夫馬入來卽發。」[83]

以誠信相孚正是清廷嘗試改善朝鮮的體恤之法，日後在貢品上的修改之中，清廷亦嘗試對於貢品及歲幣的要求有所減少，希望在經濟的利誘下改善朝鮮的壓力，從而有助抒緩朝鮮社會對清廷的仇恨之情。如在順治入京後，便將元朝、冬至、聖節三表貢使合為一，以彰顯柔遠之意，試圖改變丙子之役以後的緊張關係。[84]而其中1728年（雍正6年，朝鮮英祖4年），雍正帝更下諭寬減朝鮮的貢品與歲幣，[85]亦成為了朝鮮以後百多年的常例。[86]

除了貢品的減免外，使團成員的自由活動空間與安排亦作出了不少的放寬，故清康熙以後，朝鮮使節抵京後，能到處參觀，與清廷士人進行交往、筆談、買賣等。據宋慧娟的研究，1662年（康熙元年），貢使可自由攜帶貨物，而無需以咨文列明各種名目與數量。[87]到康熙晚期及雍正（愛新覺羅胤禛，1678–1735，1722–1735在位）初年，使節在北京甚至可以自由活動，正如洪大容所云的，引證著當時朝鮮使節使京期間，不再受禁制所限，而可自由行走於北京：

---

[83] 國史編纂委員會編：《朝鮮王朝實錄》，《仁祖實錄》，第45卷，仁祖二十二年十二月戊午條，頁64b。

[84] 李善洪：〈明清時期朝鮮對華外交使節初探〉，頁57。

[85] 「朝鮮年貢之例，每年貢米百石。朕念該國路程遙遠，運送非易。著減去稻米三十石、江米三十石，每年只貢江米四十石，足供祭祀之用。永著為例。」詳參鄂爾泰等奉敕修：《清實錄・世宗憲皇帝實錄》（北京：中華書局，1985年），卷66，雍正六年二月甲申條，頁1004b–1005a。

[86] 宋慧娟：《清代中朝宗藩關係嬗變研究》，頁49–50；並參張存武：《清韓宗藩貿易（1637–1894）》，頁25–26。

[87] 宋慧娟：《清代中朝宗藩關係嬗變研究》，頁62。

> 貢使入燕,自皇明時已有門禁,不得擅出遊觀,為使者呈文
> 以請或許之,終不能無間也。清主中國以來,弭兵屬耳,
> 恫疑未已,禁之益嚴。至康熙末年,天下已安,謂東方不足
> 憂,禁防少解。然遊觀猶托汲水行,無敢公然出入也。數十
> 年以來,昇平已久,法令漸疎,出入者幾無間也。[88]

這些舉措無疑是,清朝對朝鮮警戒放鬆的證據,驅使朝鮮士大夫不再堅持對於清廷有所偏見的觀點。而事實上,康熙中後期,隨著三藩之亂(1673–1681)平定、[89]臺灣鄭克塽(1670–1707)受封為海澄公等,[90]清廷權力與社會為前所未有的穩定,故康熙年間也放寬貢使,[91]特別是朝鮮使臣入京的安排,如表現出一些特殊的禮遇。[92]在康熙年間出使北京的,雖然有不少燕行日記的紀錄出版,但是總的來說,他們仍然帶有不少批判的。楊雨蕾引用姜銑(1645–?)在

---

[88] 洪大容:《湛軒書》,外集卷7,〈湛軒燕記・衙門諸官〉,頁15a

[89] 康熙十二年(1673)前,吳三桂因活捉永曆帝(朱由榔,1623–1662,1646–1662在位)有功,被封於雲南為藩王,擁有高度自治權。但自康熙皇帝親政以後,有感於藩王對中央政權的威脅,便提倡撤藩。於是,吳三桂對此反抗,便以反清復明為口號,並聯同南方其他藩王一同建國,引發起史稱為「三藩之亂」的事件。關於此,詳參羅威廉(William Rowe)著,李仁淵、張遠譯:《中國最後的帝國:大清王朝》,頁31。

[90] 鄭成功(1624–1662)原為海盜世家,後於明清易代時,其父鄭芝龍(1604–1661)於福州擁護唐王朱聿鍵(1602–1646,1645–1646在位)為隆武帝,從此亦被視為抵抗清軍的南明水師將領,因當時被賜封國姓,縱使鄭芝龍曾投降於清,但鄭成功轉至金門,以抗清為其工作。雖然鄭成功及其兒子鄭克塽所維持在臺灣的政權本質仍有很多的爭議,但從清朝的管治角度來看,收復臺灣對穩定整個帝國有重要的意義。羅威廉(William Rowe)著,李仁淵、張遠譯:《中國最後的帝國:大清王朝》,頁31–33。

[91] 張禮恆以「厚往薄來」的原則使兩國之間自康熙朝以後,兩地之間變得典範的宗藩關係。關於此,詳參張禮恆:《在傳統與現代之間:1626–1894間的中朝關係》(北京:社會科學文獻出版社,2012年),頁100–107。

[92] 楊雨蕾:〈18世紀朝鮮北學思想探源〉,《浙江大學學報》,第37卷第4期(2007年7月),頁88。

1699年（康熙38年，肅宗25年）出使時的記載，可反映有關的情況：「吾之生後，恨未見皇朝全盛之時，而今來拜跪於戎狄之庭，只增扼腕。」[93]

思想界在18世紀出現變化，使士大夫對清朝的想像亦有所改變。17世紀，宋時烈等人在老論提出了尊周思明的觀念，對思想界帶來重大影響。另一方面，宋時烈的學生金昌協（1651–1708），當時向宋時烈請教關於人性與物性的討論。而金昌協亦在金尚容與金尚憲之後，負責繼承石室書院的精神，但此時金昌協更關心的是人物性討論。

早於15世紀，朝鮮理學家就性理問題展開了數百載的討論，[94] 著名的是李栗谷（1536–1584）就著退溪（李滉，1501–1570）與奇大升（1527–1572）的討論後，按奇大升的想法，嘗試反駁退溪，引來退溪的學生成渾（1535–1598），亦因此而展開了栗谷學派與退溪學派之間就著四端七情理氣之爭的展開。而在四端七情理氣之爭以後，在17世紀開端，韓儒對於朱子（朱熹，1130–1200）在《中庸》與《孟子》之間對性的論述有不同。朱子在《孟子》的註解中，強調「以理言之，則仁義禮智之稟，豈物之所得而全哉？」但在《中庸》卻指：「於是人物之生，因各得其所賦之理，以為健順五常之德，所謂性也。」而事實上朱子註釋《中庸》時，說明「天命之謂性」，而在《孟子》之中，則強調「生之謂性」，故此朱子對性說解釋的不一致，因而引起了金昌協向宋時烈提出質疑。

93　姜銑：《燕行錄》，收入林基中編：《燕行錄全集》，冊28，頁532–533；楊雨蕾：〈朝鮮華夷觀的演變和北學的興起〉，頁215。
94　關於韓國治朱子學論述，詳參錢穆：〈朱子學流衍韓國考〉，《新亞學報》，第12卷（1977年8月），頁1–70。

雖然金昌協與宋時烈之間的討論沒有延續，但在同一年，權尚游（1656-1724）向朴世采（1631-1695）與權尚夏（1641-1721）提出質疑，使權尚夏對此作出了回應，權氏引用朱子認為：「先生又印或人之問，謂之理同則可，謂之性同則不可。」[95]這象徵著人性物性並不盡同。而在其門下，李柬（1677-1727）對其說法有所不認同，於是與韓元震（1682-1751）展開了一連串的爭論。[96]他們二人的觀點不一樣之地方，朴勝顯認為：「李柬基於『一原』的觀點提出『人物性俱同論』，韓元震基於『性三層說』觀點提出『人物性相異論』。對人物之性，態度相異，緣於看人類觀點之差異。李柬對人與物，從本體論觀點出發，韓元震則從具體現實中所體現的重視現實差異的現象論觀點出發。」[97]因此，兩者之間出現了極大的差異，亦影響到兩方的不同思想者，互相爭論。由於爭議者來自不同的區域，受到李柬想法影響的士大夫，均是漢城府或京畿道出身，即所謂洛下地區，故稱之為洛派。而住在當今忠清道，即當時的湖西地區人士，則接受人性異性論，故稱為湖派，[98]而這場爭論卻被視為湖洛之爭。[99]

---

95 關於此論述，詳參高在旭：〈導論：人物性同異論爭在韓國儒學史上的意義：人物性同異論之發生、展開及意義〉，《哲學與文化》，第41卷第8期（2014年8月），頁9-10。原文則參考權尚夏：《寒冰齋文集》，收入韓國文集編纂委員會編，《韓國歷代文集叢書》（서울：景仁出版社，1999年），冊726，卷21，〈太極圖說・示舍弟季文兼示玄石〉，頁6a。

96 楊祖漢：〈韓儒「人性物性異同論」及其哲學意義〉，收入劉述先編：《儒家思想在現代東亞：韓國與東南亞篇》（臺北：中央研究院中國文哲研究所籌備處，2001年），頁11-41。

97 朴勝顯：〈巍巖李柬人物性同論與心性一致論的研究〉，《哲學與文化》，第41卷第8期（2014年8月），頁66。

98 高在旭：〈導論：人物性同異論爭在韓國儒學史上的意義：人物性同異論之發生、展開及意義〉，頁8。

99 Young-Jin Choi, "The Horak Debate in Eighteenth-Century Joseon," *Korea Journal* 51:1 (2011): 5-13.

洛派的思想之中，李柬的想法最為人所知。李柬認為人與動物之間同樣皆具五常，而韓元震卻認為動物不具五常，故從此概念出發，分為人性與物性的瞭解，成也為了湖洛兩派之間的差異。其中洛派思想的代表李柬，更從人與物皆具五常的角度出發，認為本物之性為一原，而影響各種人與人之間，或人與物之間的差異，則是通過氣來形成的。故聖凡差異或人物差異的出現，並非來自人性與物性有差異，而是來自氣，而因人與物皆具五常，五常亦即本然之性，故人與物本性是無異。[100] 主張人物本性的李柬，透過「一原」與「異體」的區分，為朝鮮儒學思想界，總括了天人之性命與理氣之本末。

同一時間，同是主張人物性同論的金昌協與金昌翕（1653–1722）兩兄弟，雖然其思想不及李柬有突破性，但他們的思想也啟發了不少洛下地區子弟，進一步討論人性與物性同異問題。金昌協指出：「蓋子思言未發之中，只是與已發相對平說，其意本欲人就此思慮，未萌處，認取天命本體無所偏倚。蓋纔涉思慮則此心已有偏倚，而非復渾然在中之體矣。」[101] 換言之，金昌協認為在未發之心體上，不存在人與物之間的差異，同樣地亦不存在聖人與眾人之間的差異，亦即他所謂的「無所偏倚」。因此，儘管學界對於金昌協的思想是

100　朴勝顯：〈巍巖李柬人物性同論與心性一致論的研究〉，頁69。
101　金昌協：《農巖先生文集》，收入韓國文集編纂委員會編，《韓國歷代文集叢書》（서울：景仁出版社，1999年），冊248–252，卷19，〈答道以〉，頁10b。

否人物性同論仍然有不少的討論，但可以肯定的是，其弟金昌翕將其想法定性之，並奠定了洛學之學問方向。金昌翕的想法之中，可以他其中一個說法來歸納，他指：「以本然氣質為二性，固為未安。若曰人有全太極，物有偏太極，亦豈不為二性者乎。本然真體不為氣困者，則箇箇五常已矣。」[102] 金昌翕的這樣講法是指雖然人與物之間存在氣之差異，但所有個體內都有理存在，而差異之間的存在問題，主要來能否透過氣的擴充，而非理之不同。這樣的思想，亦確立了後來洛學思想家的想法，同時影響到後來北學的興起。

金尚容、金尚憲之後，17世紀的石室書院則由金昌協與金昌翕繼承其志，如上文所說，金昌協向宋時烈提出人物性的討論以後，金昌協開始對人性物性展開討論，而金昌翕則定性金昌協主張人物性同論。而同樣地，石室書院亦漸漸成為了倡導洛派思想的書院，而金昌協的一脈，人才輩出，諸如李縡（1680-1746）、魚有鳳（1672-1744）、李顯益（1678-1717）等，[103] 其中李縡將石室書院的洛學風氣傳授給金昌協的徒孫金元行（1702-1722），而金元行成為了洛學發展至18世紀初期與中期的重要倡導人物（參考圖1）。

---

102 金昌翕：《三淵先生文集》，收入韓國文集編纂委員會編，《韓國歷代文集叢書》（서울：景仁出版社，1999年），冊253-257，卷21，〈籤論李顯益禽獸五常說〉，頁35a。

103 趙峻晧（조준호）：〈조선후기 석실서원의 위상과 학풍〉，《조선시대사학보》，第11卷（1999年12月），頁65-95。

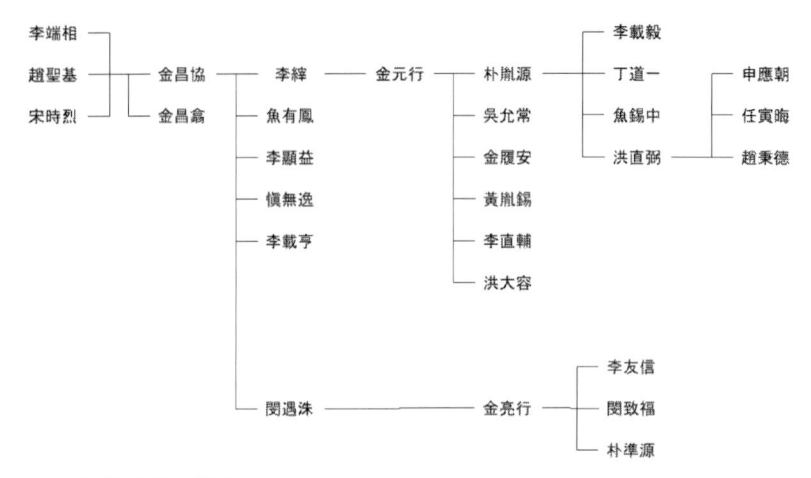

圖 1　洛學思想承傳圖

資料來源：趙峻晧：〈조선후기 석실서원의 위상과 학풍〉，頁81。

　　金元行安東金氏的一支，是金昌集（1648–1722）的兒子金濟謙（1680–1722）所生，母親則為宋浚吉（1606–1672）的曾孫。金昌集是金昌協、金昌翕的兄弟，而金昌集與昌協一樣也是由宋時烈所教導的。據金履安（1722–1791）為父親所寫的行狀提到早年金元行熱愛遊山，及後愛上讀書，程度甚至被形容為「手不釋卷，家人或失所，在輒獲於書樓中。」[104]因辛壬士禍（1721）的影響，其祖父金昌集被判逆死，父親與長兄亦受到波及，故他奮然求道，專心讀書。即使金家得到平反後，他仍無意出仕，故積極專心經營石室書院，[105]而石室書院則由金元行將宋時烈學脈，經金昌協等人所倡之學風與思想繼承下來，當中為人所認識的是人物性同論的問題。

104　金履安：《三山齋文集》，收入韓國文集編纂委員會編，《韓國歷代文集叢書》（서울：景仁出版社，1999年），冊182，卷9，〈先府君家狀〉，頁9a。
105　李烱丘（이동구）：〈金元行의 實心 강조와 石室書院에서의 교육 활동〉，《진단학보》，第88期（1999年12月），頁231–248。

從他的文集中的〈雜著〉揭示了一些對於人物性同論的想法：

> 天道純善，而人物或違之者，形之累也。人之性無不全而物有拘之者，氣之塞也。塞則不通，不通則不變。通故能反之而同於天，塞故終於物而已，此所以貴人而賤物也。人而不能反其性，是亦物焉耳矣。孟子所誦人之異於禽獸者幾希，君子存之，庶民去之者是已。[106]

而可看到與金昌協的想法是一致的，金昌協在反駁權尚游時指出：

> 人、物之生，同氣同理，而人則得形氣之正而能全其性，物則得形氣之偏而不能全其性……而性者，萬物之一源，非人之所獨得也。故章句解天命之性，必兼人、物而言。今某只言授與於人而遺卻物字，是天命之性，人獨有之而物不得與也，是全不識性命之理矣。道者，天理之自然而非人力之所為也。[107]

石室書院成為了洛派學人思想承傳的重要基地以後，也明確地將人物同性論的想法固定下來，甚至發展成為石室書院的學風與傳承思想。金元行甚至從人物同性論，開出對聖凡同心論，在他回應玄子敬關於人性與物性關係時，可了解到他這樣的想法，他指出：

> 五行各一其性，此性者為本然之性無疑，其意若曰其氣質既殊，則其所稟之理，固亦隨以不同。然即此不同，而亦非別

106　金元行：《渼湖先生文集》，收入韓國文集編纂委員會編，《韓國歷代文集叢書》（서울：景仁出版社，1999年），冊169–171，卷14〈雜著・雜記〉，頁273–274。
107　金昌協：《農巖先生文集》，卷15，〈與權有道再論思辨錄辨〉，頁18a–25b。

> 是一性，即只是渾然全體本然之性。蓋亦明夫五行者，本皆具此本然之性也。譬如月之在水，水有江海川澗池渠行潦，其為大小濶狹哉。三淵從祖嘗論此，而曰只各一二字。氣異故曰各，理同故曰一，此言亦甚明白，今且卜論其他，此圖全篇大意，只是發揮此性之本善，通天下萬物，皆是這一箇之義。[108]

金元行提到三淵，即金昌翕認為世間萬物，無論人或物之中，理同而氣異，故出現各與一，即人與物的理同為一，而氣致各異，關鍵在於如何發揮人性物性之本善，可見金元行的想法就著金昌翕的說法作出延伸。而聖凡同心論以及人物性同講，可以體現在金元行在石室書院的講諭中，他特別說明普通人亦可以成為聖人，因為關鍵在於他們均有同樣的本性。

> 孟子曰，聖人與我同類者。顏淵曰，舜何人也？予何人也？有為者亦若是。成覸曰，彼丈夫也，我丈夫也，吾何畏彼哉。彼為此說者，豈故為亦若是大談高論，以誘人而為善也，誠有見乎此性之一同而無少差也，嗚呼，君之身，既有與聖人同者。則天下之可貴可重，孰有大於此者，而尚可以安於暴棄而莫之反乎？[109]

可見金元行在石室書院推行的學術傳承，在於人物同性論開出的聖凡同心論，亦即使士大夫在學習的過程中，了解到他們與聖人同，

108　金元行：《渼湖先生文集》，卷7，〈答玄子敬〉，頁2b–3a。
109　金元行：《渼湖先生文集》，卷14，〈論石室書院講生〉，頁24b–25a。

只是在於是否「暴棄」其本性而已。而金元行更認為，如要能學習得著及實踐，則需「著實讀書，兼實持敬，著實力行。」[110]「實」一詞在金元行眼中甚為重要，而所謂實者，實為「實心」，亦即發揮心之本性。他在答金大來（1729-?）時回應：「而顧學者，不能實心實力，未見其驗耳，此實心二字，最有味。」[111] 因人性物性相同的基礎觀點之下，金元行引用關於聖凡同心的想法，認為凡人的心皆可透過「實踐」，而能夠與聖人齊名，這樣的思想建構，當然對於石室的學生有不少影響，[112] 但更為重要的是這樣的想法如何建構北學思想，當中最值得注意的金元行學生之一洪大容。

由於祖父洪龍祚（1686-1741）為正三品大司諫，其交遊相當廣闊，當中石室書院的繼承人金元行也是他的好友。加上，金元行的妻子是洪大容另一位長輩洪龜祚的女兒，故洪家與金元行關係相當親密，因而洪大容透過相對的關係，入讀石室書院。[113] 而如上所述，石室書院已發展成為一所重視人物同性論的「洛學」書院。

洪大容被視為北學思想的開導人物，他的想法成為了北學的思想泉源。北學者被視為一群主張破除對中國的偏見與執著的讀書人，而事實上，從洪大容這方面對人性與物性關係之討論，可見他的北學想法是從金元行的主張消化而來的。他指出：

110　金元行：《渼湖先生文集》，卷11，〈答李城輔〉，頁227-228。
111　金元行：《渼湖先生文集》，卷8，〈答金大來〉，頁11b。
112　李烔丘（이동구）：〈金元行의 實心 강조와 石室書院 서의 교육 활동〉，頁231-248。
113　關於此，詳參羅樂然：〈清代朝鮮人西洋觀的形成：以洪大容燕行為研究中心〉，頁274-276。

> 所謂性者,何以見其善乎?見孺子入井,有惻隱之心,則固可謂之本心。若見玩好而利心生,油然直遂,不暇安排,則何得謂之非本心乎。且性者,一身之理而無理聲臭矣。善惡二字,將何以著得耶,言仁義則禮智在其中,言仁則義亦在其中。仁者理也。人有人之理,物有物之理。所謂理者,仁而已矣。在天曰理,在物曰性,在天曰元亨利貞,在物曰仁義禮智,其實一也。草木不可謂全無自覺,雨露既零,萌芽發生者,惻隱之心也。霜雪既降,枝葉搖落者,羞惡之心也。仁即義義即仁,理也者,一而已矣,毫釐之微,只此仁義也。天地之大,只此仁義也。大而不加,小而不減,至矣乎。[114]

除了看到洪大容的人物同性的想法,與金元行幾乎是無異外,洪大容也認定,通過接受金元行教學後而確認了自己的想法的,在他為金元行撰寫的祭文之中,他提到:

> 竊嘗聞問學在實心,施為在實事,以實心做事,過可寡而業可成。從今以往,努存桑榆,隨分躋攀,庶報恩育之萬一,亦願尊陰啟其衷,俾分寸有成,卒免為門下之棄物,則此可以歸複於他日矣。[115]

雖然祭文總不免過大或褒獎去世者,但仍可看到一些基本的想法。洪大容形容自己的學問深受金元行的實心思想影響,並認為得到金

114　洪大容:《湛軒集》,內集卷1,〈心性問〉,頁1b。
115　洪大容:《湛軒集》,內集卷4,〈祭渼湖金先生文〉,頁3b–4a。

元行的教導，令他有所獲益。他自覺過往的行為舉止，未有得失其作為金氏門下的身分。除了洪大容一些學術想法外，他本人參與燕行的動機以及認識清廷各種文化與知識的目的，均受金元行的教學和金元行的人物性無差異的觀念影響，[116]使洪大容開始對明末清初以來，朝鮮士大夫所建構的華夷觀重新定義，[117]他認為華夷本性應是一樣，沒有善惡之分，正如清朝管治下的中國人、滿人以及朝鮮人等，本性也是一樣，只是本性發揮差別，而出現華夷差異，故他與過去的朝鮮士大夫有所不同的是，洪氏不只是為了單純好奇，又或是為了完成政治任命而被迫前往，而是為了希望對中國有更深刻的認知，而且認為儘管華夷有分，但實際上本性一樣，是有值得學習的地方，故對於中國人的社會與文化，沒有明顯抗拒，使他希望前往北京，驗證心中所想，或是尋找會心人對談。

這可以從洪大容在回到漢陽以後，他所撰寫的〈毉山問答〉中，顯示出這種他對於華與夷本性一致的想法，用他的說法即「華夷一也」。〈毉山問答〉模擬兩位學者，一位隱居讀書三十年的虛子，另一位則是曾前往北京六十日的實翁之間的對話。[118]虛子影射的是出發前的洪大容本人，而實翁則是從北京回來後有新想法的洪氏，故兩者之間的對話，正是反映他前往北京前後的思考，可以看見他的思考如何受金元行的影響，並建構新的觀點。

116　李相益（이상익）：〈洛學에서 北學으로의 思想的 發展〉，《철학》，第46輯（1996年3月），頁5–34。

117　趙誠乙（조성을）：〈洪大容 역사 인식：華夷觀을 중심으로〉，《진단학보》，第79號（1995年6月），頁215–231。

118　夫馬進對此亦有所涉獵，並認為此對於朝鮮知識界有極大的影響，而關於此書的誕生過程收錄了他近年出版的專書之中。夫馬進：〈洪大容『医山問答』の誕生：帰国後における中国知識人との文通と朱子学からの脱却過程〉，收入氏著：《朝鮮燕行使と朝鮮通信使》，頁391–416。

虛子曰：「孔子作春秋，內中國而外四夷，夫華夷之分，如是其嚴。今夫子歸之於人事之感召，天然之必然，無乃不可乎？」

實翁曰：「天之所生，地之所養，凡有血氣，均是人也。出類拔萃，制治一方，均是君王也。重門深濠，謹守封疆，均是邦國也。章甫委貌，文身雕題，均是習俗也。自天視之，豈有內外之分哉。是以各親其人，各尊其君，各守其國，各安其俗，華夷一也。」[119]

這段對話正反映洪氏從人物同性論角度出發，所持的華夷觀，正如人物同性論一樣，認為人物雖性同，但氣異，而產生不一樣的結果。同樣地，華夷之間有名義上及實際上的分別，但在本性上還是一樣的，故有其值得學習的地方，沒有歧視對方的必要，只是本性發揮的問題。因此，在此關係之下洪大容對於中國各樣知識，無論是中國士大夫的文化與習慣、天主教、西洋知識以及各種各樣的有趣議題等，[120] 都有特別深刻的關心，因為他沒有像過去的朝鮮士大夫一樣，帶有蔑視的角度去審視中國的各樣情況。故所看到的中國不一樣，同樣地亦接受清廷管治下的中國，有不少值得參考的知識。這樣的想法，可從他以虛子與實翁的對話亦有引證：[121]

119　洪大容：《湛軒集》，內集卷4，〈補遺・鷺山問答〉，頁36b。
120　關於洪大容的西洋觀與相關的討論，詳參朴星來（박성래）：〈洪大容《湛軒書》의 西洋科學 발견〉，《진단학보》，第79期（1995年6月），頁247–261。
121　關於虛子與實翁對話的討論，亦可參考金泰俊：〈虛子と實翁の出会い及び宇宙論：学者・学問論〉，氏著：《虛学から実学へ：十八世紀朝鮮知識人洪大容の北京旅行》，頁190–221。

實翁曰：「……臟腑之於肢節，一身之內外也。四體之於妻子，一室之內外也。兄弟之於宗黨，一門之內外也。鄰里之於四境，一國之內外也。同軌之於化外，天地之內外也。夫非其有而取之謂之盜，非其罪而殺之謂之賊。四夷侵疆，中國謂之寇。中國瀆武，四夷謂之賊。相寇相賊，其義一也。孔子周人也，王室日卑。諸侯衰弱，吳楚滑夏，寇賊無厭，春秋者周書也。內外之嚴，不亦宜乎。雖然，使孔子浮于海，居九夷，用夏變夷，興周道於域外，則內外之分，尊攘之義，自當有域外春秋，此孔子之所以爲聖人也。」[122]

他以孔子用夏變夷的精神，認為朝鮮人不應排斥清文化，而是互相接受。而事實上，他亦結識了不少中國士大夫，並成為好友，[123] 並成為了當時中朝文人間，以及當今之間為所讚嘆的跨國友誼，[124] 其想法以及做法更影響到後來的朝鮮士大夫，諸如李德懋（1741-1793）、[125] 朴趾源及朴齊家（1750-1815）等，均傳承著洪大容的想

---

122 洪大容：《湛軒集》，內集卷4，〈補遺・毉山問答〉，頁36b–37a。
123 關於洪大容在華的交友情況，可參考夫馬進：〈洪大容『乾浄衕会友錄』とその改変：18世紀東アジアの奇書〉，收入氏著：《朝鮮燕行使と朝鮮通信使》，頁361–390；徐毅：〈洪大容與清代文士來往書信考論〉，《한국학논집》，第46輯（2012年3月），頁289–324。
124 藤塚鄰著，藤塚明直編：《清朝文化東傳の研究：嘉慶・道光學壇と李朝の金阮堂》（東京：国書刊行会，1975年），頁13–17；並參金泰俊：〈書き継がれる旅行記：清の学者との交友錄〉，收入氏著：《虚学から実学へ：十八世紀朝鮮知識人洪大容の北京旅行》，頁113–147。
125 王振忠：〈朝鮮燕行使者所見18世紀之盛清社會：以李德懋的《入燕記》為例（上）〉，《韓國研究論叢》，第22期（2010年12月），頁60–85；王振忠：〈朝鮮燕行使者所見18世紀之盛清社會：以李德懋的《入燕記》為例（下）〉，《韓國研究論叢》，第24期（2012年8月），頁340–357。

法，或是燕行時的做法，以新角度認識及接受中國不同的知識，建構了18世紀朝鮮士大夫間的新思潮：北學。[126] 北學一詞當然不是洪大容提出，但是他的《湛軒燕記》鼓勵當時的士大夫開始提倡向清朝學習，這種不只是對清廷的印象改變，[127] 而是朝鮮士人認為清朝是有值得學習的地方，甚至是可以用作改革朝鮮社會的參考藍本。而真正使用「北學」一詞的朴齊家，正是這種想法的倡導人物。

朴齊家本人也承認自己深受洪大容的影響，[128] 朴齊家曾題詩提到洪大容前往北京的經歷：

端正治園木，蕭閒結草廬。數弓秋逕細，一笠午簷虛。汲綆時鳴院，風萱自弄除。未聞招隱操，空著絕交書。身入中原濶，心於世俗疎。願逢知己死，不受每人譽。偃蹇眠被褐。婆娑飯帶蔬。壯懷天際薄。奇氣屋中噓。客去關門早。詩成倚杖徐。衰衰今歲暮。臭味孰同余。[129]

朴氏在詩指對於洪大容這種為了前往北京，願逢知己死，不怕當時人批判的去結識他的天涯知己的信念令他有很深刻的感受，與他的

---

126 關於北學的討論，韓國與華文學界有相當豐盛的研究成果，如李英順：《朝鮮北學派實學研究》（北京：中國社會科學出版社，2011年）；李泰鎮(이태진)：〈'海外'를 바라보는 北學：『열하일기』를 중심으로〉，《한국사 시민강좌》，第48輯（2011年2月），頁185-209。
127 楊雨蕾提到清朝認識的變化，可參考楊雨蕾：〈朝鮮華夷觀的演變和北學的興起〉，頁224-229。
128 夫馬進：〈1765年洪大容の燕行と1764年朝鮮通信使：兩者が体験した中國・日本の「情」を中心に〉，收入氏著：《朝鮮燕行使と朝鮮通信使》，頁338。
129 朴齊家：《貞蕤集》（서울：國史編纂委員會，1961年），詩集卷1，〈洪湛軒（大容）茅亭次原韻〉，頁24。

想法極為相似。[130]而朴氏亦曾閱讀洪大容的《乾淨衕筆談》,並認識洪大容的中國友人潘庭筠。[131]可見洪大容的燕行打開了當時朝鮮士大夫對中國的想像,並影響他們到北京的興致。而朴氏亦因此參與了燕行,加上老師朴趾源的影響之下,撰成《北學議》一書。朴齊家在〈自序〉中指出:

> 今年夏,有陳奏之使,余與青莊李君(按:李德懋)從焉,得以縱觀乎燕薊之野,周旋于吳蜀之士。留連數月,益聞其所不聞,歎其古俗之猶存,而前人之不余欺也,輒隨其俗之可以行於本國,便於日用者,筆之於書。並附其為之之利與不為之弊而為說也,取孟子陳良之語,命之曰北學議。[132]

《北學議》的內容顧名思義,希望透過學習位於朝鮮北方的清朝的經濟、社會環境或生活方式,以改變國家的落後情況。如說洪大容是提倡「華夷一也」,使朝鮮對於清朝的偏見有所改變,我們可說朴齊家與朴趾源主張的將有關的想法應用在改革,希望師夷攘夷。[133]因此,與清人的接觸,和希望從清人的經歷之中,得到改革泉源,

---

130 關於朴齊家在北京的交友情況,詳參文炳贊:〈朝鮮時代的韓國以及清儒學術交流:以阮堂金正喜為主〉,《船山學刊》,2011年第1期(2011年1月),頁177-180;金柄珉:〈朝鮮詩人朴齊家與清代文壇〉,《社會科學戰線》,2006年第6期(2002年6月),頁100-104。
131 朴齊家通過洪大容認識到潘庭筠,更撰與潘庭筠有書信來往。「南海何時竭。楚岸連平地。相逢潘秀才,應詎前生事。」朴齊家:《貞蕤集》,詩集卷1,〈題洪湛軒所藏潘舍人庭筠墨蹟〉,頁45;並參金研希:《十八世紀清朝與朝鮮文士交流──以洪大容與杭州文士的互動為例》(臺南:國立成功大學歷史學系碩士論文,2016年),頁50-84。
132 朴齊家:《貞蕤集》,〈北學議・自序〉,頁379。
133 楊雨蕾:〈朝鮮華夷觀的演變和北學的興起〉,頁232-235。

成為了18世紀以後,特別是19世紀初的朝鮮士大夫燕行的主要目標。[134] 而在這些交流過程,讀書人與士大夫如何掌握相關的資訊與情報源,以及各種影響他們決定與觀感的因素其實也是值得注意的部分。除了他們個人的經驗與看法外,應有一些媒介與中間人,讓他們掌握更多的信息,使他們能更深入與更具體了解當時的中國。

因此,18世紀的朝鮮社會之中理學與北學之間過渡的同時改變了朝鮮對華夷觀的看法,而譯官在這處的角色亦不容忽視。譯官為士大夫與使臣介紹;分享各種在中國的見聞,並且作為與清人或其他於北京的域外人士溝通的媒介。因此,北學的興起與形塑,同時與譯官的活動有密切的關係。譯官的活動確實在擔當一些資訊收集的工作,使朝鮮士大夫可對中國有不同層面的認識。而隨著民間交流頻繁,中國士大夫亦希望藉此瞭解朝鮮。故在17至18世紀之間,譯官不只限於朝鮮認識中國社會的渠道,也是中國文人對朝鮮認識的媒介。

五、鴉片戰爭與東亞秩序的重塑

隨著18世紀與19世紀的朝鮮讀書人開始嘗試利用北京作為認識外界的平臺,他們透過北京獲得了各種新思想的啟發,或新技術的引入。同樣地,他們通過北京瞭解西洋人的宗教及文化,即天主

134　批學者均主張對外開放,故或多或少都影響後來的朝鮮士大夫對外界的認識與想法。關於此,詳參孫承喆:〈朝鮮後期実学思想の対外認識〉,《朝鮮學報》,第122期(1987年1月),頁117–122。

教。一些翻譯成漢文的書籍、使節在北京的書寫與紀錄，[135] 使朝鮮社會對逐步對變化中的世界以及日漸發展中的西方宗教有局部的認識。19世紀初，因朝鮮朝廷有感天主教傳教對朝廷有頗大威脅，故實行禁教，引致多次教案的發生，而教案發生引伸的是往後朝鮮的鎖國政策與排外，直至1870年代，《江華島條約》的簽訂，朝鮮才轉移與整個世界的局勢接軌。在此階段的朝鮮對清關係，也隨著東亞局勢的異動，不再單以傳統的朝貢系統下的運作，而鴉片戰爭的爆發，也改變了清廷的國家定位，同時亦波及了清廷與鄰近國家之間的結構，這方面也可體現在中朝關係之中。

1842年（道光22年），清廷欽差大臣耆英（1787–1858）與伊里布（1772–1843）與英國的全權代表璞鼎查（Henry Pottinger，1789–1856）簽訂了《南京條約》，英國正式結束自1839年發動的鴉片戰爭。鴉片戰爭的動機在學術界有各種的討論，對於如何影響中國社會以及後來的政治局勢亦有相當豐富的論述。[136] 但有一點似乎稍為被學界忽略的，就是對於東亞的秩序與形勢所造成的刺激，這場由西方國家戰勝清廷的戰爭也對於日本和朝鮮有很大的衝擊，社會也有深遠的影響。[137]

早於1980年代，日本與韓國的學者其實已就鴉片戰爭，對於朝

---

135 關於此，可參考黃時鑒：〈朝鮮燕行錄所記的朝鮮燕行錄所記的北京天主堂北京天主堂〉，收入北京大學韓國學研究中心編，《韓國學論文集》（北京：社會科學出版社，1999年），第8輯，152–167。
136 華文研究方面，可參考茅海建：《天朝的崩潰：鴉片戰爭再研究》（北京：生活・讀書・新知三聯書店，2005年）。
137 三好千春：〈両次アヘン戦争と事大関係の動揺——特に第2次アヘン戦争時期を中心に〉，收入朝鮮史研究会編：《朝鮮史研究会論文集》，第27輯（東京：緑陰書房，1990年），頁47–68。

鮮的對外危機意識以及對應有相關的討論。如原田環專門開拓了這方面的研究，特別是他注意到鴉片戰爭對於鴉片以及外來文化的傳入，加強了當中的危機意識。[138] 而閔斗基則注意到兩次鴉片戰爭與異樣船出沒的頻繁以後，朝鮮的各種對應，如拒絕與異樣船成員對話，或是進行驅趕，以及針對有關的侵略而進行的防守。[139]

日本學者三好千春在上述的研究成果之下，利用了《承政院日記》、《朝鮮王朝實錄》以及由司譯院所整理的《同文彙考》，發現朝鮮政府在鴉片戰爭期間，利用了朝鮮的燕行使節收集的情報，瞭解當時的戰爭情況。而主要在當時的半官方與半民間的材料，如親身的與清人交談、實地的考察以及閱讀當地的《塘報》及《京報》等，成為了當時後來報告朝廷的資料來源。三好千春的研究擴闊了對燕行使節的研究，關注到他們成為了當時朝鮮瞭解世界以及中國各樣情況的情報收集來源。[140]

而鴉片戰爭以後使朝鮮對於西洋國家有所警惕，而國內先後發生的兩場教案。19世紀初，在燕行使節抵達北京，與傳教士交談之後，成為了朝鮮士大夫所好奇的內容。他們均將與傳教士見面的經歷或參觀天主教的感受，撰寫在他們的燕行紀錄之中，[141] 並且部分

138　原田環：〈19世紀の朝鮮における対外的危機意識〉，收入朝鮮史研究会編：《朝鮮史研究会論文集》，第21輯（東京：綠陰書房，1984年），頁73–105。

139　閔斗基（민두기）：〈十九世紀後半 朝鮮王朝의 對外危機意識：第一次，第二次 中英戰爭과 異樣船 出沒에의 對應〉，《東方學志》，第52輯（1986年9月），頁259–279。

140　三好千春：〈アヘン戦争に関する燕行使情報〉，《史艸》，第30期（1989年11月），頁28–62；三好千春：〈アヘン戦争に関する燕行使の情報源〉，《寧樂史苑》，第35號（1990年2月），頁21–32。

141　關於此，申翼澈將燕行記錄中關於北京天主堂的記述，進行整理與編輯，以供中韓學者使用，關於此，詳參申翼澈（신익철）編譯：《연행사와 북경 천주당：연행록 소재 북경 천주당 기사집성》（서울：보고사，2008年）。

人更將傳教士的著作帶回朝鮮半島。因此，天主教的教義得以在朝鮮傳播。正值失去了政權影響力的南人社群，便心醉於天主教教義，當中以李承薰（1756–1801）、丁若銓（1756–1816）、丁若鏞（1762–1836）為首，成為了這種宗教思想風氣的士大夫代表。[142] 他們甚至多次要求北京派出傳教士到朝鮮半島，但是領導人湯士選（Alexander de Gouvea, 1751–1808）鑑於朝鮮國情關係，[143] 一直不願意派人當地，直至1795年才派出與朝鮮人樣貌相似的周文謨（1752–1801）神父到朝鮮，展開有組織的天主教活動。[144] 然而，朝鮮朝野對西洋宗教相當小心，亦很快發現有關的活動，並將之視為邪教活動，及將天主教教徒處決，其中李承薰成為了第一次的辛酉邪獄的犧牲者之一，而丁氏兄弟亦因此被流放。[145] 而洪鳳周（?–1866）、南鐘三（1817–1866）及法國傳教士張敬一（Siméon-François Berneux, 1814–1866）則在1866年的丙寅邪獄之中被處決。[146] 此事件促使法國攻打江華島，即丙寅洋擾。

142　關於黨爭的問題，詳參文玉柱：《朝鮮派閥鬪爭史》（東京：成甲書房，1992年），頁30–133。

143　楊雨蕾：〈燕行使臣和朝鮮西學〉，收入氏著：《燕行與中朝文化關係》，頁182–191。

144　周文謨是一位華籍傳教士，但具體的身分與故事卻無新的檔案介紹，但可參考蔡至哲：《東亞基督宗教歷史意識的建構：韓國天主教初期歷史初探》（臺北：臺灣大學歷史學研究所碩士論文，2011年），頁45–46；趙珖：〈清人周文謨來朝及其活動〉，北京大學韓國學研究所編：《韓國學論文集》（北京：社會科學文獻出版社，1995年），第4輯，頁234–241。

145　關於教案發生的原因，詳參王明星：〈朝鮮李朝末年教案探因〉，《東疆學刊》，第17卷第1期（2000年1月），頁29–32；關於辛酉邪獄的經過，詳參邢志宇（형지우）：《朝鮮後期王朝에 끼친 天主教의 衝擊：辛酉邪獄 中心으로》（全州：全北大學校教育大學院一般教會教育專攻碩士論文，1983年），頁25–45；並參馮瑋：〈辛酉教難及其對朝鮮西學發展的影響〉，收入復旦大學韓國研究中心編，《韓國研究論叢》（上海：上海人民出版社，2000年），第7輯，頁279–297。

146　李丙燾著，許宇成譯：《韓國史大觀》（臺北：正中書局，1961年），頁410。

丙寅洋擾在興宣大院君（李昰應，1820–1898）有備而戰之下，[147]先後將美國的舍門號以及後來的法軍一一擊退，[148]也強化了大院君對於鎖國政策的持續落實，以防朝鮮出現如鴉片戰爭以後中國社會常出現的「洋人不受中原節制，行其前所未有之事」。[149]然而，此事使朝鮮與當時的潮流漸行漸遠，也強化了大院君本人與新立的高宗（李㷩，1852–1919，1863–1907在位）王室的影響力與權威。

燒毀舍門號後，引起了美國在5年後，即1871年試圖攻打江華島，卻再次遭到擊敗，[150]大院君更在全國豎立「斥和碑」，上刻：「洋夷侵犯，非戰則和，主和賣國，戒我萬年子孫」。[151]因此，全國一心進一步鎖國以及抗拒洋敵，直至1873年高宗主政以前。因閔妃（1851–1895）與大院君之間的衝突，加上日本已有「征韓論」的影響，故大院君的鎖國政策在1873年被彈劾，而高宗在閔妃的支持下，決定親政。

---

147 關於大院君對丙寅洋擾的對應，詳參延甲洙（연갑수）：〈丙寅洋擾와 興宣大院君政權의 對應：《巡撫營謄錄》을 중심으로〉，《군사》，第33輯（1996年12月），頁189–214。
148 關於兩事的發生經過，可參考伊原澤周：《近代朝鮮的開港：以中美日三國關係為中心》（北京：社會科學文獻出版社，2008年）；Yongkoo Kim, *The Five Years' Crisis, 1866–1871: Korea in the Maelstrom of Western Imperialism* (Incheon: Circle, 2001). 另值得一提的是，與舍門號船員溝通、翻譯與周旋的成員是譯官李容肅（1818–1890）。
149 羅樂然：〈作為媒介的燕行使：柳厚祚1866年的燕行與朝鮮開港前的東北亞資訊認知〉，《한국학논집》（韓國學論集），第53輯（2013年12月），頁412。
150 1871年，美國為了追究舍門號的下落，而引發的事件，史稱「辛未洋擾」。關於此，詳參伊原澤周：《近代朝鮮的開港：以中美日三國關係為中心》，頁11–12；李永春：〈試論大院君時期朝鮮的對外政策：以「丙寅洋擾」、「辛未洋擾」及朝鮮的對應為中心〉，《當代韓國》，2010年第3期（2010年9月），頁63–75。
151 國史編纂委員會：《高宗純宗實錄》（서울：探求堂，1979年），《高宗實錄》，卷8，高宗八年四月甲申條，頁29a；李基白著，厲帆譯，厲以平譯校：《韓國史新論》（北京：國際文化出版社，1994年），頁276。

1875年，日本意圖放棄原來的「交鄰關係」，[152] 轉為與朝鮮開國通商，日本開始採用當時的國際法及各種強調「皇」、「敕」等字樣的書信，[153] 使朝鮮拒絕建立通商關係。於是，日本海軍派出雲揚艦在朝鮮半島沿海製造了事端，[154] 希望得到如中國當日鴉片戰爭一樣，被西洋列國開港的機會。

　　主和迎戰與斥和的大院君派系官員當時得不到高宗的認可。於是，與大院君持相反意見的閔妃，及她的一群支持者，即開化派的主張者，主張與日本議和，並藉此開放朝鮮，進行各種改革。事實上，日本亦希望利用這次事件獲得與朝鮮簽訂條約的機會。而朝鮮朝廷最終選擇了與日本議和，並簽訂了《江華島條約》，[155] 使朝鮮半島由大院君鎖國的政策轉為對外開放，而開化派亦因此而得到認同，試圖推行各種的改革建議。

　　開化派從1873年獲得了執政的機會，再加上1876年與日本簽訂《江華島條約》以圖進行各種改良，而當中開化派利用紳士遊覽

152　豐臣秀吉在1598年突然病逝，前線軍官決定撤軍，但多年來的戰役，導致日本元氣大傷，讓德川家康（1543–1616）利用這次機會擴大自己的勢力，最終一步一步地建立起幕府，成為控制日本全國大權的征夷大將軍。德川建立幕府後，朝鮮王朝便重新解除對日本進行交涉的禁令。於是，朝鮮王朝因應各種的原因，先後向日本江戶德川政府，派送了12次通信使團。而日本亦有各種的使節與商旅到釜山。關於此，詳參羅麗馨：〈豐臣秀吉侵略朝鮮〉，《國立政治大學歷史學報》，第35期（2011年5月），頁33–74；並參中村榮孝：《日鮮關係史の研究》（東京：吉川弘文館，1969年），下冊，頁242–244。
153　林子候：〈日韓江華島事件的檢討（上）〉，《食貨月刊》，第14期第3/4期（1984年7月），頁158–173；林子候：〈日韓江華島事件的檢討（下）〉，《食貨月刊》，第14期第5/6期（1984年9月），頁250–264。
154　關於雲揚號事件的經過，詳參姜世求（강세구）：〈운양호사건에 관한 고찰〉，《軍史》，第15輯（1987年12月），頁89–134。
155　李泰鎮（이태진）：〈1876년 강화도조약의 명암〉，《한국사 시민강좌》，第36輯（2005年2月），頁124–139。

團與領選使等方式,透過訪問的機會,在日本與中國社會收集各方面的情報,[156]並利用這些機會瞭解朝鮮進行開放與改革的可行方式,而當中如何掌握,使團成員如何理解當時的形勢,以及他們回國後的種種影響,已有不少的研究成果,也可見19世紀70至80年代,朝鮮面向一個開化的時代,希望利用改革,以避免朝鮮半島落後或被列強入侵。

早在1870年以前,開化派不只是單純地迎面東亞局勢的轉變,也開始思考改變的路向,而如何改變,路向的仿照,其實需要對外界有充分的認識,以及能夠有不同的渠道掌握各種最新的資訊與情報,故如何得以決定開化的選擇、外交上的支援等,這些情報來源是相當重要的,如何和由誰來掌握這些來源,是值得探討的話題。不過,開化派形成以及後來執政的過程,成為了後來朝鮮半島出現變局的重要關鍵。如1882年漢陽士兵因經濟因素以及閔氏族人專權的影響,而得不到應有的餉米,而發動兵亂,而當時士兵包圍大院君居住地雲峴宮,並向大院君求助,而大院君利用此而再次復出主政,史稱壬午軍亂。[157]而大院君的政敵,閔妃被迫離開漢陽,並聯繫開化派主要成員魚允中(1848–1896)與金允植(1835–1922)請求清朝出兵,而魚、金二人則暗示大院君為軍亂的禍首。最終,清朝決定在壬午軍亂以後,強化與朝鮮的關係,意圖在複雜的東亞環境之中,仍能保持最後的藩屬國。

156　關於紳士遊覽團的出發目的,經過以及各種相關討論,詳參鄭玉子(정옥자):〈紳士遊覽團考〉,《역사학보》,第27輯(1965年4月),頁105–142。

157　關於大院君與壬午軍亂的關係,詳參范永聰:〈朝鮮大院君與壬午軍亂〉,《歷史與文化》,第3卷(2007年5月),頁1–41。

因此，清廷派出吳長慶（1829–1884）與馬建忠（1845–1900）率領軍隊平定兵亂。[158] 同時，日本亦因公使館被破壞而藉機派兵到漢陽城。就此，清廷便進一步強化對朝鮮的管治，如派袁世凱（1859–1916）以「通商大臣」駐守朝鮮半島，及後更被封為「清朝駐紮朝鮮總理交涉通商事宜」全權代表，以象徵維繫清廷在朝鮮的宗主權與身分。[159] 而親日與親中的士大夫一直在互相拉鋸，如1884年親日的開化黨發動甲申政變，引日軍入宮，袁世凱則果斷地率兵擊敗日軍。[160] 事件過後，中日則簽訂《中日天津條約》，希望強調朝鮮半島如有事情，則需知行通知對方才可派兵。[161] 但有關的條約似乎未有發揮效用，最終在東學黨起事以後，引發了中日之間在朝鮮半島與海上爆發了戰爭：中日甲午戰爭。[162] 而甲午戰爭的爆發象徵意義已有不少學者所研究，但對於中朝關係而言是，中國隨著戰敗，《馬關條約》的簽訂而結束了數百載的朝貢體系，朝鮮不再是藩屬國，而朝鮮亦同時邁向半島獨立的歷史。[163] 由此可見，19世紀的朝

158　范永聰：〈朝鮮大院君與壬午軍亂〉，頁17–22。
159　林明德：《袁世凱與朝鮮》（臺北：中央研究院近代史研究所，1970年）；Young-ick Lew, "Yuan Shih–k'ai's Residency and the Korean Enlightenment Movement, 1885–94," *The Journal of Korean Studies* 5 (1984): 63–108.
160　林子候：《甲午戰爭前之中日韓關係（一八八二年——一八九四年）》（嘉義：玉山書局，1990年），頁61。
161　于晨：〈1885년 清、日 天津條約의 재검토〉，《명청사연구》，第43輯（2015年4月），頁257–289。
162　林子候：〈關於「東學黨之亂」之再檢視〉，《韓國學報》，第15期（1998年2月），頁231–236；李德超：〈從實錄考朝鮮東學黨之亂與中韓兩國之關係〉，《韓國學報》，第10期（1991年5月），頁229–236；並參 Pyong-uk An and Chan-seung Park, "Historical Characteristics of the Peasant War of 1894," *Korea Journal* 34:4 (1994): 101–113.
163　關於中朝之間由朝貢之國變為平行之國的研究，可參考李銀子（이은자）：〈韓、中近代 外交의 실험, 1895–1905年〉，《중국근현대사연구》，第58輯（2013年6月），

鮮半島成為了相當的複雜以及各國之間互相角力、接觸、踫撞，中朝關係的變遷因此不斷轉變，而朝鮮的譯官亦因此在歷史的場景之中產生各樣的互動。

當時朝鮮半島不再是封閉的社會，而是一個急速透過與外界接觸，進行各樣變革的社會。故朝廷也好，士大夫也好都希望從中國、日本等地，甚至是世界各地掌握各種新知識或相關的局勢情報，成為了朝鮮半島19世紀的時代特徵。因此，如何得知這些資訊，或進行對外的周旋，成為了19世紀朝鮮半島所面對的重要場合。研究主要對象朝鮮譯官在這些環境之中，所扮演的角色不再單純只是協作者、禮儀的指引者，而是進一步成為了這種改革思潮的領導者，或是推動者，其中如吳慶錫更被視為開化派的主要人物，[164] 而他的學生包括了後來重要的人物，如金玉均（1851–1894）等人物亦受吳慶錫的影響，從而有所啟發，提出各種改革的想法；[165] 另一位譯官卞元圭（1837–1896）亦推動「武備自強」的改革，[166] 同時也曾代表朝鮮王朝擔任外交使節，與中、美國從事外交活動。[167] 而李容肅亦在各種外交事務上，提出了很多重要的意見。可見在19世紀局勢的變動下，譯官從文化的媒介，轉為政策的直接介入者。

	頁1–25；英文著作可參考 Andre Schmid, *Korea Between Empires, 1895–1919* (New York: Columbia University Press, 2002)。
164	金河元（김하원）：〈초기 개화파의 대외 인식：오경석을 중심으로〉，《釜山史學》，第17輯（1993年6月），頁467–497。
165	金信在（김신재）：〈金玉均의 正體改革論〉，《경주사학》，第14輯（1995年12月），頁79–107。
166	金良洙（김양수）：〈朝鮮後期 譯官들의 軍備講究〉，《역사와 실학》，第19、20輯（2001年1月），頁364–365。
167	金良洙：〈朝鮮開港前後 中人의 政治外交：譯官 卞元圭 등의 東北亞 및 美國과의 활동을 중심으로〉，頁311–366。

直至甲午戰爭以後，原來的朝貢體系徹底崩塌，而朝鮮王朝內部亦展開現代化的嘗試，推動了「甲午更張」，[168] 並由一群主張獨立的士大夫成立的獨立協會引導下，1897年朝鮮王朝的高宗正式結束數百載的朝貢體系。[169] 他們認為朝鮮放棄自明朝以來所賜的「朝鮮」國號，應與清國皇帝地位同等，並宣布國號為大韓帝國（1897-1910），年號改為「光武」，朝鮮半島自此在政治、禮儀與外界等多種意義之中，成為了一個獨立國家。隨著大韓帝國的成立，光武帝推動各種改革，昔日的譯官亦不再從事使行活動，當國家與清朝建立平等的外交關係，其身分、職掌或貢獻亦在歷史之中所湮沒。

六、小結

　　朝鮮半島歷代與中原地區的王權有緊密的聯繫，在中古史時代，與唐朝在政治、軍事與文化上漸趨緊密，緊密的同時自然產生對話、衝突以及交涉，因此明清兩代，中朝兩國的朝貢制度發展到最成熟的階段。無數大小事情，兩地之間的衝突與議題，均需安排中介人作對話與交涉的代表，而擔當翻譯的人，文字傳遞的過程，

168　在甲午更張時，朝鮮高宗已宣告洪範14條，首條即為：「割斷依附清國慮念，確建獨立自主基礎」參首爾大學校奎章閣編：《日省錄》（서울：서울大學校奎章閣，1996年），卷415,〈詣宗廟辰謁行誓告〉，朝鮮高宗31年12月12日，頁209；林亨芬：《從封貢到平行：甲午戰爭前後的中韓關係（1894-1898）》（臺北：致知學術出版社，2014年），頁105。

169　Hyun-Nyo Rhim, "Yun Ch'i-ho and the Independence Club," *Korea Journal* 30:10 (1990): 27–43.

都值得再探究。陳寅恪（1890–1969）曾經說過翻譯史就是文化交流史。換句話說，國家之間的交流則需通過翻譯才得以落實，而朝鮮與中國的歷史進程的各種大小議題，到底翻譯這元素如何參與、塑造及介入各種中朝關係中的歷史課題，而對事情產生各種變化或帶動互動，是本作的研究關懷。

丙子胡亂到甲午戰爭以來的數百載，朝鮮譯官群體的轉變與朝鮮王朝與清朝建立的關係變化有緊密的關聯，一方面朝鮮譯官為朝鮮王朝在清代朝貢體系之中，發揮影響並爭取的各種權益；另一方面東亞的文化特徵塑造了朝鮮譯官在這些背景之中的意義與作用。因此，本作簡論兩地自17世紀到19世紀的關係演變，除了希望闡釋在此時期的社會文化脈絡外，也提供重要的證據，來討論朝鮮譯官如何在這種脈絡之中，產生各種的互動，形成了在這時期值得加深研究的特殊群體。從17世紀華夷觀的轉變，到18世紀的北學興起以及19世紀的東亞局勢異動，都顯示了中朝關係在明清易代以後的建構過程中，不同時代的社會與文化特徵形成，促使譯官的生活，他們所面對的事情以及需作的應對亦有所不同，過去學界對譯官從制度與社會身分觀察譯官，但卻較少關心他們對應。因此，本作刻意以描述200多年的時代變遷，對整個歷史環境的各種思想、文化、社會形態等作出交待，使譯官的角色以及他們的活動，有更具體的認識，從而確認他們的歷史意義。

第二章　因譯以達：
朝鮮漢語譯官的培訓與翻譯規範

一、引言

　　朝鮮王朝成立司譯院後，把培訓譯官的語言種類分：漢學、蒙學、倭學與女真學。[1] 四學之中，以漢學為譯官的培訓重點，在一般文獻的記載與論述中，漢學也是四學之首。故漢學或漢語譯官實際上是朝鮮譯官訓練中尤關重要的一環，這亦與朝鮮王朝立國以來，高舉「事大以誠」為國策有關。本章將以翻譯史概念作為分析框架，考察漢語譯官自朝鮮王朝立國以來的歷史形象如何被形塑，即朝廷是如何培訓著譯官，使他們具有一定的語言才能與文化意識，同時如何期望他們為朝廷進行各種外交交涉的工作。本章特別聚焦於明清易代前後，他們的定位以及所接受的教育的轉變，反映著朝鮮朝廷或社會對譯官的需求以及翻譯活動的看法的變化。

　　Gideon Toury（1942–2016）提出「翻譯規範」的概念，指出翻譯過程所面對的各種來自譯入語社會及文化產生的制約，是直接影響譯者選用的翻譯策略。而這些制約，諸如國家機構、贊助人、讀

---

[1] 女真學於康熙丁未年（1667）改稱為清學，詳參金指南、金慶門、李湛編：《通文館志》，卷1,〈沿革・官制〉，頁1a；並參 Yongchul Choe, "Manchu Studies in Korea," *Journal of Cultural Interaction in East Asia* 3 (2012): 89–101.

者等各方面的期待以及所形成的權力因素等,均是對譯者的翻譯行為及作品內容與規律產生影響。[2]因此,在朝鮮王朝的歷史進程中,朝鮮朝廷的管治策略與文化環境會形成各種翻譯規範,從而影響朝鮮譯官們的各樣翻譯行為與活動。雖然朝鮮王朝的文本文獻無法直接說明語言在翻譯活動過程中的具體情況,但一些譯官的記述以及所閱讀的教材,可反映翻譯活動如何受制於各種權力因素,而呈現相關行動以及翻譯模式。本章試圖借鑑Toury所建構的翻譯規範概念,[3]探析東亞世界的朝貢互動如何建構朝鮮王朝的社會制約,影響著朝鮮譯官的培訓內容,從而形成受其制約而產生的各種翻譯用語與翻譯行為,藉此探討朝鮮譯官的語言水平及身分如何受朝鮮的文化與社會產生的制約所影響,並以譯官採用的教材《象院題語》等為例,說明清代的中朝關係建構過程,漢語譯官如何在朝鮮的社會翻譯規範與社會期盼之下,學習到不同的語言與朝貢相關的文化知識,使他們能夠足以擔當中朝之間互動的文化代理人。

---

2 Gideon Toury, "Studying Translational Norms," in *Descriptive Translation Studies and Beyond* (Amsterdam: John Benjamins, 2012), 79–92.

3 在東亞或中國翻譯史之中,Toury 的想法被不少學者用作討論,諸如關詩珮:〈從林紓看文學翻譯規範由晚清由中國到五四的轉變:西化、現代化和以原著為中心的觀念〉,《中國文化研究所學報》,第48期(2008年7月),頁343–371;劉宜霖:〈「格義」之成住壞易:一個翻譯規範的考察〉,《翻譯學研究集刊》,第17期(2014年6月),頁93–126;葉嘉:〈從「不忠」到「忠實」:從民初上海雜誌文本看翻譯規範的流變〉,《翻譯學研究集刊》,第18期(2014年12月),頁1–23。

二、朝鮮社會制約與譯官的培訓及身分形成

朝鮮王朝立國以來,一直需與外地,包括中國及日本保持各種官方及民間交流,並由司譯院負責安排有關人員及培訓的工作,故司譯院的創建,亦可視為朝鮮處理對外關係的手段。換言之,譯官的培訓與朝鮮對外關係建構有不可分開的關係。而這種翻譯的培訓制度,則可追溯至高麗時代因應征東行省的成立後,[4]為對應頻繁的對元交往,而成立的通文館,[5]專門培訓蒙古語或漢語的人材。[6]《高麗史》的〈通文館條〉記述了當時的設置原因:

忠烈王二年,始置之令禁內學官等,外年未四十者習漢語……時舌人多起微賤傳語之間多不以實懷奸濟私,參文學事金坵建議置之後,後置司譯院以掌譯語。[7]

---

4 高麗末年,中原被蒙古人全面控制,高麗亦被迫向蒙古稱和,並合併成為元朝(1271–1368)的「征東行省」。征東行省是高麗被元朝入侵後,議和的最後結果。表面上,元朝將高麗合併於其版圖之內,與其他行中書省一樣。但實際上,高麗國王便是行省丞相,更掌管一切行省內行政及任命權,擁有高度的獨立自主。而元朝滅南宋(1127–1279),並統一中國後,有意征日,便以朝鮮半島作為跳板,故將朝鮮半島行省直接命名為「征東行省」。關於此,詳參丁崑健:〈元代征東行省之研究〉,《史學彙刊》,第10期(1980年6月),頁157–190;烏雲高娃:《元朝與高麗關係研究》(蘭州:蘭州大學出版社,2012年);高柄翊(고병익):〈麗代 征東行省의 研究〉,收入氏著:《東亞交涉史의 研究》(서울:서울大學校出版部,1980年),頁184–292。
5 當然在高麗以前已有相關的文獻也提及關於譯官的培訓,如《三國史記》中記載高句麗「又置史臺,掌習諸譯語」,但當然更完整的譯官培訓制度與相關說明,則在高麗有更全面的發展。關於高麗時期的譯學與譯官活動,詳參李貞信(이정신):〈高麗後期의 譯官〉,頁373–403;並參朴鍾淵(박종연):〈高麗時代의 中國語 通譯에 관한 연구:通譯官 選拔 養成과 名稱 問題를 中心으로〉,《중국어문학》,第62輯(2013年4月),頁291–314。
6 烏雲高娃:〈朝鮮司譯院蒙古語教習活動研究〉,頁122–123;
7 有趣的是在條目之中稱之為「通文館」,但是在文字的敘述則稱為「司譯院」,這或許是朝鮮朝的鄭麟趾(1396–1478)在編寫《高麗史》時採用了當時時代用語而導致的,

可見,高麗培訓譯官希望避免有人「懷奸濟私」。而朝鮮最初的政制繼承高麗舊制,亦置司譯院,說明朝鮮有著明確的政治和文化動機。立國之初,譯科被視為入仕七科之一,當時文、武科與其他科均為同等地位。[8]而七科中的譯科內,朝廷最重視的是漢語。《太祖實錄》明確說明「置司譯院,肄習華言」,[9]家族有中原背景的外交官偰長壽(1341–1399)曾上書朝廷,[10]鼓勵培養翻譯人才,可反映朝鮮的譯學培訓與國家策略之間的相當密切:

> 臣等竊聞,治國以人才為本,而人才以教養為先,故學校之設,乃為政之要也。我國家世事中國,言語文字,不可不習。是以殿下肇國之初,特設本院,置祿官及教官,教授生徒,俾習中國言語、音訓、文字、體式,上以盡事大之誠,下以期易俗之効。[11]

但從高麗到朝鮮一直到現在,「通文」與「司譯」基本上就是翻譯的代表或翻譯機關的代名詞。關於此,詳參鄭麟趾撰:《高麗史》(首爾:亞細亞文化社,1972年),卷76,〈百官一・通文館〉,頁678–679。

8 「定入官補吏法。凡初入流品作七科,曰門蔭、曰文科、曰吏科、曰譯科、曰陰陽科、曰醫科,吏曹主之;曰武科,兵曹主之。其出身文字,如前朝初入仕例,明寫年甲本貫三代,署經臺諫。不由七科出者,不許入流品。每除拜,所司考其出身文字,方許署謝。」國史編纂委員會編:《朝鮮王朝實錄》,《太祖實錄》,卷1,太祖元年八月辛亥條,頁25a。

9 國史編纂委員會編:《朝鮮王朝實錄》,《太祖實錄》,卷4,太祖二年九月辛酉條,頁50a。

10 偰長壽是著名詩人偰遜(1319–1360)之子,是麗末鮮初跟從父親由中國遷居於朝鮮的著名外交家,同時亦是司譯院的重要官員。關於此,詳參陳尚勝:〈偰長壽與高麗、朝鮮王朝的對明外交〉,收入黃時鑒編:《韓國傳統文化・歷史卷:第二屆韓國傳統文化學術研討會論文集》(北京:學苑出版社,2000年),頁119–134;並參白玉敬(백옥경):〈여말(麗末) 선초(鮮初) 설장(偰長壽)의 정치활동(政治活動)과 현실인식(現實認識)〉,《조선시대사학보》,第46輯(2008年9月),頁5–40。

11 國史編纂委員會編:《朝鮮王朝實錄》,《太祖實錄》,卷6,太祖三年十一月乙卯條,頁17a–b。

偰長壽的上書最重要的一句是:「我國家世事中國,言語文字,不可不習。」可知譯官並不只單純擔任語言傳話及翻譯的角色,而是為了服務與華相關的工作。而事實上,自朝鮮與明朝建立事大政策以來,譯官一直擔當履行事大的主要執行者。因此,譯官的語言知識或學習內容,大多與朝鮮王朝事大國策相關。與此同時,偰氏特別強調訓練漢語人才最終目的是:「上以盡事大之誠,下以期易俗之效。」他眼中通過培訓懂得漢語的譯官是為了朝鮮在朝貢體系下,符合明朝的約定,彰顯「以盡事大之誠」的精神。這一點,如朝鮮太宗(李芳遠,1367–142年,1400–1418在位)時司憲府官員上疏時亦指出:「以小事大,古今之通義也。況我朝,僻處海陬,語音殊異,因譯以達,故司譯之任,誠為重矣。」[12] 同樣的想法,到15世紀的成宗(李娎,1457–1495,1469–1494在位)時期也見於大司憲尹繼謙(1442–1483)等人的上疏:「我國邈在海表,與中國語音殊異,而朝聘貢獻往來陸續,以為譯學不可以不重,故設司譯院,以專其事。」[13] 這些例子說明朝鮮的司譯院成立,乃以培訓懂得漢語或其他外語的譯官為首要目的,而最終是希望幫助譯官執行職務時,他們能以流利的外語交談,同時能在交涉、禮儀對應以及日常事務等工作上為朝鮮朝廷解決各種困難。

既然司譯院的漢語譯官對於朝鮮王朝的國策落實相當重要,那麼譯官理應被視為重要的群體。然而,從譯官的取才制度,可以發現譯官的品位與其職能有一定的落差。朝鮮科舉分為文、武、雜科,

---

12 國史編纂委員會編:《朝鮮王朝實錄》,《太宗實錄》,卷8,太宗四年八月己丑條,頁4b。
13 國史編纂委員會編,《朝鮮王朝實錄》,《成宗實錄》,卷67,成宗七年五月丁巳條,頁8b。

雜科即是文武兩科以外的實用科目，分為醫科、譯科、陰陽科與律科等。雖然朝鮮王朝沒有限定文武科的應考資格，《經國大典》條例僅列明有限定諸如罪犯、贓吏之子、再嫁失行婦女之子等人不能赴考：

> 文科則通訓，以下武科同。生員進士科則通通德，以下許赴。守令則勿許赴生員進士試。罪犯、永不敘用者、贓吏之子、再嫁失行婦女之子及庶孽子孫，勿許赴文科、生員進士試。[14]

在文本上，文科沒有具體限制應考的資格，一般良民理論上也可應試。但是科舉對權力的保障有特殊的意義，故大家族通過文武兩科科舉固定了權力，並膨脹為「兩班」勢力。壟斷了文武兩科考試的兩班使「中人」和一般良民被排除在考試之外，以保護兩班的權益。[15] 於是，雜學成為兩班以下百姓投身官場的渠道。相對於平民與兩班之間，投身於雜學的醫學、譯學、陰陽學等吏員，在朝鮮社會秩序中，位處於中層，故學者或歷史的論述中，稱他們為「中人」，這觀念直到19世紀官方才有定論，反映朝廷留意到社會階級森嚴的問題。

「中人」的地位與身分並不高，原因是雜學的考試均為兩班貴族

---

14 崔恆、盧思慎、徐居正編：《經國大典》（서울：서울大學校奎章閣，1997年），卷2，〈禮典・諸科〉，頁1a–b。
15 而事實上文科及第者隨著時代的轉變，由幼學考取功名者的比較越來越多，亦即透過兩班家勢而所開設的學科，透過此兩班貴族建構了他們的兩班門閥的社會與文化。關於此，李成茂（이성무）：《韓國의 科學制度》（서울：集文堂，2000年），頁187–202。

不願擔當的技術官僚。所以社會制度形成了朝鮮譯官等「中人」家庭。他們在朝鮮並不受到重視，歷史論述也有意無意地忽略他們的身分。因為「中人」官職，如譯官、醫官等大多被視為是兩班庶孽、較上層的良人校生、鄉吏投身於朝廷官職的渠道。[16] 他們一方面既不是兩班，另一方面也不是被管治的階層，使朝鮮社會約定促成，將之名義為「中人」。

李成茂認為傳統朝鮮社會的兩班子弟深受儒家的君子不器想法的影響，[17] 對於技術職級的工作有賤視與偏見的情況出現，[18] 而曾於明孝宗（朱祐樘，1470–1505，1487–1505 在位）年間出使朝鮮的董越（1430–1502），[19] 所寫的《朝鮮賦》之中提到：「以先世嘗兼文武官者謂之兩班，兩班子弟止許讀書，不習技藝。」[20] 換言之，兩班子弟不會參與雜科考試，因為雜科的內容，即譯、醫、天文、律等，為非儒學「君子不器」的學問，所以兩班的子弟不會參與其中。因此，考試資格成為了朝鮮身分階層的分野，也使大眾容易瞭解官職相當於社會形態，當時明文並沒有規定，但是朝鮮社會後來發展反

16　李成茂（이성무）：《韓國의 科擧制度》，頁207。
17　李成茂（이성무）：《韓國의 科擧制度》，頁172。
18　朝鮮後期的譯官詩人李尚迪亦曾因其譯官的低層身分而有感抒發：「記曾身慕御爐烟，捐棄空箱值幾錢。但向酒家償宿債，一蓑歸老白鷗邊。」李尚迪以詩句慨嘆自身地位卑微，也許李尚迪並非能代表所有譯官，但可見直到19世紀譯官仍有這樣的抒懷，可見身分制度的限制對譯官是一種沉重的負擔。關於此，詳參李尚迪：《恩誦堂文集》，收入韓國文集編纂委員會編，《韓國歷代文集叢書》（서울：景仁出版社，1999年），冊2707，續集卷2，〈典朝衣〉，頁10a。
19　Sixiang Wang, "Co-constructing Empire in Early Chosŏn Korea: Knowledge Production and the Culture of Diplomacy, 1392–1592," (PhD diss., Columbia Univeristy, 2015), 314–315.
20　董越：《朝鮮賦》，收入《景印文淵閣四庫全書》（臺北：臺灣商務印書館，1984年），史部地理類，冊594，頁2b。

映的正是如此。因此,譯官都被視為社會的中層,介乎兩班與平民之間,屬於受制於朝廷兩班貴族的技術官僚層,這樣的社會身分,形成了譯官在生活以及工作上的特徵,都有其特殊取捨,或有一些與兩班士大夫不一樣的想法與觀念,這亦解釋說明了朝鮮的社會與文化如何構造了朝鮮譯官的身分。[21]

以上說明了朝鮮立國以來,培養譯官的主要目的。朝廷希望提倡漢語譯學,是與「朝聘貢獻」或「以小事大」等想法有所關聯。語言能否「因譯以達」,以符合朝貢體系的要求,成為了當時朝鮮譯學訓練的核心指導想法。司譯院在成立之始,已顯示成立背後是配合事大政策,故翻譯策略在朝鮮的開始就與朝鮮國策不可分割。[22]而這種想法也使譯官本身意識到,他們的存在是為了朝聘應對的。譯官金指南、金慶門等在編寫關於譯官活動及司譯院各樣職掌的《通文館志》時,也明確寫道:「本朝譯院專掌事大交隣之事,上下數千年間,朝聘應對,有能以紓患」,[23]故可見他們有著明確的意識,譯官是與朝廷自立國以來所倡導的「事大」政策的需求有密切的關係。

與此同時,朝鮮立國之時,高舉朱子性理學為國家主導思想。

---

21 過去研究中人與譯官學者,均在此身分問題作出討論,如李成茂(이성무):〈朝鮮前期 中人層의 成立問題〉,《東洋學》,第8輯(1978年),頁272–284。
22 《經國大典》指出:「司譯院掌譯諸方言語。」關於此,詳參崔恆、盧思慎、徐居正編:《經國大典》,卷1,〈吏典〉,頁27a。
23 關於此,詳參金指南、金慶門、李湛編:《通文館志》,〈通文館志序〉,頁1a。另外,司譯院官員李玄(?–1415)早於明初擔任陪臣,從接待明前來的使臣,處理有關表箋的問題。國史編纂委員會編:《朝鮮王朝實錄》,《太祖實錄》,卷9,太祖五年六月庚子條,頁9b;另參朴元熇:〈明初文字獄與朝鮮表箋〉,收入明清史國際學術討論會論文編輯組編:《第二屆明清國際學術討論會論文集》(天津:天津人民出版社,1993年),頁322–338。

無論朝廷還是兩班貴族均同時受君子不器的影響,故大多不主張讀書人執行語言溝通的職務,以致朝鮮依賴這些地位較低的中人官員。中人官員的教育、目光與知識水平與讀書人不同,從此看來可見他們所形塑的文化交流的意象或是政治關係的建構也與一般以讀書人目光出發的話語有所不同。因此,本作把焦點投放於譯官,正好通過他們位處中下層的身分,如何能夠回應朝鮮的社會需要的同時,能夠揭示著不同文化交流的面向。

三、譯官培訓與派遣制度的落實與其轉變

司譯院成立之初,偰長壽提到司譯院具體設置,是以通漢文與蒙古文為主,他提到司譯院「額設教授三員內,漢文二員、蒙古一員,優給祿俸」,並安排「生徒額數,分肄習業,考其勤慢,以憑賞罰,幷及教授之官。」如期間取得及格者,將委派官職,否則「肄業三年,不能通曉漢、蒙語者,斥遣充軍。」[24] 司譯院初立,朝鮮的語言訓練都局限於漢文及蒙古文,這亦與當時的朝鮮王朝主要與蒙古及明王朝進行互動有莫大關係。到15世紀初,司譯院才慢慢發展成為「四學」,即漢學、蒙學、倭學、女真學並存。

倭學是在朝鮮太宗(李芳遠,1367–1422,1400–1418 在位)年間開始歸納在司譯院制度之中。時有部分朝鮮人稍懂日本語,但未

24　國史編纂委員會編:《朝鮮王朝實錄》,《太祖實錄》,卷6,太祖三年十一月乙卯條,頁17a。

有得到如漢學及蒙學一樣對等的官方制度管理，以供職務，故禮曹官員建議將倭學訓練拼入司譯院，保留朝鮮國內有能通倭學的譯官，以處理對岸日本的各種外交事務，[25] 於世宗年間，該建議終獲落實，有著完善的倭學學生培訓與職授的制度。[26]

女真學則在文宗（李珦，1414–1452，1450–1452 在位）時代才開始制度化，根據文宗1年（1450）的《朝鮮王朝實錄》記載：「議政府據禮曹呈，啓：『女眞學生徒，請依倭學例，每式年譯科，取一人，若所業不精，分數不足，則勿取。』從之。」[27]

東北亞在15世紀以後擺脫了元明之際以來帶來的各種紛亂，朝鮮王室的糾紛也暫告一段落。因此，司譯院的規模也漸漸定型，無論入學要求、學習內容、工作性質等等，都有具體安排，成為一個重要的部門，而工作亦不再限於語言人材的學習，而是慢慢掌管及處理各種對外事務。

根據《通文館志》記載，司譯院由大臣兼任的都提調一員與文臣從二品以上兼任的提調二員負責統領，實際工作由正三品院正、從三品副正、從四品專掌奴婢差事的僉正負責日常院務。三正以下有判官二員、主簿二員、直長二員、奉事二員、副奉事二員、參奉

---

25 國史編纂委員會編：《朝鮮王朝實錄》，《太宗實錄》，卷35，太宗十八年五月壬子條，頁45a。
26 「禮曹啓：『倭學生徒雖勤於其業，而未有錄用之法，故皆不勉勵。倭學非徒語音，其書字又與中國不同，若不敦勉，恐將廢絕。請自今試其能否，以司譯院祿官一位，輪次除授。』命生徒成才者，禮曹移關吏曹，隨宜敍用。」國史編纂委員會編：《朝鮮王朝實錄》，《世宗實錄》，卷13，世宗三年八月戊戌條，頁3a。
27 國史編纂委員會編：《朝鮮王朝實錄》，《文宗實錄》，卷7，文宗元年四月乙亥條，頁4b。

二員、教授四員、訓導十員。[28] 其中教授與訓導便是主要負責教授生徒語言的崗位，其餘則是掌管各事的譯官，而當政府需要派遣出使譯官時，亦會從上述較高品位的官員裡挑選以作應對出使安排。

能夠成為司譯院的成員，必需通過雜科考試中的譯科考試，才能成為了譯官的一員，在司譯院或地方學習翻譯及被任命成各階層官員。這個考試分為初試及覆試。朝鮮初年的初試之中，司譯院的漢學生徒會收二十三人，而蒙學、倭學及女真學則收錄四人。而地方的鄉試，黃海道及平安道分別收錄七人及十五人，以應對邊防所需的工作。[29] 漢學的考試需要背講四書，臨文《老乞大》、《朴通事》等書，而蒙學、女真學與倭學則需要懂得翻寫若干的字詞。[30]

通過了初試後，在漢學的二十三人及其他各學的四人之中，會在覆試中挑選十三位學及兩位蒙學、倭學及女真學的考生。[31] 這些考生除了應考初試考試的內容外，亦需在講書部分之中，能夠按各種語言講說五經少微、通鑑、宋元節要等書者……[32] 最後，司譯院決定取錄名單後，便安排他們加入到司譯院或地方成為生徒，[33] 並繼續

---

28 金指南、金慶門、李湛編：《通文館志》，卷1，〈沿革‧官職〉，頁1a–2b。
29 崔恆、盧思慎、徐居正編：《經國大典》，卷3，〈禮典〉，頁5a–6a。
30 例如蒙學需要熟讀《王可汗》、《守成事鑑》、《卿史箴》、《高難》、《加屯》、《皇都大訓》等等蒙語讀本；倭學需讀《伊波路》、《消息書格》、《童子教雜》等等；女真學則需學《千字天兵書》、《小兒論》等等。關於此，詳參崔恆、盧思慎、徐居正編：《經國大典》，卷3，〈禮典〉，頁5b–6a。
31 崔恆、盧思慎、徐居正編：《經國大典》，卷3，〈禮典〉，頁6b。
32 崔恆、盧思慎、徐居正編：《經國大典》，卷3，〈禮典〉，頁6b。
33 例如平壤義州、黃州需三十位漢學生徒、義州需五位女真學生徒、滿浦需五位生徒、齊浦、釜山浦需要十位倭學生徒以及鹽浦需要六位倭學生徒。因為這些地區都是位於朝鮮對外與其他國家接觸的地方，故特別需要若干翻譯人員在當地留守及服務。關於此，詳參崔恆、盧思慎、徐居正編：《經國大典》，卷3，〈禮典〉，頁19a–20a。

進修他們的語文。[34] 在一段時間後，生徒將會晉升成為不同職位，最終能夠晉升至正三品的院正，擔任司譯院的領袖。然而，作為部門之首亦僅為正三品官員，可見屬於禮曹的司譯院並非一個高級的單位，而任職的不是高等官員。

司譯院一直負責派委前往北京燕行使團隨行成員的部門，除了正使、副使、書狀官由朝鮮朝廷委派的外，司譯院將安排負責周旋交涉的堂上官、負責語言傳遞的上通事、負責整理各種修正文件用語的質問從事官外，還有各種雜務官，如押物、押幣、押米、清學新遞兒（專責支供饌物等事）、書員、畫員、寫字官、醫官、軍官等等……[35] 當中本作所指的譯官專就周旋交涉的堂上譯官、上通事等涉及交涉的譯官為討論的主要對象。

明清易代以後，朝鮮社會面臨各種危機與轉變，制度沒有大幅度的改變，但是譯官的身分和工作有著不一樣的面貌。胡亂結束後的初期，女真語譯官變得最為重要。因當時後金仍未入關，女真語或後來稱的清語是朝鮮對外溝通的主要語言。[36] 不過，隨著清朝朝廷搬往北京後，漢人官員不斷增加，朝廷更常用漢語。然而，胡亂以後朝鮮可從事翻譯的譯官人數大量減少。

如《譯官上言謄錄》記載，[37] 無論中央與地方均有譯員不足的情

---

34 《經國大典》中列表司譯院有漢學生徒三十五人、蒙學十人、女真學二十人、倭學十五人。關於此，詳參崔恆、盧思慎、徐居正編：《經國大典》，卷3，〈禮典〉，頁18a–b。

35 金指南、金慶門、李湛編：《通文館志》，卷3，〈事大〉，頁2b–3b。

36 關於女真語與清語如何在明清易代後進入朝鮮視界的問題，可參考吳政緯：〈論燕行文獻的特性與價值──以清書、清語與滿漢關係為中心〉，《臺灣東亞文明研究學刊》，第17卷1期（2020年6月），頁61–68。

37 《譯官上言謄錄》收藏於首爾國立大學奎章閣韓國學研究院內，檔案編號為奎

況，紛紛上言向朝鮮朝廷要求加強訓練人材，故可瞭解朝鮮在經歷危機後，急需大量譯官從事各方面的工作，可見朝廷增加了他們的需求。以崇德五年（1640）的一則上言為例，上言指有部分身分是漢語譯官的官員，他們不少其實是不通漢語的：

> ……金克仁洪慶俊等，名雖譯學，實不能漢語，以名帶率，無處可用，而金克仁段，猶不可備數是白在果，洪慶俊段，已試其舌，決難帶去是白置。堂上譯官李賢男，堂下譯官李海壽等，請令該曹，急速差送事……兵使越海之行，不可無解語漢譯，[38]

而缺乏能解語的譯官將影響到外交關係，像一位司譯院官員指出：「近來，各樣彬業，漸不如舊，而其中譯學尤甚。新進之輩，無意學習，尋常說話，亦不能曉解。蓋自朝天路絕之後，渠輩生理無門，雖有南北差遣之任，元額不多，不能輪回遍及。通四學累百人

12963。該資料主要記述從該書為1637年至1692年，即仁祖到肅宗年間，譯官向朝廷上書，表達各種對應及想法的文書。文書包括譯官對人事的需求、待遇改善的安排以及各種關於東亞形勢及貿易問題應對的想法，可視為朝鮮時代反映譯官本人想法的材料。學界採用此材料作研究的學者不多，其中值得參考的包括金南允（김남윤）：〈병자호란 직후（1637－1644）朝淸관계에서「淸譯」의 존재〉，《한국문화》，第40期（2007年12月），頁249–282；然而，該材料採用大量的吏文書寫，沒有吏文訓練的學者與讀者很難瞭解當中的內容，李賢珠的碩士論文以此作為材料，利用現代韓語翻譯與註解，使今天學界能夠克服語言的困難，能全面地認識及使用該材料，李賢珠於2016並將其論文出版。關於此，詳參李賢珠（이현주）：《譯官上言謄錄譯注》（서울：高麗大學校古典翻譯協同科程碩士論文，2014 年）；並參李賢珠（이현주）：《역관상언등록 연구：17세기 조선 외교사를 담당한 역관들의 생생한 기록》（파주：글항아리，2016年）。本文將一方面參考原文，並以李賢珠的譯注作對比，下述的注釋均以表明李賢珠學位論文。

38　〈啟請漢學李賢男等帶去事〉，《譯官上言謄錄》，庚辰二月十六日；並參李賢珠：《譯官上言謄錄譯注》，頁38–39。

口,所仰望者,只是些少祿職、祿遞兒,而緣國家經費不足,累次減省,所存者無幾……」[39]

譯官過去依靠在朝天之路賺取利潤維持生計,但明清易代後,無法恢復過去充足的譯員數量。從資料所見易代後的朝鮮朝廷一直憂慮譯官不足的問題,故為了獎勵任譯者真的能通語言,司譯院曾多番提出要求再次培訓相關的譯官,為的就是好讓譯官不再有名無實。當時的國王顯示亦特別關注指:「不解言週之譯官,雖多無用,前期定限試才,不通其言者,盡為汰去,只存若干能言者,可也。」[40]

在他的關注之下,朝鮮有關方面的官員馬上提出建議:

> 取考司譯院各學通事,自古訓誨之規,條目非不詳盡,而其有名,而無其實,徒為文具之故。如此而已,則雖往年閱歲,萬無成才之望,必使提調兼教授。每朔之內,或四巡或六巡,開坐本院,試閱本業,而不專主於諺書,必令以日用言語,至相答問,今日通一語,明日通一語,則庶幾有一分成就之望。而毋論祿官、前御、教誨、年少聰敏、被選、別遞兒、上次上通事等級、堂上、堂下,凡不解言語者,並今一體訓習,不通者,施罰一如,榻前定奪,而試才年限遲速,則令該院商量啟下,宜當……[41]

---

39 〈癸未五月二十日條〉,《譯官上言謄錄》;並參李賢珠:《譯官上言謄錄譯注》,頁48–50。
40 〈譯官等試才〉,《譯官上言謄錄》,壬寅八月初二日;並參李賢珠:《譯官上言謄錄譯注》,頁69。
41 〈譯官等試才〉,《譯官上言謄錄》,壬寅八月初二日;並參李賢珠:《譯官上言謄錄譯注》,頁71–72。

有關建議其實反映朝廷十分關心使行期間是否有足夠的譯官。關鍵的原因是譯官的工作與培訓關乎到朝鮮的政治策略、經濟命脈及外交關係,特別是貨物流動,譯官扮演重要的角色,像譯官崔貞砬(1590–?)提到一樣:「御供藥材貿易,其事極重,而該院每以貧寒譯官,勒定差遣為白臥乎所,北京稀貴之藥,不得貿來,其勢固然。令本院,參商事勢,無緊遞兒中,一番差遣,似為無妨。此意,分付該院,何如?」[42] 由此可見,譯官在朝廷眼中的角色是執行一些跨國的貿易任務,故語言的培訓相當重要。對於朝鮮來說,培訓足夠可通言語的譯官,可視為表面屈服的朝鮮,作為對清政策的表態,藉著譯官的語言才能爭取更多權益。

從政策面轉移到行動面,以朝鮮的士大夫的目光為角度考察,可發現他們也認同譯官的語言知識對他們的使行過程相當重要。1721年出使的李正臣的《燕行錄》為例,當他在北京看到一些陌生的漢字或聽到奇怪的漢語時,他便希望依賴譯官的解釋,[43] 從而深入了解漢語,當時譯官金慶門便仔細說明:

> 吾又謂金譯曰:「漢語之尋常言語,吾不知,甚沓沓,願聞之,汝坐而言之。」吾乃發問曰:「天字何音也?」金曰:

---

42 〈譯官李茂上言〉,《譯官上言謄錄》,庚寅十月初八日。
43 李正臣在北京時聽到一些叫賣的聲音時,於是請教另一位譯官金昌祚有關柴、燒、煤等字眼的漢語及韓語的分別。「北墻外過去胡商,每日朝夕,呼怪底聲而過去,細聽之則曰밋쟈오云云。其聲音每如此,招問譯官金昌祚曰:『此何言也?』對曰:『此處之人朝夕飲食熟設時,不用柴,而但用石炭,故胡商之必於朝夕持此而過去,喚聲求買者,蓋以此也。所謂밋쟈오者,밋音買音之誤也,쟈오者,燒字之意也。若從實言之,則此商當喚買燒煤,而如是誤喚者,此商乃山西人,故語音如是謬誤云,吾又問曰:『買燒煤之煤字,何義也?』對曰:『煤炭之煤也云云。』」關於此,詳參李正臣:《櫟翁遺稿》,卷8,〈燕行錄・辛丑五月〉,頁15b–16a。

「與我國同音。」吾問曰:「地字音,何以呼之?」答曰亦同云。問曰:「아비를何以呼之?」答曰:「父親云,或曰:여애云,여애者,爺爺也。或曰,나오듸云,나오듸者,老大也。라오二音,以字書之,則但是老字也。」問曰:「어미을何以呼之?」答曰:「母親云,漢語之母者,乃母字音也,又漢語中呼母,不敬之稱曰媽媽云,其音마마也。」問曰:「한아비를何以呼之?」答曰:「주父云,漢音以祖稱주。」問曰:「아자비을何以呼之?」答曰:「若伯叔則曰버父云,漢音以伯爲버也,季叔則曰수수云,漢音以叔爲수也。」問曰:「아미을何以呼之?」答曰:「若伯叔之妻,則曰버낭云,버者,伯音也。낭者,娘音也。若季叔之妻,則曰신무云。신者,嬸者之音也,嬸母者,季叔之妻也,무云者,漢音以母音謂무也。」問曰:「한미何以呼之?」答曰:「주무云,漢音以祖音謂 ,母音謂무也。」[44]

從此可見,明清易代以後,譯官成為使臣處理朝貢事務的主力,自然更需懂得漢語,故各種詞彙如何翻譯,還需進行培訓,以應付使行所需。譯官們如金慶門可滿足使臣的需要,符合朝鮮社會對漢語譯官的職責期盼。當時,朝鮮是如何制定語言培訓政策與方式,訓練適合的漢語譯官,以符合及滿足上述士大夫及王室的需求以及各種的社會期盼,這是值得進一步探討的問題。

44　李正臣:《櫟翁遺稿》,卷8,〈燕行錄・辛丑五月〉,頁16a–b。

四、譯官教材《伍倫全備諺解》、《象院題語》的翻譯規範

朝鮮譯官，特別是本作關注的漢語譯官，在培訓期間需要學習各種可以協助朝鮮在對外交涉過程中解決問題的語言及文化知識，而協助他們學習的各種譯學教材，正可反映著朝鮮社會與文化所建構的翻譯規範以及社會期盼。朝鮮朝廷對譯官所需擁有的翻譯知識、文化及所需採取的策略，通過提供各種教材，及要求他們閱讀並掌握，以符合社會對譯官的期盼，以利其交涉間爭取各種有利朝鮮的權益。因此，通過探討譯官需閱讀的教材，特別是《伍倫全備諺解》與《象院題語》兩本譯官書籍，從而觀察翻譯規範如何影響譯官的翻譯策略與交涉才能。

據《世宗實錄》，朝鮮朝廷最早採用作為漢語譯官取才之用的書籍，包括：《書》、《詩》、《四書》、《直解大學》、《直解小學》、《孝經》、《少微通鑑》、《前後漢書》、《古今通略》、《忠義直言》、《童子習》、《老乞大》、《朴通事》等。[45] 據梁伍鎮對比《經國大典》、《通文館志》等材料的整理，將這些材料分為五類，即經書、史書、吏文、法制、譯語等（表1）。

---

45 國史編纂委員會編，《朝鮮王朝實錄》，《世宗實錄》，卷47，世宗十二年三月戊午條，頁28a。

表 1　朝鮮王朝譯官的學習教材

種類	朝鮮譯官使用的教材
經書	詩經、論語、孟子、中庸、大學等
史書	小微通鑑、前後漢書、古今通略、忠義直言等
吏文	吏學指南、吏文謄錄、事大文書、謄錄製述、奏本、啟本、咨文
法制	大元通制、至正條格、御製大誥、經國大典等
譯語	老乞大、朴通事、直解小學、直解孝經、五倫全備等

資料來源：改寫自梁伍鎮：《漢學書研究》，頁54。

如觀察譯官學習的教材，可以發現譯官的學習不單純是語言上的認識，也需要兼顧經史，也要對當時的文書與法制有基本的認知，相關的原因可追溯至太宗時期司憲府對譯學的觀察以作出的建議：

> 近來司譯之學，但習漢語，以不知經史之學，朝廷使臣有語，及史則懵然不知，失於對應，深為國之所羞。願自今，擇善於漢語而明經學者，為訓導官，敦諭後進，博通譯語，詳明經學，以達朝廷使臣之意。[46]

從此譯官除了語言資訊學習外，也希望他們能夠掌握一些經史之學，以便與朝臣對應，故可見朝鮮的譯官訓練不限於像《老乞大》和《朴通事》等的口語訓練，[47]也同時包括一些儒學知識或使行所需

46　國史編纂委員會編：《朝鮮王朝實錄》，《太宗實錄》，卷8，太宗四年八月己丑條，頁4b。

47　16世紀時，崔世珍（1473–1542）獲委派將《老乞大》和《朴通事》翻譯為諺解版，一方面作出了當中的語音修正。當中以《老乞大》為例，先後經歷1670年的邊暹（1631–?）、朴世華（1637–?）的版本和1745年刊行的申聖淵（1690–?）、卞煜（1694–?）的版本，在漢語部分與崔世珍版本並無差異，但是在諺語上作出各方面的修正，以配合時代的需要。此例說明在17世紀以後，《老》、《朴》二書還是譯官學習口語對答的主要材料。

的原則。後來提供予譯官學習的《五倫全備諺解》，便是為培訓譯官有相當經史知識水平的教育的教材。

《伍倫全備記》原是明人丘濬（1421–1495）所寫的戲曲，[48] 丘氏為明朝一代官員及士大夫，曾官拜文淵閣大學士，[49] 學者大多分析該書的成型時，均強調他對於以戲曲傳道，特別是三綱五常與理學的內容，而當中戲曲的內容相當豐富。關於《伍倫全備記》，簡單來說，故事講述太平郡首伍典禮的伍氏家庭故事，三子在繼室范氏撫養下所發生的各種倫常道德故事，例如伍典禮的長子被胡人所俘時，寧死不屈感動到胡人的故事。[50] 書中有強烈的三綱五常勸化式的倫常道德意識，故事與文體方面亦與《老》、《朴》二書有所不同。

本作所觀察的是《伍倫全備諺解》如何被應用為朝鮮王朝譯官所採用的學習教材。雖然今天沒有史料說明《伍倫全備記》何時傳入朝鮮半島，但是學者們留意到朝鮮景宗（李昀，1688–1724，1720–1724 在位）即位年（1720），該書已被諺譯，並有漢字註釋各種字詞。[51] 而該書於1746年的《續大典》之中被規範為朝鮮漢語譯

48　在研究戲曲學界，大家對作者是否丘濬有所爭議，但據高建旺的整理，他指出：「筆者傾向於丘濬，原因有五：一、奎章閣本《伍倫全備記》序中有『赤玉峰道人所作《伍倫全備記》三卷國朝赤玉峰道人瓊台丘濬撰』；二、《百川書志》著錄《伍倫全備記》與奎章閣本《佐倫全備記》相似點甚多，而奎章閣藏本《伍倫全備記》的發現正是好多懷疑丘濬是該書作者的有力證據⋯⋯」所以，本文按高建旺的想法，視丘濬為《伍倫全備記》的作者。關於此，詳參高建旺：〈意識形態的戲化樂化：《伍倫全備記》論〉，《暨南學報（哲學社會科學版）》，第184期（2014年11月），頁152–153；李焯然：〈通俗文學與道德教化：明代傳奇《伍倫全備記》與韓國漢文小說《彰善感義錄》探討〉，收入氏著：《中心與邊緣：東亞文明的互動與傳播》（桂林：廣西師範大學出版社，2015年），頁123–125。
49　關於丘濬的研究，詳參李焯然：《丘濬評傳》（南京：南京大學出版社，2005）。
50　高建旺：〈意識形態的戲化樂化：《伍倫全備記》論〉，頁155。
51　據《通文館志》載：「伍倫全備諺解本，康熙庚子教禧廳官等纂修以納。」詳參金指南、金慶門、李湛編：《通文館志》，卷8，〈書籍〉，頁8b。

官的考試材料之一,可見《伍倫全備諺解》當時是朝鮮政府認為有助於譯官學習當時漢語的書籍。[52]

據譯官高時彥(1671–1734)撰的序提到:[53]

> 中華之語,天地正音,國無內外,所當通曉。況我東世謹侯度辭令繹續則華語為重,又非諸象鞮之比而已故自祖宗朝每令文士質語于中朝。今其責在譯院,有本業講肄之方,而其字母清濁之辨,齒舌闔闢之用,古今雅俗之別,皆有妙理,非以方諺繙釋,則莫得以盡其形容,而使人易曉,此本業之不可無諺解者也。本業三書初用《老》《朴》及《直解小學》,中古以小學非漢語易以此書,蓋其為語雅俚並陳,風諭備至,最長於譯學,而老朴則前人皆已奉,教撰諺解為後學南針。獨此書口耳傳來,師說互殊,訛謬胥承物名語類又多,難曉廖學者病之。[54]

過去漢語譯學者一般以《老》、《朴》二書為主要教材,並兼讀《直解小學》,但朝鮮後期因《伍倫全備記》:「雅俚並陳,風諭備至」,

---

52 李焯然:〈通俗文學與道德教化:明代傳奇《伍倫全備記》與韓國漢文小說《彰善感義錄》探討〉,130–131。
53 高時彥應為該書的校正者之一,而高時彥在序中亦提到:「自丙子歲,本院命若而人撰修諺解未幾廢輟,越至己丑復令教誨廳官等賡修,而累年聚訟就緒無期,逮夢窩金相國(註:金昌集)領院另加獎掖頻復,提命至其釐訛質疑之,最難者多所稽考以相其後,由是遂不住手以庚子秋告訖。凡句讀之,解訓義之,釋無不備矣,相國暨而嘉之,而前銜劉克慎等自請捐緡刊布,仍令不佞等益加校正以印之,於是諸人屬不佞為文序其顛末⋯⋯」從中可見,金昌集倡議,並由劉克慎等贊助印刷,而由高時彥本人作最後的校正,故高時彥以序解釋該書出現的來龍去脈。關於此,詳參高時彥:《伍倫全備諺解》(서울:서울大學校奎章閣,2005年),卷1,〈序〉,頁1b。
54 高時彥編:《伍倫全備諺解》,卷1,〈序〉,頁1a–b。

朝鮮譯官通過此書了彌補《老》、《朴》二書不足。原因《伍倫全備記》包含了既雅亦俗，又有強調儒家禮儀思想的逆明。而高時彥特別強調一般譯學書主要與《老乞大》與《朴通事》性質相近而出版，但《伍倫全備諺解》對譯官的重要性卻是：

> 華語異於方言，專用文字，文皆有義，字皆有訓，若昧其義難通其話況，此編以丘瓊山之賅博，所引用多出於經史百家，語意深奧文義講究，尤不可闕故茲致意於註釋。[55]

《伍倫全備諺解》的示例，華語的文字皆有意義，而《伍倫全備記》原文因滿載三綱五常內容使文義變得相當複雜，故編者認為有必要將《伍倫全備記》進行諺解，以協助譯官掌握各種文字內容。此亦說明採用《伍倫全備諺解》作為翻譯教材的意義，不僅能看見當中有複雜的語言與文字，也解釋了需要對漢語或華語作出各方面的註釋，才能理解發音該詞的意義。從翻譯研究的角度出發，掌握語言的同時，也需掌握文本背後的意義與文化。而事實上儒家倫理道德的《伍倫全備記》符合當時朝鮮社會，特別是丙子胡亂後，理學與中華思想高漲的時代，這樣編寫而成的書籍符合當時朝廷的期盼。[56] 故譯官們將之翻譯為諺解版作為後來譯官的教材，也可說明與當時朝鮮朝廷對譯官的社會期盼相關。因朝鮮士大夫對於理學的見解越

55　高時彥編：《伍倫全備諺解》，卷1，〈凡例〉，頁1a。
56　在高時彥的序中提到是金昌集建議，並加獎勵譯官鼓勵此書出版而成的，金昌集當時被稱為「相國」，代表朝廷決策層，也是士大夫的代表，故可由此理解為諺解本是當時朝廷對於翻譯需求而所需編撰的。關於此，詳參高時彥：《伍倫全備諺解》，卷1，〈序〉，頁1b。

趨深化，即使在翻譯教材之中，亦有相關的投射，使譯官的語言掌握，亦需建基於儒家的道德倫理之中。

如《伍倫全備諺解》是朝廷官員對譯官期盼的直接投射，那麼司譯院譯官自行編寫與官方版印的《象院語題》則是闡述朝鮮社會以及事大政策等翻譯規範因素，如何建構著譯官的角色與身分。語言培訓中，看到朝鮮社會對譯官的期盼。因為在《象院題語》這本書中，與上述的譯官教材不同，這是反映職務的一本譯官教材。

據李在弘與朴在淵的介紹，《象院題語》是一本以介紹朝鮮對明關係中，所涉及的使行程序與儀式的書籍，而這書並非使用文言文，而是使用當時北京流行的白話作紀錄，[57] 也可被視為一種中國資訊的參考書。[58] 該書現存於不同地方的檔案館，如木版本可見於韓國的首爾國立大學的奎章閣（奎7493/8600）、韓國學中央研究院的藏書閣（2-4181）、國立中央圖書館（b1 2709-1）、漢陽大學校圖書館（915.2-상653）或成均館大尊經閣（C14B-0059a）；日本的版本收藏於東洋文庫（VII-1-39/VII-1-39 複）、小倉文庫（L44758）、東京外大圖書館（K-IV-9）、天理圖書館（2922-3629）等，而筆寫本則分別藏於韓國的國立中央圖書館（BA091-3）、日本的小倉文庫（L44759，

---

57 如以《象院題語》之開首內容作例，即〈帝都山川風俗〉，可看見書中內容以白話撰寫，與一般常見的朝鮮官方文書，以文言撰寫大為不同：「皇城北邊有天壽山，西邊有西山，中有萬歲山。萬歲山是造的山，那山上有廣寒樓，是北京城的鎮山，離京一百里地。」關於此，詳參於首爾大學校奎章閣韓國學研究院編：《象院題語・華夷譯語》（서울：서울大學校奎章閣，2010年），頁3。另外，該叢書供收錄了首爾大學奎章閣韓國學研究院所收錄的兩個版本，而且亦有其他之材料，可是為了研究的完整性以及本文目標非在於字詞之變化及版本問題，除了特別列明，全文所引之《象院題語》均以該院所藏之版本（編號：奎8600）為準。

58 李在弘(이재홍)、朴在淵(박재연)：〈奎章閣 所藏 譯學書『象院題語』에 대하여〉，《중국어문학논집》，第64號（2010年10月），頁553–575。

L44760)、中國的遼寧省立圖書館（000220，朝鮮史編修會鈔本）和中國社會科學院歷史研究所。[59]

然而，不同《象院題語》的版本，均沒有明確交代成書日期，內容亦沒有如《老乞大》等有明確的時間性史料說明具體的成書年代。[60]然而，從書中內容顯示，可以肯定該書曾應用於明朝期間。其所採用的字眼，包括了「帝都」、「天朝」等等，這些字眼在清人取代明朝入主中原後，在朝鮮材料中，幾乎不會出現，故可肯定該書必定成書於明朝。而專門記載司譯院職責及工作的《通文館志》曾有兩項資料，可顯示出該書應成書於明朝中葉，並於清朝仍有流行運用。

《通文館志》卷7〈人物〉的「南好正條」中載道：「南好正能文下筆，立就更不加點而辭意備悉，且於馬上急報文狀，細書成文，凡文字一覽輒記。嘗隨節使赴京時，門禁甚嚴，不通柴水，使臣欲令共撰，乞解門禁之文，書狀官：『呈文令譯官搆草，不亦羞乎？』自撰文成，多有不愜處，使招公問如何，對曰：『若用此文，非但所請不成，且被嗔怪。』仍代撰，手不停筆，一揮而就，使稱其切實，其文今載《象院題語》，然恃才驕，竟坐言辭被禍，出《象胥故事》。」[61]雖然至今沒有足夠史料論證南好正的生卒年，[62]但根據

59　關於《象院題語》之原始資料的分布，可參考遠藤光曉等編：《譯學書文獻目錄》，頁152。

60　《老乞大》（서울：서울大學校奎章閣，1997年）。

61　金指南、金慶門、李湛編：《通文館志》，卷7，〈人物〉，頁410–411；關於《象院題語》記載南好正的事宜，見於該書中的〈門禁白活〉，是說明中後期，朝鮮士大夫不獲安排四處遊走的事情。詳參서울大學校奎章閣韓國學研究院編：《象院題語・華夷譯語》，頁22–24。

62　李在弘、朴在淵：〈奎章閣 所藏 譯學書 『象院題語』에 대하여〉，頁559。

《朝鮮王朝實錄》的記載，得知南好正在於壬辰倭亂期間，多次擔當譯官與中國軍隊協調。[63] 故可以宣祖期間南好正的事蹟為例，推斷《象院題語》必定於明朝末年曾有使用。

另一方面，據《通文館志》卷8〈書籍〉一項，也特別記載了「象語題語一本」的記錄，[64] 在「什物」條中亦記有「象院題語板」，注云：「康熙庚戌以鑄字印行，己卯濟州譯學吳震昌刊板輸納。以上板材藏於大廳兒房上藏書樓。」[65] 由此可知，濟州譯官吳震昌（1661-?）將有關材料複刻，故可見《象語題語》一書曾被使用，並傳播到朝鮮社會不同地域，供不同譯官使用。值得一提的是，在奎章閣的《象院題語》的各個版本之中，其中有一版本（奎7493）有紀錄：「初授副奉事再除僉正」。[66] 可引證的是下至最普通的譯官副奉事到較高層的僉正也會獲得該書作閱讀。[67] 在官方的文獻之中，並沒有其他更精準的資料，說明譯官是否需使用該書作應考，但從以上材料的整合，幾可肯定漢語譯官，或會有機會接觸《象院題語》一書，作為學習漢語的閱讀材料之一。

《象院題語》有助我們瞭解當時譯官需要掌握的知識。按汪維輝等人的解題，內容分為五類，分別是：（一）關於北京及其周邊地

63　南好正其中的工作紀錄，可參考國史編纂委員會編：《朝鮮王朝實錄》，《宣祖實錄》，宣祖二十五年十二月癸卯條，頁21b；許台九（허태구）：〈임진왜란과 지도·지리지의 군사적 활용〉，《사학연구》，第113號（2014年3月），頁188。
64　金指南、金慶門、李湛編：《通文館志》，卷8，〈書籍〉，頁8b。
65　金指南、金慶門、李湛編：《通文館志》，卷8，〈什物〉，頁7b。
66　서울大學校奎章閣韓國學研究院編：《象院題語‧華夷譯語》，頁30b。
67　據李、朴二人認為，該院所藏之書曾被用於執行日常職的副奉事，再及後轉交較高級的僉正。雖然還有很多討論空間，可以肯定是當時出使北京的譯官參考與學習的譯學書。

區的山川風物、名勝古跡的;(二)有關明朝制度的;(三)有關赴京使朝貢事宜的;(四)有關朝鮮本國資訊的,[68] 以及(五)一個不能分類在上述內容的,記載了南好正的〈門禁白活〉故事。[69] 而事實上,如將譯官的工作與這些材料之間對照,就能發現《象院題語》全書,正是譯官在北京工作時需負責的工作或是面對的環境,而所需要學習的中國有關的文化與知識。

在《老》、《朴》、《伍》等書欠缺關於使行期間禮節的口語對話,但卻可在《象院題語》見到不少的記述。雖然該書與其他教材不同,沒有諺解本,但是似乎該書重點不是培訓譯官的語音,而是相關的文化知識,其中又以禮儀尤為重視。朝鮮社會對於人稱之稱呼,禮與不禮等關於禮節問題相當關心,因為譯官參與朝天使團或燕行使團時,主要參與禮節活動,身分上代表朝鮮。[70] 朝鮮作為「禮義之邦」,如在使行期間中國方面認為朝鮮不合禮以及不合時宜時,則會動搖朝鮮的朝貢地位,甚至對朝鮮朝野的自信帶來重大衝擊。[71] 故某程度上,朝鮮朝廷相當重視譯官能夠掌握各種禮儀知識,因為朝鮮譯官不只是單單的語言翻譯,也背負著維繫朝鮮的文化認同觀及其東亞世界地位的責任。

---

68 這樣分類來自汪維輝等編定的解題,詳參汪維輝、遠藤光曉、朴在淵、竹越孝編:〈《象院題語》解題〉,收入《朝鮮時代漢語教科書叢刊續編》,上冊,頁3。
69 汪維輝、遠藤光曉、朴在淵、竹越孝編:〈《象院題語》解題〉,收入《朝鮮時代漢語教科書叢刊續編》,上冊,頁3-4。
70 羅樂然:〈漢語與事大:從朝鮮的漢語翻譯人才培訓看其對明政策的轉變〉,頁125-126。
71 關於事大使行過程中,關係到各種行為或會影響到朝鮮「禮義之邦」之名的問題,可參考夫馬進:〈明清時期中國對朝鮮外交中的「禮」和「問罪」〉,《明史研究論叢》,第10輯(北京:紫禁城出版社,2011年),頁291-292。

《象語題語》讓譯官們學習到有關朝貢期間，需要對應的部門以及工作人員。除了「筭手」、「催車」等這些禮儀活動過程中會碰上及交流的中國方面官員背景及職能有所說明外，[72]例如〈考夷語〉中，譯官們亦會瞭解到禮部方面的序班：即天朝所派遣的翻譯人員，其形象是會帶有冠帶和帶上「牙牌」。[73]又例如〈光祿寺酒飯〉，是專門介紹接待上馬宴及下馬宴安排的部門：光祿寺，[74]〈鴻臚寺大通事〉專門與朝鮮使節交涉的中國官員等等，[75]可見，《象院題語》是協助譯官認識中國禮節及相關制度的重要工具書。除了見面的不同官員及工作單位外，更值得留意的是〈聖節千秋冬至演禮〉，這篇介紹燕行使團前往北京時的不同時間的禮儀所進行的不同禮節及安排，由於使團成員需參與各種禮節活動，故無論譯官還是使團成員，都有必要瞭解有關的情況。[76]

> ……演禮的規矩，比這裡一般。朝天宮院落裡，文武千官分東西朝北站住，左右串廊簷下，糾儀御史排行站在後頭，錦衣衛校尉也是排行站住。又有教坊司的樂工每穿著斑斕之衣，拿著各樣樂器站住，這們整齊後頭遶行禮。行禮的時節，鴻臚寺官叫班齊，千官每咳嗽後頭，鳴鞭三遭後頭動樂，千官每行五拜三叩頭，作揖三舞蹈，跪下聽三呼之聲，

72　서울大學校奎章閣韓國學研究院編：《象院題語‧華夷譯語》，頁19–22。
73　서울大學校奎章閣韓國學研究院編：《象院題語‧華夷譯語》，頁18–19。
74　서울大學校奎章閣韓國學研究院編：《象院題語‧華夷譯語》，頁12–13。
75　서울大學校奎章閣韓國學研究院編：《象院題語‧華夷譯語》，頁13–14。
76　趙冬梅：〈朝鮮時代漢語教本《象語題語》的編寫特色〉，《中國學論叢》，第33期（2011年8月），頁4–5。

> 千官每行五拜三叩頭，作揖三舞蹈，跪下聽三呼之聲，千官每一時叫「萬歲萬歲萬萬歲」。這般三遭後頭，又行四拜，禮畢後頭，次次兒出來。[77]

此外，在與禮部官員接見時，大家如何安坐也是一個大學問。〈禮部坐起節次〉正說明了這一點。

> 三位堂上、四司郎中、員外主事，各有火房。退朝後頭，不論前後進來，各在火房裡歇一歇。都到的齊了呵，一個外郎打雲板，高聲說「坐堂，坐堂」，郎中以下都是正堂簷下伺候，堂上每出來作揖，各位裡坐定，郎中、員外主事、觀政進士，進前作揖，堂上也舉手，歷事監生、辦事官也這般行禮。當該外郎們到月臺上禮畢後頭，一個外郎拿著卯簿，就堂上根前受押，郎中以下到那裡畫押。畫押便一個皂隸拿著投文牌出來，大門外頭饋人看了，一個投文的、呈狀的、口詞的，跟牌進去，院落裡跪下呈狀，一個外郎收拾，稟堂上打印了，送下司務廳，司務廳查看，四司裡分送，教他稟堂上行公事後頭，一個外郎叫說「堂事畢了呵」，堂上還入火房，郎中每各司裡下來。[78]

在儀式上，各官員坐下的位置，人與人碰面時的禮儀，表面看來並非特別事情，但是放置在朝鮮在明清時代的脈絡下，這些行為就是「事大以誠」的表現。而活動的過程，外界對朝鮮人的印象，則

77　서울大學校奎章閣韓國學研究院編：《象院題語・華夷譯語》，頁5-7。
78　서울大學校奎章閣韓國學研究院編：《象院題語・華夷譯語》，頁16-18。

會從這些小舉止以及儀式的表現中所形成。[79] 當然飲食也是重要的關鍵，故在《象院題語》也說明了上下馬宴時的安排以及應注的禮節，[80] 以及在遼東地區的宴會的禮儀，也有所記載。[81] 可見，對於朝鮮人而言，他們甚為著緊這些活動，特別這些活動當中涉及的禮儀，故在《象院題語》之中，為了滿足當時社會對於譯官的期盼，《象院題語》的編寫者對於當時國家的需求，而特別設計的教材，是希望譯官能夠可以瞭解並解決到使華期間使團成員將會涉及的禮節相關事務。

除了官方的禮節活動及程序安排外，《象院題語》亦涉獵到北京城內的風景，作為教材，其中其開首第一篇就是〈帝都山川風俗〉：

> 皇城北邊有天壽山，西邊有西山，中有萬歲山。萬歲山是造的山，那山上有廣寒樓。天壽山是北京城的鎮山，離京一百里地，永樂以後，皇帝皇后的墳都在這山裡。東有潞河，南有蘆溝河，西有西湖，也有玉河。風俗是比本國，三綱五常都一般，只有醜風俗，和尚道士得官隋，動樂送殯，父母沒了呵，停屍在家對客喫酒，這等風俗看的不好了。[82]

79　《象院題語》記述關於門禁的問題時，亦特別提到「本國雖在海外素守禮法，敬事朝廷，無不盡心。朝廷也優禮厚待比海內王府一般接待。」參서울大學校奎章閣韓國學研究院編：《象院題語・華夷譯語》，頁22–23。
80　서울大學校奎章閣韓國學研究院編：《象院題語・華夷譯語》，頁46–48。
81　서울大學校奎章閣韓國學研究院編：《象院題語・華夷譯語》，頁48–49。
82　서울大學校奎章閣韓國學研究院編：《象院題語・華夷譯語》，頁3–4。

由此可見該書具體介紹了北京其他的景點，包括了北京八景、[83] 天壽山、[84] 國子監、[85] 夷齊廟、[86] 醫巫閭山等等，[87] 其中值得留意的是國子監，《象院題語》之中，特別把國子監與成均館作比較，並說明實際上國子監「是天朝太學館，比這裏成均館一船（般）」。[88] 可見，朝鮮譯官需對北京不同景點與環境有一般的認識。

《象院題語》特別有不少篇幅介紹了北京的風景之地，例如提及天壽山是「千峰萬壑，爭高奇妙，皇都第一箇名山」，[89] 又指醫巫閭山所在地是「天下北鎮山，那山上有聖水盆，天寒不凍，又有仙人巖在前⋯⋯」，[90] 這些材料出現在《象院題語》這本漢語教材，相信因為這些地方均是朝鮮士大夫出使北京時，曾參觀及體驗的地方，故譯官可透過掌握相關地點的背景資料，有助介紹給使團成員瞭解

83　北京八景又名燕京八景，歷朝因語言採用有不同的名稱，但實際上所指之地方還是一致。按《象院題語》之排序分別如下：「盧溝曉月、居庸疊翠、玉泉垂虹、太液晴波、瓊島春雲、薊門煙樹、西山霽雪、金陵夕照」參서울大學校奎章閣韓國學研究院編：《象院題語・華夷譯語》，頁39–40。

84　天壽山是朝鮮使臣經常前往拜訪之地，如曾擔任朝天使書狀官的李民宬（1570–1629）之文集《敬亭集》之中的〈朝天錄〉便曾紀錄了他前往的經歷，也題了〈劉德徵上陵還有贈〉：「帝鄉空望白雲歸，聞道仙郎肅寢扉。天壽山前連御路，黃花鎮北控皇畿。神皋蔥鬱垂玄佑，玉殿森嚴象紫微。獨有侍臣餘白首，淚霑園草正霏霏。」關於此，詳參李民宬：《敬亭先生文集》，收入韓國文集編纂委員會編，《韓國歷代文集叢書》（서울：景仁出版社，1999年），冊901–903，卷5，〈朝天錄〉，頁16a–b。서울大學校奎章閣韓國學研究院編：《象院題語・華夷譯語》，頁40–41。

85　서울大學校奎章閣韓國學研究院編：《象院題語・華夷譯語》，頁41–42。

86　서울大學校奎章閣韓國學研究院編：《象院題語・華夷譯語》，頁51–53。關於朝鮮士人與夷齊廟這個地方之間的關係，詳參王元周：〈夷齊論與朝鮮朝後期政治〉，頁128–147。

87　서울大學校奎章閣韓國學研究院編：《象院題語・華夷譯語》，頁53–54。

88　서울大學校奎章閣韓國學研究院編：《象院題語・華夷譯語》，頁41–42。

89　서울大學校奎章閣韓國學研究院編：《象院題語・華夷譯語》，頁40–41。

90　서울大學校奎章閣韓國學研究院編：《象院題語・華夷譯語》，頁53–54。

有關地方的景象及文化。[91]如喜愛小說的李承召（1422–1484）擔任朝天使團成員時，[92]在購買《大明一統志》，從書肆間留意到關於北京八景之地，雖然他未有親自到訪八景，但仍特別題有〈次北京八景詩〉，表達其對風景之讚嘆。[93]一些晚明的使團成員，如金尚憲的《朝天錄》中包括了〈燕都八景〉，[94]金地粹（1585–1636）於1626年所撰之《朝天錄》中亦記有〈燕都八景〉，[95]金德承（1595–1658）的《天槎大觀》中同樣有記述北京八景的題詩。[96]雖然譯官與使臣具體的對話未見相關的八景圖介紹，但是以此連結下來，相信《象院題語》的設計緣起，考慮到使臣對八景的好奇，已有所收錄，使譯官既學習當中的語言同時，又可掌握這些景點的具體知識與文化，有助使行成員對中國有更多的認識，故《象院題語》有不少的篇幅，羅列北京城內外各景點的具體地點及相關知識，與燕行使行參觀習慣有密不可分的關係，可見有關的知識掌握後，可滿足參與使行的士大夫在北京的種種好奇。

過去學者大多視《象院題語》為一種瞭解明清時期漢語的語學

---

91 關於士大夫對北京八京的理解，詳參衣若芬：〈韓國古代文人對「北京八景」之「薊門煙樹」的憧憬與創生〉，收入廖肇亨編：《共相與殊相：東亞文化意象的轉接與異變》（臺北：中央研究院中國文哲研究所，2018年），頁35–66。
92 關於李承召對小說的興趣研究，詳參崔溶澈：〈朝鮮時代中國小說的接受及其文化意義〉，《中正漢學研究》，第22期（2013年12月），頁335。
93 李承召：《三灘集》，收入民族文化促進會編：《韓國文集叢刊》（서울：民族文化促進會，2003年），冊11，卷8，〈次北京八景詩〉，頁10a–12a。
94 金尚憲：《清陰集》，收入民族文化促進會編：《韓國文集叢刊》（서울：民族文化促進會，2003年），冊77，卷9，〈燕都八景〉，頁31a–32b。
95 金地粹：《苔川集》，收入民族文化促進會編：《韓國文集叢刊》（서울：民族文化促進會，2007年），冊續21，卷2，〈朝天錄・燕都八景〉，頁23a–26b。
96 金德承：《少痊集》，收入民族文化促進會編：《韓國文集叢刊》（서울：民族文化促進會，2007年），冊續27，〈雜著・天槎大觀〉，卷2，頁51b–52b。

材料或外語教材，卻忽略了在朝鮮王朝對中關係的建構過程中，譯官所擔當的角色，而司譯院必須有合適的教材培訓譯官。因此，透過以翻譯規範作為學術概念的切入，來考慮當時朝鮮國家政策與社會文化的規範之下，編寫教材的譯者為了滿足到國家機構、接受者的需求，而設計出一份如《象院題語》一般，不但兼及譯官所需的語言內容，而且教材的內容是按照社會的需求與規範而編成的。翻譯研究者採用Toury時的想法時，可以看見譯作以及文化接受的過程之中，社會產生的規範如何決定翻譯的形態與生產過程。[97]徐居正在《譯官指南》的序曾寫道：[98]

> 人生天地之間，囿於形氣之中。既有形氣，斯有聲音。然四海八荒之天，風氣不同，故語音亦異。吾東邦自殷太師受封以來，禮樂文獻，侔擬中華。但語音不得不局於風氣，是可嘆已。欽惟皇明馭宇，文軌攸同，我國家聖聖相承，至誠事大。[99]

因此透過翻譯規範來重新闡釋《象院題語》的內容，可瞭解漢語教科書關於前往中國的使行知識的建構，[100]是如何受到朝鮮社會期盼

---

97 這些想法被 Edward Gentzler 與 Theo Hermans 進一步採用，詳參 Edward Gentzler, *Contemporary Translation Theories* (London and New York: Routledge, 1993), 105–109, 114–125; Theo Hermans, "Norms and the Determination of Translation: A Theoretical Framework," in *Translation, Power, Subversion*, ed. R. Alvarez and M. CarmenAfrica Vidal (Clevedon: Multilingual Matters, 1996), 25–51.
98 此書已失傳，無法瞭解具體的內容是什麼，故不能在本文之中引用及討論。
99 徐居正：《四佳集》，收入民族文化促進會編：《韓國文集叢刊》（서울：民族文化促進會，2003年），冊10–11，卷4，〈譯語指南序〉，頁31a–32b。
100 當然，除了教科書外，譯官的各種經歷，如多次派往中國地區參與中朝邊界事務，

所形塑,而讓朝鮮譯官能夠有效地解決各種使行上的問題及工作安排,滿足各方面的期盼。《象院題語》等漢語教材讓譯官瞭解禮節性的知識,也瞭解赴華期間涉及的風俗文化,譯官們閱讀《象院題語》時,有關知識有助在參與使行活動期間有效處理各種問題。這些知識並非自然而生的,因為涉及的不少都是社會風俗、朝貢具體的技術操作及禮節維繫等問題,而這些知識在四書或五經未必能體現出來,是考慮到有關的知識與士大夫掌握的知識與文化是屬於不同層面,領導使團的燕行使者往往都會將有關的知識忽略,編寫者特別考慮到這些因素,而將譯官所需的語言知識,結合在他們需要面對文化及禮節場景,無疑是過去單純的研究中未必有談及的現象。

故通過翻譯規範的概念梳理各種漢語教科書,如《伍倫全備諺解》和《象院題語》等如何形塑著朝鮮社會的期盼與譯官翻譯策略及行動之間的關係。過去的文化交流史的角度,大多認為東亞是以漢字為交流媒介的世界,漢字的存在解決了很多文化交流的不便,但事實上語言還是一大障礙。因為不少交涉活動不能夠單以筆談或漢字交流,而且使行實際上有很多的複雜的禮儀要求,故需要譯官在不同場合的介入。而朝鮮王朝實際上需要依賴他們作履行「事大以誠」國家政策的重要棋子,故透過編寫各種規範性的語言內容、儒家倫理知識等來培訓譯官,讓他們可掌握相關的知識,應對各種對外交涉期間的活動。由此可見,朝鮮王朝的政治、外交考慮投放在對外翻譯的培訓之中,通過翻譯規範的觀念,觀察《象院題語》、

又或是於朝鮮邊界擔任外任官(全國如黃州、平壤、義州等北部地區)等經歷,都對於提升他們的漢語水平及掌握更多不同種類的中國相關知識有莫大的幫助。

《伍倫全備諺解》等漢語譯官的教材,除了說明朝廷在培訓譯官能有口語溝通的訓練外,也充實了譯官在文化、政治、外交禮儀等方面知識,以確保他們在使行之中仍能符合朝鮮朝廷的社會與文化期盼。

五、小結

翻譯研究的學者日漸重視通譯的歷史,2016 年 New Insights in the History of Interpreting 的出版,反映不同學術與地域背景的學者開始有意識探討通譯、譯員、譯官等在不同的歷史場景所飾演的角色,在不同的歷史脈絡下,如何瞭解通譯過去的存在以及有關的角色對當今翻譯研究的意義。[101] 賀蘇斯・白格里（Jesús Baigorri-Jalón）和武田珂代子（Kayoko Takeda）指出研究通譯歷史的重要,「如果歷史是過去的詮釋,而通譯的歷史或就是通譯的詮釋。通譯的歷史也許就可以被理解為對過去的具體解釋或是詮釋此專業範疇的歷史。」[102] 因此,通譯的歷史及其背景值得我們更具體的深究,就如 Kayoko Takeda 與 Jesús Baigorri-Jalón 提到一樣,他們基於安東尼・

---

101 Jesús Baigorri-Jalón and Kayoko Takeda, "Introduction," in *New Insights in the History of Interpreting*, ed. Jesús Baigorri-Jalón and Kayoko Takeda (Amsterdam: John Benjamins, 2016), vii. 如 Pöchhacker 亦認為歷史是當今通譯研究最重要的新話題,Franz Pöchhacker, ed., *Routledge Encyclopedia of Interpreting Studies* (London: Routledge, 2015), 72.
102 原文:「If history is an interpretation of the past, the history of interpreting is, as it were, the interpretation of interpreting. Interpreting history could thus be understood as a specific explanation of the past or as the history interpreting trade or profession.」Baigorri-Jalón & Takeda, "Introduction," x.

皮姆（Anthony Pym）的想法指出研究通譯者歷史時應注意他們所身處的背景：

> 研究通譯者的媒介作為溝通的促進者以及文化衝擊的庇護需要考慮以下數點元素：所獲得的文化與語言技巧，通常都是通過他們的社會背景自然所得的，例如居住或成長於多元文化、多元語言的空間以及遠離或移民的脈絡（有時是因為工作需要的搬遷）；培訓（通常是在工作期間）以及招募（高層或權威通常不考慮條件，但期望他們效忠於僱主）；履行職責的言行舉止（有時需要在不同地域活動、預設各種風險以及各種職責上的表現）。[103]

本作將此想法放置於朝鮮與清朝之間對外交流的脈絡下，全面研究朝鮮譯官作為文化的對外促進與溝通者，需要認識他們如何在社會與文化的背景下形成他們的身分，並獲取各種與其工作相關的文化與語言知識，同時也可瞭解朝鮮王朝以及他們本人如何在明清易代以後的社會期許，即朝鮮外交國策、社會制度等翻譯規範下，塑造

---

[103] 原文：「An examination of interpreters' agency as facilitators of communication and shields against cultural shock would demand consideration of a series of elements, including: the acquisition of linguistic and cultural skills, often as a "natural" result of their social backgrounds, such as growing up or living in multilingual/multicultural settings and diasporic or migration contexts (sometimes work-related dislocations); the training (frequently "on-the-job") and recruitment of employment (where seniority or power were not always fully dependent on qualifications, but often on loyalty to the employer); and the manner in which they carried out their duties (sometimes requiring geographical mobility, the assumption of risks, and the performance of a variety of functions.)」Baigorri-Jalón & Takeda,"Introduction," x.

譯官他們成為促進中朝文化交流的媒介，亦藉此以更全面的角度認識朝鮮漢語譯官在東亞世界史中的翻譯、文化以及中朝外交的意義。

第三章　善為周旋：
朝鮮漢語譯官對清活動的禮儀履行

一、引言

　　清朝入關以後，按照明朝舊例，與朝鮮透過禮儀作為兩國交往的規範。在文化史的觀念下，中朝間人群如何交往及物品如何交換，一直受到不少學者多方面的關注，但卻鮮有以禮儀制度作為呈現兩地文化互動的角度。禮儀並非如一些學者認為「沒有什麼重要的意義」，[1] 而禮儀程序的制度、詳盡背後不只是一些繁文縟節，而是禮儀如何連結到國家的社會與身分，朝貢國如何選擇與遵守的文化議題。但是，朝貢國怎樣遵守各種禮儀，這一問題均被過去學者所忽略，可是這些禮儀遵守的約束與形式，卻可更透澈地瞭解朝貢國之間如何通過禮儀看待國家的地位或思想的形態。

　　自明朝建構更嚴密的朝貢禮儀制度後，朝鮮在中國的各種文獻論述，不單被視為情如君臣的朝貢國盟友，更被高度認可為列國之

1　欒凡曾提到：「我們不厭其煩地引用了大段的史料，目的是想從形式和內容上表現中朝朝貢制度完善到怎樣的程度，至於跪幾次、拜幾次，在今天的研究中並沒有什麼重要的意義，只想說明明朝對朝貢的禮儀程序的規定十分細致的，表現明廷對朝貢禮儀的重視，以大國身分接受小國的朝貢，要求屬國必須按照規定的程式進行，不得隨意減少程式，以此體現大國的尊嚴。」這樣的判定無疑忽略禮儀儘管重覆，但卻可以體現的文化意涵遠比欒氏的想像多得多。關於此，詳參欒凡：〈明代中朝朝貢禮儀的制度化〉，《社會科學戰線》，2008年第12期（2008年12月），頁109-112。

首，某程度上歸功於其對禮儀的重視。因此，當探討朝貢禮儀落實過程的相關課題，不應局限於理解禮儀執行的經過，而應從朝貢禮儀的建立過程瞭解不同朝貢國的目標，以形構宗主國對朝貢國的認可。本章透過禮儀履行為研究框架，探討朝鮮在履行朝貢職責的過程，特別是明清易代以後，禮儀的履行不再只是行禮如儀，也不是單純的文化傾慕，而是禮儀履行在中朝關係的意義，在於朝鮮視之為體現禮義之邦精神的象徵，並從此強化朝鮮在東亞秩序的代表性及中華文化傳承的身分，以回應朝鮮國內不斷膨脹的視清為夷的華夷觀念。

當中，朝鮮漢語譯官則是相關禮儀是否順利履行的關鍵。翻譯與禮儀是文化交流不可忽略的元素，兩者之間實際是互為結合的觀念。朝鮮的譯官任命，不單只是委任他們作語言上的翻譯，也蘊含著他們擔當朝鮮禮儀與交涉代表的意涵。故譯官的話語、使臣對譯官的觀感，以及譯官的各種交涉活動，如何體現譯與禮之間的關係，是對朝鮮譯官的研究帶來新思考的視野，也有助重塑對中朝關係之間的原有認知。

因此，本章在從探討明清易代前後的藩王朝貢禮的各種儀式及其制度轉變，考察朝鮮士大夫探討當中的儀式參與過程中，朝鮮士大夫與譯官如何參與其中，並特別瞭解譯官的禮儀履行的角色以及背後的意義。燕行使臣李正臣曾記載到，所有使行的禮節領賞及活動安排，都是由譯官與禮部交涉安排。「凡使行領賞，而又受上下馬宴之後，乃送首譯及上通事于禮部。」[2]此外，一般使節均在北

2　李正臣：《櫟翁遺稿》，卷7，〈燕行錄・辛丑閏六月〉，頁30a。

京停留一段不短的時間,期間在北京的各種大小事,譯官均分擔協調、解難的工作。另一方面,朝鮮邊界或涉及對清事務的問題,也需由譯官代表朝鮮一方進行周旋或交涉。因此,本章將瞭解譯官在中朝關係的政治制度構建下,他們需協調或履行的各種禮儀以及事務職掌,既一方面可說明禮儀作為一種朝貢體系下的規定,如何在中朝關係中產生不同的文化話語,特別可揭櫫禮與譯之間的關係,更可立體地瞭解譯官如何在中朝文化交流之間的擔任中介者。

然而,《通文館志》、不同的《燕行錄》或其他記述揭示了譯官掌握的不只是語言翻譯,同時也是朝鮮如何履行禮儀職責的重要官員。

二、中國歷代的賓禮與朝鮮的對應

接觸空間(Contact Zone)是美國人類學家普拉特(Mary Louise Pratt)在觀察歐洲殖民者在美國開發與擴張期間,與美國土著間互動而得出的理論。而所謂接觸空間是指兩個沒有聯繫的文化因地緣關係而開始接觸,甚至對雙方造成各種協調或不協調的影響。[3] 但她指出接觸空間是不同群體在一個跨文化的空間,通過選擇不同的形式,以滿足空間主導文化的需求。[4] 從此觀點看之,我們可將普拉特

3　Mary Louise Pratt, *Imperial Eyes: Travel Writing and Transculturation* (London: Routledge, 1992), 1–11.

4　黃俊傑一直採用普拉特的「接觸空間」想法,作為研究東亞的地域概念,他認為東亞這個區域是各國家、民族、文化在不對等的支配與臣服關係之下,進行各種交流活動。因此,黃俊傑重視的是東亞文化交流過程中,各地區、文化根據從普拉特的「接觸空間」所述,文化之間的遭遇而引發的各方議題。關於此,詳參黃俊傑:〈作為區域史的東亞文化交流史:問題意識與研究主題〉,頁191。

所指的接觸空間放置在東亞的文化圈中討論，而這空間之下最重要的主導文化是禮儀。無論是中國歷代禮部還是外來的朝貢國，都自然按照朝貢的禮儀以滿足雙方的需求。禮儀作為人與人之間、國與國之間、角色與角色之間的約定俗成的常規定例，在中國與東亞地區，透過禮儀使社會之間的倫理、規則有一定的約束，而禮儀的瞭解及採用，成為了穩定社會，甚至是國際秩序的渠道。《禮記‧曲禮》裡指出：「道德仁義，非禮不成；教訓正俗，非禮不備；分爭辨訟，非禮不決；君臣上下父子兄弟，非禮不定；宦學事師，非禮不親；班朝治軍，蒞官行法，非禮威嚴不行；禱祠祭祀，供給鬼神，非禮不誠不莊，是以君子恭敬撙節退讓以明禮。」[5]禮原來用於分貴賤以及社會地位的高低，而歷代儒學者更相信在區分等級之下，禮是作為確定天下秩序的原則及治國模式，並逐步將之完善。[6]在清朝入關後，相關的禮制對治國的作用，也使得滿族人迅速接受了這項傳統。[7]乾隆帝（愛新覺羅弘曆，1711–1799，1735–1796在位）欽定《大清通禮》時的上諭，[8]亦特別提到：「朕聞三代聖王，緣人情而制禮，依人性而作儀。所以總一海內整齊萬民，而防其淫侈救

---

5 鄭玄注，孔穎達疏，陸德明音義：《禮記注疏》，收入《景印文淵閣四庫全書》（臺北：臺灣商務印書館，1986年，據國立故宮博物院藏本），經部禮類，冊115，卷1，〈曲禮上〉，頁9b–10a。
6 張永江：〈禮儀與政治：清朝禮部與理藩院對非漢族群的文化治理〉，《清史研究》，2019年第1期（2019年2月），頁19–20。
7 張永江：〈禮儀與政治：清朝禮部與理藩院對非漢族群的文化治理〉，頁19。
8 《大清通禮》為乾隆年間為幫助士大夫與民間能夠掌握吉、凶、軍、賓、嘉等禮而就會典所載內容所修改的內容。來保（1681–1764）、陳世倌（1680–1758）、王安國（1641–1709）、嵩壽擔任總裁官。乾隆帝諭中寫道：「本朝會典所載卷帙繁重，民間亦未易購藏，應萃集歷代禮書，並本朝會典將婚喪祭一切儀制，斟酌損益，彙成一書，務期明白簡易，俾士民易守。」詳參來保等編：《欽定大清通禮》（臺北：商務印書館，1978年，文淵閣四庫全書珍版），冊1，〈御製序‧上諭〉，頁1b。

其彫敝也。」[9]可以看見清朝整理禮儀過程中，也注意到禮與儀，背後是配合人的行為與情感而去約定俗成的。

　　自商（約前1600–前1046）周（約前1046–前256）以來，禮書的記述及流通，使禮儀從士大夫之間傳播，隨著《周禮》的成書，使禮儀的精神從人與人之間，擴大至社會之中。而通過《周禮》的五禮（吉、嘉、賓、軍、凶）之一的賓禮，國家對外之間的禮儀細節，亦從此而起。禮儀自先秦逐漸建構，直到鄭玄（127–200）將《禮記》、《周禮》、《儀禮》等書作注後，[10]加上漢朝以後朝廷置禮於國家制度之中運作，使禮受到更多的重視與應用。[11]而關於國與國之間的賓禮，唐朝的《開元禮》奠定了中國與其他朝貢國之間的關係，亦成為了重要的禮學課題。然而，過去學界對於禮學的研究都主要就六點討論，分別是小學、禮學思想、名物、考古學方向、會通群經及禮學史研究，[12]但禮儀在社會的實踐卻是其最重要的存在價值。本作所涉及的朝貢禮儀，正是《周禮》中所指的賓禮。賓禮背後的思想來源，可參考彭林提出的想法：「禮是道德之器械，是上古聖賢為治國、平天下而作。『禮之所尊，尊其義也』，歷來的學者都把探求『聖人制作之本義』作為禮學研究的終極目標。古聖賢是依據怎樣的原則制禮作樂的？它們希冀藉此表達哪些理念？[13]」按此說，春秋時期的士大夫當然對於社會的認識只停留於邦國裡，對於邦國與邦國之間的交流認識卻較其他的範圍淺薄。《周禮》、《禮記》

9　來保等編：《欽定大清通禮》，冊1，〈御製序・上諭〉，頁1a。
10　關於鄭玄研究的情況，詳參潘斌：〈近二十多年來鄭玄《三禮注》研究綜述〉，《古籍整理研究學刊》，2007年第5期（2007年9月），頁87–90。
11　彭林：《三禮研究入門》（上海：復旦大學出版社，2012年），頁14–20。
12　彭林：《三禮研究入門》，頁42–72。
13　彭林：《三禮研究入門》，頁42–43。

等古籍也隱含著當時士大夫如何看待賓禮的情況，例如《周禮・秋官・行人》提到專門負責賓禮的官職：大行人的具體工作：

> 掌大賓之禮及大客之儀，以親諸侯。春朝諸侯而圖天下之事，秋覲以比邦國之功，夏宗以陳天下之謨，冬遇以協諸侯之慮。時會以發四方之禁，殷同以施天下之政；時聘以結諸侯之好，殷覜以除邦國之慝；間問以諭諸侯之志，歸脤以交諸侯之福，賀慶以贊諸侯之喜，致禬以補諸侯之災。」[14]

從大行人當中可見包括朝覲以外，大賓之禮及大客之儀亦包括時聘、賀慶、解決諸侯之國的問題。雖然諸侯制度在周代之後日漸式微，但是相關的諸侯之間的互動方法，卻轉化為歷代諸國入朝的接待賓禮。這些賓禮的細節大多由學者利用小學的方法，[15] 作出種種的考證。[16] 但如彭林所說禮學背後的思想亦值得我們深思的，特別是歷朝是如何想像，李雲泉在這方面嘗試提出了獨到的想法：

14　在《周禮》之中，除了大行人，小行人的工作也是與接待外賓有關，據《周禮》所指：「掌邦國賓客之禮籍，依禮籍接待四方之使者。」關於大行人與小行人的性質，詳參閻麗環：〈春秋「行人」初探〉，《濮陽職業技術學院學報》，第18卷第2期（2005年5月），頁63–65；而事實上明朝重用「行人」作為宣示國令的官職。關於此，詳參孫衛國：〈試說明代的行人〉，《史學集刊》，1994年1期（1994年），頁11–16；並參郭嘉輝：〈明代「行人」於外交體制上之作用：以「壬辰倭禍（1592–1598）」兩次宣諭為例〉，《中國學報》，第70輯（2014年12月），頁319–343。

15　小學由西漢劉歆（?–23）所提及，他提到：「古者八歲入小學，故周官保氏掌養國子，教之六書，謂象形、象事、象意、象聲、轉注、假借，造字之本也。」主要是指古代漢語主治語言與文字的學科，如音韻學、文字學、訓詁學等。關於此，詳參許逸之：《中國文字結構說彙》（臺北：臺灣商務印書館，1991年），頁106–114。

16　如張亮：〈考霸伯盂銘文釋西周賓禮〉，《求索》，2013年第2期（2013年2月），頁81–83；姚小鷗、李文慧：〈《周頌・有客》與周代賓禮〉，《學術研究》，2011年第6期（2011年6月），頁142–146；折輔民：〈《五禮通考・賓禮》校讀〉，《古籍整理研究學刊》，1994年第3期（1994年6月），頁43–45。

在古代中國「調整社會關係，維持社會秩序」的禮，還有另一重要功能，即被用以調整對外關係，維持以中國為中心的東亞國際秩序，從而形成獨具特色的朝貢禮儀，而且同樣「被組織的異常嚴密完整」。朝貢禮儀作為朝貢制度不可或缺的組成部份，歷來為中國封建君主所重。[17]

他認為朝貢禮儀實際是維持國家與國家之間的穩定，同時亦是為強化宗主地位，而制定的一套禮儀文化。[18]但禮儀的作用不只是強化宗主地位，禮儀展示的空間，[19]在各種新的研究方法思考下，也可為我們對賓禮之下所產生的各種禮儀或禮俗問題有重新的認識。[20]朱溢對於唐（618–907）到北宋（960–1127）時期賓禮的禮儀空間的探討，讓我們瞭解到禮儀空間可有助反映宗主國對各地朝貢國的待遇差異，而各種規格的差別可體現朝廷對朝貢國的觀感及對政治形勢的觀感。[21]張永江則認為藩屬國世界，是一個象徵性的權力空間，故朝貢空間是一個以禮儀的控制力為表徵的文化權力空間。換句話說，此為清朝的文化空間控制權力問題，[22]與當代國家的交涉不同，那時沒

---

17 李雲泉：〈賓禮的演變與明清朝貢禮儀〉，《河北師範大學學報（哲學社會科學版）》，第27卷第1期（2004年1月），頁139。
18 李雲泉：〈賓禮的演變與明清朝貢禮儀〉，頁141。
19 可參考青木保的小書解釋禮儀的象徵意義及對國家形式產生的影響。詳參青木保：《儀礼の象徵性》（東京：岩波書店，1983年），頁163–248。
20 華文學界中何淑宜通過使節參與賓禮活動的過程，對北京各種禮俗相關的課題作出研究。另外，韓國學者金文植則以朝鮮王朝的外交儀禮為題，有專書探討各種使行期間及接待中國使節的禮儀問題。詳參金文植（김문식）：《조선왕실의 외교의례》（서울：세창출판사，2017年）；何淑宜著，朴美愛（박미애）譯：〈17・18세기 조선사절의 중국 예속 관찰〉，《국학연구》，第16輯（2010年6月），頁537–574。
21 朱溢：〈唐至北宋時期賓禮的禮儀空間〉，《成大歷史學報》，第47期（2014年12月），頁195–241。
22 Yongjiang Zhang, "The Libu and Qing Perception, Classification and Administration

有明確的政治邊界，但禮儀的界線便成為了清帝國如何擴展其文化空間的手段以及看待「我者」與「他者」之間的隱藏界線。[23] 相反，作為朝貢國又如何看待由禮儀所形成的文化空間，並視之為文化競爭的議題，是值得進一步深究的問題。

朝貢國於參與朝貢期間，所接受及履行的禮儀，也是朝貢國彰顯其文化實力的機會。朝鮮作為明清兩代的朝貢國之首，其有意於此文化空間展開更多的競爭以及借禮儀來形成其於朝貢世界的控制權力。例如隆慶（明穆宗朱載坖，1537–1532，1567–1572 在位）五年（1571），明朝禮科給事中張國彥（1525–1598）等上奏：「朝鮮屬國乃冠帶禮義之邦，與諸夷不同，宜仍復舊班，以示優禮。」[24] 朝鮮亦有專屬的官員及獨特的入使安排，這些禮儀的規定與循守，其實不只是反映明清帝國對朝貢國的認識差別，也可反映朝鮮在列國之中所享有獨特的地位，朝貢禮儀成為朝鮮用以彰顯其文化地位的手段。

朝鮮在履行事大以誠的國策下，在明清帝國朝貢體制裡，日漸成為朝貢國之首，歷代朝鮮官員都非常重視朝貢秩序中的排位，故如何回應及對待賓禮安排，從而在朝貢與禮儀的空間取得各種得著、肯定或榮譽，是朝鮮朝廷及出發使節的首要考慮。雖然李雲泉認為：「朝貢禮儀僅僅是一種象徵，其演示功能遠遠大於政治功

---

of Non–Han People," in *Managing Frontiers in Qing China: The Lifanyuan and Libu Revisited*, ed. Dittmar Schorkowitz and Chia Ning (Leiden: Brill, 2016), 123.

23　Ning Chia, "Lifanyuan and Libu in the Qing Tribute System," in *Managing Frontiers in Qing China: The Lifanyuan and Libu Revisited*, 146.

24　張居正等修：《明穆宗實錄》（臺北：中央研究院歷史語言研究所，1966年），卷61，隆慶五年九月辛酉條，頁1a–b。

能。」[25]但是各種禮儀所帶來的文化功能，並非當下即可看見，而是東亞世界的互動過程中不斷催化的結果。而通過歷代禮儀制度的變遷以及朝鮮對禮儀的接受史，將可透視禮儀在朝鮮以及東亞世界的文化意義以及多方面的功能。

早於唐代已有「蕃主朝見禮」，[26]有關的文化在宋朝（960–1279）進一步強化相關的禮儀規定。[27]元代（1271–1368）因應蒙古帝國建立的需要，作出一定的調整，但成為禮儀的常例以及對帝國有深遠的影響，自然是明太祖立國後，大規模改革禮儀制度，各種禮儀都有嚴格的規定。[28]負責禮儀的禮部下設四大四司，明清皆同，分別為專管嘉禮、軍禮及管理學務的儀制清吏司、負責吉禮及凶禮的祠祭清吏司、掌賓禮及接待外賓事務的主客清吏司以及負責宴席與糧食的精膳清吏司。[29]

洪武2年（1369）已定有「蕃王朝貢禮」，儀式分前期準備和正式朝拜的部分，當中前期準備即接伴、宴勞與習儀等。[30]及後，洪武

25　李雲泉：〈賓禮的演變與明清朝貢禮儀〉，頁140。
26　蕭嵩等撰：《大唐開元禮》（臺北：商務印書館，1978年，據清文淵閣四庫全書本影印），卷79，〈蕃主奉見〉，頁1a–7b。
27　如金成奎指出宋代因應有對等國的出現，即使宋代仍維持世界中心的想像同時，在形態上與唐代的一致賓禮有所差異。宋代的賓禮採取的是多元化的賓禮，以配合國家的不同面向與需要，這樣的改變，亦使賓禮不再限制於統一的原則，亦有多變的可能性。關於此，詳參金成奎（김성규）：〈宋代 東아시아에서 賓禮의 成立과 그 性格〉，《동양사학연구》，第72輯（2000年10月），頁53–87。
28　吳恩榮：〈元代禮失百年與明初禮制變革〉，《北京社會科學》，2016年第8期（2016年8月），頁101–109。另據
29　例如郭嘉輝：〈元明易代與天下重塑：洪武朝賓禮的出現及其意義〉，《臺灣東亞文明研究學刊》，第17卷第1期（2020年6月），頁1–38。
30　據陳戍國的研究，發現明朝的禮儀體制各種安排，都是參考或按照傳統禮經、周禮等的規定，如到京後由禮部官慰勞的安排，則是《儀禮‧覲禮》中提到「王使人皮弁用璧勞。」關於此，詳參陳戍國：《中國禮制史：元明清卷》（長沙：湖南教育出版

帝先後修訂賓禮制度，於洪武3年的《大明集禮》、洪武8年的〈頒詔諸蕃及蕃國迎接儀〉、洪武12年〈遣使外國儀注〉等，甚至到洪武26年更頒布〈蕃國朝貢儀〉等，就頒詔、迎接、遣使、進表、朝貢儀注等進行詳盡安排。[31] 僅僅洪武一朝，明朝已先後有反覆的變動，可見明朝朝廷對禮儀落實的重視。

　　進行過去的禮制史的學者研究，均關心明清兩朝朝廷如何實行這些儀式。[32] 但是朝貢國如何參與其中，卻沒有太多學者的關心。[33] 如陳成國認為「洪武朝為諸蕃國制定遣使進表之儀，足證朱家皇帝做天下主信心不足。但是諸蕃國遣使進表之前是否實行此禮，我們沒有在眾多文獻裡找到證據，估計耐煩行此禮的蕃王不會太多吧。」[34] 然而，陳成國的想法卻在朝鮮禮制以及遣使入使的脈絡下可被否定。朝鮮歷代派遣的使節都按著禮儀的要求進行配合，也會派遣具文化與語言能力解決問題的譯官在場應對禮儀的執行。可是，過去學界對於朝鮮如何配合，沒有很多的探討。可是，只要稍舉一些清代的朝貢禮儀進行過程的事例，[35] 並通過朝鮮使臣的眼光與清朝

社，2002年），頁380–383；另參顧寶田、鄭淑媛譯注、黃俊郎校閱：《新譯儀禮讀本》，〈觀禮第十〉，頁327–329。

31　可參考郭嘉輝：〈天下通禮：明代賓禮的流傳與域外實踐的紛爭〉，《臺灣師大歷史學報》，第59期（2018年6月），頁6–7。

32　岩井茂樹：〈明代中国の礼制覇権主義と東アジアの秩序〉，《東洋文化》，第85號（2005年3月），頁121–160；或參考尤淑君：《賓禮到禮賓：外使觀見與晚清涉外體制的變化》（北京：社會科學文獻出版社，2013年）。

33　就此問題作出闡述的，可參考郭嘉輝：〈天下通禮：明代賓禮的流傳與域外實踐的紛爭〉，頁1–40。

34　陳成國：《中國禮制史：元明清卷》，頁382。

35　明朝《朝天錄》亦有相近的禮儀活動證明，但因本文集中討論清朝的禮儀履行，故以清朝《燕行錄》為論述中心，如1539年出使的權橃（1478–1548），在他的《朝天錄》提到他們入京後，禮部派員接待及設宴款待的經歷：「是日，凌晨詣闕，以下馬宴，

史料的對比，可以發現當中禮儀得以全面落實，對朝鮮來說，不只是「承認朱明皇帝為天下共主」，[36]而是超越單純的演示功能，帶有各種政治、文化以及經濟利益的考慮。從賓禮在朝鮮半島的傳播與採用的情況，將可看出相關的考慮。

禮儀很早在朝鮮半島落實，彭林指出中國古禮自三國時代通過各種文化與外交交往，傳播至朝鮮半島。[37]而在高麗派遣使節到南北宋時，亦隨著如此的頻密的交往，在書籍輸入、朝貢制度以及遣留學生等形式，強化國內的儒家禮儀的應用。[38]如高麗光宗（王昭，925–975，949–975 在位）曾「令百官衣冠，從華制」[39]可見於高麗王朝即使以佛學為主導的文化思想，[40]儒家禮制在高麗一直有穩定的發展，彭林直指高麗成宗（王治，960–997，981–997 在位）對禮制落實最有貢獻：「成宗制禮，並非簡單模仿中原禮儀，而是有著明確的以禮為教的理念，故每每下教，向國中宣示禮儀的內涵。」[41]回到賓禮方面討論，在高麗王朝已有賓禮的落實，但主要功能的是迎接與款待來自遼（916–1125）、金（1115–1234）、元、明等朝來頒宣

往會同館。千秋使以上馬宴亦往。尚書先入，俄而太監麥福亦入。尚書率臣等西向行望闕禮後，與太監南面而立，率下人行再拜。禮訖，分東西而坐，眾樂幷作，雜戲俱呈。」詳參權橃：《冲齋先生文集》，收入韓國文集編纂委員會編，《韓國歷代文集叢書》（서울：景仁出版社，1999年），冊582，卷7，〈朝天錄〉，頁7a。

36　陳戌國：《中國禮制史：元明清卷》，頁382。
37　彭林：《中國禮學在古代朝鮮的播遷》（北京：北京大學出版社，2005年），頁1–42。
38　此處補充一點瞭解從高麗到朝鮮，朝鮮半島對禮儀觀念均以大多圍繞著禮在家庭、倫理之中所發揮的意義，因此《朱子家禮》在朝鮮社會最明顯看到相關的端倪。關於朝鮮禮學的落實，詳參黃元九：〈李朝 禮學의 形成過程〉，收入氏著：《東亞細亞史研究》，頁53–76。
39　鄭麟趾撰：《高麗史》，卷2，〈光宗世家・光宗7年〉，頁
40　李基白著，厲帆譯，厲以平校：《韓國史新論》，頁138–141。
41　彭林：《中國禮學在古代朝鮮的播遷》，頁48。

詔命使節的儀式，[42] 但卻沒有明確的記載提及出使的種種禮儀安排與形式。

朝鮮王朝成立以後，對賓禮進一步落實，不只接待朝廷使臣的儀式，也在履行明朝的賓禮，盡力符合要求，以體現朝鮮的事大精神，憑此確立明清朝貢體制中朝鮮的地位。[43] 彭林以《國朝五禮儀》的編纂以及頒布為例，說明朝鮮的事大色彩：「一是降低禮的等第，除了前面提到的不敢置天子之禮外，在行禮規模、器種類、供品數量等方面，也都降等減殺，以示不敢與大國抗禮。二是增設了某些涉及明王朝的禮儀，如《正至及聖節望闕行禮儀》、《皇太子千秋節望宮行禮儀》、《迎詔書儀》等，以表示與明室的特殊關係。」[44] 上述其實可以看見《國朝五禮儀》進一步強化迎接明朝使臣時應有的禮儀，以展示朝鮮對大明的尊崇。與此同時，朝鮮在後來大清帝國體制之中，也在朝貢禮儀中，得到高度的肯定，這種肯定可以在接待中體現出來。

過去學者研究朝鮮賓禮時，均以迎接中國使臣禮儀為中心，強調朝鮮對此的重視，但朝鮮出使到明清兩朝，刻意遵守各種禮制約定，也可從接待之中看到朝鮮背後的目標。

---

42 據《高麗史》載，關於迎接中國來的使節詔使儀，有關於遼、金、元等時代的〈迎北朝詔使儀〉及〈迎北朝起復告勅使儀〉和明朝的〈迎大明詔使儀〉、〈迎大明賜勞使儀〉。簡單來說，賓禮規定了如何迎接來到朝鮮半島的使節，宣布詔命的儀式以及高麗國王款待的方法。一般接受詔命時，高麗國王都會位於西向，向元帝拜舞並受詔命。關於此，詳參鄭麟趾撰：《高麗史》，卷65，〈賓禮志‧迎北朝詔使儀〉；孫建琪：《蒙元與高麗的交聘制度》（臺北：中國文化大學史學系碩士論文，2011年），頁97-99。

43 Martina Deuchler, "Neo-Confucianism in Early Yi Korea: Some Reflections on the Role of Ye," *Korea Journal* 15:5 (1975): 12-18.

44 彭林：《中國禮學在古代朝鮮的播遷》，頁211。

以清廷的接待為例，可見朝鮮與其他朝貢國待遇不同，而這種對待的不同是與朝鮮對出使禮儀的執行與尊重有密切關係。據《欽定禮部則例》中指「朝鮮入貢，由盛京將軍給與路引鳳凰城守尉派防禦一員伴送貢使。」而其他貢國家則「該省文武員中派二三員伴送入京。」[45] 貢使人數亦可見相關的待遇差距，如「外國貢使隨從員役不得過百人，赴京不得過二十八餘皆留邊聽，賞進貢船不得過三隻，每船不得過百人，朝鮮不在此例。」[46] 而商業活動亦只特別開放給朝鮮與琉球，如《欽定禮部則例》說明：「凡外國貢使來京頒賞後，在會同館開市或三日，或五日，惟朝鮮、琉球不拘限期。」[47]

因此，朝鮮刻意遵守朝貢制度各種儀式與規定，特別在清朝管治中，尤其重視，背後好處就是有著更方便的朝貢貿易。此外，朝鮮也通過履行禮儀，有其他方面的文化意象的意義。而清廷的接待禮儀是繼承明朝的演儀這一禮儀傳統，也是希望宗主國與朝貢國彼此之間能夠有著應有的責任完成禮儀，以強化國家的地位及維繫國際秩序。據《明史‧禮志十》「蕃王朝貢禮」條，提到：

> 凡蕃國遣使朝貢，至驛，遣應天府同知禮待。明日至會同館，中書省奏聞，命禮部侍郎於館中禮待如儀。宴畢，習儀三日，擇日朝見。陳設儀仗及進表，俱如儀。承製官詣使者前，稱有制。使者跪，宣制曰：「皇帝問使者來時，爾國王安否？」使答畢，俯伏，興，再拜。承製官稱有後制，使者

---

45 特登額等纂：《欽定禮部則例》（臺北：成文出版社，1966年），卷171，〈主客清吏司‧朝貢通例〉，頁1a–b。
46 特登額等纂：《欽定禮部則例》，卷171，〈主客清吏司‧朝貢通例〉，頁1b–2a。
47 雖然規定不可收買史書、兵器及各種違禁品，但可見有關的待遇是明顯存在差異。

跪。宣制曰:「皇帝又問,爾使者遠來勤勞。」使者俯伏,興,再拜。承製官覆命訖,使者復四拜。禮畢,皇帝興,樂作止如儀。見東宮四拜,進方物訖,復四拜。謁丞相、大都督、御史大夫,再拜。獻書,復再拜。見左司郎中等,皆鈞禮。[48]

明朝通過嚴格訂下國家對內、對外的禮儀,希望改革元朝帶來的社會問題,而清朝將這些朝貢禮儀大部分繼承下來,同樣希望以禮儀作為維繫帝國,來擴闊文化統治想像的方式。唯一不同的是清朝成立了理藩院,主要負責內外蒙古、青海、準噶爾、藏地、南疆維吾爾族等地的非漢裔社群,代替了明朝禮部原本在這方面的工作。[49]而非內亞地區的東亞與東南亞列國的禮儀交涉,則在清朝時繼續維持由禮部及其屬下司部負責。[50]由此可見,清人對於內亞社群的理解與東亞列國的理解有所差異,張永江認為理藩院管治下的,自然是較親近的層級,而第二層級則是較疏遠的朝鮮等國,則由禮部管理,[51]形成了無形的文化認同的秩序。同樣地,在層級裡的秩序,其實也出現著如此的秩序。如《清史稿》載:「隸司者,曰朝鮮,曰越南,曰南掌,曰緬甸,曰蘇祿,曰荷蘭,曰暹羅,曰琉球。親疏略判,

---

48 張廷玉等撰:《明史》(北京:中華書局,1974年),卷56,志32〈賓禮・蕃王朝貢禮〉,頁1423–1424。
49 Ning Chia, "Lifanyuan and Libu in Early Qing Empire Building," in *Managing Frontiers in Qing China: The Lifanyuan and Libu Revisited*, 43–44.
50 近年比較詳盡關於禮部的研究,可參考美國學者克禮著作。Macabe Keliher, *The Board of Rites and the Making of Qing China* (Berkeley: University of California Press, 2019).
51 張永江:〈禮儀與政治:清朝禮部與理藩院對非漢族群的文化治理〉,頁21。

於禮同為屬也。」[52] 從中，可看到朝鮮長久於清代會章典籍中，名列禮部屬國首位。然而，朝鮮的地位是如何得以維持，這涉及到的使節如何舉行禮儀與遵守禮儀準則。

洪大容在參與燕行期間，陪同使節參與演儀。明清兩朝，入京後除了獲得禮部派官員接待以及宴客外，使行官員一行則需穿官服習儀三日，並擇日朝見。[53] 習儀或演儀一舉的重要性，可以從洪大容的說法引證：「十二月二十九日，一行往鴻臚寺演儀。蓋以外國貢使，不閑禮貌。預令演習朝班，不失儀，亦明朝舊制也。」[54] 洪大容提到演儀目標是不失儀，故無論如何在百多年恆久不變的朝貢活動中，還需要進行演儀，背後的考慮正是以不失儀為最終目的。而不失儀則是朝鮮在朝貢禮儀作為展現文化實力的重要手段。因此，朝鮮為了在每一次出使過程都順利履行禮儀責任，譯官的存在便顯得更為重要。

三、清代朝貢禮儀與朝鮮譯官的職責

相對於明清帝國的禮部，朝鮮為了不失儀，對於禮儀交聘的問題更為重視。故此，朝鮮譯官亦從中作協調，希望避免正式朝見

---

52 趙爾巽等撰：《清史稿》（北京：中華書局，1976–1977年），卷91，〈志66，〈禮十·賓禮〉，頁2673。
53 部分明朝朝天使，如1602年出使的李民宬、1636年出使的金堉（1570–1658年等都有提到有關的經歷。關於此，詳參李民宬：《敬亭續集·壬寅朝天錄》，收入林基中編：《燕行錄全集》，冊15，卷3，頁9b；金堉：《潛谷遺稿·朝京日錄》，收入民族文化促進會編：《韓國文集叢刊》，冊86，卷14，頁323b，
54 洪大容：《湛軒書》，外集卷9，〈鴻臚禮儀〉，頁28b。

時，出現失儀的情況。故此，演儀是正式朝恭前，使臣們都需要預演儀式的過程，是不得拒絕且恆常參與其中的使行的重要活動之一，一般來說三使以及專門負責翻譯的人員需要參與其中。據1832年參與使行的金景善（1788–1853）所撰的《燕轅直指》：[55]「因禮部知委，午時，與正副使及諸任譯，往鴻臚寺演儀，琉球使亦參。」[56]而金景善亦特別提到譯官需要一同演習禮儀：

> 我三使北面序立於庭南，諸譯又序立於三使之後。舊時，自堂上譯官下至押物官二十七員，分爲三行，從職品每行九人云，而今則不然。琉球三使，又序立於諸譯之後。我國從人及琉球從人，又立於其後而觀光。排班畢鳴贊，二人分立於龍亭門左右。臚唱，舊時，通官以我音傳之云，而今則不然，臚聲甚洪亮。於是，行三拜九叩頭之禮，曾聞官員糾檢行禮，如或參差，則雖三四巡，更令演習云，而今不然。禮畢，復入左月廊，換着平服而歸。[57]

使團的禮節活動除演儀外，入京後重要的事情之一，則是需入禮部呈交咨表文。據《大清通禮》記載，朝鮮官員入使時進表咨文時的程序如下：

> 貢使就館翼日，搋其方物表文暨從官各服朝服以俟，禮部儀

---

55 關於金景善出使相關的研究，可參考曹虹：〈《燕轅直指》的清朝觀〉，《嶺南學報》，第6輯（2016年7月），頁231–245。本文所用的《燕轅直指》收入於林基中編：《燕行錄全集》，卷70，因全文沒有古籍頁，故改用《全集》的頁碼。
56 金景善：《燕轅直指》，卷3，〈留館錄（上）〉，王辰年十二月二十六日條，頁285。
57 金景善：《燕轅直指》，卷3，〈留館錄（上）〉，鴻臚寺演儀記條，頁286–287。

> 制司官設表案於堂上正中。黎明，館鄉朝服，率貢使詣部，由左角門入恭埃，鰮下之左，正使奉表在前，副使次之，從官在後，禮部侍郎一人出詣案左立，儀制司官二人，鴻臚寺鳴贊二人，分立於左右，楹南均朝服館鄉。先升階立左，楹鳴贊之右，鳴贊進表，司賓序班二人，引貢使升階立，副使從升少，後立從官隨序立贊跪。貢使以下階跪贊，接表正使舉表館鄉，恭接以授侍郎。侍郎受表陳於案正中復位，贊叩興正使以下行三跪九叩禮，興序班引退館，鄉率以出儀制司官，送表內閣埃。[58]

李正臣在1721年入使時，便提到譯官需協調使臣處理兩國之間的表咨文呈上的過程：

> 首譯入告曰，明日日未出，三使臣當陪表咨文，進呈于禮部。趁曉起寢之意，預告云云。[59]

> 譯官輩，先持表文咨文兩櫃子。置於府堦鋪陳上後。三使臣從東階升階，列立於東階上，俄而上副使進詣廳前，上使奉表樻，副使奉咨樻。上副使皆與譯官，同為跪進於正間卓子上。[60]

進呈表咨文是燕行使節的重要禮節事情，據《事大考例》：

58　來保等編：《欽定大清通禮》，冊6，卷43，頁2b。
59　李正臣：《櫟翁遺稿》，〈燕行錄‧辛丑四月〉，頁83a。
60　李正臣：《櫟翁遺稿》，〈燕行錄‧辛丑五月〉，頁1a–b。

> 進於皇上曰「表」（進於攝政王，亦稱『表』），進於皇太子曰「箋」，進於皇后曰「狀」（只有方物狀），有事而陳於皇上曰『奏』，有事而報於禮部，冀其轉達曰「咨」。其陳奏之時，進於皇太子曰「啟」，進於皇后曰「單」（只有方物單）。大喪之時，政府大臣，報於禮部曰「申文」。使臣有事，陳於禮部曰「呈文」，其體各殊。」[61]

而黃梓（1689–?）在擔任1734年使團書狀官時，他的經歷可引證進呈表咨文全由譯官所負責：

> 李樞來言，署班謂繙清文書，皇帝覽下中堂將回奏云。余曰：皇帝覽奏若別有旨意，則斯謂之特旨，若循例下議，則自歸於禮部，且有譯輩曾謂文書下禮部。然後凡事方可周旋視禮部如射者之的矣。今也不然，不出於特旨，不下於禮部，便歸於別處，此何故也？金是瑜曰：此所謂交饋中堂事可速諧矣。余曰：何謂也。對曰：禮部覆奏或不免見尼於中堂，而中堂回奏便是磨勘，可無遲滯之患矣。余曰：中堂回奏之善不善何可知耶？李樞、金是瑜，並對曰：「查事既明，且合於瀋，奏保無他虞矣。」兩譯之言雖如此，余意則終有所不信者矣。[62]

61　丁若鏞：《事大考例》（서울：成均館大學校동아시아學術院，2008年），卷24，〈表咨考一〉，頁1a。
62　黃梓：《甲寅燕行錄》，收入林基中編：《燕行錄叢刊改訂增補版》（該叢刊為數位化的《燕行錄》結集，藏於KRPIA數據庫），卷3，〈留館錄・九月二十九日辛丑晴〉，頁90–91。

儘管從黃梓的例子中,看到他不太信任金是瑜與李樞二人的安排,但是在文件傳遞的安排,只可帶著懷疑的心來依賴他們的幫助。不過,文件上的禮儀,[63]其實已有嚴格的規定。因此,對於一般的使節來說,即使像黃梓一樣出現懷疑,但是譯官由於對於文件傳遞的禮儀相當熟悉,故不成任何問題。不過,《通文館志》指司譯院內收藏了各種禮儀文書的範本,例如各種方物表、方物狀、奏本、咨文、表箋等,書寫方法的具體內容都見於司譯院官員的文本裡面。[64]換句話說,假設使臣不懂如何書寫,司譯院的譯官仍然可以協助使臣解決問題,不會導致因表箋問題再次發生禮儀間的衝突,故很多時候譯官都代為處理表箋事宜。例如,譯官金是瑜曾為仁祖反正的事撰寫於明史期間,在表箋上私自修訂來爭取相關的可能。[65]當然最實際的工作,就是譯官負責將有關表文呈上,如麟坪大君(李㴭,1622–1658)出使期間,譯官張炫(1613–?)等協助將表咨校點,[66]

---

63 范永聰曾提到表箋對朝鮮的文化、禮儀與朝貢落實的意義:「朝鮮王朝自立國以來,即以對明朝事大朝貢為外交政策,並以此確立王權,解決經濟上物質交流的需要,且進而引入中國的先進文化。由於要力行事大外交,故此表箋一類的文書遂成為朝鮮向明朝通交及表達意見的最重要工具。事實上,朝鮮朝廷也十分著重表箋之學,故明清兩代五百餘年間,朝鮮的表箋都經常受到中國君主的讚揚。」關於此,詳參范永聰:《事大與保國:元明之際的中韓關係》,頁192;並參李光濤:〈記朝鮮國表箋之學〉,收入氏著:《明清史論集》(臺北:臺灣商務印書館,1971年),上冊,頁42。有趣的是《通文館志》亦提到「慶賀表箋俱頒有實式,惟朝鮮國每歲更換文辭。」朝鮮使團經常更換文辭,某程度上是一種刻意象徵國家對表箋的重視,以及希望獲得中國君主的認同與讚揚。關於此,詳參金指南、金慶門、李湛編:《通文館志》,卷3,〈事大〉,頁14b。
64 金指南、金慶門、李湛編:《通文館志》,卷3,〈事大〉,頁14b–21b。
65 金指南、金慶門、李湛編:《通文館志》,卷7,〈人物〉,頁26a–b;關於金是瑜與明史改寫問題,將於後面章節再作討論。
66 張炫是肅宗期間的國中巨富,也是朝鮮後期禧嬪張氏(張玉貞,1659–1701)的伯父,是肅宗最寵愛的後宮,曾受張炫連累被判罰。關於此,詳參金良洙(김양수):

並將之呈往禮部，以避免音語不通而導致的麻煩：「留別館，表咨點檢。廼行臺之職，而相分後音問不通，故去夜率諸譯，點檢表咨，類類分置。今朝銜譯齊到，催呈表咨，送譯官張炫，趙東立，崔振南等，賷持呈于禮部。」[67] 1723 年礪山君李枋與禮曹參判金始煥（1673–1739）擔任正副使的陳慰兼進香使時，也有提及他們出使時，需要先經譯官檢查表咨文，以便相關文件能完備呈交禮部：

> 臣意則齎去咨文作爲二本，一本則以五字書填，一本則以一字書填。入燕後使譯舌先探禮部前例，呈納咨文，則似爲完備，故敢此仰達。[68]

譯官在使團可以避免朝鮮失禮，這種考慮基於明初時朝鮮曾因表箋問題與明朝禮部引發多次禮儀衝突。[69]《通文館志》也有記載譯官在進呈表咨文時，需要作出參與協調的工作，以避免問題再發生：「今則尚書（或侍郎）與郎中具公服，面南立于大廳，大通官引三

〈朝鮮後期 中人집안의 活動研究（上）：張炫과 張禧嬪등 仁同張氏 譯官家系를 중심으로〉，《역사와 실학》（1990年9月），頁28–34。

67 麟坪大君：《松溪集》，收入民族文化促進會編：《韓國文集叢刊》（서울：民族文化促進會，2007年），續冊35，卷7，〈燕途紀行・下〉，丙申九月二十三日，頁1a。

68 《承政院日記》，第548冊，景宗二年十二月二十七日，頁131b。

69 明初，朝鮮派出使臣表貢時，曾被明太祖認為表文內「輕薄戲侮」而問罪，故有禮與無禮與否，是朝鮮保障國家存亡的最佳辦法。自此，朝鮮對表文的書寫甚為重視，而專管外交禮儀事務的司譯院自然對此有相當的認識與資訊掌握。關於明初的表箋問題，詳參朴元熇（박원호），〈明初文字獄 朝鮮表箋問題〉，《史學研究》，第25輯（1975年6月），頁83–101；並參葉泉宏：〈權近與朱元璋：朝鮮事大外交的重要轉折〉，《韓國學報》，第16輯（2000年6月），頁69–86；亦參范永聰：《事大與保國：元明之際的中韓關係》，頁192–196。

使,奉表咨文,跪進郎中,受安于卓子,上通官引使而退。」[70] 有關論述與上述李正臣在使行期間所書寫的經驗幾乎是一致的,可見譯官擔當作為協調禮節活動的角色。

演儀和呈交表咨文後,各國使臣便需正式覲見皇帝。而入殿的禮儀才是整個使團行程的關鍵儀式。由於這是正式的儀式,無論是各地入貢的外國使節以及土藩代表,抑或是一些朝廷各級官員均需要參與。過去學界對這些定期與有嚴格規限的禮儀不太感到興趣,[71] 原因這些都是一些既有程序。除非這些禮儀活動過程裡,發現一些有趣的現象,他們才感到興趣加以討論。[72]

不過,通過朝鮮使臣對於正式朝見的經歷及各種書寫作為考察與研究的對象時,可發現朝會及覲見不只是履行禮儀的過程,同時亦是朝鮮使臣對於國家形象的建構、東亞世界的秩序以及對於帝國或世界觀再認識的重要切入點,故他們在入宮覲見的經歷與各種見聞都是值得觀察及考究的。一般來說,外國使臣均都被安排在百官之後,但是朝貢國之首,大部分時間都通常是朝鮮使臣。據《欽定

---

70 金指南、金慶門、李湛編:《通文館志》,卷3,〈事大〉,頁43a。不過據金文植教授的考察,他指出到清代,大多數由侍郎代表,而非尚書。關於此,詳參金文植:〈조선시대 外交儀禮의 특징〉,頁84。
71 何新華的研究則有詳細的說明,亦有不少篇幅顧及屬國來華的朝貢禮儀,但是何氏的研究還是更關心18世紀以來西洋國家來華的交涉過程,如中荷、中葡、中俄、中英以及晚清的各種朝貢經歷等。關於此,詳參何新華:《威儀天下:清代外交禮儀及其變革》(上海:上海社會科學院出版社,2011年)。
72 尤淑君的專著,通過各種官方材料,包括《大清通禮》、《清朝文獻通考》《大清會典事例》、《欽定禮部則例》等整理了屬國貢使一般在北京的禮儀活動,由入住館舍、禮部進表、安排覲見、大朝朝觀、常朝朝覲、便殿召見、虜覽、頒賞、賜宴、辭別謝恩等,各活動的具體儀式,則視乎是否有常朝日或是使團入貢時間。關於此,詳參尤淑君:《賓禮到禮賓:外使覲見與晚清涉外體制的變化》,頁43-44。

禮部則例》:「外國貢使在西班百官之末行禮,以朝鮮國領班。」[73] 因此,朝鮮被視為一種朝貢國之首的心態與形象,於大殿的禮儀空間中呈現。

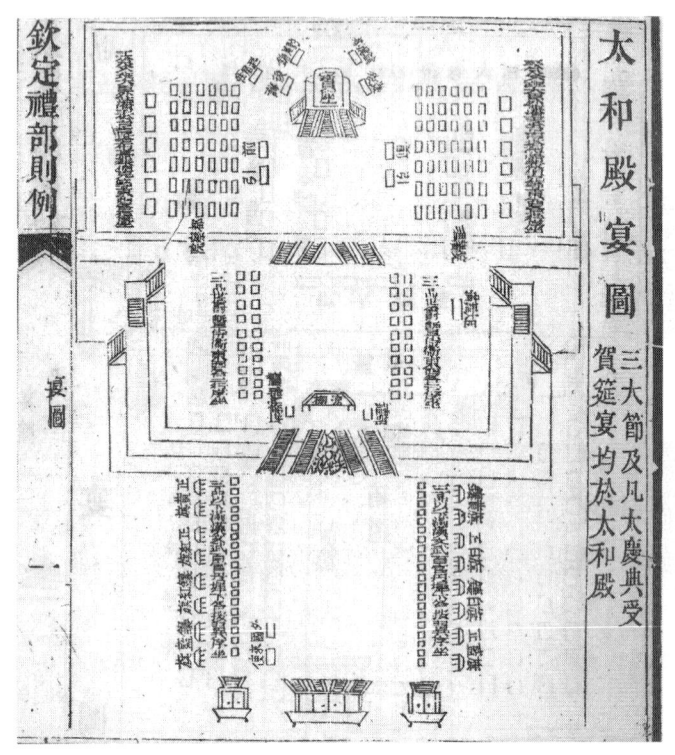

圖 2　太和圖宴圖

資料來源:特登額等纂:《欽定禮部則例》,〈宴圖〉,頁 1a。

---

[73] 特登額等纂:《欽定禮部則例》,卷2,〈儀制清吏司‧朝賀通例〉,頁4b–5a;而《大清通禮》亦載:「外國陪臣立位隨西班末,拜位亦如之。」來保等編:《欽定大清通禮》,冊4,卷17,頁9a–b

如圖2〈太和殿宴圖〉展示的位置，可見西班中的「外國來使」正是則例中說明「朝鮮領班」等屬國參與朝會、慶典活動時的禮儀活動空間。空間分為三層，第一層是太和殿內，第二層則為以親王、郡王等貴族及一、二品官員所站立的丹墀，即太和殿外的檐下月臺，而第三層亦是最多人所站列的太和殿廣場。而三層的空間亦分別了官位的分別，因此外國來使的次序何以由朝鮮領班，也反映了朝鮮在朝貢體系與國際秩序的地位。太和殿宴圖的位置，可見西班中的「外國來使」正是則例中說明「朝鮮領班」等屬國參與朝會、慶典活動時的禮儀活動空間。[74] 各屬國亦會以朝賀的空間作為互相競爭的場合，像1841年使團派出朝賀，原來次序上大南（即越南）應在各使節之前，但當年卻被安排了次於琉球、暹羅、南掌等使節之後，引起皇帝相當的不滿：

> 禮部預撰如清使部應對語並稽查我使班次以奏。帝曰：班次一事，是年前清國禮部失于排列耳。初豈有我使在高麗、南掌、暹羅、琉球之次之例乎？且高麗文獻之邦，固無足論。若南掌，則受貢於我，暹羅、琉球並是夷狄之國，不寧立在諸國之下，這事作為要著。此外則隨事應答，不必印定。阮廷賓奏請抵燕京日，先納貢賀表文，即將班次事稟到禮部辯說，以觀其意。如或不許，則具表候旨。[75]

雖然事件發生在大南的順序問題，並不涉及朝鮮國本身的排位與身

---

74 關於禮儀空間的安排，詳參何新華：《威儀天下：清代外交禮儀及其變革》，頁57。
75 張登桂等編纂：《大南實錄》（東京：慶應義塾大学語学研究所，1981年，慶應義塾大学圖書館藏本影印），明命二十一年十二月條，卷220。

分問題，[76]但是此事的發生有助我們瞭解在清朝禮節的空間，一切的排序與安排，不只是純粹為了方便而設的儀式。這些禮儀所產生的文化影響，還會對國家的華夷秩序產生關係，而華夷秩序的高低決定，則由禮儀文獻與否為定論。例如上述所提到的禮儀失誤，或被安排較後的排序，均影響國家在朝貢秩序的地位。[77]因此，朝鮮對此自然會甚為小心，以避免失禮，或在禮節方面捍衛自身的權益與身分，其中的辦法便是通過譯官協調與加入。因此，使臣都會帶同身分地位較低的譯官入內，以便提供各種幫助。

> 恭遇萬壽聖節、元旦、冬至、朝賀，及皇帝陞殿之日。如待以優禮，是日入班會集之漢滿大臣，咸蟒袍補服，按翼侍立。禮部堂官，引貢使，至冬墀行禮畢，引由西階升，入殿右門，立右翼大臣之末，通官隨入，少後立。皇帝降旨賜坐，領侍衛內大臣、內大臣、入班會集之滿漢大臣，及禮部堂官，一叩頭，序坐。貢使隨跪一叩頭坐。賜茶，尚茶進皇帝茶，眾跪叩。侍衛徧授大臣及貢使茶，咸跪受一叩頭，飲畢，跪如初。皇帝降旨慰問，禮部堂上承旨俱如前儀，禮畢，禮部堂上，引貢使出，至朝房，承旨賜貢使尚房飲食訖，館卿率以退，翌日黎明，午門外謝恩。鴻臚寺傳贊西班，引貢使就丹墀西北面，行三跪九叩頭禮如儀。[78]

---

76 當年出使的金貞益記載道，朝鮮使團旁的不是越南而是南掌，引證了越南使節的講法。他說：「我國使臣坐于回子國人之左，南掌使則坐于我使之左。」金貞益：《辛丑北征日記》，卷2，收入林基中編：《燕行錄續集》（서울：尚書院，2008年），冊135，〈玉河聞見〉，318。
77 何新華：《威儀天下：清代外交禮儀及其變革》，頁58。
78 特登額等纂：《欽定禮部則例》，卷171，〈主客清吏司・朝貢通例〉，頁11a–b。

第三章　善爲周旋：朝鮮漢語譯官對清活動的禮儀履行　　147

從此段《欽定禮部則例》關於禮儀空間的論述，可見朝貢國除了容許三使臣進內以外，亦會邀請譯官參與其中。以朝鮮使團為例，金昌業（1658-1721）提到在朝會期間使臣們的坐次及譯官的位置，與《欽定禮部則例》所呈現的圖與記載是一致的：

> 入門百餘步，三使臣列坐於西庭，余就坐伯氏（註：即該使團正使，金氏長兄金昌集）後，東西庭文武官列坐者，不知其數，燭籠或來或去，而籠上各書官名，班列嚴肅不聞喧嘩之聲，通官輩坐於使臣不遠處。[79]

金昌業本來不是使團的官方代表，他只是因長兄金昌集的緣故而到北京，故按其所說「除官員外，甲軍皆驅出西門外。」理應要離開會場。不過，他幸得當時熟習朝會的譯官告知「皇帝入時不必出，可以黑衣混眾觀之。」[80]另一位使臣李宜顯（1669-1745）曾於使行期間，記載了他進入朝會的空間後的所見所聞，特別是他留意到譯官在朝會期間的工作：

> 與副使書狀並坐西廡下，積雪滿階，寒氣逼人，到此痞證頓除，蓋行步頗遠，故疎散而然也。文武官列坐東西庭，其數甚多，持燭籠往來者絡繹不絕，而籠上各書官名。譯輩以通官之言來傳，皇帝方往太廟，還後當受賀。[81]

79　金昌業：《老稼齋燕行日記》，收入林基中編：《燕行錄全集》，冊33，卷4，正月初一，頁1b。
80　金昌業：《老稼齋燕行日記》，卷4，正月初一，頁2a。
81　李宜顯：《庚子燕行雜識》，收入林基中編：《燕行錄全集》，冊35，上卷，頁18a。

禮部官員一般不會直接通知使臣各種安排與程序，而需按著禮節，由譯官與禮部的通官之間作溝通。因此，使臣是不會從中國的官員方面接收任何信息，而是經身分低微的譯官去掌握。故使臣需要注意的事情，則經譯官作傳話。這種信息傳遞的過程，其實是在朝貢空間中應遵守的禮儀與行為，故譯官與禮儀之間的關係。以李正臣為例，他本人雖然擔任副使，但是完全不知道朝賀的安排，需要從譯官方面瞭解：

吾問於譯官曰：「正朝陳賀時，儀節何如？」

對曰：「皇帝乘小黃轎，出御太和殿，東西列儀仗前陛。安大香爐，焫沉香，動躍三聲。文武分班，立庭下，諸王在殿陛殿上致詞，聲動廣庭。讀畢動樂，仍又禮部侍郎一人，科道一人，立於殿前臚唱。千官一齊三拜九叩頭，內外庭人員，絕無喧譁聲。千百軍卒，亦各依次排立，不小雜亂云。」[82]

由此可見，譯官熟悉禮儀，使朝鮮使臣不失於禮節，也可藉此對帝國的禮儀有深入的瞭解。當中，李正臣是歷代對於清朝禮儀最感好奇的使臣，但他卻一無所知。最引起他本人興趣的是，他入京的那一年，剛巧康熙帝在位已60年。明清以來，幾乎沒有這麼長期在位的皇帝，故李正臣也不禁向譯官請教當時清廷的禮節活動安排，為他解釋的還是身旁的譯官：

82　李正臣：《櫟翁遺稿》，卷8，〈燕行錄・辛丑閏六月〉，頁33b–34a。

吾謂譯官曰：「皇帝六十年在位，頒慶與否，何以舉行乎？」譯官對曰：「上年春，皇旨至嚴耳。」吾又問曰：「其嚴旨辭緣，何以為辭？」譯官答曰：「上年正月，諸王閣臣等上書，盛稱皇帝功德，請舉在位六十年頒慶之禮，胡皇辭而不受，其答略曰：『西陲用兵，軍民勞苦。去歲正月朔日食，七月朔，又值日食，海洋颶風，漂沒官兵。山東三府，黎民飢饉流離，屢次起蛟。黃淮大水，人之風俗未修，官之政事未正，此正君臣殷殷求治之時，屑屑慶賀之禮，不在朕之目中。朕之御極，雖在順治十八年，現今時憲，係以五十九年，此亦不可不審云。』以此觀之。皇帝未易聽從矣云云。」[83]

這位譯官雖仍稱康熙皇帝是「胡皇」，但就康熙皇帝對於社會大事的關心程度，可以讓李正臣對中國有更正面的觀感，對於李正臣評價清與朝鮮之關係有深一層次的思考。此外，作為使團副使的李正臣對於中國禮節儀式的問題，居然亦問於譯官，可見他對於中國的一切毫不知情，十分需要依賴譯官。畢竟正使、副使等並非恆常擔任使節職務，故可理解他們對禮儀與使行安排的認識相當淺薄，需要依賴譯官的幫助，在禮儀進行期間順利解決疑難。

正式朝會的空間不只是單純的禮節活動，對朝鮮士大夫而言，也是朝鮮衡量本國社會與文化水平的場地。1666年到出使燕京的許積（1610–1680）回國報告參與使行經歷時，肅宗問道：「彼國朝會禮法何如？」許積的回應正反映朝鮮士大夫對禮儀的態度：

83　李正臣：《樸翁遺稿》，卷8，〈燕行錄・辛丑五月〉，頁8b–9a。

臣前日奉使入參朝班，大臣在殿西，學士列于楹外，殿上衛卒，幾數千。又有及內大臣，此則不與朝議，而以狎客，與清主戲謔者也。常時則班行不多，而冊后賀禮時序立者，可近萬。拜禮叩頭等事，整齊可觀，而但任意平坐，或亂吸南草矣。[84]

許積的記述顯示了他對清廷的朝會安排稍有微言，也認為縱使人多拜禮叩頭均可觀，但仍有值得批判的地方。故從另一個角度觀察，朝鮮使臣對禮儀的要求相當高。事實上，禮儀的失誤隨時會遭到清帝的懲罰。金景善曾載當年朝鮮使臣入宴時，[85]被禮部侍郎安排次於琉球使節上階，及後譯官打聽得知該禮部侍郎受到嚴厲懲罰。[86]雖然是次禮儀出錯不在朝鮮一方，但可反映禮節上出錯，將會使國家面臨極大的危機。因此作為協調者的責任更加重要。

與其他屬國使臣不同的是，朝鮮使臣一般都會獲邀入殿面見清帝。過程上，譯官均需入殿協助三使臣，以便各種協調以及對答，與其他職級的從屬人員的工作安排有所不同。據1650年（順治7年、孝宗元年）李時白（1581–1680）的陳奏使團過程中，[87]該團的書狀

84　國史編纂委員會編：《朝鮮王朝實錄》，《憲宗實錄》，卷16，憲宗七年九月丁酉條，頁8a–b。

85　一般的坐次，應像徐浩修（1736–1799）記載朝鮮使臣入燕時的情況一樣：「余等坐於各國使臣班而首為　朝鮮，使次為安南，使次為南掌，使次為緬甸，使次為生番⋯⋯」詳參徐浩修：《燕行紀》，收入林基中編：《燕行錄全集》，冊51，卷2〈起熱河至圓明園〉，頁3b。

86　「聞通官輩傳言，禮部侍即被重勘，問其由。則今日宴席令琉球使先登殿上，朝鮮次之，以做錯為罪云。」金景善：《燕轅直指》，卷3，〈留館錄（上）〉，壬辰年十二月三十日條，頁321。

87　國史編纂委員會編：《朝鮮王朝實錄》，《孝宗實錄》，卷5，孝宗元年九月庚午條，頁9b。

官鄭知和（1613–1688）載道：「使臣及中使羅業，譯官李馨長、張炫入參殿內，其餘員役皆在庭。」[88] 可見，除了譯官外，一般的從員均不能入內參與禮儀和面見清朝皇帝。而安排這群低級的譯官入殿的原因，自然是希望譯官擔當翻譯。《大清通禮》提到：「皇帝降旨慰問，尚書承傳，通事輸諭貢使，貢使對辭，通事譯言，禮部尚書代奏。」[89] 因此，譯官在正式觀見時不得不進宮的原因，是因為譯官在使臣面聖時，需要擔當口語對答的翻譯。

不過，背後更進一步的考慮是，口語對答的順利其實也是希望避免使團在面聖時失禮。1780年（乾隆45年，正祖4年）朴明源（1725–1790）出使到熱河觀見乾隆帝時，[90]《正祖實錄》記載朝鮮的三使時攜同了譯官，幸而避免了語言不通導致失禮的問題：

> 卯時，皇帝出御宮門，禮部尚書德保，引三使臣及三譯官，進跪御座前。皇帝問曰：「國王平安乎？」臣謹對曰：「平安。」皇帝問曰：「此中能有滿洲語者？」通官未達旨意，躕躇之際，清學尹甲宗對曰：「略曉。」帝微笑。[91]

此段記載使團幸得有譯官在場，才能夠回答皇帝，這對答反映譯官在入殿禮儀活動之中在場，一方面可避免在使臣入殿時避免不必要的矛盾，另一方面也彰顯朝鮮人避免於皇帝面對失禮，繼續維繫禮

88　鄭昌順等編：《同文彙考》（서울：國史編纂委員會，1978年），補編，卷1，使臣別單1，〈謝恩行書狀官李齊衡聞見事件〉，頁14a。
89　來保等：《欽定大清通禮》，冊6，卷43，頁4a。
90　丘凡真(구범진)：〈1780년 열하의 칠순 만수절과 건륭의 '제국'〉，《명청사연구》，第40期（2013年10月），頁177–217。
91　國史編纂委員會編：《朝鮮王朝實錄》，《正祖實錄》，卷10，正宗四年九月壬辰條，頁24b。

義之邦的美譽。而朝鮮使團每次成功通過譯官及各級成員在禮節上的協調，多次獲清廷讚頌賞，取得各種優厚待遇。

> 朝鮮國，世守藩封，素稱恭順。歲時職貢祗慎，可嘉。間遇特頒勅諭及資送歸國等事。如琉球等國，亦俱奉章陳謝，惟朝鮮國，備具土物，附表呈進，藉達悃忱。向因尚使遠來，若令齎回，徒滋跋涉，是以歷次例准，留作正貢，以示優恤，而該國恪貢職守，屆應貢時，仍復備物呈獻，往來煩複，轉覺多一儀文。我君臣推誠孚信，中外一體，又何必爲此煩縟之節？今歲朕七旬，萬壽該國，具表稱賀，對已宣命來使，前赴行在，隨朝臣行禮宴。齎其隨表方物，此次即行收受，以申該國慶祝之誠。嗣後除歲時、慶節正貢，仍聽照例備進外，其餘陳謝表章所有隨表貢物，概行停止，毋庸備進，副朕柔惠遠人，以實不以文之至意。着禮部傳諭，該國知之。[92]

清廷對朝鮮的禮儀恭順高度認可，雖然朝鮮或只希望利用朝貢機會而賺取更多利潤，[93] 但是從這類皇帝的下旨來看，可以看到朝鮮能夠獲得朝廷寬免朝貢物呈上的效果，與他們在禮儀儀式之中履行各種應有的責任。過去賓禮的研究關心的是中國如何訂立各種禮儀，各級官員按著這些規條以執行各種活動或儀式。但是透過重構禮儀的各部分，包括以參與者的視角來瞭解禮儀，可發現各種被以為是恆

---

92 國史編纂委員會編：《朝鮮王朝實錄》，《正祖實錄》，卷10，正宗四年九月壬辰條，頁25a–b。
93 張存武：《清韓宗藩貿易（1637–1894）》，頁104–105。

久不變的形式主義背後，實際仍有更多值得探討的課題，例如禮儀如何完成或有誰參與其中，背後實際涉及各種文化與權力因素的影響。譯官如何成為禮儀的協調者、知識的掌握者，甚至是中朝官員之間的媒介。朝鮮王朝如何透過譯官的工作或他們的語言知識，以遵守各種禮儀規範，而藉著這些規範在文化空間之上取得更多政治上、文化上甚至是經濟上的利益，實際幫助朝鮮社會的權益以及國際秩序的地位。這些對朝貢禮儀的重新認知，其實可以對中朝關係史以及東亞世界形成的過程有更多新的瞭解。

四、禮儀下的交談與朝鮮譯官的對答

朝鮮王朝歷代安排的正使、副使、書狀官大多為士大夫擔任，[94] 而他們絕大部分均不懂以漢語或滿語溝通。故譯官在禮節協調期間，最首要的目標就是處理三使語言的困難，其實這也是禮儀問題。畢竟當使臣不能對應時，便會有失禮的情況。因此，譯官倘若在場，無論是漢語還是滿語譯官，對交涉與周旋空間也是相當重要的。例如李㶅（1722–1781）於乾隆43年（1778，朝鮮正祖2年）出使，乾隆帝出門練射事時，剛巧被朝鮮使臣碰上，乾隆便與使臣稍作對話。據使臣的報告：

---

94 《通文館志》：「冬至行使一員，正二品結銜從一品；副使一員，正三品結銜從二品；書狀官一員正五品結銜正四品隨品兼臺料檢一行。」金指南、金慶門、李湛編：《通文館志》，卷3，〈正官〉，頁2a–b。

> 皇帝問：「儞們中有能滿州語者乎？」臣等使清學譯官玄啓百進告曰：「昨蒙皇上曠異之典，親筆旣下於本國，賞典遍及於從人。陪臣等歸奏國王，當與一國臣民，感戴皇恩矣。」
>
> 皇帝點頭而含笑，又問曰：「汝善爲滿州語。汝之使臣，亦能爲皇語乎？」啓百對曰：「不能矣。」皇帝又問曰：「漢語則能爲之乎？」啓百對曰：「亦不能矣。」皇帝笑而前發。[95]

假如過程沒有譯官在場，這段書寫或這次使行結果很大可能不會如此輕鬆。所以這些譯官微不足道的溝通過程，其實對朝鮮在朝貢體系的地位是相當重要的。李枋與金始煥亦指出：「彼中凡事，專在我國譯舌之善爲周旋，而今行員譯輩，循次充數，故率多初行生疏之類，當此有事之日，設有居間宣力之端，不可不另擇一院中解事人，別爲帶去。譯官金弘祉、李樞，累次往來，熟知事情，至如金慶門，則雖在堂下，而觀其爲人，可合任使，一依堂上例。傳曰，依爲之。」[96]

此情況正可說明在清一朝，朝鮮更常接觸到皇帝與朝廷各級官員。晚明時期的魚叔權（1510–1573）所撰的《稗官雜記》記述，朝鮮的使臣出使北京，其實很難得到機會與明朝大臣或一般百姓交談，他提到：

> 中國之法，不得與外人交通。雖本國官者之入仕中朝如金

---

95 國史編纂委員會編：《朝鮮王朝實錄》，《正祖實錄》，卷6，正祖二年九月丁酉條，頁46a。
96 國史編纂委員會編：《承政院日記》，第548冊，景宗二年十二月二十七日，頁131b。

> 義、陳浩者，時送下程陪臣而已，不會相訪於館中。近歲龔修撰用卿、吳給事希孟、華侍讀察、薛給事廷寵，相繼來東，及其還朝，例訪陪臣於館，且致下程，其舍人等云老爹輩議于閣老諸公皆謂朝鮮禮義之邦，世為中國藩屏，何石以外人侍之。陪臣之來公輩任其訪問云云，故每來相訪耳。[97]

所以直到晚明後期，中朝間才慢慢有對話、交流的機會，這也是譯官往後的角色也變得漸漸重要的原因。如果使行間沒有通漢語或滿語的譯官陪同，在公在私均會遇上困難。明中葉出使的徐居正（1420-1488），他在北京期間本希望與一對父子交談，但剛巧身旁沒有譯官使他們無法交談：

> 是日，有一人父子。鬚眉皆皓白。父年可八九十，子年可六七十。適相遇於道觀。與語移時。但無譯官，粗識十中之一二耳。[98]

隨著清朝政策的放寬，朝鮮使臣的使行多了宮廷禮儀以外的出遊機會，他們需要與當地人交談。除非使臣本人懂得漢語，否則只可依賴譯官陪同，通過譯官的翻譯，進行深入交談或是查詢各種有趣的事情，或是解決了使行各種禮節以外的困難。例如1732年出使的李宜顯（1669-1745）擔任正使出使北京期間，禮部的官員通過譯官金是瑜稱讚他，而李氏寫道：「禮部諸官語譯官金是瑜曰，正使年紀

---

97 魚叔權：《稗官雜記》，收入任東權、李元植、婁子匡編：《韓國漢籍民俗叢書》（臺北：東方文化書局，1971年），冊8，卷1，頁19-20。
98 徐居正：《四佳集》，詩集卷7，〈寧遠衛道觀〉，頁11b。

似近七十，而肌膚精力甚旺健，必享遐壽之人。聞是你國閣老，乃知貴人氣象，自與餘人有別也云。」[99] 當時李宜顯聽後一笑置之，沒有任何回覆，亦沒有延伸話題。但若以譯官角度來解讀，其實金是瑜讓李宜顯瞭解到清人在談論和描述他，無論李宜顯開心與否，都可足以證明李宜顯需要依靠金是瑜的分享，才能得知清人說他「貴人氣象」，所以這一點說明譯官在使行之中其中的重要任務，就是讓使臣能夠得以與清人對話，從譯官身上掌握更多清人的資訊。

1725年趙文命（1680–1732）出使期間，譯官韓永禧在和各地官員酬酢過程中擔當翻譯，趙文命在永平與一守備官張自立交談，也需請韓永禧協助，這種紀錄的對話，可發現是以口語記載他們之間的對話：

> 戊寅至永平府，其處守備官（此官如我國兵虞侯之類）張自立為名者。自言相人貌，來見三使臣。先言曰：「你國王之接待欽差，誠禮曲盡，弔祭時哀慟動人，欽差阿大人歸奏吾們，萬歲爺聞而大加欣悅，竊為諸大人賀。」臣使譯官韓永禧問曰：「誠如你言矣，但萬歲爺之欣悅與否，汝何從知耶？你亦其時同為入侍否？」自立曰：「阿大人復命時，予適有事進京，而予與阿大人相親，故與其一家親舊，同在闕門外等待矣。俄而阿大人自內出，詳道此事如此，此何異於吾所親入侍也云。」[100]

---

99 李宜顯：《陶谷先生文集》，收入韓國文集編纂委員會編，《韓國歷代文集叢書》（首爾：景仁出版社，1999年），冊972，卷30，〈壬子燕行雜識〉，頁31a。

100 趙文命：《鶴巖集》，收入民族文化促進會編：《韓國文集叢刊》（首爾：民族文化促進會，2003年），冊192，卷6，〈燕行日記・六月〉，頁59a–b。

張自立所提到的欽差阿大人,應是先後4次前往朝鮮出使朝鮮的阿克敦(1685–1756)。[101] 雖然我們沒有其他文書記載到阿克敦對於入朝經歷的觀感,康熙帝或是阿克敦是否相當高興。但是可以肯定的是,通過譯官韓永禧擔當中介人,趙文命得以與張自立交談,並將這樣的書寫紀錄下來,而趙文命的記載,亦可使當時朝廷瞭解到他們的接待獲得了肯定。而韓永禧在趙文命的書寫之下,亦被提及他曾協助趙氏與滿人交談:「宿章京張阿藍太家,章京即我國哨官之類也。阿藍太滿人,年今五十八。氣頗傑豪,臣使譯官韓永禧與之酬酢。」[102] 可見譯官經常獲士大夫委派,協助他們與中國的不同階層對話。[103]

五、小結

美國學者克禮(Macabe Keliher)近期出版其改寫自博士論文的專著《禮部與清代中國的形塑》(*The Board of Rites and the Making of Qing China*),他借助國家形塑與建構理論,以禮儀及秩序形式,觀

---

101 據廉松心的研究,阿克敦先後在1717年(康熙五十六年,朝鮮肅宗四十三年)、1718年(康熙五十七年,朝鮮肅宗四十四年)、1722年(康熙六十一年,朝鮮景宗二年)、1725年(雍正三年,英祖元年)出使朝鮮,主要原因包括賜贈治眼疾藥予肅宗、告訃、冊封、賜祭等活動。他將所見所聞的內容將之整理為〈奉使圖〉。關於阿克敦及〈奉使圖〉,參廉松心:〈清代中朝文化交流的結晶:《奉使圖》〉,《北華大學學報(社會科學版)》,第6卷第3期(2005年6月),頁35–39。
102 趙文命:《鶴巖集》,卷6,〈燕行日記・六月〉,頁60a–b。
103 衣師若芬提及金昌業參與使行期間,曾請一位譯官幫忙,介紹中國畫家羅延為他其兄金昌集畫畫像。詳參衣若芬:〈睹畫思人:15至19世紀朝鮮燕行使的紀念圖像〉,《故宮學術季刊》,第33卷第2期(2015年12月),頁57。

察清朝如何以禮儀來進行權力定義以及作為塑造清一朝的政治系統與國家體制的關鍵。這種象徵性的權力對於清代建國後正當化大清作為帝國的存在與應對各種權力之間的平衡，有著重要的意義。[104]

秩序對於國家的建構形成固然重要，但同時對於世界的文化與社會互動也是有其顯著的作用。清代朝貢禮儀作為東亞世界秩序的主要指標，文化圈內的國家會根據此指標，履行各種朝貢職責，參與朝會、提供貢物以及呈遞表咨文等必備工作，並合符各種制約來去投入禮儀活動。禮儀不只是清朝在聯繫國家，維持帝國文化想像的工具，也成為了朝貢世界內屬國之間的文化競爭與比較的符號。作為朝貢國之首的朝鮮，便順理成章地投入在這種禮儀所形成的文化空間，憑此去認證其在東亞世界僅次於清帝國的定位，而被認定為「禮義之邦」，便成為朝鮮維繫文化地位的關鍵之舉。

因此，朝鮮為了避免不失儀，順利完成每一次的使行，譯官的派遣成為了當中的關鍵。譯官會進行語言上的翻譯，為使臣在禮儀行程期間，能夠與禮部官員甚至是皇帝對談，避免因無法回答做成的尷尬場面。與此同時，譯官們在司譯院的培訓過程讓他們能夠掌握各種朝貢禮儀以及交涉制約，且熟悉各種禮儀文本。在進行朝貢交流過程期間，他們經常協助使臣周旋與解決各種禮儀煩惱，使朝鮮能夠順利完成各個規定，讓清帝及其代表認同朝鮮的一切。這些譯官的介入行動可解釋朝鮮譯官的角色，可讓朝鮮能夠切合禮儀，置身清帝國的朝貢體系下的文化空間，繼續維繫著優越的朝貢國之首的地位，在東亞世界承繼著一樣的文化認同。

104　Macabe Keliher, *The Board of Rites and the Making of Qing China*, 5.

第四章　悉委於譯：
　　　　朝鮮譯官與國家權益

一、引言

　　過去研究東亞世界使行研究的學者，大都以朝鮮士大夫使行中國期間的經歷，大書特寫，從而撰寫不少關於朝鮮人的中國觀、世界觀以及文化認同等文章，特別是華文學界均出版了很多這方面的研究。然而，士大夫的出使並非是他們恆常的工作，如朴齊家所說：「使臣年年新差，使事年年生疎。」[1]他們是否只憑著自己，能順利進行各種朝貢活動或任務，為朝鮮爭取各種權益呢？相反，朝鮮譯官赴華基本是其恆常職責。例如，洪命福（1733–?）便先後在1765年以及1790年先後擔任使團譯官，協助北學的重要人物洪大容、朴趾源等解決其使行期間的疑難。[2]另一譯官例子李尚迪，曾先

1　朴齊家：《貞蕤集》,〈北學議・內編〉, 頁413。
2　洪命福曾與徐命膺（1716–1787）一同編寫《方言類解》的辭書,一本專門記載各種中國地方言及特別用語的辭書,該書的成品,主要記載有關朝鮮譯官及使臣需要與來自不同地域的清人所需知道的用語。關於洪命福所編的《方言類解》,詳參李凡：〈《方言類解》中「中州鄉語」價值〉,《漢字研究》,第13輯（2015年12月）,頁129–144；另外洪大容記載,他與西洋傳教士劉松齡交流時,就是由洪命福協助翻譯。關於此,詳參羅樂然：〈朝鮮燕行使視野下的乾隆禁教期間耶穌會士：以洪大容的《湛軒燕記》為研究對象〉,《明清研究》,第19期（2015年12月）,頁129。

後12次往返中國。[3] 除此之外，一些邊境事務或賫咨行都是由譯官處理，可見自明清易代後，不少赴華事務的處理，都交由譯官安排。

譯官角色轉變的原因，主要受到士大夫的大義觀影響。不少士大夫抗議參與對清交涉活動，正如朴齊家《北學議》中提到：

> 清興以來，國朝士大夫，以中國為恥，雖罣俛奉使，而一切事情，文書，言語之去來，悉委之於譯。自入柵門至燕京二千里，所過州縣官員，無相見之禮，接供其地方芻抹糧饌之費而已，此未必出彼之意，亦由我之厭薄不顧而然也。[4]

因此，參與對清使行的士大夫均「以中國為恥」，不願處理各種文書與言語交涉的事宜。然而，他們無法拒絕任命，不履行使行安排及朝貢禮儀制約，以免朝廷失儀，導致政治風波。因此，他們會將全部工作「悉委之於譯」，使譯官在這些朝貢活動的責任與角色日漸變得多元及重要，導致譯官來往中國、接觸中國的次數，遠較士大夫多。此外，根據譯官的培訓語言教材和司譯院所藏的文籍，顯示他們基本具備與中國人進行貿易、交涉與文化交流的知識。[5] 他們被派遣到清朝，在中朝文化交流間有著不可忽略的媒介角色，不單是一位維繫朝鮮禮儀之邦的代表，也是中朝關係的協調者，更是朝鮮在中朝關係的權益悍衛者。

---

3 藤塚鄰著，藤塚明直編：《清朝文化東傳の研究：嘉慶・道光學壇と李朝の金阮堂》，頁452。
4 朴齊家：《貞蕤集》，〈北學議・內編〉，頁413。
5 如《通文館志》、《同文考略》、《事大考例》等，絕大部分均是與朝貢禮儀相關的資訊。

朝鮮是一個階級分明的社會，士大夫不屑與其他階層人士合作或對談，也蔑視一切較為低層的技術官僚。當明清易代以後，相對於朝鮮本國內的低下階層官民，朝鮮士大夫更不願與中國的官員和百姓直接接觸，變相將一切事情都轉交別人操作。於是，所有事情都委託予譯官協調處理。在18世紀，朝鮮燕行使行變得恆常化的時代，譯官在使行的職責顯得更為明顯，更可以說變得更為多元。士大夫對這群低層官僚處處懷疑，但事無大小都委任譯官處理。本章將從譯官的使行期間以及使行以外的種種涉華工作，重現朝鮮譯官的工作如何在種種意識形態的互動與張力下，被歧視與被質疑的脈絡中，在中朝交涉之間捍衛朝鮮朝廷的利益。本章將從譯官使行期間以及使行以外的種種涉華工作，涉及使團裡外的各項工作、中朝劃界，以及《明史・朝鮮傳》書寫的問題，重現他們的角色如何造就為朝鮮的國家權益取得更有利的條件，藉此思考朝鮮社會的意識形態與涉華活動的權益之間的張力。

二、使行內外的權益與譯官的多元職責

譯官在京行使期間，也需顧及使臣的起居、行程以及娛樂。使團居住的玉河館有人因病而死，也經譯官通報清廷，並由禮部協助解決喪葬問題。[6] 凡此種種使行期間使臣的需要，都一一由譯官們所

---

6 「今始行之差人金始達奴萬敵病死館中，譯官通于大通官轉告禮部，則給漆棺一部、大布一匹，使出城埋葬。」鄭昌順等編：《同文彙考》，補編，卷1，使臣別單1，〈冬至使書狀官李慶果聞見事件〉，頁20b。

負責。不過,一些朝鮮士大夫也意識到過分依賴譯官會為自己帶來困難。如金昌業的《老稼齋燕行日記》曾指出:

> 任莫重於首譯,人不可不擇。凡館中買賣折價高下與行中聚斂多少、驛奴黜陟,皆在首譯之手。自我國商賈驛卒,至彼人中館夫輩,待首譯若待其主……以此論之,首譯可謂執兩國之權。使臣有問行事者,首譯未答之前,他人不我開口。聽其所言,從而為辭,以此首譯所欲諱者,使臣無從得聞,良可寒心。[7]

金昌業的想法無疑讓其他士大夫知道譯者權力過大,連使臣也不得不聽從。但從另一角度重新解讀金昌業的說法,無論使臣在使行期間的各種生活與安排,都不得不依賴譯官的安排。像金景善記載譯官被委派尋找幻戲者到玉河館向使臣演戲:「是日,天氣晴和。館中無事,使任譯招致幻者,以供一觀。」[8] 金景善也提到使臣對中國形勢不熟悉,譯官亦會及時阻止他們,避免做出失禮行為:

> 轉至庶常館,館在太清門外稍東不遠處,即翰林肄業之所也。諸學士間數日輒一至,考核詩文云。故欲入見矣,譯官止之曰:「舊時我人之入燕也,或至此館,討論文史。近來則輒阻閽不得入,蓋翰苑多古家名族,其文章見識,皆非常品。與東人稍相親狎,則輒問曰:『何忍薙髮左袵,從官本

7　金昌業:《老稼齋燕行日記》,卷4,癸巳年正月十七日,頁88上。
8　金景善:《燕轅直指》,卷3,〈留館錄(上)〉,壬辰年十二月二十八條,頁299。

朝乎？』聽者厭苦之，自是戒門者。禁東人之出入云，故不求入見，而直還云。」[9]

尤淑君曾提到「貢使是不可隨意外出，嚴禁收買中國史書、兵器及各式違禁品。貢使及從人若要出外活動，必須先通知禮部、步軍統領，派兵保護。」[10]但是有趣的是，歷代朝鮮使臣出使期間，往往都可以取得一些珍貴的文獻甚至一些關於軍事相關的物品。例如，譯官金指南在1692年擔當使行譯官時，曾按該使團副使的要求，協助尋找煮硝的方法。硝為製作火藥的重要元素，[11]而當時朝鮮苦無渠道尋得，事情記載於《通文館志》中：「本國煮硝，素無善方，用功而所得少，壬申隨閔判書就道赴燕，尚書命公購求其方試之，所得倍蓰品，又精猛藥泉。」閔就道在〈得硝法始末〉中提到：「煮硝一方自祖宗朝，欲得其妙，而終不能致之，爾若求得幸莫大也。」[12]金指南以個人的能耐與網絡，打聽有關書籍的下落，最終金指南於遼陽一帶，透過一位百姓而取得該書。閔就道對此十分配合：「指南於是購求其方，靡不用極，而無處不腕。歸抵遼陽，潛叩村舍，得一人焉遺之，金而問之始得其術。」[13]最終，金指南此貢獻獲得了高

---

9 金景善：《燕轅直指》，卷3，〈留館錄（上）〉，壬辰年十二月二十一條，頁222。
10 尤淑君：《賓禮到禮賓：外使觀見與晚清涉外體制的變化》，頁45。
11 趙翼的《甌北詩鈔・古詩十九首》曾提到「硝磺製火藥，世乃無利兵。」故練硝對軍事與火器上的應用，有相當大的貢獻。關於此，詳參趙翼：《甌北集》，收入《續修四庫全書》（上海：上海古籍出版社，1995年，據嘉慶17年湛貽堂刻本），集部別集類，冊1446–1447，〈齋居無事偶有所得輒韻之共十七首〉，卷32，頁16b。
12 閔就道：〈得硝法始末〉，金指南編譯：《諺解新傳煮硝方》（서울：서울大學校奎章閣韓國學研究院藏，古662.2–G421s），頁19。
13 閔就道：〈得硝法始末〉，金指南編譯：《諺解新傳煮硝方》，頁19。

度的肯定，[14] 朝廷甚至請金指南翻譯此書。由此可見，譯官的特殊身分與人際網絡，購得一些理論上在朝貢體系限制下，不能購得的書籍，為朝廷的需要作出貢獻。

相近例子可見於其他使臣的紀錄中，譯官會在不同的渠道取得一些重要的文獻。這些文獻都不一定是朝廷願意讓朝鮮使臣取得的，如趙文命使行期間，在譯官金樞的幫助下，取得了《內閣循簿》：「初一日丙寅，因譯官金樞得見內閣循簿，如我國政院日記之類，或曰環簿，或曰題奏事件。諸冊所錄，或有詳略，而反復參考，不無一二可觀者矣。」[15] 雖然朝鮮士大夫對於此書的實用性有所猜疑，但能夠解釋譯官可協助朝鮮朝野上下在中國境內取得一些關鍵文獻。書狀官沈珖進記述使團經歷的報告時提到：

> 譯官朴熙蔓購得彼中秘藏書冊，其中爵秩全覽二冊、八旗官爵一冊、轉政要覽一冊、中樞備覽一冊、定例全篇三十四冊、題駁公案十冊，竝四十九卷，俱是新刻康熙皇帝爲政之制度出治之規例，極甚纖悉靡有闕漏，至於我國方物件記表箋文字亦多詮載，末乃以雍正皇帝嗣後政事之要切者，添補於後，自成一家史。前後譯官之購得彼中塘報循報者何限而此，書之備載彼中事情，比諸塘報循報，尤爲緊重茲敢，附陳以備乙覽。[16]

---

14 《日得錄》是正祖的語錄，他肯定了金指南在朝鮮的煮硝技術方面的貢獻，他指：「我國煮硝之法，自完豐知取路上土代用，品猶不精，譯官金指南購求於燕肆，功效大著。因右議政尹蓍東言，又釋明之，重刊其書，名之曰新傳煮硝方。」關於此，詳參朝鮮正祖：《弘齋全書》，收入民族文化促進會編：《韓國文集叢刊》（서울：民族文化促進會，2003年），冊262–267，卷164，〈日得錄・卷4〉，頁42b。
15 趙文命：《鶴巖集》，卷6，〈燕行日記・八月〉，頁65a。
16 鄭昌順等編：《同文彙考》，補編，卷4，使臣別單4，〈謝恩兼進賀行書狀官沈珖聞見事件〉，頁25a–b。

朝鮮譯官通過多種方法,或是收買、行賄,或是通過他們的人際網絡購到,但是可以肯定的是,他們購得的,大部分都是珍貴、罕有,甚至是嚴禁流出的,例如雍正時期繪畫的地圖就是最好的例子:

> 雍正畫出天下全圖,副本留在畫師,實為絕寶而秘藏,嚴禁故前後使行欲見不能,今行譯官韓致亨多般致力,幸而圖得則其中,亦有朝鮮輿圖,而山川州邑纖悉領略。以此推之,則中國十六諸省、蒙古四十九部、險夷近遠如在目中,此正朝家之不可無者,故秘齎以來　乾隆十四年　月　日[17]

另一有趣例子,可見於譯官所撰寫的使行「手本」或「別單」。[18] 使臣別單是朝鮮使臣赴清的聞見所感以及各種資訊情報收集的經歷。雖然一般來說,書狀官為主要的書寫人員,但有時首譯亦會負責書寫使臣別單。[19] 因此,這些豐富的別單材料,包括不少使臣的別單書寫及記述,都是通過譯官所掌握的一些材料與資訊而整合而成。朴趾源對此有一些有趣的觀察:

> 且譯輩欲得此中秘事,則因序班求知。故此輩大為謊說,其言務為新奇,皆怳怳罔測,以賺譯輩賸銀。時政則隱沒善績,粧撰枇政,天災時變,人妖物恠,集歷代所無之事。至於荒徼侵叛,百性愁怨,極一時騷擾之狀,有若危亡之禍,

---

17　鄭昌順等編:《同文彙考》,補編,卷5,使臣別單5,〈進賀行正使趙顯命副使南泰良別單〉,頁31b–32a。
18　曾撰寫別單的譯官,如金慶門、洪命福等,而金慶門的手本甚至收錄在閔鎮遠(1664–1736)的《燕行日記》之中,下一章將有更詳盡的討論。
19　關於使行紀錄的研究,詳參金暻綠 (김경록):〈朝鮮時代 使行과 使行記錄〉,《한국문화》,第38輯(2006年12月),頁193–230。

> 迫在朝夕,張皇列錄,以授譯輩。譯輩以呈使臣,則書狀揀
> 擇去就,作爲聞見事件。別單書啓,其不誠若此。告君之
> 辭,何等謹嚴,而豈可浪費銀貨,買得虛荒孟浪之說。[20]

朴趾源認為一些中國的通官或序班為了得到一些銀財利潤,便將各樣情報賣予譯官。這種知識傳播的過程,確實可作為質疑譯官是否掌握當時中國知識的例證。然而,這種知識的接收與傳播過程,說明了無論是譯官掌握的資訊有錯誤也好;是他們所購回來的情報也好;抑或是譯官自己親眼看到也好,這些傳遞的知識都成為了朝鮮朝廷上下認識外界的主要渠道。

過去學者研究朝鮮譯官,與本作關注他們的媒介角色不同,他們大多均圍繞著譯官在使行期間的貿易的角色與利潤。據裴英姬的說法可基本瞭解譯官在使行期間的工作:「譯官透過燕行的機會進行商業活動,不但幫忙使節和中國商人從事書籍或花草等物品買賣,而且透過『玉河館開市』,進行商業活動。」[21] 金泰俊、金一煥二人舉吳大齡(1701–?)和李彥瑱(1740–1766)兩位譯官出使日本的經歷以及各種思想的探討過程為例,特別提到「三使把譯官看做一種手段,庶孽文士把譯官看成牟利的商譯。」[22] 所以學界都將譯官與商業活動之間並談而論述之。

---

20 朴趾源:《燕巖集》,卷14,〈熱河日記・別單〉,頁72b。
21 裴英姬:《十八世紀初中朝文人物品交流及其中國觀感:以金昌業《老稼齋燕行日記》為中心》(臺北:臺灣大學歷史學研究所碩士學位論文,2009年),頁49。
22 金泰俊、金一煥:〈子弟軍官和譯官們的使行時代〉,收入鄭光、藤本幸夫、金文京編:《燕行使와 通信使:燕行・通信使行에 관한 韓中日 三國의 國際워크숍》,頁505。

中朝之間貿易過去可分為公貿易、私貿易和密貿易。公貿易者即兩地政府容許的八包貿易和包外越送。八包者即限制他們每次使行的資本額，一般來說堂上官的八包的經費多於其他官員，使他們在前往北京時，通過他們的資本來購買各種商品。[23] 而包外越送則是通過譯官在八包以外從事各種貿易，換句話說可讓譯官有一種私人的貿易機會。[24]

當然除了八包貿易、譯官所擔當的「代理中央宮府衙門及廛貢人業務」外，也包括地方機關自派別將赴後市貿易，以及居於中朝邊界義州的私商，他們亦多被稱之為灣商。這些商業與貿易之間的競爭，過去學者已經有很多探討，而我們重視的是譯官如何通過貿易，為中國、朝鮮與日本之間的商品互相交流，雖然不少譯官均以謀取暴利為主要的動機。[25] 而1790年擔任冬至兼謝恩使書狀官的李祉永所書寫的報告為理解此事提供了重要的線索：

> 行中弊瘼歲滋年增，若論其太甚，而不可不及今釐正者，則譯官空包之弊爲最，刷馬驅人之弊次之。蓋其空包之弊，則比歲以來銀路漸艱，所謂八包無以充數。雖以今行言之譯官輩，一人所受不過十八兩，比前未及十分之一，則行路盤纏之艱難。渠輩生涯之凋殘，概可知矣。以此象舌之任莫肯爲

---

23 張存武：《清韓宗藩貿易（1637–1894）》，頁92。
24 裴英姬：《十八世紀初中朝文人物品交流及其中國觀感：以金昌業《老稼齋燕行日記》為中心》，頁31。
25 朴趾源曾提到：「使行時書冊筆墨賣買，皆序班輩主張，居間爲駔儈，以食剩利。」反映不少使行間的譯官都以獲利為目標。關於此，詳參朴趾源：《燕巖集》，卷14，〈熱河日記・別單〉，頁72b。

> 業大比,譯科雖或充額,其實則能通清漢語者甚少,今行所帶譯官合為二十一人,而漢學則惟洪命福、趙明會二人,清學則惟崔道健一人,可與彼人酬酢,其餘率皆魯莽。若值兩國有事使价旁午之時,則將何以應接乎?此蓋由於八包未充燕行無利之致,前後為捄弊之論者,或言罷八包、或言減譯員,而今則不罷八包,而包自空矣。不減譯員,而譯將無矣,豈不寒心哉?
>
> 夫八包之未充,專由於燕商之潛貨潛商之弊,近益層加奸竇百出非一朝一夕所可防禁者。包容成習,偽濫轉加。臣於今行稔知此弊,故自渡江時痛加禁斷,而當其比包之際,諸種物貨校諸入柵之時,終覺過多。臣之失職之罪方自訟不暇,而如欲痛革此弊,入柵時詳細稱包,出柵後較計打撥物價,一一準秤。雖有稱托無少撓奪,則厥數必將滿包而有餘,以此分給行中應受之數,則譯官空包之弊,自可少紓燕商潛貨之習,亦可自戢庶,可為公私之益矣。[26]

李祉永的見聞清楚說明譯官因各自的經濟需要,而違反貿易規定,用作自己潛貨之用。李祉永提到譯官出使以行商為利,而多於為使團及朝鮮權益為主。但不能否定的是,朝鮮使行制度容許譯官在使行的商業與貿易機會謀取利益,而譯官通過這種特殊權利把物品從中國帶回朝鮮,是有益於朝鮮社會的。貿易之弊也許是過去學者們

---

26 鄭昌順等編:《同文彙考》,補編續,使臣別單1,〈冬至兼謝恩行書狀官李祉永聞見事件〉,頁15a。

對譯官的詬病,但不能否定譯官是主宰使行期間兩地物品的交流與互動的選擇。

明清易代以後,朝鮮與清廷有著更多的交涉,故賫咨行成為了朝鮮後期的一種特殊的遣使活動。與一般的入京使不同,賫咨的意思是訊息傳遞的活動,據《戰國策・齊策四》指:「齊王聞之,君臣恐懼,遣太傅賫黃金千斤,文車二駟,服劍一,封書樹,孟嘗君。」[27] 賫有傳遞的意思,咨者本有文件意思,故賫咨則為傳遞文件的意思。而《通文館志》亦表明:「凡有事奏稟,而關係不重,不必備正副品使者,撰才堪專對院官,咨行禮部。」[28] 早於朝鮮初期,賫咨行一直是其中一個使行的活動,據《朝鮮王朝實錄》記載,最早的賫咨行可追溯到15世紀初,太宗時期,曹士德因其舅李子瑛死於明朝,而賫咨赴京。[29]

賫咨一般的工作,據岳陽指:「攜帶奏文或咨文,呈報清朝禮部,處理漂民、犯越等具體外交事務。此外,還擔當著押解漂流人、犯越人的任務,每年一度的皇曆賫咨行也由賫咨官完成。」[30] 而據全海宗的統計,崇德至光緒(愛新覺羅載湉,1871–1908,1875–1908 在位)期間,共實行183次賫咨行。[31] 賫咨行一般來說都是臨時

27　劉向集錄:《戰國策》(上海:上海古籍出版社,1978年),卷11,〈齊4・齊人有馮諼者〉,頁399。
28　金指南、金慶門、李湛編:《通文館志》,卷3,〈事大〉,頁57a。
29　國史編纂委員會編:《朝鮮王朝實錄》,《太宗實錄》,卷24,太宗十二年十月癸亥條,頁19b。
30　岳陽的碩士論文主要探討清代朝鮮的賫咨行,故只沿襲全海宗的講法,沒有提及早於明代,朝鮮已有派出賫咨活動,亦沒有解釋次數的變化。關於此,詳參岳陽:《清代朝鮮賫咨行初探》(濟南:山東大學中外關係史專業碩士論文,2010年),頁20。
31　全海宗:《中韓關係史論文集》,頁194。

的具體外交任務，但《通文館志》特別強調選拔賫咨官時應：「勿論堂上堂下，有履歷才幹者另選，而必用漢學出身……」[32] 意旨在司譯院尋找能操漢語的譯官擔當賫咨官，以助各種事情，而事實上賫咨官的不少任務，均需作出報告，或與清廷各級官員或平民交涉。

譯官很多時處理漂流人時，都需要利用他們的語言知識，處理並協助解回各地的中國漂流人。[33] 1688年金指南曾到濟州處理，並留下問情手本，於其《東槎日錄》之中。[34] 從金指南本人所撰的問情手本，可見譯官在這些對清事務的角色與重要性。據《同文彙考》指：「報濟州漂人押解咨，云云。福建商人楊登興六十三人船敗洋中，溺死四十八人，生存十五人，漂泊濟州。專差司譯院正卞鶴年押解云云。（出通文館志）。康熙二十七年　月　日」[35]

在金指南的手本之中，可得知金指南獲委派到濟州，以口語調查這批從潮州一帶普陀澳發船到南京等地經商的商旅，如何因天氣關係漂流到朝鮮半島的經過，透過精通漢語的金指南到濟州訪問一行船人時，[36] 不但可調查這些中國人漂流的原因，也能因此而掌握一

32　金指南、金慶門、李湛編：《通文館志》，卷3，〈事大〉，頁58b。
33　金指南、金慶門、李湛編：《通文館志》，卷3，〈事大〉，頁58a–b。
34　朴現圭（박현규）：〈1688년 조선 제주도에 표착한 潮州 출항선 기록 검토〉，《동북아 문화연구》，第14輯（2008年3月），頁29–46；並參金指南：〈戊辰九月初四日濟州漂漢文處問情手本〉，《金譯士東槎日錄》，收入復旦大學文史研究院編：《朝鮮通信使文獻選編》（上海：復旦大學出版社，2015年），頁130–136。
35　鄭昌順等編：《同文彙考》，卷70，漂民5・上國人，〈報濟州漂人押解咨〉，頁2b；並可參金指南、金慶門、李湛編：《通文館志》，卷9，〈紀年〉，肅宗14年，頁42b。
36　武斷指金指南精通漢語，可能引來各種質疑，但手本之中的調查內容多處都以一般的漢語對話，如金指南調查船民的心情時，可見漢語是對答的語言，因這些並非一般漢文書寫所見的對答：「又問：『你等父、母、兄、弟、妻、子皆有之乎？想必倚閭而望矣。』沈電如改坐垂淚而言曰：『小的家有八旬衰親，而如是漂落，彼此不

些情報。而1727年（英祖3年）譯官李樞協助浙江寧波府商人周大順等人漂到朝鮮半島後的護送事情。[37]

據《通文館志》記述，一般的譯官或其他擔當賫咨行的官員都需要填寫情報：

> 渡江及入柵時報由備局，還渡江之日竣，事事及沿路見聞具書同灣尹狀啟以送。[38]

雖然金指南前往的是濟州，而不是中國，但他將這次協助處理漂流民的事件記載在其手本。手本對朝鮮士大夫認識中國相當重要，朝鮮譯官有多次出使的經驗，他們對中國國情相當瞭解。而他們所到之地，也比一般的士大夫為多，故他們的手本很多時候可協助朝廷或朝鮮士大夫掌握各種資訊，這些手本有助朝廷向清廷禮部爭取各種權益。如1722年在入柵的過程中，朝鮮使團被一位名為「加佩」（實稱為胡嘉佩）的包攬商人進行勒索，[39]當時譯官金慶門代朝鮮朝廷將咨文送至禮部，希望朝廷調查事情，[40]該事情最終被呈至禮部處理。金慶門代表朝鮮與戶部侍郎吳爾泰交涉，而朝廷最終在鳳城認

知存沒，此間事情為如何哉……」關於此，詳參金指南：〈戊辰九月初四月濟州漂漢文處問情手本〉，頁130–136。
37 金指南、金慶門、李湛編：《通文館志》，卷10，〈紀年續編〉，頁8b。
38 金指南、金慶門、李湛編：《通文館志》，卷3，〈事大〉，頁59b–60a。
39 包攬商人一般稱為攬頭，主要是指進行朝鮮入京使團貨物以及鳳城柵門中朝雙方邊境貿易的商人，他們最初主要協助使團運輸貨物，因驛站無法繼續維持貨物以外的運輸，故在康熙29年（1690），一些東北商人看中此生意，而獲得協助朝鮮使團運輸的壟斷權。
40 國史編纂委員會編：《朝鮮王朝實錄》，《景宗實錄》，第5冊，卷10，景宗二年十月辛未條，頁10a。

定胡嘉佩有罪。[41]當中胡嘉佩的案情、事發經過以及審問經歷都被金慶門仔細紀錄，並帶回到朝鮮，以供朝鮮君臣參考：[42]

> 吳侍郎曰：「嘉珮等連日取供而終始稱屈。蓋其侵剝爾等之處，咨內既不指謂何事，故自我亦難開端，窮詰爾等今已委來，必須詳對以便究覈。此係奉旨，審理不可草草了當，爾等若會文字即以書對，俾不朦朧。」卑職等對曰：「小官等意亦如此，文字有跡勝於言語，尤便於歸報。」[43]

手本也記載到審問的過程，戶部侍郎吳爾泰先後向金慶門與劉再昌二人提出三問，分別是：

> 據爾國王呈部咨文內稱：自胡嘉珮等請設攬頭拉包以來，種種侵剝等情，皇上柔遠撫恤爾等外邦小國特差大臣嚴審胡嘉珮等。爾等俱係來往京師貿易行走之人，胡嘉珮等如何侵剝爾等之處？從實盡情供出，本部堂詳明查審，以體皇上柔遠撫恤爾等外邦小國之至意。[44]

> 爾等言攬頭之車固從徑道先到，而故匿於遼陽夥裏托以路險

---

41 關於此，亦可參考宋慧娟：〈清代中朝關係中的司法制度〉，《東北亞論壇》，第15卷第1期（2006年1月），頁128。
42 鄭昌順等編：《同文彙考》，補編‧卷4，使臣別單4，〈別遣譯官劉再昌金慶門等手本〉，頁14b。
43 鄭昌順等編：《同文彙考》，補編‧卷4，使臣別單4，〈別遣譯官劉再昌金慶門等手本〉，頁15a–b。
44 鄭昌順等編：《同文彙考》，補編‧卷4，使臣別單4，〈別遣譯官劉再昌金慶門等手本〉，頁15b–16a。

不來。據胡嘉珮等供稱在路多走一日，多費銀數十兩，多走十日多費銀數百兩我們怎肯遲滯等語？胡嘉珮等爲何匿於遼陽而不來，爾等必知其詳，可從實訴出。再爾國王原咨內稱：「穿包竊貨今爾等竝未訴出，亦應將被竊之處，共幾次所竊何物逐一訴出？」[45]

胡嘉珮等如此種種侵剝穿包竊貨，爾等從前可曾在盛京禮部，竝京師禮部，及此處城守尉處申訴否？[46]

金慶門、劉再昌兩位譯官作爲邊境貿易糾紛的朝鮮代表，以朝鮮的權益爲依歸，作出各方面的解釋以及提供證據予清朝中央官員，以證明當地攬頭如何欺壓朝鮮使團，搾取朝鮮使團成員的收入甚或盜竊朝鮮使團的物品。吳爾泰通過二位譯官的證供與解釋，據當時兩人的記載指，負責審訊的戶部侍郎吳爾泰認爲：

前後所書言皆詳盡而意自明白，我們心快也。我們來時面承聖諭，皇上以爲朝鮮，自先帝時所言皆直。今來咨稱，應是實狀，攬頭勒掯之罪，卽宜聲明治之。而但其文內泛稱種種侵剝，其如何欺騙，如何操縱，俱不說明。爾可查得明白來奏有是特旨，故我們來此幾番盤詰，而攬頭等終始抵賴。我們來此悶慮，今而得此攬頭所供欺飾之言，可認而知不必更

---

[45] 鄭昌順等編：《同文彙考》，補編·卷4，使臣別單4，〈別遣譯官劉再昌金慶門等手本〉，頁18a。

[46] 鄭昌順等編：《同文彙考》，補編·卷4，使臣別單4，〈別遣譯官劉再昌金慶門等手本〉，頁19a–b。

問。皇上覽此必喜,豈非幸事乎?我們奏上之日,攬頭必罷而其人應死云。　雍正元年五月十二日。[47]

從此案例可見,朝鮮朝廷在正式禮儀使節活動以外,不一定派遣堂上官員參與這些活動,反而會依靠譯官。一方面他們有漢語能力,另一方面,譯官對中國情況相當熟悉,可作為貿易衝突與糾紛之中的主要調解者,以維護朝鮮的權益。即使受到各種質疑,但不可否定譯官們對使行活動、商業活動與涉華事情的瞭解,以及掌握各種對答用語,能讓他們可以在交涉與周旋期間,有助朝鮮爭取最合宜的結果。

三、譯官金指南、金慶門與白頭山定界碑

從字面來看譯官的工作主要負責翻譯,但通過閱讀各種材料,可發現譯官在翻譯以外,亦需兼顧各種對外關係,特別是邊界的事情。除了出使期間與清人接觸外,他們都需要兼顧各種對外的職責,包括各種涉及邊界、犯案或糾紛的問題,譯官都在不同層次、規模之中,擔當不同的角色。因此,譯官在各種使行以外的事務的處理方法與成效都值得深入考察。

---

[47] 鄭昌順等編:《同文彙考》,補編・卷4,使臣別單4,〈別遣譯官劉再昌金慶門等手本〉,頁19b–20a。

據《同文彙考》的紀錄，[48]於康熙年間，有十多次的紀錄，[49]記載朝鮮人因各種原因，包括採集人參、[50]伐木、狩獵、偷竊等原因，越江前往東北地區時，被清廷官員捉拿，然後由禮部知會朝鮮，而朝廷每次都需要向清國為這些問題作出解決辦法，[51]其中最嚴重一次是在康熙24年（1685），朝鮮人以鳥槍射傷正測量地勢的清廷官員，而朝廷最終以罰銀來解決事件。[52]然而，這些日漸頻繁的越界事件成為了中朝定界的催化劑，引致清廷有意釐清中朝邊界，希望藉此避免犯越問題再發生。

---

48 《同文彙考》是朝鮮時代對外文書的重要輯錄，雖然大多是文書的輯錄，但其史料價值亦相當高。據林侑毅的研究指：「過去在東亞交流研究上……《同文彙考》多被視為輔助參照的文獻資料，而非主要分析對象。這是因為《同文彙考》具有外交文書集成的文獻屬性……儘管如此，在《同文彙考》中，仍有部分外交文書不對外公開，僅作為向朝鮮國王呈報清政治、社會現況，並以北京為平臺，廣蒐周邊諸國資訊之用的秘文。」關於此，詳參林侑毅：〈由《同文彙考》「使臣別單」論朝鮮後期使臣對周邊國家的認識：以對臺灣鄭氏政權及安南西山阮朝的論述為中心〉，*Journal of Korean Culture*, 35(2016.11): 343–371；韓翠花：〈一部研究中、朝關係史的珍貴資料：《同文彙考中朝史料》評介〉，《東北史地》，2006年第2期（2006年4月），頁80–81。
49 有關的紀錄，詳參崔韶子：《淸과 朝鮮：근세 동아시아의 상호인식》，頁35–40。
50 Seonmin Kim, "Ginseng and Border Trespassing Between Qing China and Chosŏn Korea," 37–39；金宣旼：〈人蔘과 疆域：後金－淸의 강역인식과 대외관계의 변화〉，頁227–257。
51 如康熙29年林戒先等朝鮮人越界偷參後，朝廷需處治這些朝鮮人外，亦特別提到將邊界官員作處治，以讓清廷放心。關於此，詳參鄭昌順等編：《同文彙考》，卷52，犯越，〈禮部咨會遣官審擬咨〉，頁15b–16a。
52 此事稱為三道溝事件，事件情況可參考李花子（이화자）：《朝清國境問題研究》（서울：集文堂，2008年），頁91–108；並參金宣旼：〈雍正－乾隆年間莽牛哨事件與清朝－朝鮮國境地帶〉，《吉林師範大學學報（人文社會科學版）》，2014年第2期（2014年3月），頁65–73。

其中，李萬枝（生卒不詳）等人的越境是導火線，[53] 引發清朝打牲烏拉總督穆克登到當地處理有關事宜，並藉此到朝鮮邊境進行勘界。[54] 1711 年，李萬枝等人越江前往採參期間，被人發現，殺掉十多個清人後被清廷捉拿，並要求朝鮮派人前往會審。[55] 結果，刑曹參議宋正明（1670–1718）以及譯官金慶門前往鳳凰城參與有關會審，處理有關事務，維護朝鮮人的權益。[56] 穆克登藉此機會到當地查案的同時，前往朝鮮邊界進行勘界。

早於穆克登決定出發之前，金慶門在擔任1711年當年的冬至使譯官後，回國向朝鮮朝廷匯報，清廷即將就犯越事宜展開調查：

> 回還冬至使，到瀋陽狀啟曰：「譯官金指南、醫官李時弼等，聞瀋陽將軍之言，禮部郎以主事河順，為查官，今聞以主事秩卑，郎中一員竝來，故瀋陽改以副都統托六，為初定差官蘇馬拉之代。且聞北京差官，三月十日離發，四月四

53　Seonmin Kim, "Ginseng and Border Trespassing Between Qing China and Chosŏn Korea," 45–46.
54　關於穆克登查界的研究華文與外文學者均有所關心，如張存武：〈穆克登所定的中韓國界〉，收入氏著：《清代中韓關係論文集》，頁275–303；馬孟龍：〈穆克登查邊與《皇輿全覽圖》編繪：兼對穆克登「審視碑」初立位置的考辨〉，《中國邊疆史地研究》，第19卷第3期（2009年9月），頁85–99；陳慧：《穆克登碑問題研究：清代中朝圖們江界務考證》（北京：中央編譯出版社，2011年）；李花子：〈康熙年間穆克登立碑位置再探〉，《社會科學輯刊》，2011年第6期（2011年12月），頁188–196；Andre Schmid, "Tributary Relations and the Qing-Chosŏn Frontier on Mount Paektu," in *The China State at the Borders*, ed. Diana Lary (Vancouver: UBC Press, 2007), 126–150.
55　崔韶子：《청과 조선：근세 동아시아의 상호인식》，頁38–39；鄭昌順等編：《同文彙考》，卷53，犯越，〈禮部知會再追查官同前遣司官按查咨〉，頁31b–32b。
56　國史編纂委員會編：《朝鮮王朝實錄》，《肅宗實錄》，卷50，肅宗三十七年三月庚子條，頁12a。

五日間到瀋陽，與瀋陽官，初十日間當往鳳城。皇上分付差官，必令住在鳳城，查得殺人處，而勿爲過江，貽弊於朝鮮，犯越事查奏後，仍往白頭山，而皇旨使從大國地方作行，或不得已自朝鮮地方過去，勿令朝鮮支待云矣。」[57]

從以上《朝鮮王朝實錄》的記載，有兩點值得注意。首先，關於獲悉朝廷派京官到瀋陽查犯越事宜，並非由一般的朝鮮使團在禮部與禮部官員見面，或在北京交遊期間獲知，而是譯官從瀋陽將軍方面得知。可見，視事大使行為工作一部分的譯官，經常於北京以外的地區與官員接觸，讓他們能夠知道更多中國的事情以及一些官方活動無法獲得的信息。其次，朝廷及後委派金慶門和他的父親金指南一同擔當接伴成員。由於他們已得知康熙皇帝有意派人前往朝鮮邊界，[58] 故能早有準備，以應對勘界團的各種質疑。

勘界團其實可算是勅使安排的一種，所謂勅使，就是奉詔宣諭

---

57 國史編纂委員會編：《朝鮮王朝實錄》，《肅宗實錄》，卷50，肅宗三十七年三月庚子條，頁12b。
58 康熙皇帝查界的原因主要有兩點，第一中朝邊界不清，以致私相越界從事各種伐木、採參等經濟活動猖獗。但更重要的是，1707年起，康熙帝著手派人編纂〈皇輿全覽圖〉期間，在傳教士張誠（Jean-François Gerbillon，1654–1707）、白晉（Joachim Bouvet，1656–1730）等人協助，以及傳教士雷孝思（Jean Baptiste Regis，1663–1738）、杜德美（Pierre Jartoux，1668–1720）、費隱（Ehrenbert Xavier Fridell，1673–1743）等人實際進行探查地形，完成了〈盛京全圖〉、〈烏蘇里江圖〉、〈黑龍江口圖〉、〈熱河圖〉等。然而，朝廷卻發現長白山地區，特別是鴨綠江、圖們江之間不甚詳細。為了解決有關地理勘查的問題，朝廷決定派人前往當地進行勘界。關於此，參李花子：《清朝與朝鮮關係史研究：以越境交涉為中心》，頁88–93；秦國經：〈18世紀西洋人在測繪清朝輿圖中的活動與貢獻〉，《清史研究》，1997年第1期（1997年2月），頁38–39；Seonmin Kim, *Ginseng and Borderland: Territorial Boundaries and Political Relations between Qing China and Choson Korea, 1636–1912*, (Berkeley: University of California Press, 2017).

的使節，在清代一般正副使只率領數名隨員與通官前往朝鮮，清初大多只採用滿族官員。[59] 為配合清朝的官員到來，朝鮮既有機制將委任接伴使，並由司譯院派委可以操作翻譯與周旋工作的差備官負責協調相關工作，[60] 因此譯官金慶門與金指南等按朝鮮的制度獲委派，成為了負責處理這次穆克登勘界團應對的主要人員。

雖然表面來看清廷派出打牲烏拉總管穆克登，[61] 以調查當年所發生的朝鮮邊民越境殺人的事件，[62] 但實際上康熙皇帝希望他「乘此便至極盡處詳加閱視，務將邊界查明來奏」。[63] 穆克登曾嘗試於1711年，事前未有知會朝鮮，進入朝鮮領土登山勘界，卻被朝鮮官員以各種藉口，成功阻止他前往長白山天池的勘界計劃。[64] 因此，1712年清廷正式通知朝鮮，他們即將派出官員查界。

1712年，清廷向朝鮮發出正式咨文，展開派員到中朝邊境查界的計劃。[65] 接伴使由議政府右參贊朴權（1658–1715）擔任，由熟悉

59　金指南、金慶門、李湛編：《通文館志》，卷4，〈事大〉，頁1b–2a。
60　金指南、金慶門、李湛編：《通文館志》，卷4，〈事大〉，頁2b。
61　穆克登，是滿洲鑲黃旗官員，曾在京城擔任皇帝侍衛，後調遷到吉林擔任總管，並奉康熙帝之命處理朝鮮人越境以及中朝之間邊界問題。關於他的生平，詳參趙爾巽：《清史稿》，卷283，列傳70，〈覺羅武默訥〉，頁10177。
62　李花子：《清朝與朝鮮關係史研究：以越境交涉為中心》，頁67–75。
63　馬齊等奉敕修：《清實錄・聖祖仁皇帝實錄》，卷25，康熙五十年五月癸巳條，6b–7b。
64　當時派往接待穆克登的宋正明，引領穆克登走入地勢絕險的道路，促使穆克登認為無法前往長白山天池進行勘查，只好回國覆命，再從長計議。詳參李花子：《清朝與朝鮮關係史研究：以越境交涉為中心》，頁96–100。
65　「平安監司俞集一，以勅使牌文出來事啓聞。其文曰：『欽差正使頭等侍衛阿齊圖護獵總管穆克登，奉命前往朝鮮國，五月初二日起行。詔書一道、御杖一對、欽差牌貳面、回避肅靜牌四面、黃傘貳柄、五官司曆。六品通官三員、跟役十九名。』」關於此，詳參國史編纂委員會編：《朝鮮王朝實錄》，《肅宗實錄》，卷53，肅宗三十九年五月壬辰條，頁499。

當地事務的咸鏡道觀察使李善溥（1646–1721）陪同。而熟悉清與朝鮮之間情況的譯官金指南被任命為穆克登查界團的隨團譯官。[66]

對於朝廷而言，能操流利漢語，與清廷官員對話，最為有利，以捍衛朝鮮的權益。然而，金指南由於年老關係，與朴權及李善博一樣，未有實際陪同穆克登到白頭山的天池，改由金指南兒子金慶門及年輕的譯官金應瀗（1663–?）陪同前往。[67] 不過，金指南為整次查界的各種經歷，撰寫了《北征錄》，記錄了事情經過，[68] 可見作為譯官對於涉及朝鮮與對外關係時，即使未能親身直接參與交涉，仍需處理若干重要的工作。[69]

此外，雖然是次接伴使為朴權，但似乎他對於如何爭論卻無從入手，可以從《朝鮮王朝實錄》的資料提及到他只是臨危受命，[70] 儘管被朝廷委以重任，但亦不知如何以有力的證據與清廷一方爭論邊

---

66 國史編纂委員會編：《朝鮮王朝實錄》，《肅宗實錄》，卷51，肅宗三十八年六月壬戌條，頁32b。
67 《萬機要覽》是19世紀初著名學者沈象奎（1766–1838）及徐榮輔（1759–1816）所編的著作，是一本朝鮮晚期重要的百科全書，在〈軍政篇5〉的白頭山定界提到：「我國遣接伴使朴權、咸鏡道巡察使李善溥（1646–1721）、譯官金慶門等，接應克登。克登以權與善溥年老不許偕行，率慶門等，上白頭山……」關於此，詳參沈象奎、徐榮輔編：《萬機要覽》（京城：朝鮮總督府中樞院，1938年），頁621；並參李花子：〈清代長白山踏查活動及對三江源的記述〉，《韓國研究論叢》，第23期（2011年10月），頁425–465。
68 金指南引錄了當時陪同穆克登的金慶門、金應瀗等馳報及手本而組成的資料，故金指南雖然未有親自前往天池，但是仍然對於整件事件起了重要的作用。關於此，詳參李花子：〈康熙年間穆克登立碑位置再探〉，頁189。
69 關於金指南在穆克登登山的過程之中的貢獻與作用的討論，詳參李尚泰：〈백두산정계비 설치와 김지남의 역할〉，頁75–119。
70 朝廷原定任命接伴使權尚游，但「接伴使權尚游，巡撫湖南時，重傷水土，疾病不輕。似難許遞，而宰臣中朴權，明敏善應變，請代送。」國史編纂委員會編：《朝鮮王朝實錄》，《肅宗實錄》，卷51，肅宗三十八年三月戊戌條，頁16a。

界。他曾嘗試提出以《盛京通志》作證明,白頭山以南為朝鮮境之說。但是,相關書籍後來被朝廷其他官員質疑為禁書,不可讓清廷得悉有關事情,故只好再從長計議。[71]

那麼,朝鮮一方由誰與穆克登爭論?《朝鮮王朝實錄》曾提到朴權在接伴穆克登期間,「使譯官越去候問」。[72]但到底是哪位譯官負責與穆克登交涉呢?然而,再考察金指南所撰寫的《北征錄》便可發現,與穆克登討論兩國界線,提出朝方主張的人,正是熟悉中國事務的金指南及其兒子金慶門。

在行程期間,金指南努力向穆克登表示朝鮮王朝就江源及邊界的主張。在金指南的《北征錄》中,我們可以看到金指南如何代表王朝去申述朝鮮的主張。當時,金指南表示:「總官招余謂:『我們此行,專為看審邊界而已。雖上天入地,當依你們所指示而往。你今明說你國邊界,果何如耶?』余答曰:『長白山巔大池之南,是吾邊界之意,當初有訴,今何改說。』總官曰:『然則勢將登山以去。』」[73]

金慶門亦以相同的論調,嘗試與穆克登交涉,相關的啟狀分別記載於《朝鮮王朝實錄》與金慶門口述,洪世泰(1653–1725)撰寫的《白頭山記》:[74]

---

71 「接伴使朴權辭陛啟言:『清國《盛京誌》,明有白頭山南,是朝鮮境之說,請齎往行中,如有爭端,以此書為證。』上從之。其後議者多言:『《盛京誌》是禁物,彼若詰問其從何得來,則生事可慮。』上又從其言,命勿為出示。」國史編纂委員會編:《朝鮮王朝實錄》,《肅宗實錄》,卷51,肅宗三十八年三月丁未條,頁17b。
72 國史編纂委員會編:《朝鮮王朝實錄》,《肅宗實錄》,卷51,肅宗三十八年五月丁亥條,頁22a。
73 本文所採用的是《白山學報》所編整的《北征錄》,詳參金指南撰:《北征錄》,壬辰年五月初五日丁亥條,收入《白山學報》,第16號(1974年6月),頁220。
74 洪世泰《白頭山記》的開端提到:「金慶門以善譯從,既登山定界還,為余道其事如左。」此處說明金慶門邀請洪世泰撰寫有關登山定界的經過。關於此,詳參洪世泰:

總管曰:「爾能明知兩國界耶?」

答以:「雖未目見,而長白山巔有大池,西流為鴨綠江,東流為豆滿江,大池之南即我國界。上年皇帝招同時,亦以此仰對矣。」

又問:「有可據文書耶?」

答以:「立國以來,至今流傳,何待文書耶?」

又問:「白山之南,連有把守耶?」

答以:「此地絕險,人跡不至,故荒廢無把守,有同大國柵門外之地耳。」[75]

而穆克登不受他們影響,仍決定登山勘界。穆克登考慮金指南年老關係,不讓他陪同,金指南因此未能親身前往天池辯釋。但是穆克登在天池的觀察及最終的決定,卻如當初金指南告訴他的說法一般,可見,穆氏沒有特別質疑金指南的見解。當時,陪同穆克登登天池的是金指南的兒子金慶門。穆克登到達天池後,得到金慶門的協助與確認,接受白頭山天池正是鴨綠江與圖們江之間的分界,並決定於當地立碑。[76]

《柳下集》,收入民族文化促進會編:《韓國文集叢刊》(서울:民族文化促進會,2003年),冊167,卷9,〈白頭山記〉,頁15a–b。

75 國史編纂委員會編:《朝鮮王朝實錄》,《肅宗實錄》,卷51,肅宗三十八年五月丁亥條,頁22a;洪世泰:《柳下集》,卷9,〈白頭山記〉,頁15b–16a。

76 後世對於立碑的正確位置有很大的爭論,有學者認為朝鮮人故意讓穆克登到小白山

穆克登在金慶門等譯官與其他軍官的陪同下，洪世泰的《白頭山記》記述了穆克登與金慶門兩人之間的各種對話，亦記載了穆克登決定立碑的經歷：

> 始得鴨綠之源，有泉泡泡從山穴中出。其流汨淢漂疾。不數十百步。峽圻為大壑。中注之。掬而飲之爽然。又行東轉踰一短岡。得一泉。西流三四十步而別出二派。其一派流與西泉合。一則東下而其流甚細。又東而踰一岡。則有泉東流。可百餘步，而中泉之歧而東者來合焉。克登坐中泉汊水間，顧謂慶門等曰：「此可名分水嶺，立碑以定界乎？」慶門曰：「甚善，明公此行此事，當與此山而終古矣。」其水勢分作人字，當中有小巖石，狀如伏虎。克登曰：「是山有是石，亦甚奇，可作龜趺也。」下山昏黑，宿幕次。甲午，克登謂土門源流，間斷伏行地中，疆界不明，不可輕議豎碑。乃令其二人同愛順往審水道，金應瀗，趙台相隨後，行六十餘里日暮，二人者還白水果東流矣。克登乃使人伐石，廣可二尺長三尺餘，又於分水嶺取龜趺，碑既具，列書其額，大清字稍大。其下文曰：「烏喇總管穆克登奉旨查邊至此，審視西為鴨綠東為土門，故於分水嶺，勒石為記。康熙五十一年五月十五日。筆貼式蘇爾昌、通官二哥、朝鮮軍官李義

頂，後來才移至長白山。因為長白山是鴨綠江與松花江的分水嶺。然而，這種說法並沒有足夠的史料支持，而本文亦只集中討論譯官的意義，故不詳述相關爭論。關於此，詳參李花子：《明清時期中朝邊界史研究》，頁183–184。

復、趙台相、差使官許樑、朴道常、通官金應瀗、金慶門。遂鑱而立之,旣竣事下山,歸到茂山。[77]

金慶門等人陪同穆克登一行人走過不少艱困的路登山的過程,除了他們定期向朴權等人馳報外,金慶門通過洪世泰的書寫《白頭山記》,說明了穆克登在登山過程中,提出了很多風土與疆域上的質疑,均由金慶門本人作出解答,穆克登決定於天池之中定碑立界前,也徵詢金慶門的意見。由此可見中朝之間的邊界確立,不能忽視金指南及其兒子金慶門,兩位譯官的多番周旋以及對應帶來的影響。[78]

此外,朴權與金指南等官員因年老不能上山,故金指南特別向穆克登要求登山後的「山圖」,穆克登很慷慨地指只要白頭山為朝鮮國界自然會協助繪畫地圖。[79] 當中金指南與穆克登之間交涉對話收錄在其所撰的《北征錄》:

總管曰:「你於我,有何難說之話乎?」

77　洪世泰:《柳下集》,卷9,〈白頭山記〉,頁22a–b。
78　李花子,《明清時期中朝邊界史研究》,頁45。當然我們有另一個想法的是,金慶門其實有意強化自身的角色與重要性,因除了〈白頭山記〉外,並沒有別的敘述。由同為譯官,但薄有名氣的洪世泰撰寫,相信是希望通過洪世泰讓更多人瞭解到善譯的金慶門,為國家作出了怎樣的貢獻。這種推論其實說明譯官在朝鮮社會的低微,不受重視的身分,所以即使立了汗馬功勞,但在官方文書上,卻不見他們的蹤影,他們只能在譯官寄託別人的書寫之中,得到認許與肯定。
79　Seonmin Kim, "Ginseng and Border Trespassing Between Qing China and Chosŏn Korea," 50.

余起而言曰：「小官，是朝鮮之人，白山亦是朝鮮之地，而傳稱宇內之名山，故願一登覽。平生素志，而道里絕遠，無由遂願。今行，又因大人憐憫小官之老病，不斗同行。白山真面，一見之願，未免墮空想。大人必令劉畫師，圖出山形倘以一件畫本見惠，則猶可以贖小官平生之願，大人恩德，何可量哉。」

總管曰：「大國山川雖不得圖畫以給，白山既是你國之地，則畫給一本，有何難哉？」

余又曰：「如其大國之山，則何敢生意仰意乎？」[80]

從金指南此舉動來看，可瞭解到他希望讓接伴使有文件向朝廷作證據，免除兩人無法上山的責任。這也可引證當時擔當是次接伴使代表的朴權，也沒有想得這麼仔細與周全的安排。[81] 在《同文彙考》之中，記載朴權向穆克登請求畫師協助畫圖以協助他完成任務：

閣下倘選跟隨中踽捷明敏者數三人，與敝邦譯官及知路人偕往看審，且令畫師圖寫以來則水源、山逕，可以了然於心目之間，以此歸奏，恐無不可。未知閣下以為如何耶？[82]

由此可見，朴權通過此可以得到保障，維護了他們這次工作，避免遭朝廷秋後算賬。當然，背後金指南的考慮，相信是借穆克登的繪

---

80 金指南撰：《北征錄》，頁225。
81 李花子：《明清時期中朝邊界史研究》，頁40–41。
82 鄭昌順等編：《同文彙考》，卷48，疆界，〈接伴使請偕行白山帖〉，康熙五十一年五月初七日，頁7b。

圖獲得清朝的認證，以肯定長白頭山以南之地屬於朝鮮。這次的查界期間，穆克登發現大批朝鮮平民，到清朝所屬土地大規模伐木及從事各種經濟活動，而穆克登本來有意向朝廷匯報，但金指南的解釋讓他改變了主意，不向朝廷舉報：

> 前日臣權，到茂山時，首譯金指南來言：「侍衛以佃獵事，越往彼邊，還後密言曰：『大國境樹木，無數斫伐，車載船運之跡，極其狼藉。爾國吏民，可謂不畏法禁矣。』指南答以：『江邊無識之民，有此可駭之事誠極寒心，而此事一發，當死者甚多，以老爺惻隱之心，何忍爲此耶？』侍衛曰：『吾當含默，但隨行人之口，恐難盡掩也。』」[83]

上述例子可見，無論作為使團的成員，還是接伴使的助手，金指南等不只在語言從事翻譯，同時在禮節、朝鮮權益上，均是盡責的譯官。譯官在語言上的翻譯，協助朝鮮解決了若干疑難，金指南與他的兒子金慶門，更在邊界問題上取得了有利於朝鮮的結果，通過瞭解中介人之間的交涉，可瞭解到當中兩位譯官的決定，對當時的人而言，是相當重要的成就。最終金指南也被推恩加階至「知中樞府事」，一個虛位的正一品官職。[84]

雍正年間清廷要求朝鮮在中朝邊界作出水路防衛措施，而避免邊界導致各種問題。1711年，金慶門曾與其父金指南一同於白頭山接待穆克登，而金慶門成功說服穆克登，按照朝鮮的要求訂立邊界界碑，

83　國史編纂委員會編：《朝鮮王朝實錄》，《肅宗實錄》，卷51，肅宗三十八年六月壬戌條，頁32b。
84　金指南、金慶門、李湛編：《通文館志》，卷7，〈人物〉，頁26b。

從朝鮮的立場來說是莫大的成就。因此，當清廷再就邊界事宜，要求朝鮮解決時，朝鮮再次派遣金慶門，將朝鮮的請求及觀點呈上。[85] 由以上的例子可見，在邊界的立場問題上，譯官為朝鮮的意見向清朝反映，甚或是爭取，確保在朝貢體系之中，朝鮮取得更有利的待遇。

四、金是瑜與明史朝鮮部分書寫與辨誣

明清易代以後的朝鮮，在正史書寫之中，有感於清朝或過去明朝的文獻之中，有史實記載之誤。[86] 故丙子之役後，朝鮮通過各種消息渠道，掌握到明史即將編寫的信息，於是開始派出使臣到北京向清廷辨誣，根據孫衛國的分析，辨誣主要處理的問題有三：第一是無論《皇明祖訓》，[87] 還是《大明會典》，[88] 均誤記李成桂為高麗末年

---

85 據《英祖實錄》，朝鮮希望該文書乃由宋寅明（1689–1746）秉寫，後來則派遣金慶門對邊界作解釋，可見在實際的交涉，文字的書寫由文官所負責，但直接的交涉，乃倚重於譯官執行，成為了朝鮮對外交涉的典型方式。詳參國史編纂委員會編：《朝鮮王朝實錄》，《英祖實錄》，卷7，英祖七年六月庚申條，頁45b。

86 其實早於明萬曆年間，朝鮮朝廷已發現明室修編《大明會典》的過程之中有需辨誣的地方，當中最明顯的是，高麗末年的李仁任並非李成桂之父的誤會問題，因此便派出使臣到北京作出辨誣。關於以權橃的《朝天錄》瞭解使團的經歷與成效，詳參權仁溶（권인용）：〈明中期 朝鮮의 宗系辨誣와 對明外交：權橃의『朝天錄』을 中心으로〉，《명청사연구》，第24輯（2005年10月），頁93–116。

87 《皇明祖訓》最初於洪武6年（1373）時頒布，及後於洪武28年（1395）9月修定後再頒布，主要用作訓誡子孫的書籍，但實際上是通過創建禮儀、法律、職制等方式，來作為治國的理念想像。關於此，詳參吳智和：〈明代祖制釋義與功能試論〉，《史學集刊》，1991年第3期（1991年8月），頁20–29。

88 《大明會典》始制於洪武26年編修，先經歷弘治年間成書、正德（明武宗朱厚照，1491–1521，1505–1521在位）年間重校，以及神宗年間重修而成，今天大多可見乃申時行（1535–1614）修之版本，實即明萬曆會典。關於此，詳參瞿林東：《中國史學史綱》（臺北：五南圖書，2002年），頁580–582。

權臣李仁任（?–1388）的兒子；[89] 第二是太祖得國事問題；[90] 第三是仁祖登極事。[91] 早於朝鮮孝宗時，已有使節得見順治時明史稿本，對此事加以留意，並請求國王派人做辨誣：「鄭斗源赴京之日，得見《明史》，則有不忍聞之說；我太祖開國，應天順人，可謂名正言順，而《明史》亦加以不測之說，迨于改宗系，始得辨誣。」[92] 而據《清世祖實錄》，當年：「御史趙繼鼎奏請纂修明史，并博選文，行鴻儒、充總裁纂修等官。」[93] 所以，朝鮮便自明清易代以後，歷朝官員已有為明史書寫作出辨誣的想法。而具體的因由，則可參考1732年李宜顯（1669–1745）出使時，朝鮮作辨誣的因由：

---

89 明萬曆會典有以下的紀錄：「祖訓朝鮮國即高麗，其李仁人及子李成桂今名旦，自洪武六年至洪武二十八年，首尾凡弒王氏四王，故待之。」李東陽等奉敕撰，申時行等奉敕重修：《大明會典》（臺北：臺灣商務印書館，1984年），卷105（禮部卷63・主客清吏司・朝貢一）〈東南夷上・朝鮮國〉，頁2a。朝鮮一直積極在不同時代，以各種形式、方法向明朝作出辨解，詳參高艷林：〈朝鮮王朝對明朝的「宗系之辨」及政治意義〉，《求是學刊》，第38卷第4期（2011年7月），頁141–147；黃修志：〈「書籍外交：明清時期朝鮮的「書籍辨誣」〉，《史學月刊》，2013年第5期（2013年5月），頁81–95。
90 朝鮮初立時，雖通過與明朝建立事大關係，以確保朝鮮的合法性與權利，但明初兩國確曾有各種文化與政治上的摩擦，例如表箋、貿易等問題，據孫衛國的分析，李成桂即位被記載為篡奪而來，詳參孫衛國：〈清修《明史》與朝鮮之反應〉，《學術月刊》，2008年第4號（2008年4月），頁125。但當然在《朝鮮王朝實錄》記載中，朝鮮史官認為是「恭惟殿下，應天革命，初登寶位」。國史編纂委員會編：《朝鮮王朝實錄》，《太祖實錄》，卷1，太祖元年七月己亥條，頁40a。
91 孫衛國：〈清修《明史》與朝鮮之反應〉，頁125；楊艷秋：〈《大明會典》《明史》與朝鮮辨誣：以朝鮮王朝宗系辨誣和「仁祖反正」辨誣為中心〉，《南開學報（哲學社會科學版）》，2010年第2期（2010年3月），頁79–91；韓明基（한명기）：〈17・8세기韓中關係와 仁祖反正 – 조선후기의 '仁祖反正 辨誣' 문제〉，《한국사학보》，第13輯（2002年9月），頁9–41。
92 國史編纂委員會編：《朝鮮王朝實錄》，《孝宗實錄》，卷13，孝宗五年九月戊子條，頁14a。
93 鄂爾泰等奉敕修：《清實錄・世祖章皇帝實錄》（北京：中華書局，1986年），卷15，順治二年四月癸亥條，頁17a。

前此清國所纂《明史》中，有誣及仁祖反正時事者。楨、柟在顯宗朝使燕歸，陳請辨誣，而朝議參事，寢卻不施。甲寅後，楨輩復申前說，權奸依其言，遣使辨之。彼國不唯不許，詰問其何由得見禁書。我國遂不敢復言。因爲停止者，近五十年。至乙巳，趙文命以書狀回來，以不復辨誣爲慨惋語，書之日記以啓，上見之以爲「此當亟行辨晰」，遂遣使陳辨。彼國雖許改纂，而邅就不許者又六七年。昨歲節使之往，又申請刊頒，彼國謄示改正之本。我國以此爲恩，有此遣使之擧矣。[94]

當然，士大夫通常作爲使臣，負責爭取權益和辨誣。但根據《同文彙考》的紀錄，朝鮮掌握漢語才能的譯官，通過他們的人脈與周旋技巧，獲委派在不同渠道協助朝鮮使臣掌握明史書寫的情況，甚至爲爭取朝鮮的立場作出辨誣。如譯官崔壽溟（1626–?）通過滿州貴族金常明，掌握到一些宮廷之中的信息，希望藉著金常明與當時主政明史編輯的張廷玉（1672–1755）以及皇帝的關係，以協助辨誣：

譯官崔壽溟，自辛亥以後屢以史事往來於常明，使探其完役早晚壽溟因常明旗下次通官朴費楊阿要見常明。常明回報曰：「皇帝初政之時，難與外國人私往來，且昨年行查以後，人言亦可畏。如有往復，則使此通官言送云。」壽溟以史冊印頒實，一國顒俟者，願終始宣力，取我國列傳先爲印付，俾得藉手而歸。常明回答曰：「俺於你國事，豈敢歇

94　李宜顯：《陶谷先生文集》，卷30，〈壬子燕行雜識〉，頁22b–23a。

後,史事既已告竣,當與總裁官張廷玉相議,更報其後。」費楊阿來傳常明言曰:「日昨委見張閣老,懇懇言及,則以為明史雖已脫藁。皇帝今加校正始印,事體尤不可以外國傳紀獨請刊頒,要不出秋冬可見刊本云。」皇帝兒時,常明保護之功甚多,雍正令新皇帝就學於邵基,而靜處別殿。外人不敢出入,獨常明晝夜伏侍,故即位以後寵遇尤別云。[95]

1731年時,朝鮮已通過金常明的協助,進行辯誣,確認仁祖登極事與太祖立國事已改正,但他們希望取得已編好的《明史・朝鮮傳》以確認他們的想法得以落實。[96] 雖然上文提到張廷玉指不能單獨發刊朝鮮傳,但據《清實錄》記載,雍正皇帝後來接受了有關的要求,先將有關內容抄錄,以慰遂國王懇求昭雪之心。[97] 這反映了朝鮮的譯官們會代表朝鮮向清廷各方官員周旋,並向清朝反映,使清朝瞭解朝鮮的需要以及建構他們對朝鮮的觀感。《明史・朝鮮傳》的編寫和刊印確可反映這樣的想法。在多次的辨誣,譯官金是瑜發揮了重要的作用,據譯官所編的《通文館志》中,對他的活動高度肯定:

> 金是瑜,字子柔,慶州人,稟姿明詳,以最嫻華語名,前後赴燕凡二十餘,遭 國有大事,使臣輒啟,請委仗,辛丑

---

[95] 鄭昌順等:《同文彙考》,補編,卷5,使臣別單5,〈冬至行正使驪善君 塹副使李德壽別單〉,頁15b–16a。

[96] William Rowe 曾指清朝展開修纂《明史》除了為保存歷史外,更希望藉此消磨對「已覆滅之前朝具有特別知識或懷舊之情」的士人精力。關於此,詳參羅威廉(William Rowe)著,李仁淵、張遠譯:《中國最後的帝國:大清王朝》,頁34。

[97] 「該國王急欲表伊先世之誣,屢次陳請,情詞懇切。著照所請,將《朝鮮國列傳》,先行抄頒示,以慰該國王懇求昭雪之心。」鄂爾泰等奉敕修,《清實錄・世宗憲皇帝實錄》,卷116,雍正十年三月戊午條,頁7b–8a。

英廟冊封奏請時，禮部及滿漢會議峻塞將不諧，公素與履親王善獨往見之，指陳事實，涕隨言下王感悟，明日面奏特許準請。鶴巖趙相國文命，嘗曰金某辛丑之功，百世可紀。丙午隨辨誣使赴燕，即　仁廟被誣於　明史事也。先是屢請未獲許，公竭誠周旋，竟得刪改。　明史中，以　太祖大王受命時，事多誣逼語，庚戌節使行，上下教曰，今行善周旋必改，而後歸，人皆難之。公獨自擔當，往見莊親王，又與總裁官張廷玉、留保等會於王府，反復爭陳取　皇明史悉刊句語如公言。　上於筵中獎之以明敏解事，賞之以奴婢田結，官至崇祿知中樞，秩既高，愈恬謹謙恭扁，其居曰知足。及歿，　上屢示嗟惜。[98]

據此，可瞭解金是瑜因與金常明、[99] 莊親王（允祿，1695–1767）等清朝貴族有聯繫，通過人脈的關係，掌握到相關的聯繫，《朝鮮王朝實錄》亦有記載1723年的使臣李橈回國後，解釋金是瑜如何協助明史重寫：

橈曰：「留保，是彼國主文之人，與常明姻好，且是摠裁官張廷玉之親友也。常明於我國，素所盡心者，邀留、張二

98　金指南、金慶門、李湛編：《通文館志》，卷8，〈人物〉，頁26a–27a。
99　金常明是17世紀加入滿洲陣營的朝鮮人，初被任命為高麗佐領，及後一直於朝廷擔任重要職位。金常明的名字經被朝鮮文獻所記載。朝鮮人經常通過他進行各種外交與朝貢的協調。黃麗君利用內務府滿文檔案及朝鮮文獻，以族群政治的角度，探討金常明等朝鮮人家族如何進入八旗，並思考其於外交互動的角色，特別發現金常明或其族人金簡等，在面對燕行使時，一方面出力交涉，另一方面也索賄獲利。關於此，詳參黃麗君：〈八旗制度與族群認同：清前期中朝關係史中的內務府高麗佐領金氏家族〉，《清史研究》，2019第2期（2019年5月），頁64–77。

人,涕泣請改,兩人感而許之。常明言于臣曰:『國史中所欲改字句,並即拈示。』云,故臣等以朱筆,點篡字、攫字及自立等字,而送之。常明示留保,答書曰:『丙午年,皇上已特許之,可隨意改之也。』由是,事得順成。但自立云云,常明云:『是野史中語,而明史則無之,既云無之,則何必請改?』蓋彼言既可信,文勢亦非倉卒間構出者。譯官金時瑜(應為金是瑜),與常明相面,則常明曰:「刊本當出送於冬至使之行,當以五六千金爲謝也。」仍求善馬及明珠兩箇。胡人雖有文學者,於財則甚吝,獨留保不受賂遺曰:「送史冊而國王有禮謝,則不當辭。」云矣。[100]

其中金常明與留保、張廷玉關係甚好,而金是瑜等譯官則與常明素有交往,如《朝鮮王朝實錄》另一個紀錄曾提到:「蓋是時,彼國金常明者,自稱我國人後裔,故譯官李樞、金是瑜者,自稱常明之族黨,夤緣往來,至謁常明父祖之廟,以欺他人之耳目,而納賂圖事,故每有使行,必帶去兩譯。」[101] 因為這樣的關係,朝鮮的歷史書寫可通過譯官爭取。雖然未知明史修改前後的具體內容有何差異,而且有官員投訴金常明和金是瑜有不軌之心,但似乎官方自此沒有再追問歷史書寫的問題,也許對修改內容相當滿意。

而金是瑜的各種周旋活動,均獲得士大夫與朝廷所高度認可,趙泰億(1675–1728)曾提到:

100　國史編纂委員會編:《朝鮮王朝實錄》,《英祖實錄》,卷29,英祖七年四月癸巳條,頁16b。
101　國史編纂委員會編:《朝鮮王朝實錄》,《英祖實錄》,卷38,英祖十年四月辛未條,頁11a。

> 臣待罪司譯院提調，慣知譯舌不善通話之狀矣。曾前則勅使言語，使通官傳言。故譯舌雖生疎，與通官酬酢，能不阻關。而今番勅行時，勅使不信通官，事事而疑之，不由通官，直招譯官而面言，諸譯多不解聽。獨堂下譯官金是瑜，能善漢語，每當難處之事，能隨事爭執，善得繃縫，其功勞誠不細矣。[102]

從歷史書寫的角度來看，我們今天熟知的《明史》是清人通過剪裁、編校、參考各方面的材料，撰寫而成的正史，內容一般按著明朝的典籍作為基礎書寫。[103] 但是，朝鮮相當重視《明史》中的朝鮮部分。當中，朝鮮特別關心明清交替期間的社會混亂的記述，是否符合朝鮮心意的歷史記載。因此，當他們發現〈朝鮮傳〉不符期望，也認為不少史事早在明朝時已有錯誤紀錄，故一直往復向中國朝廷反映，但一直苦無結果。當通過善於周旋的譯官介入，他們利用個人才幹與社交網絡，向他們友好的清廷要員爭取，最終使《明史・朝鮮傳》符合朝鮮社會的期盼。「仁祖反正」在明史中得到正統的處理，譯官金是瑜的功勞，難得被當時朝廷的士人所認同。

---

102 國史編纂委員會編：《承政院日記》，第555冊，景宗三年六月二十日，頁131a–b。
103 關於清修《明史》的編校過程以及一些新發現，詳參南炳文、魏淑贇：〈張廷玉《明史》重要擬稿徐氏《明史》試探之一：序言作者韓方卓乃沈朝初之號說〉，《史學集刊》，2016年第3期（2016年5月），頁81–86。

五、小結

　　張安榮曾爬梳不同的燕行使節紀錄指出士大夫對譯官的職掌與專業性有所質疑,認為他們是一群只為自己利益,忽視國家權益的交涉人員。[104] 例如1723年出使的李枋和金始煥曾提到:「彼中凡事,專在我國譯舌之善為周旋,而今行員譯輩,循次充數,故率多初行生疏之類。當此有事之日,設有居間宣力之端,不可不另擇一院中解事人,別為帶去。譯官金弘祉、李樞,累次往來,熟知事情。至如金慶門,則雖在堂下,而觀其為人,可合任使……」[105] 由此可見,只有少數譯官具備應對各種對外交涉的能力。早於18世紀初,士大夫金昌業也留意到相近的問題,他顯然不滿一些的譯官行為:

譯官無通漢語者,其中一二人,號為稍勝,而觀其與彼人酬酢者,為十言無二三言分明。此所言則彼不解聽,彼所言則此亦不解聽,見之可悶。兩國之情,只憑通官譯官通之,而譯官既如此,通官亦不能為我國言,凡言語雖備說,尚荃使人解聽。今以數少之語,擇而為之,其於曲折煩多之事,彼此豈有通情之理?是以,若有一事則不能析理爭之,無論大小,惟務行賂,寧有如許寒心者乎。[106]

104　張安榮(장안영):〈18세기 지식인들의 눈에 비친 역관 통역의 문제점 고찰:『노가재연행일기』・『을병연행록』・『열하일기』를 중심으로〉,《어문론집》,第62輯(2015年6月)〉,頁349–372。
105　國史編纂委員會編:《承政院日記》,第548冊,景宗二年十二月二十七日,頁131b。
106　金昌業:《老稼齋燕行日記》,卷4,癸巳年正月十七日乙未,頁87下。

金氏認為很多當時的譯官根本不能溝通,很多事情都只能通過行賂解決問題,任職譯官顯然只求利益,而忘卻原來的職責。類似想法也見於上文引述過的朴趾源說法,他指出譯官依靠購買情報來協助書狀官完成使臣別單的書寫。朴齊家也提到「今譯學衰替,號稱名譯者,不滿十人,所謂十人者,未必盡拔等第,一經等第,則雖口不能出一漢語,亦必使之充行,以食窠銀,如是則譯之一窠,為譯生輪回商賈之地而設,非所以通兩國之言,不至於奕事失對之歸者矣。」[107] 可見,不少士大夫毫不留情地批判譯官。

這些士大夫的批判,使學者研究譯官的成果,始終不及探討士大夫的研究豐富,或大多只從貿易利益以及譯官的私德角度分析。長期關注朝鮮譯官的金良洙,曾指出韓國文化與歷史的學者均集中研究兩班士大夫,導致對朝鮮譯官造成定型塑造,使大眾忽略了譯官的活動以及作出的貢獻,[108] 然而,士大夫如朴齊家、朴趾源或是金昌業的書寫雖然帶有批判意識,但是可幫助我們看到關於譯官的工作與活動,從中觀察到朝鮮譯官在使行或對外交涉期間的虛與實。

本章目的不是評價譯官的貢獻多否問題,而是通過譯官使行與其他涉華活動上的角色,瞭解譯官如何成為朝鮮朝廷的涉外權益的爭取代表。而且,譯官在使行期間如何協調使臣,或支持、幫助和一些刻意或無意的誤導等,都說明朝鮮譯官如何在使行過程以及各種清鮮之間的交涉中,擔當關鍵的文化與政治中介人,以維護國家自身的立場與權益。

---

107 朴齊家:《貞蕤集》,〈北學議・內編〉,頁413。
108 金良洙(김양수):〈조선시대의 譯官등 中人活動을 찾아서〉,《역사와 실학》,第39輯(2009年9月),頁222。

從使行期間的各種交涉工作,到涉及漂流民與越界而引發中朝之間外交事件的議題,還有為朝鮮在中國官方歷史定位的辯誣工作,都見證到譯官處於交涉的前線,為朝鮮爭取到最合適自身權益的結果。可見,朝鮮譯官角色與明清易代以後社會期盼與意識形態是不可分割。

黃俊傑過去曾提出:「每一個地域的人的『自我』與『他者』的互動、衝突、重塑、轉化或融合。因此,東亞文化的共同命題或價值理念,就不是抽離於東亞各國之上的唯一「中心」或具有宰制性的單一核心價值。相反的,東亞文化的共同命題,只能在各國的具體互動過程之中形成,而東亞文化交流史也就可以被視為東亞各國建構各自的文化主體性的過程。」[109] 所以,我們需要關心各地之間的互動,通過這些互動過程瞭解東亞各國的文化主體與及其認同。本章以朝鮮以譯官主導對外爭取國家權益的例子,來重現朝鮮在明清易代以後的社會與文化的主體思考,如何形塑到朝鮮譯官的各種工作以及任務。

朝鮮漢語譯官在清代的使行過程中被重視,不只是單純的語言優勢,更要考慮像士大夫朴齊家所說:「國朝士大夫,以中國為恥。」[110] 既然如此,他們便順勢將文書、交涉的重責交由譯官處理,並協助朝鮮爭取各種利益。本作所探析的各種史料,所舉的例子均反映著朝鮮如何在對清的朝貢職責、使行以外的各種交涉事件以及明史的書寫,都需要譯官的周旋。而譯官在這樣的背景下角色變得

109　黃俊傑:〈作為區域史的東亞文化交流史:問題意識與研究主題〉,頁196。
110　朴齊家:《貞蕤集》,〈北學議・內編〉,頁413。

更多元化，這背後關鍵的是華夷觀的改動以及朝鮮對於清朝的朝貢要求的改變而作出的對應，使譯官有更多的使行角色以及協調人員。

雖然這樣的多元化角色的結果，使他們飽受士大夫的批評，以致後代研究者對他們的瞭解認識甚少。但是，大人物與民眾之間，一直存在著一群不受重視的媒介人物，在朝廷與社會之間、中央與邊緣之間，中國與朝鮮之間，都看著他們的影子。本作的研究對象朝鮮譯官正好是典型的「之間」媒介人物。他們的事跡、他們的故事、他們的書寫，正好更全面瞭解操作「之間」的媒介人物的意義，特別是如何為朝鮮爭取各種有利權益，改變東亞世界歷史發展的軌跡。

第五章　雖不目見：
朝鮮漢語譯官與朝鮮士大夫的知識生產過程

一、引言

過去不少研究東亞文化交流史的學者著墨於朝鮮士大夫，瞭解他們書寫下的中國形象或各種觀感。然而，作為跨文化交流不可或缺的文化中介者之一的譯者卻長期遭受學界的忽略。*Interpreters as Diplomats* 的作者 Ruth A. Roland 指出受忽略的原因：

> 翻譯者與口譯者被歷史學家所忽略的原因有二，其一為完全缺乏歷史史料。有權力與影響者在過去甚少視僅僅一位翻譯者的名字值得紀錄。其次，不少歷史學家局限於「重要」事件和書本呎吋的限制，故不可以期望將所有趣聞涵蓋。但這樣就不值得關注這些政治史之中的重要人物嗎？[1]

Roland 主要關心的是譯者在世界政治與外交的角色，他特別指出過去學者受制於歷史材料的限制，而無法書寫更多關於譯者的歷史。而且，他特別提到紀錄與書寫權來自有權力的人。自然作為中介的，

---

[1] 中文為筆者翻譯，原文詳參 Ruth A. Roland, *Interpreters as Diplomats: A Diplomatic History of the Role of Interpreters in World Politics* (Ottawa: University of Ottawa Press, 1999), 8.

換言之,朝鮮脈絡看來,《朝鮮王朝實錄》等官方史料由讀書人負責編修,故譯官的職責甚少被記錄下來。因此,過去研究朝鮮譯學史、譯者史的學者經常遇到材料不足的困難。不過,隨著近年不少朝鮮文獻的再整理以及數據庫的支援,[2] 朝鮮文人的文集與《燕行錄》的出版,我們通過參與燕行使團的士大夫在使行期間有意與無意的書寫,[3] 可梳理一些譯官使行期間的痕跡,以重構譯官在中朝之間的活動與作用。這些書寫不約而同提及譯官如何滿足他們的好奇心,好讓他們認識中國及世界。

相對於明朝,譯官在清朝提供了更多朝臣有興趣的資訊,內容無所不包。當中,最能引起朝鮮士大夫的興趣的情報,是關於一些明亡爭議的歷史記憶與流傳。朝鮮朝臣均對明朝如何滅亡,甚至一些涉及明朝的人物,都相當關心,也許是因為他們希望清朝的管治得以瓦解,故集體出現一些對明朝產生各種想像。18世紀的上半葉,朝鮮朝廷與使臣目光均放在吳三桂(1612–1678)及其後代的活動。吳三桂作為引清兵入關的山海關總兵,及後則於雲南發動三藩之亂。他對清初管治帶來一定的衝擊,故朝鮮使臣對吳三桂是生是死及其歷史定位,都甚為關心,而通過譯官的情報讓他們據之作出各種想像與思考。[4] 所以在這些事情上,士大夫特別倚重譯官收集

---

2 關於韓國資料庫的規模與成就,詳參河惠丁:〈韓國漢學文獻收藏及資料庫介紹〉,《漢學研究通訊》,第118期(2011年5月),頁31–39。
3 韓國文集的出版,可參考衣若芬:〈韓國「民族文化推進會」與《韓國文集叢刊》的編纂與出版〉,《中國文哲研究通訊》,第14卷第1期(2004年3月),頁203–208。
4 葉高樹曾以《朝鮮王朝實錄》為材料為主,瞭解朝鮮對三藩之亂的立場與想法。關於此,詳參葉高樹:〈從《李朝實錄》看朝鮮君臣對「三藩之亂」的反應〉,《慕山學報》,第8輯(1999年6月),頁385–416。

相關情報,從而作出判斷,以建構對當時清廷或明亡的想法。按常理,作為外臣不可能掌握到各種涉及國家核心的資訊,但譯官似乎為士大夫的好奇找到渠道去提供資訊去滿足。

此外,清廷以異族入關,但朝鮮則以禮義之邦自居,故對於清人管治下的中國社會文化感到好奇,特別是一些地方風氣與社會禮俗等,譯官都能通過解釋滿足使臣的求知慾,但這種求知背後涉及的是一種文化比較的想像,朝鮮士大夫通過對認識清人的宮內外的習慣,從而可藉此比較並強化朝鮮自身的文化認同。

而明朝利瑪竇成功在中國傳教後,西洋的傳教士或商旅亦利用了歐洲列國的網絡來到東亞等地,並於北京建教堂。經常前往北京的朝鮮人,眼看異文化在當地的存在,自然引起了他們對西洋人與其文化的興趣;朝鮮與東亞列國彼此間雖然沒有正面接觸,但朝貢禮儀本來就是一個文化競爭的空間,但譯官幫助他們破除語言的障礙,成為了使臣們與西洋世界或世界各地之間的橋樑。最後,本章希望藉著一些清中葉朝鮮人關於中國的歷史形象書寫或是經中國所牽引而建構的各種知識,說明這些知識如何生產的過程,當中涉及通過朝鮮漢語譯官的掌握、傳達或補充。當時士大夫在燕行使行期間的獵奇心態,並非單憑自身的目光得以滿足,

二、朝鮮人的吳三桂歷史記憶

既然明末的歷史與各種記憶,是朝鮮後期社會的主要華夷觀思考來源,而明末清初關鍵的人物,自然是極具爭議的吳三桂。其形

象在朝鮮的脈絡也顯得極度重要。王明珂是華文學者強調「歷史記憶」研究方式的學者，他主張以這種新的態度來閱讀史料：

> 我認為，歷史記憶研究不是要解構我們即有的歷史知識，而是以一種新的態度來對待史料：將史料作為一種社會記憶遺存。然後由史料分析中，我們重新建構對「史實」的瞭解。我們由此所獲知的史實，不只是那些史料表面所陳述的人物與事件；更重要的是由史料文本的選擇、描述與建構中，探索其背後所隱藏的社會與個人情境（context），特別是當時社會人群的認同與區分體系。[5]

王氏的論文通過歷史記憶的觀念，嘗試列舉西周到漢初的歷史人群認同，來瞭解古代史裡，社會人群如何從史料裡形塑華夏認同。同樣地，以王氏的想法轉化來瞭解各種中國、朝鮮方面關於吳三桂的史料時，亦可發現吳三桂被視為朝鮮士大夫群體裡形成的共同記憶。但本書更關心的是吳三桂如何被塑造，以及資料背後的選擇與描述，由誰來區分與定義，在朝鮮各種針對吳三桂所書寫的文獻，大多也與漢語譯官的情報相關。而譯官的個人環境以及他們對資料的選擇，可作為我們深入瞭解吳三桂的歷史知識與記憶流傳於朝鮮的關鍵。

吳三桂作為極具爭議性的人物，葉高樹曾提到1980年代以來，華文學者有感於吳三桂被清廷的史料影響下，而被論述為「投降主

---

[5] 王明珂：〈歷史事實、歷史記憶與歷史心性〉，《歷史研究》，2001年第5期（2011年11月），頁139。

義」或「勾結外人」的代表，於是重新開始研究吳三桂，亦因此引發了論戰。[6]於是，吳三桂的歷史定位因而再重新的討論，而葉高樹整理清代的各種文獻，為學界梳理了吳三桂形象形成與轉變，亦有助我們瞭解吳三桂如何不斷層累地建構的各種評價與想像。[7]而近年史料的擴闊，學者亦特別留意朝鮮的記載也是重要的史料，可重塑中國歷史的論述，[8]故使一些學者聚焦朝鮮士人如何理解吳三桂形象變遷，當中較多人注意的是葛兆光曾撰文探討其評價的轉變，當中葛兆光曾整理道吳三桂被書寫的因由：

> 吳三桂開關納降，清人直取北京，成為明清歷史的一大轉折點，也使吳三桂成了朝鮮人眼中的歷史罪人。吳三桂作為明朝大將，不禦敵於國門之外，反而開門揖盜，引韃虜進入關內，使神州淪陷，在始終眷念大明帝國的朝鮮人看來，這是十惡不赦的惡過。嚴守華夷界限的朝鮮人，對於忠烈與叛逆的愛憎甚至比中國人還要分明。[9]

葛兆光的論述不單看到歷史把打開山海關的吳三桂，定義為明亡的歷史罪人，而且吳三桂在清初的行為多變，也使朝鮮人對他的行動

6　關於此，詳參葉高樹：〈大陸學者對吳三桂「降清」問題的討論〉，《近代中國史研究通訊》，第12期（1991年9月），頁114–120。

7　葉高樹：〈清代文獻對吳三桂的記述與評價〉，《臺灣師大歷史學報》，第28期（2000年6月），頁85–108。

8　其中可作全面瞭解的研究，可參考吳政緯：〈從中朝關係史看明清史研究的新面向：以《燕行錄》為中心〉，頁209–242。

9　葛兆光：〈吳三桂非姜伯約：從清朝初年朝鮮人對吳三桂的評價說起〉，收入氏著：《想像異域：讀李朝朝鮮漢文燕行文獻劄記》（北京：中華書局，2014年），頁84。並文另外亦曾以單篇形式發表，葛兆光：〈亂臣、英雄抑或叛賊：從清初朝鮮對吳三桂的各種評價說起〉，《中國文化研究》，2012年第1期（2012年3月），頁22–31。

與各種演變也甚為關心。因此在一些燕行錄的書寫之中，可以看見不少關於吳三桂的論述。葛兆光特別提到三藩之亂期間，燕行使節如何觀察以及收集各種消息。可是，葛兆光主要通過《燕行錄》以及《朝鮮王朝實錄》來探討，但是《同文彙考》中，書狀官呈交到朝廷的材料裡，均提到這些材料的主要來源，是譯官的查訪所得知的。據《同文彙考》所載，關於康熙12年（1673）李宇鼎（1635–1692）擔任書狀官的使行過程的聞見資料，曾提到使團成員已打聽到吳三桂已有與尚可喜及耿精忠等人共叛的消息，並派出譯官去打聽。當時打聽到的消息，只有吳三桂自己發動的叛亂，而三王合叛只是虛傳。當然吳三桂起事後的發展推翻了這種論調，但是重點是，譯官成為使臣瞭解這些情報的重要渠道：

> 使譯官更探三王共叛與否，則銜輩曰：「即今所捕者蓋是三桂子駙馬所屬也。尚耿兩王親族之在職者頗多，而晏然供仕，三王共叛之說實是虛傳云。因問出師之期則答曰：一陣則今廿八當發，一陣則來初三當發，一陣則來初十當發，而一陣所屬之兵不下三四萬云，合以計之則近十萬，而實難的知又聞。」或者曰：「吳三桂，自雲南多送其徒黨散處閭閻，皆以白帽紅帶爲標，將期日舉事人有上變旋，即搜捕傳相告引擧皆就服。昨日刑七十餘人，今日刑六百餘人云。」[10]

在同一別單裡，李宇鼎也提到譯官朴有烝、朴廷藎、金時徵先後取

---

10 鄭昌順等編：《同文彙考》，補編，卷1，使臣別單1，〈謝恩兼冬至行書狀官李宇鼎聞見事件〉，頁34a。

得多種文書，分別提到湖廣總督蔡毓英的奏本指「滇黔已失，楚省危在朝夕，仰祈皇上速發救兵云。」又關於吳三桂實為獨叛之舉，而非與尚可喜與耿精忠合作：「因三桂之叛，停止平南王尚可喜靖南王耿精忠等搬移之舉，而以照舊管理封疆之意，別為下諭者也以此觀之，則前聞吳三桂獨叛之說果不誣也。」亦提到當時聯同了王輔臣（？–1681）一同共叛：「吳三桂差人送書于陝西總督王輔臣，約與共叛，則輔臣執其來人，遣子馳奏併達其書，皇帝以茂著忠貞克篤臣節之意，別為下諭矣。」[11] 從當時譯官所收集關於起義的情報以及北京朝廷所掌握的資訊，基本上是同步的。由此可見，譯官收集了關於吳三桂詳盡而豐富的材料。而當中不少情報均由張炫所收集的，據姜碩耇（1632–？）的記載：

> 瀋陽甲軍自關內適到，言于張炫等曰：「皇帝教以吳三桂，馬九百匹時在錦州衛放牧野中，三桂已叛。其馬不可置關外，可令瀋陽甲軍竝驅入關內，故俺等領馬交付關內。」⋯⋯

> 通官奴自王子家來密言于炫等曰：「王可臣叛後，江西十三府七十縣太半離叛以應吳。」自三四日內急報，連絡入來又言：「吳三桂及鄭耿三將專力江西，而九處分路進與清兵抗，故清兵不能防遏，連續請援北京之累，出兵實因江西之危急也。」炫等答：「以江西一省，太半離叛出兵頻數，京

11　鄭昌順等編：《同文彙考》，補編，卷1，使臣別單1，〈謝恩兼冬至行書狀官李宇鼎聞見事件〉，頁34b–35。

> 城空虛，豈非可憂哉？」申奴曰：「南征之師雖多，精兵三萬長留京城坊曲把守，戒嚴領將在十字閣未嘗暫離云。」張炫等問于通官金德之曰：「曾聞爾言十月初三日發兵，而今聞初二日出兵何急而然耶？德之曰：「近因浙江省密報，初二日出兵四川等地，又因平南王尚可喜密報初六日發精兵三千出廣東，而貝勒王第四子安親王爲大將領去云。」通官金德之與張炫等，相對閒語忽附耳言曰：「近聞兵都密奏以爲吳兵日盛我軍數敗，若非東國鳥銃難可制敵，通于本國取用。為當皇帝答以『彼新遭國恤姑待封王勅使之行可以取用。』」炫等問：「其銃數幾何？」答以：「今姑未聞。」且再三戒飭曰：「此事甚秘慎勿出口云。」其後得兵部密奏果有此……[12]

據姜碩耈擔任書狀官的出使過程之中，適逢康熙13年（1674）吳三桂開始發動三藩之亂，從這樣的時代背景看來，會明白當年的朝鮮官員與朝廷都對吳三桂的事件甚為關心。當時的正使金壽恒（1629–1689）特別派出譯官金時徵（1634–?）先行回國送回狀啟，讓朝廷能夠短時間內掌握吳三桂興兵經過。

> 謝恩使金壽恒等，使譯官金時徵先來，其狀略曰：「吳三桂不欲北還，拘執使者而擧兵叛。三桂子應熊，曾爲順治帝妹夫，留仕北京，清人拘囚關中，後竟絞殺。又曰，西山有朱

12　鄭昌順等編：《同文彙考》，補編，卷1，使臣別單1，〈陳慰兼進香行書狀官姜碩耈聞見事件〉，頁38b–39a。

姓人,稱崇禎第三子,聚眾萬餘,謀以十二月二十三日,放火北京城中,因謀作亂,事覺逃竄,分捕其黨,隨即誅殺。以多夏所紅王,為上將,領兵十餘萬,往討三桂,王即古八王之孫,於帝為再從親也。勇略過人,清人倚以為重云。又三桂密送書陝西提督王輔臣,約與共叛,輔臣執其來人,遣其子馳奏,竝達其書,皇帝降旨獎諭云。」[13]

朝廷其實對吳三桂的事變相當的關心,而譯官就此擔任了重要的角色,他們持續為朝廷提供重要的情報,如得知吳三桂改稱國號、鑄錢幣以及戰事的情況:

譯官李芬得丁巳九月通報,則吳三桂改國號周,稱重興四年,鑄重興通寶,雲南、貴州、四川、漢中、湖南諸邑俱經使用云。卞爾輔得通報二度:一、丁巳九月初七日吳三桂遣其姪吳大、吳三領精兵十萬,自雲南貴州至漢中百里一壘相望不絕,攻取陝西,又得四川云。一、同月十九日,吳三桂遣將軍十九員,自雲南陸續發行,前進湖南移駐岳州云。[14]

而除了得到通報外,譯官亦從清情報中得知吳三桂的死。據康熙18年(1679)李華鎮的聞見別單之中提到首譯安日新曾查問當地清人後,得知吳三桂已死,岳州等地已收復,只是雲南四川猶為吳所占

---

13 國史編纂委員會編:《朝鮮王朝實錄》,《顯宗實錄》,卷22,顯宗十五年三月丙寅條,頁8a。
14 鄭昌順等編:《同文彙考》,補編,卷2,使臣別單2,〈謝恩兼冬至行書狀官孫萬雄聞見事件〉,頁 2a–b。

據的消息。[15] 所以譯官通過語言及其情報的網絡，為朝廷掌握了各種吳三桂的情報，甚至是清廷如何看待吳三桂的部下，譯官也似乎掌握得相當的全面。康熙20年，書狀官李三錫記載，該使團譯官曾向杏山堡主人瞭解到吳三桂女婿馬寶（1628–1681）被擒後不肯於康熙帝前屈膝的經過以及馬氏表明自己「吾以敵國之將不幸就擒，豈云叛耶。」[16]

這些情報的收集，當然不全是譯官的功勞，而譯官看來只是作為資訊傳播的媒介而已。情報如何閱讀以及產生各種思想與討論，或許我們不能看到很具體的影響。但將之視為一種閱讀經歷，譯官的情報以及詮釋還是有其價值。畢竟譯官介入其中，朝廷與士大夫才可瞭解吳三桂以及閱讀其相關的資訊，產生各自對吳三桂的觀感。如李正臣在康熙60年（1721）4月20日出使期間，他穿過山海關後，經過沙河站附近，李正臣被馬頭誤導，以為當地的四大碑乃吳三桂的塚：

> 馬頭告曰，此乃吳三桂塚也，又行一馬場，村中有四大碑，第一碑，刻曰皇明勅贈榮祿大夫都督府都督同知王公承勳神道云。第二碑，刻曰皇明勅贈榮祿大夫都督府都督同知王公徵神道云。第三碑，官啣上同，忠菴王公神道云。第四碑，官啣上同，惠軒王公神道云云。[17]

---

15 鄭昌順等編：《同文彙考》，補編，卷2，使臣別單2，〈進賀兼謝恩行書狀官李華鎮聞見事件〉，頁4a–b。

16 鄭昌順等編：《同文彙考》，補編，卷2，使臣別單2，〈謝恩行書狀官李三錫聞見事件〉，頁11a。

17 李正臣：《櫟翁遺稿》，卷7，〈燕行錄・辛丑四月〉，頁51b–52a。

而當時糾正李正臣的是譯官金慶門,李正臣記載道:「譯官金慶門謂我曰:『清皇帝盡殺三桂之九族,盡掘三桂之先塚,況三桂死於南方,豈葬於此乎?』」[18] 李正臣生活於康熙朝後期,與康熙13年爆發的吳三桂事件相距超過40年,自然所知不多。於是他主動請教多次往來中國的金慶門,以瞭解更多關於吳三桂的情況:「吾謂金譯曰,君知三桂事顛末乎?試為我言之。」金慶門表示:「甲申闖賊之變,大明覆亡。此際吳三桂持重兵守大潘,不顧父死,請兵於清朝,殺賊報讐。天下之論三桂者,毀譽紛紛,要觀末稍所為。其後三桂果起兵,幾得天下半,旋忽身死而兵敗。前日之譽三桂者,由是而尤增氣焉。」[19]

在這段說話之中,金慶門很簡單概述了有關的資訊,不過他續下來說:「小的於十年前,以事久留鳳城,偶與三桂舊將之子,減死徒關東者及四川人目擊三桂時事者,同榻數月,得其事顛末甚詳。」[20] 因為工作緣故,金慶門停留在東北一段時間,期間與三桂舊部曾有交談,當中說明了譯官所掌握的情報,與朝鮮朝廷一些想像自然所有不同:

> 蓋其反清朝,非為故君之地,實自為之計也。初則受封為西平王,俄奉清朝之命,攻永曆皇帝於緬甸,生擒永曆皇帝,俾絕朱氏之血食,而仍自王。其他及後舉事,自稱大周建元昭武,則其身死而兵敗者,不獨清朝威武之所加,想應明朝

18　李正臣:《櫟翁遺稿》,卷7,〈燕行錄・辛丑四月〉,頁52a。
19　李正臣:《櫟翁遺稿》,卷7,〈燕行錄・辛丑四月〉,頁52a–b。
20　李正臣:《櫟翁遺稿》,卷7,〈燕行錄・辛丑四月〉,頁52b。

列聖在天之靈，陰有以滅絕之也。其無父無君之罪，可勝誅哉。此與前日所聞，大相逕庭，故嘗著一文字，獻于諸大人，今承明問而路次忽卒，未能詳記，當竣敝國，敬以其文字呈覽矣云云。[21]

其實金氏將此段紀錄轉給閔鎮遠，而閔氏的《燕行日記》之中就有收錄了金慶門的手本〈譯官金慶門所記吳三桂事〉，[22] 全文手本分為幾個部分，王政堯曾對此作出分析，分別是「所記吳三桂的起因和當事人簡況」、「概述吳三桂降清和三藩之亂始末」、「朝鮮使官對吳三桂的認識與評價」。[23] 然而，筆者認為值得重新閱讀該材料的是，金慶門如何得知有關的材料，據金慶門自己說指：

辛卯夏，自燕東歸，到鳳凰城寓於項繼聖家，繼聖父琥曾為吳王桂將王緒之掌書記。三桂敗後，徙家關東，故繼聖詳知三桂事首尾。禮部筆帖式黃儀，四川人以渭源犯越查官來住城中，亦言三桂事。[24]

21　李正臣：《櫟翁遺稿》，卷7，〈燕行錄·辛丑四月〉，頁52b–53a。
22　按閔鎮遠的《燕行日記》記載，金慶門並不屬於當時他出使副使時的隨行譯官，但暫時無法瞭解，何以閔鎮遠會將其手本收錄，他如何取得，這部分值得更多的討論，但此例可說明士大夫通過譯官的手本，對清管治下的社會的重大事件的掌握經過。
23　王政堯曾撰文引用金慶門此段手本為例，探討《燕行錄》在政治方面的意義與價值，關於此詳參王政堯：〈《燕行錄》初探〉，《清史研究》，1997年第3期（1997年8月），頁4–5。當然王氏論文主要探討《燕行錄》作為材料的價值，但本文採用金慶門一文卻說明譯官在朝鮮士大夫對吳三桂以及明亡史的情報、形象建構與歷史記憶之中的作用，論文方向及探討目的，與王氏有所不同，但王氏卻較早把這種材料引用，作為中朝關係史或中國史探討的學者。
24　閔鎮遠：《燕行日記》，收入林基中編：《燕行錄叢刊改訂增補版》，〈譯官金慶門所記吳三桂事〉，頁127。

當然該文相當具體交代了吳三桂引清兵入關到三藩之亂的過程，偶有文字記述的誤差，但學界均認為金慶門掌握的情報，如當時其他的材料資訊基本上是一致的。[25] 然而，值得注意的是，作為譯官的他可在一些下層官員之中如項繼聖或黃儀等人取得各種情報。雖然這些人不入史冊，但是似乎這種形式情報的網絡，成就了譯官協助朝鮮士大夫能有豐富的瞭解。在金慶門手上所掌握的吳三桂起事的材料之一，包括了尚善敘述吳三桂的五不義之舉：

> 有尚善貝勒者，崇德皇帝從叔也，有才智，世謂之賽孔明，為三桂素所敬。至是貽書三桂，責其五不義。書不能記，而其意略曰：「自成之入，公手握重兵不能一戰退賊而恐視父死，乞兵清朝。及其君父之讐既報，宜即退伏田野以避，利達之餘而乃受王封身享富貴，此其不義一也。永曆寄身南裔，朱氏血食只一片土。公以 明寓世臣甘心擒獻，而自王其地，此其不義二也。大清封公為王，侍以不臣之禮，嫁女娶婦，恩若骨肉，德至聖也，尚何忍反？此其不義三也。公既反則宜推戴，故君之子揭示天下，以不忠本之意，而公乃汲汲自取此，其不義四也。公只有一子二孫，而時在京師，公之祖墳在寧遠，九族之在關東者甚多，其必將鋤滅盡矣。而公猶悍然不顧，此其不義五也。夫蜂釀蜜成而身則斃。公

25　例如金慶門文中提到吳三桂的將軍時，他提到「桂將王會、王緒、王屏垣、馬三寶、吳國貴等」王屏垣應為王屏藩，但王政堯文中曾誤讀該句為「王會、王緒、王屏垣為三寶」，實應「王會、王緒、王屏垣和馬三寶」。馬三寶為馬寶的別名，故此資料之中實際上沒有記錄錯誤，只是解讀上出現了誤會。關於此，詳參閱鎮遠：《燕行日記》，〈譯官金慶門所記吳三桂事〉，頁128。

年今七十餘，日無幾，竭力經營，子孫無托，公其為誰而作此舉耶？」三桂見之，流涕不能答，病遂死。[26]

據當時其所得知的書信指尚善批評吳三桂的起義行為有五不義，既對於清朝不義、對父親不義、對明朝不義、對本職不義、對家族不義等，可見當時尚善這種論述確定了吳三桂是裡外不是人的形象。據王政堯的研究，進一步解釋到當時尚善的〈五不義書〉，實即今天文本可見的〈寄吳三桂書〉。而《燕行錄》如何有助我們解當時尚善的〈寄吳三桂書〉在民間社會廣泛流傳：

〈五不義書〉與〈寄吳三桂書〉不僅在內容上、同時在行文上均有相近、相似之處。其次，〈五不義書〉之言者有言在先，「書不能記，而其意略曰」，更何況此信已是三十多年前的事了。因此，筆者以為以上二信似應同屬於一封信，不知確否。另外，就當時的形勢而論，尚善也不大可能再給吳三桂寫類似內容的信了。簡言之，朝鮮使官於康熙五十年記錄的這封信，說明此信在事隔三十多年後仍在民間傳播，進而說明尚善此信在當時就已流傳，並引起了人們的重視，在一定程度上，達到了康熙帝命尚善寄書吳三桂的目的。〈五不義書〉出自當時人之口，從而為〈寄吳三桂書〉提供了一個極其有力的證據，加深了它的可信程度，促使人們對之更加重視，予以研究，由此擴而廣之，《燕行錄》對我們在研究中的重要性已是不言而喻了。[27]

---

26 閔鎮遠：《燕行日記》，〈譯官金慶門所記吳三桂事〉，頁128。
27 王政堯：〈《燕行錄》初探〉，頁5。

王政堯的研究指出《燕行錄》幫助我們瞭解當時吳三桂起義的消息流傳情況，通過其研究也同時說明金慶門如何在多年之後，仍可在民間搜集到相關消息。由此可推論，朝鮮的譯官因長期於中國民間活動，使他們有足夠的消息來源掌握相關的情報與資訊。因此，通過一些下層官員以及其所見所聞，使金慶門對吳三桂起兵有深刻的認識：

> 三桂之初起兵也，我東聞中原人皆以為三桂必將復立皇明子孫，以圖興復云。今聞黃儀之言，大異所聞嗚呼，甲申之變，尚忍言哉！三桂力不能卻自成，引敵入關，遂以天下與之，而又擒獻永曆，仍王其地，及後舉事，則改元建國，肆然稱帝，夫豈有朱氏之心哉。以此觀之，其罪有浮于自成，天下萬世之逆賊也。儀言三桂事錄如此，而此外亦多研聞，書以記之中路見逸，及今追思，茫然姑記大略，以俟他日考異云。[28]

金慶門道出的一點，也許是重塑朝鮮在三藩之亂期間曾經產生的錯覺，即誤以為吳三桂是復立朱氏。譯官張炫亦曾獲得漢人的情報：「吳三桂立朱氏後，渠方在雲貴地，使鄭耿兩將，水陸相抗。三桂已據有南方三省之地，而處處起兵應之。」[29] 然而，這種想像沒有引起了朝鮮反清的想像，亦沒有像朝鮮孝宗一樣計劃北伐，反過來小心地關心各方的情報。然而，不久朝鮮亦意識到吳三桂其實不是

28　閔鎮遠：《燕行日記》，〈譯官金慶門所記吳三桂事〉，127–130。
29　國史編纂委員會編：《朝鮮王朝實錄》，《肅宗實錄》，卷1，肅宗元年十一月丙寅條，頁24b。

他們想像中的復明義舉,而以金慶門所告知李正臣的內容為例,可以確認的是譯官擁有士大夫不同的情報渠道,獲得了相當不同的資訊,但同時他們作為文化的翻譯,經過自身的詮釋與考量,而使成員對吳三桂事件有基本的瞭解,並按著他們的論述而作出一些評定。葛兆光曾指出:「無論是大清國官方『十惡不赦』的定論,還是漢族文人半失望半怨恨的惑懷,還是朝鮮官員懷念大明鄙視大清的心理,似乎在合力把吳三桂釘在了恥辱柱上。」[30] 如把這一點的論述如再放置在金慶門與李正臣之間對吳三桂的論述,可見朝鮮官員的吳三桂論述,是一種被譯官再轉化以及引導而成的歷史記憶,這種記憶結合了譯官當時的所見所聞及情報內容。相關的資訊解釋,也使李正臣等朝鮮官員接受這套記憶與歷史論述。從另一個角度而言,金慶門的說明,轉變了朝鮮士大夫對吳三桂事件的解釋,衝擊了過去帶著尊明斥清想法的朝鮮使節的思想,[31] 對於為前宗主國滅亡的原因,有新的想法,亦都有助改善朝鮮人對清廷態度的負面態度,不再視清為「滅明仇人」。由此可見,譯官在使團的作用,不單只是語言翻譯,而是實際影響著使團使節對外認知的知識生產過程的關鍵人物,也是把記憶重組與強化明朝歷史與朝鮮士大夫的想像之間的聯繫。

---

30 葛兆光:〈吳三桂非姜伯約:從清朝初年朝鮮人對吳三桂的評價說起〉,頁100。
31 葛兆光:〈吳三桂非姜伯約:從清朝初年朝鮮人對吳三桂的評價說起〉,頁71–81。

三、清廷宮廷與社會的禮俗

當明清易代已成事實,朝鮮士人的目光亦不再單從燕行經歷,建構自己對明亡、晚明的記憶,而是更好奇於清人管治以及他們與明朝之間的差異。其中可窺探一二的,就是宮廷內以及清朝管治下的社會情況。於是,這些清宮裡的話題以及社會風俗便成為了譯官讓士人的中國獵奇的一部分。

譯官經常出入於北京及朝廷,與各級官員均有聯繫,故一些王室與宮廷內如太子廢立與繼位形式的問題,譯官通過他們的網絡,可從中國方面收集相關方面的情報,像《同文彙考》曾記載,康熙帝晚年朝鮮使臣臨昌君李焜(1663-1724)在出使期間,拜託使團首譯瞭解當時太子廢立的事件:

> 皇太子廢立事情,使首譯每加探問,則大通官文奉先以爲頃年皇帝問大臣近臣曰:「太子已廢,爾等各言所懷,諸臣中多有言八王賢者。」皇帝曰:「天下神器,不可人人而授之。」怒罷,朝自是內外諸臣,尋常悚慄。文奉先又曰:「近來皇帝之待太子比當初頗緩,太子有三子常時不得任意出入,太子所近日皇帝時許入見,且太子所坐多因讒言其實頗冤枉。而太子貌類皇帝,畢竟似當復位。」文奉先又曰:「皇帝自有太子事以後,居常不平,諸臣或有意外遭譴者,不但一時革職而止,輒令沒其家財。太子幽在養正宮,而常封鎖外門而已。妃嬪使喚許令同處。今十月三日皇太后生日也。太子願得一見太后,太后亦思見之。皇帝暫許來拜,卽還故處。

通官金士傑以爲，今番慶科庭試，皇帝親以放太甲於桐宮爲題。朝野皆知其微意，以爲太子非久復位。[32]

康熙年間，康熙皇帝先後兩度廢黜太子，背後的考量當然包括太子胤礽（1674–1725）的個人性格因由而致，但因廢除太子後，引起了爭奪太子之位的政治鬥爭。臨昌君李焜可以通過譯官掌握這樣機密且重要的資訊，而譯官則通過其朝廷的網絡，掌握到這些宮廷內部的情況。縱使這些情報與朝鮮社會不一定有直接影響，但國王對於中國的宮廷內事仍相當關心，如肅宗40年（康熙53年，1714），使臣趙泰采回國後便被肅宗查問關於胡皇太子的事，而趙泰采便回答：「皇帝當初防禁甚嚴，而近來少寬之，且以放太甲於桐宮，出試題，故彼人亦謂終當復位，而但太子不良，雖十年廢囚，斷無改過之望，締結不逞之徒，專事牟利，財產可埒一國，德琳之獄，亦由於此。」[33] 可想而知，對朝鮮國王與朝廷而言，中國宮廷的各種秘聞及爭執似乎是他們感到好奇的事情，故譯官深入各種清宮之內的各種宮廷內政。其中一項，即為秘密立儲的制度。1783年擔任首譯的洪宅憲在乾隆年間解說正大光明匾額後，收藏了欲立者的名字，而有趣的是，在洪氏的情報中，似乎通過不同渠道，暗中知道不同時期的秘密立儲的皇子名字。

清朝自立國以後，廢預建之規畫。所欲立者名藏之乾清宮正大光明匾額，不使外臣知。傳授之際，始拆其封。皇帝卽祚

---

32 鄭昌順等編：《同文彙考》，補編，卷3，使臣別單3，〈謝恩行正使臨昌君焜副使權尚游別單〉，頁39a–b。

33 國史編纂委員會編：《朝鮮王朝實錄》，《肅宗實錄》，卷55，肅宗四十年三月戊辰條，頁5a。

之初，以皇次子孝賢皇后所生嫡子醇良，端重可堪承統藏名匾額待以儲君，未久而卒。皇帝悲悼，傳訃外藩喪葬一如皇太子禮。又以孝賢所生皇七子藏名匾額未幾又卒。又以皇五子藏名匾額又未幾而卒。癸巳復書皇子名藏之匾額，默祝上天暗告太廟及各處陵寢，皇帝之所屬意外，人雖不知而物議皆言，近年郊廟皇帝不能親祭，則必以皇六子永瑢攝皇駕外巡，則軍國大事亦令就決於永瑢，其他期遇供奉與他皇子異云。[34]

似乎他們對宮廷各個繼承人或是不同代的王子及郡王都相當瞭解，像譯官張濂（1725–?）般報告予朝鮮朝廷瞭解，也清楚列明不同皇子以及後人的名稱與關係。

皇子十七人而存者今五人，第六子多羅質郡王永瑢、第八子多羅儀郡王永璇、第十一子永瑆、第十五子永琰、第十七子永璘，皇孫存者十人，貝子綿德、定郡王綿恩、皇一子和碩安親王永璜之子貝勒綿惠、皇四子履端郡王永珹之子貝勤、綿億皇五子榮純親王永琪之子貝勒綿慶、皇六子永瑢之子貝勒綿志、皇八子永璇之子貝勒綿懃、綿懿、綿聰、綿偲、皇十一子永瑆之子也皇曾孫今存者二人，輔國將軍奕純皇孫綿德之子奕紹、皇孫綿恩之子也奕純生子載錫實為皇玄孫。[35]

---

34 鄭昌順等編：《同文彙考》，補編，卷6，使臣別單6，〈冬至兼謝恩行首譯洪宅憲聞見事件〉，頁36a–b。
35 鄭昌順等編：《同文彙考》，補編，卷6，使臣別單6，〈謝恩兼冬至行首譯張濂聞見事件〉，頁39a。

1784年擔任首譯的張濂除了講述在乾隆49年時，乾隆帝仍在世的皇子外，當中最為有趣的是，皇玄孫已經出生。他是由皇太子永璜（1728–1750）的長孫奕純（1767–1816）所生的長子，名為載錫（1784–1821）。而洪命福亦提到當時歷朝宗人付的命名排行，因載為奕字之後，故載錫以此命名。

> 皇帝得玄孫命名載錫，諭以太祖以下瓜瓞繁衍本支極盛。太祖子孫今爲十一世，宗人府則名字排行唯許近宗。而朕今有五世同堂之慶，當勉百代爲親之義。從今以後係宗派者，無論遠近名字皆令排行於皇子皇孫云。蓋皇子永瑢，以永爲行。皇孫綿恩，以綿爲行。皇曾孫奕純，以奕爲行。皇玄孫載錫，以載爲行。而載下行則以奉字預定云　乾隆四十九年　　月　　日。[36]

即使當時朝鮮士大夫與清朝文人有不同方式的雅聚，值得注意的是，清廷宮中的內容，並非一般清朝士大夫可以公開與人交談的內容，畢竟朝鮮作為異國客人，與有君臣之禮的清士人情況不同。譯官卻在毫無這種禁忌的考慮下，收集到這些情報，使朝鮮社會對這方面有多一點的認知。雖然相對於歷史記憶，清廷內部的資訊並非什麼驚訝的秘密與記載，但是朝鮮宮廷，特別是國王似乎是很有興趣瞭解相關的情況。故作為下屬的譯官們，在不同的形式之中，協助朝鮮朝廷，收集到各方面與清廷相關的耐人尋味的宮廷情況。這

36　鄭昌順等編：《同文彙考》，補編，卷6，使臣別單6，〈謝恩行首譯洪命福聞見事件〉，頁43a。

些資料不見於朝鮮士大夫的《燕行錄》或是清人自身的書寫,卻隨處可見於朝鮮譯官的情報手本。

同樣地,華夷觀的轉向,使朝鮮對清朝的認知亦不夠充足,特別是乾隆以前的士大夫,他們似乎對清廷無論是管治、風俗與禮俗都不大熟悉,甚至他們藉此作為一種文化上的比較,以瞭解漢人是否已被胡化。但因在行程途中,大多數使臣均無法直接與中國平民以筆談溝通,一來他們不通文字,二來行程中亦沒有充餘時間進行筆談。因此,身邊的譯官自然順理成章地解釋在清漢人對自己社會與風俗情況的想法。1725 年出使使臣趙文命到通遠堡時,便遇到此情況:

> 至通遠堡,入商胡盧成進家止宿⋯⋯成進即兀金条,金条即崇德初援遼東後。漢人之投降而入於旗下者子孫,仍謂之兀金条⋯⋯自山海關內至北京則漢人居多。惟東八站,則兀金条居多云。成進略通文字,自言其祖先仕　明時云。故臣使善語譯官韓永禧問喪葬祭祀,尚能用漢制否?答以頗多用之,而仍極論火葬之非。問其與清人婚娶否?答以不願為婚,而清人強之則不得已從之。而妻妾間皆如是云?問渠亦有妻妾否?答曰有妻無妾。仍問曰吾聞皇帝好色云?上有好者,下必有甚焉者,爾獨無何也?曰家有妻妾必妬,妬必生亂階。家道不齊,是以不有之也云。若此語者,不可以夷狄待之。仍問曰此處亦有文廟否?答曰孔聖天下熟不尊敬,而第東八站小處也,無文廟,而大處如遼東等地則有之。[37]

37　趙文命:《鶴巖集》,卷6,〈燕行日記〉,頁50b。

成進是一位降清漢人，作為一位居於遼東的漢人之後，引起了趙文命的好奇，故他拜託同行的譯官韓永禧瞭解他的情況，但從趙文命的問題可發現他感到興趣的，都是圍繞著關於禮俗，甚至認為皇帝好色，故上有好者，下必有甚焉者。趙文命也問及在遼東地區，有否儒家文化的建築象徵：文廟。囿於言語的阻礙，譯官韓永禧成為了趙文命認識成進及其背後的東北的漢人社會禮俗的媒介。

　　與趙文命一樣，早他三年出使的李正臣也對各種中國的禮俗感到相當好奇，他路經高橋堡時，好奇於當地人設殯的方式，於是便向譯官請問：「彼設殯者，何不於家中，而乃於路傍耶？」譯官則告訴李正臣：「此處之俗，雖父母喪，喪出後，則不留家舍，卽移尸床，設殯於家前街路云，可謂無知莫甚焉。」[38]

　　在東北的二帶子堡附近，李正臣看到了一座「粉墻寺刹」。與一般朝鮮人所認識的廟宇色彩不同，故他便問同行的譯官金尚密，與寺內人對話：

> 使譯官金尚密往問寺名，則歸言非寺也，乃天皇堂也。以紅紙題榜，故金譯問守直人曰，天皇誰也？守直僧對曰：「玉皇上帝也。」觀其塑像，則以粉塗面，着以白袍，左右有侍臣，而皆着彩衣。守直僧且曰：「吾之姓名，乃白燧之也。吾本通州寺僧，而皇帝建此堂，必擇白姓人守直，故吾被擇而來，乞食資生云云。」寺前有柽木，金譯問其名，僧曰柳木云。[39]

38　李正臣：《櫟翁遺稿》，卷7，〈燕行錄・辛丑四月〉，頁43b–44a。
39　李正臣：《櫟翁遺稿》，卷7，〈燕行錄・辛丑四月〉，頁51a。

由此可見,每當李正臣路經各地充滿好奇的地方,均會找譯官作為引導或翻譯,以便他瞭解更多的情況。不過,他對各種風俗的理解,大多時都按照朝鮮性理學的想法出發,故無論是殯葬、宗教還是男女之情,都以性理學的角度出發去向譯官查詢,而譯官則按現實的情況一一告知。譯官金慶門讓李正臣瞭解到,清廷治下的盛世社會,對於男女疏離的要求,不及朝鮮一樣嚴格。男女幾乎沒有太多的隔閡,除非是長輩與後輩的男女關係,可見金慶門讓李正臣知道的風俗,都是一些朝鮮與清廷的差異之處,也可見出於不同的角度去理解男女關係,對李正臣帶來文化上一定的新衝擊:

> 男女相與之際,則往來雖頻,無由看得分明,而然而聞其朋友相訪,不隔內外。至於舅姑之子女,以親屬言之,則爲內外兄弟。而年長十歲,則男女不敢相見,避而遠之,甚於他人,蓋以人家多自中表間結婚故也。且路見登車婦女,無論貴賤,多不設帷幔,公主在途,露面顧視,無異男子,據此可知其大略也。[40]

即使抵達北京後,在北京城市的環境,他也不大好奇於各種文人的學術,反而對北京這個清朝管治的中心,當中的社會與文化和朝鮮的差異感興趣,特別是關心山海關內外的風俗及制度分別,故他再次向金慶門打探有關的資訊,使自己能夠對中國有更多面向的認識:[41]

40　李正臣:《櫟翁遺稿》,卷8,〈燕行錄・辛丑五月〉,頁7a–b。
41　當時對於清廷入關以後的情況,朝鮮並不瞭解。例如曾擔當輪流人質的麟坪大君（1622–1658）所撰寫的滿人都是被妖魔化的。關於此,詳參徐東日:《朝鮮朝使臣

> 吾謂金慶門曰:「清人風俗,關外則何如,關內則亦何如?試為我言之。喪葬祭之禮,何如?科取之制,何如?買賣之事,亦何如?男女相與之際,亦何如?此外與我國判異可駭於耳目者,可得聞歟?皇帝所處熱河,聞在長城之外,從何門而出入耶?熱河地,寧古塔所管耶?盛京所管耶?蒙古地近處耶?並言之。」[42]

李正臣向金慶門先後問及(一)關內外喪葬祭禮;(二)科舉事務;(三)買賣商業情況;(四)男女關係;(五)熱河、寧古塔、盛京及蒙古等關外地區之所在地等各種涉及各種風土及文化等複雜的問題,而當時金慶門亦十分詳盡地逐一回應,並首先從東北地方人士的喪葬祭祀等宗教活動談起。

> 金譯對曰:「清人始在寧古塔時,無市井城郭,逐水草為居,以射獵為業。自入瀋陽,設官牧民,隨俗而治。至于入關,混一,而大抵皆襲明制。今則普天之下,莫非紅纓之帽。漸漬百年,明之遺民,並不見有思先代之衣冠者,關內外皆同,酷尚佛教,閭閻之間,寺剎相錯,僧俗襍處。其相遇之際,僧右於俗,生子必以佛字觀音字命名,如我國之用道德字聖賢字者。其四禮則人生而剃頭,寒則煖帽,熱則涼帽,冠禮固無可言之地。明制擇駙馬,不曰名冑華閥,而曰軍民人等才貌,中國之不貴門地,其來自古,而至於今世,

---

中的中國形象:以〈燕行錄〉〈朝天錄〉為中心》(北京:中華書局,2010年),頁65–95。

42　李正臣:《櫟翁遺稿》,卷8,〈燕行錄·辛丑五月〉,頁4b–5a。

尤無分分,專以粧奩豐薄年貌稱停,爲主。人死則清人火葬而埋骨,此亦釋教也。漢人雖棺檢壙葬,而其貧不能起墳者,或置棺於原野,或委殯於路側,任其腐朽暴骨,反不如火葬之潔淨也。且國恤,用以日易月之制,其私喪則可知,國哀初喪之服,在內則不知其如何。而但看公私,皆着白襖,去其帽上之紅纓而已。私喪則無論親疎,其哭臨者,皆去其帽纓,停其剃洗,而關內或見有大布造巾而承之帽上者,有縗麻爲帶而其長曳地者。送喪之日,必庭中造棚如大廈,而置棺其中,傍樹三丈紅竿而高掛銘旋,皷吹三日,廣聚僧徒,念經招魂,其狀可駭。[43]

朝鮮因以儒學為治國國策,對禮甚為重視,[44] 而延續下去之喪俗及社會風俗也是按著儒家的典章,如以《朱子家禮》作為準則,[45] 對於滿洲人受佛教影響之東北禮俗文化並不熟識,故從金慶門的對話之中,才能掌握到當時清人普遍以佛教進行禮俗。而及後李正臣看見喪家行喪的事情時,[46] 此與上述金慶門所載之事相符,認為他們失卻

---

43 李正臣:《櫟翁遺稿》,卷8,〈燕行錄‧辛丑五月〉,頁5b–6a。
44 17至18世紀因禮學特別發達,故學者高英津指出當時朝鮮為禮學的時代。高英津:〈朝鮮時代的國法與家禮〉,收入高明士編,《東亞傳統家禮、教育與國法(二):家內秩序與國法》(上海:華東師範大學出版社,2008年),頁310。
45 朱子(1130–1200)所撰的《文公家禮》並在高麗朝傳入朝鮮半島後,對朝鮮社會帶來重大的影響。由於無論是考試也好,還是朝鮮的法令也好,都使《文公家禮》對於朝鮮人的禮制及習俗得以跟隨朱子以來的儒學價值觀來維繫體制。而後來如金長生(1548–1631)所著述之《家禮輯覽》更確認了朝鮮王朝一代的實際施行冠、婚、喪、祭之禮之法,可見在朝鮮後期的士大夫,對於各種祭祀禮俗都希望均以性理學及儒學之論述作為基礎。關於此,可參考盧仁淑,《朱子家禮與韓國之禮學》(北京:人民文學出版社,2000年),頁113–183。
46 李正臣,《櫟翁遺稿》,卷7,〈燕行錄‧辛丑四月〉,頁44a。

禮節，視之為「無知莫甚焉」作為批評。[47] 若佛教作為清朝管治後，民間信仰轉變的主要例證，堂子信仰更是清朝入關後，最為保留清人獨特習俗的宗教儀式。而金慶門似乎對此亦有所認識，並將之告訴李正臣。

> 天子之享祀，自有歷代遵用之大典，宜其無闕遺，而今但有異古之一廟，其名曰堂子。帝必於元朝子，早先詣焚香，然後乃受群臣朝，年年以為常。堂子所奉之神，或云，鄧將軍，或云，清國之祖宗。其所謂鄧將軍者，不知為何代之人，而所謂祖宗者，又非其所生先代之稱也，其臣民則但於三節日上墳，而無他祭，俗喜奉神。家家圖畫神靈，朝夕香火，通稱曰祖宗。漢人則或有奉神主，不忘其本者，而神主之制，人各異樣，又不見有立祠堂置祭器者。至於關王像，釋氏像，則富家別立廟宇，貧人奉之堂宇，無論京外貴賤，無一人不敬事之者，其所謂三節日，即三月之清明，七月之上元，十二月之二十七日。而此三節，又不如東國四名日之必於其日內定行節祀也，前其三日，後其三日，合作七日，而人家擇其內無故之日而行之。七月之既望，又稱為鬼燈節，上墓祭先，祭必焚紙錢，加一土塊於墳上而歸云。蓋天下之大體，未有出於冠婚喪祭，而其異如此，其他可知也。[48]

---

[47] 李正臣從金慶門方面認識到當時一些清人風俗後，才加以自己的判斷，故可見當中李正臣的東北風俗知識的判斷是受金慶門的影響。於李正臣就有關佛教與儒學禮俗的討論，可參考何淑宜著，朴美愛譯：〈17・18세기 조선사절의 중국 예속 관찰〉，頁549–552。

[48] 李正臣，《櫟翁遺稿》，卷8，〈燕行錄・辛丑五月〉，頁6a–b。

金慶門介紹了漢文化不包括的清人獨特的堂子祭拜活動,[49]並說明清朝的平民一般都於三節,即清明、上元以及12月27日進行祭祀,與朝鮮之四名日有所不同,藉此讓李正臣明白到祭祀活動上,朝鮮與清朝之間的差異。在科舉方面,因清朝沿用明制,而朝鮮亦相約,[50]金慶門相信李正臣會對此熟悉,故沒有詳盡的解釋,只說出「科取之法,則三年一大比,而其鄉會試文武之數,悉倣明制云」之語後,[51]便輕輕帶過。其實可以看到的是,譯官掌握使臣的知識面,故會選擇性介紹他們不懂得以及有明顯差異的資訊,反而如科舉般朝鮮與清相接近的話題,卻數語帶過。

譯官作為朝鮮使臣的主要媒介,他們的興趣當然會引導使臣思考或作出各種配合。上文曾提及,在八包貿易或其他形式的貿易過程之中,無論是否掌握語言技能的譯官,均對於使行所帶來的貿易機會及商業成就感到相當的興趣。故金慶門自然便會向李正臣介紹關於貿易買賣之利的情況:

> 買賣之事,則俗不賤賈人,市井之子,爲卿相,卿相之子,亦爲市井,故末利遊食之民,多於負耜之農夫,天下之資

---

49 堂子祭拜是一神秘的活動,從瀋陽與北京都可看見有關場所,但由於有關祭拜只限於皇族參與,故漢人以及朝鮮文人都對於有關事情感到好奇,也覺得甚為神秘,其中如慶門所云一樣,皇帝在新一年接受群臣朝拜前,先到堂子焚香,加上堂子的背景眾說紛紜,更增加了朝鮮文人的好奇,而有所紀錄。關於朝鮮文人對堂子的書寫及有關的文獻紀錄,可參考張士尊:〈盛京「堂子」考:以朝鮮文獻為中心〉,《鞍山師範學院學報》,第15卷第1期(2013年2月),頁22-28;並參考葛兆光:〈堂子或祀鄧將軍?正月初一所見之大清宮廷秘事〉,收入氏著:《想像異域:讀李朝朝鮮漢文燕行文獻劄記》,頁165-178。
50 李成茂:《韓國의 科舉制度》,頁94。
51 李正臣:《櫟翁遺稿》,卷8,〈燕行錄・辛丑五月〉,頁7a。

財鉅萬者，比漢唐時尤衆，及至今朝，凡河口津涉，出入關隘，皆置監督。京城崇文門及城內東西牌樓，日稅銀滿萬，抽稅甚苛，利歸於上者，一年數百萬兩。而買賣之利，稍殺於前云。[52]

上述李正臣與金慶門之間的禮俗與社會環境的情報的問答可見，譯官會按自己的認知以及判斷，作各方面長短不一的解釋，以滿足使臣的需求。而事實上，身為朝鮮高官的李正臣，對於清廷管治下中國所發生的一切事情毫不知情，很多外來資訊都依靠使團譯官金慶門。[53] 而金慶門對中國的認知則可見於他曾因公務留於北京及鳳城。[54] 留於中國的經歷及其語言的優勢，使他可從中國官民中，取得不同種類的資訊，其中一例可從李正臣獲悉朱一貴事變以及臺灣局勢的訊息：[55]

吾問金慶門曰：「所謂臺灣在何處，而臺灣見失顛末，可得聞歟？」

52　李正臣：《櫟翁遺稿》，卷8，〈燕行錄・辛丑五月〉，頁7a。
53　除了上述的歷史事蹟、清人風俗外，還瞭解了各種當時的種種其他事情，例如：臺灣的海賊、胤禵（1688–1756）征準噶爾等等，李正臣都需要從金慶門及其他譯官的口中，才能認識有關事情的虛實。關於此，詳參李正臣：《櫟翁遺稿》，〈燕行錄・辛丑五月〉，頁9a–11a。
54　鄭昌順等編：《同文彙考》，補編，卷4，使臣別單4，〈別賷咨官金慶門手本〉，頁29a–31b。
55　朱一貴事件是起源於康熙年間臺灣地區的起義，當時臺灣鳳山縣縣令王珍（?–1721）兒子的惡政，導致當地民間引起極大的反抗，各地便接連起事，慢慢將朱一貴視為明室後代，高舉「反清復明」旗號反清。經歷一連串的抗爭，最終清軍很快從廈門出海平定朱一貴的起事。關於朱一貴起事的研究，詳參莊吉發：〈身穿清朝衣頭戴明朝帽：鴨母王朱一貴事變的性質〉，《歷史月刊》，第153期（2000年10月），頁64–70。

> 慶門對曰:「上年海賊竊發,賊魁有朱一未者,犯臺灣,五月殺捴兵以下大小官幷五十餘員,而入據之。皇帝命發江南浙江福建三省水軍,往討之,今方出師,而人謂此地異他郡邑,急攻誠難,以此騷屑。小的昔年以事留鳳城,聞清差黃儀之言,則臺灣者,卽一島名……黃儀足踏其地,而詳言如此。[56]

金慶門長期往來中朝兩地,故能掌握到較為在地的信息。據李正臣的《燕行日記》記載,金慶門告訴李正臣,他在鳳城工作期間,認識了曾協助吳三桂工作的黃儀,[57] 從黃儀方面得知關於臺灣的情況,其中特別留意到清朝平定臺灣後,海禁解封以後的情況:

> 盖皇明之制,旣棄臺灣,又惡倭寇,恐人之來往,嚴法禁洋。知有官舶八十艘,載紬絲往長崎,貿銅而已,而不許私船出海,至清朝猶然。及得坮灣,始許民入洋貿易,而置沿海抄務,益收船利之稅。厥后海寇漸熾,出沒劫掠,商船之被搶者,前後相屬。而近又有金州之警,朝臣多欲言於上。禁洋如初,而帝利其商稅,不聽。故清人或有望朝鮮,以荒唐船弊為言而勸帝,則庶幾更禁者。此則小的於其時手本中,亦條陳其詳也。今聞一本,因官吏政虐,人心怨叛,與其軍民和應,為亂殺其衆官云。若能鎮定而因仍雄居,則海

---

56 李正臣:《櫟翁遺稿》,卷8,〈燕行錄・辛丑閏六月〉,頁34a–b。
57 據金慶門與閔鎭遠對話時,所留給他的手本之中,曾提到黃儀是禮部筆帖式四川人,這亦可更能夠瞭解到譯官在中國之中的交際網絡是與一些較低級的官員有密切聯繫。關於此,詳參閔鎭遠:《燕行日記》,〈譯官金慶門所記吳三桂事〉,頁127。

賊自今已有窟宅,料其形勢,雖不能超海長駈,若夫沿邊之民,則將無奠居之日矣。[58]

朱一貴事件,本為清帝國邊陲的一場民變,即使朝鮮為重要的朝貢國,對於這種地方事務,似乎沒有渠道,亦無必要去理解,特別是這些牽涉到地方混亂及事變的問題,在官方的交聘過程中,無從得知。然而,譯官因各種職務能留待北京及中國東北地區,並搜集各種重要的情報,[59]如金慶門所云,他曾「以事留鳳城」又有手本「條陳其詳」,可見這些與中國社會的資訊,傳遞予朝鮮的過程中,譯官有不可忽視的媒介角色。

透過黃儀的情報,金慶門讓李正臣得知,海禁解除後,沿海居住的朝鮮邊民可能受到威脅,而清廷希望以收商稅為由,把絲綢直接送至長崎來進行貿易,但是金慶門所收到的消息,卻指有朝臣希望拜託朝鮮人向皇帝勸告,避免因開海以後帶來的各種海洋劫案。那麼金慶門接收到相關信息,他又如何面對呢?他除了把相關的情報收集起來,呈送給朝廷,同時也為李正臣給予個人對應的意見:

吾又問之曰:「若然則於我朝鮮將如何也?」

對曰:「皇帝若能禁洋,則自可無事。且此係福建地方,福建循海以北,過浙江江南山東,至朝鮮,延袤萬里。而數十年前,嘗有臺灣人漂到者,亦言其海路萬里,寧有漂海

---

58 李正臣:《櫟翁遺稿》,卷8,〈燕行錄・辛丑閏六月〉,頁35b–36a。
59 關於譯官作為燕行使的情報源,可參看白玉敬:〈18세기 연행사의 정보수집활동〉,頁201–229。

萬里,而犯人城地者耶,必無可虞也,抑有一焉。我國產息不繁,而其中銀貨又貴,故公私貧窶,最弱於天下諸國。從古取資於南北通商,自其海船解禁以來,江南絲緞,直航倭國。而燕貨短少,倭銀亦絕,以致益耗。果令賊勢盛而海路梗。則不待皇帝之禁洋。而商船自可不通。倭必輸銀於釜舘,依舊求市,而燕中絲貨,亦似有裕矣。」[60]

他提出了非常獨特的見解,認為中日之間貿易開通以後,對於朝鮮帶來的經濟打擊,打破了傳統「取資於南北通商」的習慣。特別是,當中國江南的絲綢直接送往日本後,朝鮮不可以再擔當貿易的中介人,即從燕行八包或貿易送回朝鮮,再送至釜山倭館,賣予日本對馬島,從而朝鮮可以藉此賺取銀收入。故只要皇帝禁洋,朝鮮便可以解決相關的經濟困境。因此,金慶門提出了朝鮮對海禁的獨特看法,是認為海禁反而對朝鮮更為有利。李正臣對於金慶門的見解感到興趣,而且金慶門本身是一位譯官,相當熟悉貨物貿易的情況,故請金慶門給予一些面對海禁帶來朝鮮影響,而朝鮮應該面對的方法:

吾曰:「子誠譯官也,何論銀利乎?然試詳言之。」

對曰:「小的年未老,而病日侵,已倦於行役。今玆歸去,念斷更來,利與不利,固無關於小的身上。而第念治國之大需,無出於才與財二件而已。而我國士大夫於財一件,亦屑越焉。以致生財之道,人與地俱有遺利,其貧也固宜。今只

60　李正臣:《樂翁遺稿》,卷8,〈燕行錄・辛丑閏六月〉,頁36a–b。

> 就銀貨上言之,其始倭銀通利之時,每年倭館所出,大約爲二十萬。貿遷燕貨,計其贏利,可作三十萬。二十萬之貨則爲白絲方紬,常更換銀於倭館。十萬之貨,則爲紗羅綾緞,分用於國中不已之需。京鄉隨俗,貴賤稱停。且二十萬,館換之際,所收地稅,不下萬兩。歲輸度支,一年一萬,十年十萬,度支所賴無大於此者。中間礦銀漸出,倭銀之外,歲滋大萬,於是外方諸營,爭請差人之赴京。朝家不曾留難,而一許輒作永遠之窠,厥數夥然。」[61]

作為一個譯官,他關心的與士大夫觀念不同,摒棄傳統的黨爭或政治討論,而是著重於經濟效益,這與其身分背景有密切關係。他認為銀利對朝鮮擺脫社會困境有明顯的幫助,故他分析銀利對國家收入的各種好處。而李正臣時任戶曹參判,實為負責執掌相關事務的官員,他對金慶門的建議深感認同,並在其記錄強調金慶門是非常可靠之人:

> 吾見慶門,不但其言之頗切於時弊也,其操心行事,亦有可觀者。今番使行時,大臣請于朝,以各衙門二萬銀貨,許貸於行中使之資利,以濟使事,譯官軍官等,以次分授,多者千餘兩,少者六百兩。而或有自貸而轉貸者,或有先抽其利十分取一,而移其貸於他人者,蓋其自貸者,心在於倍利。先抽其利者,千兩而得百兩,人皆以爲大幸矣。戶判閔鎭遠建議於前席,以請貿弓角事,專委慶門。且以銀六千兩,奏准出貸。慶門受其事而辭其銀,力爭於戶曹,不爲專管,願

61　李正臣:《櫟翁遺稿》,卷8,〈燕行錄·辛丑閏六月〉,頁41a–b。

與同行諸人共之。及到行中,正使又令酌取其中二千兩,而終始固讓,竟均分之,照最下者例,但受六百兩而止,蓋渠輩之生理在此一着,而其辭多取少如此,此豈庸常譯官所可易能者耶。[62]

根據日本學者田代和生的研究,康熙2年(1663)清廷放鬆朝鮮對華輸出後,貨物輸日已經大大增加,具體的數據現時沒有明確的記載,但在對馬自朝鮮購入的生絲於順治9年(1652)已有286斤。[63]因此,可以想像在康熙帝解除海洋禁令以後,對於朝鮮的貿易帶來極大的衝擊,甚至是在乾隆16年(1751)以後,對馬沒有再從朝鮮購入生絲。[64]金慶門提出海禁對朝鮮經濟帶來的衝擊,是當時不為人察覺,[65]但他的警告其實讓李正臣也留意到,譯官不只是提供情報的從員,更是對當時世界時局十分熟悉的人員,故他特別強調金慶門所說是相當可靠及切中時弊,[66]後來他也將金慶門的情報馬上提交回朝廷。

---

62 李正臣:《櫟翁遺稿》,卷8,〈燕行錄・辛丑閏六月〉,頁41a–b。
63 Kazui Tashiro, "Tsushima han's Korean trade, 1684–1710," *Acta Asiatica 30* (1976): 85–105.
64 張存武:《清韓宗藩貿易(1637–1894)》,頁150–151。
65 由於早期清廷實行海禁,日本等海洋國家無法直接與中國貿易,但同時間清廷卻容許朝鮮使團實行八包貿易,即可讓朝鮮使團於北京、東北城等地區與當地商人進行貿易。而朝鮮使團往往帶回半島後,便經通信使團將該等貨品直接向當時無法與中國貿易的日本銷售,而日本則提供白銀作回饋,形成了一個以朝鮮為中介的中日貿易,而朝鮮從中取得豐厚的利潤,由於當中涉及的操作比較複雜,故一般都是由熟悉使團運作的人壟斷有關貿易,亦即經常參與使行活動的譯官。關於此,可參考劉為:〈清代朝鮮使團貿易制度述作:中朝貢貿易研究之一〉,《中國邊疆史地研究》,2002年第4期(2002年12月),頁36–42。
66 李正臣與金慶門處於後遷界時代,遷界令原於順治年間實行,希望藉此打擊反清力量,但於康熙年間,不論臺灣還是三藩均已平定,故康熙帝有感遷界令沒有必要維繫,便於康熙23年(1684)取消遷界令,中國商人可自行到日本與當地商人貿易,不用依賴朝鮮,這對於朝鮮相當不利。關於遷界令與中日直接貿易的關係,可參考

李正臣前往北京期間，曾多次撰寫別單讓隨行者先送回朝廷，讓朝廷官員及早獲知有關資訊。在他於義州送出的別單中提到「且聞通官序班輩之言，則近日以福建、臺灣為賊所奪據，殲盡州縣等，勢甚猖獗。飢饉之民，將化為盜是如為白去乙……」[67]李正臣不但特意交代朱一貴事件（1721年）後臺灣沿海事態的發展，甚至把有關官員表報清廷的謄本也交至朝廷，該謄本特別提及「……即沿海諸省，亦不無受賊驚擾之憂矣。但海洋寥濶，務宜謀獲萬全，方克有功。」[68]可見李正臣受金慶門影響，特意傳遞相關情報返回朝鮮，希望朝鮮朝廷想辦法，對海洋事務提出意見。儘管李正臣的工作沒有得到朝廷的積極回應，但是可見譯官作為熟悉赴華使行的中介人物，把他們所知所得的海洋情報通過士大夫，讓朝廷得知。金慶門為譯官，譯官在朝鮮史中被視為商人，他們在八包貿易以及相關使行期間均會獲利的機會，故對海洋事件的關心，超越了他們譯官的職責範圍，可見其社經背景，影響到他們的視野，從而向朝廷亦提供相關的建議。

　　除了消息的情報外，使團成員亦可通過譯官的整理，得到一些珍貴的文本與書籍。如李正臣在按著既定的燕行路線路經東北期間，對當地的各種地理環境充滿很大的興趣，[69]故他希望尋找金慶門，瞭解如何得到盛京的地圖：

　　　　李隆生：《清代的國際貿易：白銀流入、貨幣危機和晚清工業化》（臺北：秀威資訊，2010年），頁29–30。
67　李正臣：《櫟翁遺稿》，卷8，〈燕行錄・前後去來時狀啟謄本〉，頁176–177。
68　李正臣：《櫟翁遺稿》，卷8，〈燕行錄・前後去來時狀啟謄本〉，頁178。
69　東北不少著名及重要地方，都是燕行必經之地，例如山海關、寧遠、瀋陽、沙河堡、高橋堡、柵門等，這些東北之地，李正臣都既有的行程而經過。關於此，詳參李正臣：《櫟翁遺稿》，卷7，〈燕行錄・路程記〉，頁7a–10a。

> 二十七日，譯官金慶門入謁。吾問曰：「盛京地圖，何以則得見乎？」對曰：「曾前因南領府事分付，求買一本，南領府事，仍為入梓，故小人亦印一本而藏之，返節後取覽何如？」吾曰：「可矣。」[70]

李正臣可以藉著譯官自我收藏的一些珍貴圖籍窺探當時的中國情報。故此，當時朝鮮社會譯官才會容易取得的書籍。縱使金慶門指他是獲委任求買一本地圖，但譯官們均會將認為重要的材料與文獻刻意收藏，以便日後讓有興趣的使行成員有意閱讀與瞭解。而譯官在這方面的作用不只是自我收藏的中國資料供予使行成員，自己的一些經歷記憶，也是他們認識中國的重要媒介。金慶門曾與李正臣說，他願意將其見聞的文本紀錄給予李正臣閱讀：「小的曾於辛卯歲，賚咨至燕，適值事故，留京最久，歸路又以帝勑，留鳳城數月，以故於彼中法度風謠可記者，頗多聞見，歸而錄，獻於朝廷，今雖不能記憶，而原本尚在備局，還都之日，可以覓得以塵下覽矣云云。」[71] 金慶門因需擔任賚咨官，故停留於中國一段長時間，故將各種可記材料一一收載，以便朝鮮朝廷瞭解當時情況，而李正臣亦可藉著金慶門的記載，一覽有關中國社會與政治情況。

從各種使臣與譯官之間交流的故事，特別是李正臣與金慶門之間對話，可以看見朝鮮的譯官因工作關係多次往返中國，對中國社會有較全面的瞭解，無論是人際網絡、實際見聞觀察，還是各種旁人的憶述，都建構了他們對中國的認識與記憶。也許士大夫均可

70　李正臣：《櫟翁遺稿》，卷7，〈燕行錄・辛丑四月〉，頁74b。
71　李正臣：《櫟翁遺稿》，卷8，〈燕行錄・辛丑五月〉，頁8a–b。

通過自身的方法,如自我的探訪、筆談等,認識各種面向的中國社會,但是譯官協助朝鮮士大夫,看到不同的面向、層次的中國社會,這一點說明了譯官在使行之中的特殊價值。因此,上述的中國形象並非如一般士大夫的《燕行錄》就學術、文學、科技或儒學討論,而是一個更接近民間社會及平民生活的中國認知,可讓朝鮮士人在燕行期間,思考華夷關係以及中朝關係時,進行各種文化比較以強化自我的文化認同。

四、域外人士的接觸

自明朝利瑪竇來華,天主教在華傳教模式得以確立後,西洋傳教士長居於北京。他們的定居長時期引起朝鮮文人的興趣。其中,他們希望瞭解洋傳教士的天文知識而多於他們對於天主教感受到的好奇。因此,譯官多次被朝廷或使臣委派到欽天監與教堂瞭解西洋人測量天文的方法,或是購入他們所編的測量及天文相關書籍:

> 曆象考成自觀象監,專委堂上譯官高時彥前此求買於欽天監,而索價過多矣。高時彥今善周旋,拼略給與冊價以正銀五十兩,相約此亦過多,而係是禁書,且無私藏圖出。本監餘件則與他冊買賣不同,故不得已以不虞,備五十兩許給,圖得全秩四十四冊,行中齎來。[72]

---

72 鄭昌順等編:《同文彙考》,補編卷4,使臣別單4,〈冬至正行正使尹淳副使趙翼命別單〉,頁41b。

第五章　雖不目見：朝鮮漢語譯官與朝鮮士大夫的知識生產過程　　**233**

《曆象考成》是當時清朝是於康熙年間在欽天監的耶穌會士戴進賢作主編，[73] 是當時推算曆法的官修著作。[74] 一般來說，書籍不能直接於市面購買，故他們需要依靠譯官的協助與交涉，才可取得這西洋人所編訂的《曆象考成》來瞭解當時西洋人對曆法的研究：

> 觀象監草記以曆象考成落篇，及日月食稿，火星緯度八線表等事入送。日官李世澄，而又別定行中。解文字曉語譯官金裕門，與世澄訪問於欽天監。西洋國人則今皇帝御製，有律曆淵源七十三卷大秩，而曆象考成即其秩中篇名也。初以欽若曆書，更加釐正名之曰曆象考成，而添之以律呂正義數理精蘊二篇，以成書三編，相爲表裏，刊之未久，而所謂八線表載於精蘊，其法甚詳，易以測推矣。曆象今春雖有貿去者，而既不釐正，又無線表，不得檢表而推籌。今既知有全書，不可不購得，故艱難尋覓，僅幸貿取而依本監草記，出給運餉不虞正銀六十二兩。[75]

購書以外，他們需要瞭解曆法的使用以及定期釐正。因像戴進賢等傳教士，其實無法以漢文與朝鮮士大夫筆談。加上這些技術性的資料收集，並非士大夫的身分與知識層面選擇會處理的事情。因此，朝鮮朝廷處理曆法的更新，是由譯官以及專門負責天文的日官負責：

73　李頤命曾與著名耶穌會士戴進賢對話，從中了解到天主教教義、教堂建築特色及傳教士的生活，是研究朝鮮天主教史的重要人物之一。李頤命：《燕行雜識》，收入林基中編：《燕行錄全集》，冊34，〈與西洋人蘇霖戴進賢〉，頁461。

74　Martha P. Y. Cheung, *An Anthology of Chinese Discourse on Translation (Vol. 2): From the Late Twelfth Century to 1800* (London: Routledge, 2016), 154.

75　鄭昌順等編：《同文彙考》，補編卷4，使臣別單4，〈謝恩行正使驪川君 增副使宋成明別單〉，頁43b–44a。

觀象監曆法釐正事,別定譯官卞重和,與日官安國麟,往天主堂見戴進賢、徐懋德。進賢西洋人明於曆理,康熙二十五年來住天主堂,今假銜禮部侍郎。懋德亦西洋人,康熙六十年來住天主堂,今欽天監副加四級也。問曆法差謬則進賢言:五星用甲子爲元之法,而日月交食則不專用甲子之法,參用八線表及對數。八線表推以驗天,則其所食分數,違於天者尚多,故交食表,今方窺測釐整,而完工當在來歲云。其日食籌稿一本、月食籌稿一本懇求以來,而來歲完工者,交食表及日月食叩籌也。今法雖不胳合於天度,此亦當時之用故,百般周旋,貿得日食、月食、交食表、八線表、對數八線表對數闡微表、日月五星表、律呂正義數理精蘊等十三冊而來。[76]

朝鮮官員或使臣與西洋傳教士交涉時,對他們的認識大多限於住在天主堂、任職欽天監,以及各種科學技術知識的權威和代表。反而,對他們具體的身分、形象還是信仰不大瞭解。像使臣李正臣也期盼能夠在北京獲得與這群異邦人接觸的機會。可惜,李正臣的願望在該次使行中落空,無法與傳教士見面,只好向一位譯官請教有關傳教士的一切。

招問譯官輩曰:「西洋國老僧,吾雖不得見,君輩若以前日與彼酬酌之言告我,則異國消息,庶可以知,可得聞歟?」

---

[76] 鄭昌順等編:《同文彙考》,補編卷5,使臣別單5,〈冬至行正使驪善君 塾副使鄭彥燮別單〉,頁25a–b。

譯官曰：「當告之矣，小的年前赴燕時見之，則西洋國兩老人，為見使臣，來到玉河館。蒼顏白髮，頗奇古，與雜胡不同，從容對坐。『問西洋距中國幾里？』對曰：『九萬餘里云。』又問曰：『來中國幾年？』答：『三十餘年也。皇帝待以師禮，不許遣還矣。』又問曰：『西洋國幅圓幾許？風俗亦如何？』對曰：『地方二千餘里，有八省，屬國三十，君長稱大王。人民或剃頭，或否，或着濶袖衣，或着今時服云。』又問曰：『西洋亦同文否？』對曰：『否，解漢字者絕少云。』而仍出示其冊，字體畧似胡書。又問曰：『西洋距西域似近，俗尚佛道否？』對曰：『距天竺，隔海幾二萬里。無佛法，專尚天主教云。』渠仍問曰：『東國所尚如何？』小的答曰：『孔周五倫之外，無他所學。』老人斂袵答曰：『素聞朝鮮尚禮義，今見使行，大明遺制猶存矣云云。』」此乃譯官傳告之言也，雖不目見，詳聞其酬酢之言，可喜。[77]

該位譯官憶述他當年與傳教士對話的紀錄，作為使臣李正臣可通過譯官的經歷，瞭解西洋傳教士背後的種種風俗與文化。縱使李正臣無法親眼看到傳教士，也無機會與他們對談，但是曾有機會接觸傳教士的譯官，轉述他的經歷後，李正臣不但沒有感到不快，反而還指出「雖不目見，詳聞其酬酢之言，可喜。」

李正臣無法親見西洋傳教士，但是數十年後的洪大容卻有幸與傳教士劉松齡、鮑友管深入交談。洪大容與傳教士的交往，在過去

---

77 李正臣：《櫟翁遺稿》，卷8，〈燕行錄・辛丑五月〉，頁3a–b。

研究者的眼中，都聚焦他們之間就基督教與儒學、天文科技，以及傳教士的日常生活深入的討論，或是探討洪大容如何作為西洋文化傳入朝鮮半島的關鍵媒介。[78] 然而，很多人卻忽略了洪大容是次得以與劉松齡、鮑友管對談的原因，是譯官洪命福在雙方之間擔任翻譯。

洪大容入京後，得知兩位傳教士劉松齡、鮑友管在京時，[79] 因知「蓋泰西，海外絕國，書不同文，二人居中國久，雖略通漢字書，不足以達意。」[80] 因此，他與兩人見面時，使請「譯官洪命福，同車而往，命福頗聰明習漢語，將以通話也。」[81] 使臣或士大夫出使北京，礙於漢語的困難，無法仔細的交談，譯官正可解決有關的問題，而事實上西洋傳教士縱使懂得漢語，但在洪大容的記載裡，發現劉松齡、鮑友管二人其實不大懂漢字，難以通過筆談與朝鮮使節對話。故洪命福在場協助，使洪大容能夠與兩人對話，而撰下了那段珍貴的交流紀錄，才得以瞭解洪大容的西洋思想的形塑，以及劉鮑背後的西洋傳教士的知識框架以及在禁教期的活動情況。[82]

78　Hyung-dae Lee, "Hong Dae-yong's Beijing Travels and His Changing Perception of the West—Focusing on Eulbyeong yeonhaengnok and Uisan mundap," *The Review of Korean Studies* 9: 4(2006): 45–62.

79　關於劉松齡的研究成果，學界有相當全面的成就，如羅樂然：〈乾隆禁教期的耶穌會士在華活動：以劉松齡為研究中心〉，《中國史研究》，第82期（2013年2月），頁93–114；高王凌：〈劉松齡，最後的耶穌會士〉，《中國文化研究》，2006年第4期（2006年11月），頁166–173；高王凌：〈劉松齡筆下的乾隆十三年：劉松齡研究之二〉，《清史研究》，2008年第3期（2008年8月），頁93–100、Mitje Saje, ed. *A. Hallerstein—Liu Songling: The Multicultural Legacy of Jesuit Wisdom and Piety at the Qing Dynasty Court* (Maribor: Association for Culture and Education, 2009). 等。關於此書的介紹，詳參羅樂然：〈書評：Mitje Saje, ed. *A. Hallerstein—Liu Songling—* 劉松齡：*The Multicultural Legacy of Jesuit Wisdom and Piety at the Qing Dynasty Court*〉，《漢學研究》，第31卷第1期（2013年3月），頁333–339。

80　洪大容：《湛軒書》，外集卷7，〈劉鮑問答〉，頁10a。

81　洪大容：《湛軒書》，外集卷7，〈劉鮑問答〉，頁10a–b。

82　關於此，詳參羅樂然：〈朝鮮燕行使視野下的乾隆禁教期間耶穌會士：以洪大容的《湛軒燕記》為研究對象〉，頁101–134。

除了西洋傳教士外，不少朝貢空間裡的域外人士，也引起了士人的獵奇，譯官成為滿足他們好奇心的關鍵。例如，洪大容在等候朝貢儀式的過程中留意到一些琉球使行從人，他們亦在外等候，於是在這空閒時間，請譯官幫忙溝通，希望可深入瞭解琉球社會的情況：[83]

> 琉球使席在我國使後，其從人皆不入焉。余使一譯扣與語，一人果能爲華語。自云非通事，到福建半年而入京，沿路學習，而然其國俱有中國書，字同而音異，其王姓尚云。時朝參已罷，不能長語。[84]

較洪大容早出使的書狀官李震休（1657–1710）曾在康熙時期記載，他們與安南使臣交流的經歷，也是通過譯官實踐有關對談，使雙方彼此得以對談：

> 正使及臣率譯官等進禮部坐於東廊，安南國使臣適到後，院臣等於于提親並即往見。渠中亦有通官善漢語，遂憑譯官問答，而渠等先致寒暄曰向日路上相逢未得，語殊可恨也。臣等答曰然。問姓名答曰正使阮名儒阮貴德、副使阮榮、陳璹。臣等問其官，則或稱兵工部侍郎，或稱都察御使。又問本國地方，曰五千里。問官制及設科之規，曰與中國無異。

83　關於朝鮮使節在北京收集琉球情報的來源，沈玉慧有詳盡的分析，詳參沈玉慧：〈清代朝鮮使節在北京的琉球情報收集〉，《漢學研究》，第29卷第3期（2011年9月），頁165–170。1534年被派遣到明朝的朝鮮使節曾於北京遇上琉球使者，關於這段交往，詳參松浦章著，鄭潔西譯：〈嘉靖十三年的朝鮮使者在北京所遇到的琉球使節〉，收入氏著，鄭潔西等譯：《明清時代東亞海域的文化交流》，頁56–77。
84　洪大容：《湛軒書》，外集卷7，〈湛軒燕記・藩夷殊俗〉，頁40b。

> 問喪制，曰行三年。問土產，曰多犀象。問道里，曰九月
> 程。問何時還，曰明年六月，可以得抵。問曰何處乘船，廣
> 東也。渠等亦問臣等科第年甲，隨即答之……[85]

朝鮮人與西洋傳教士、安南、琉球等例，正反映了在東亞世界的交流，單是筆談不一定能深入對話，掌握漢語才是對答的關鍵。因此，如果只觀察交流結果，這些或許只是無意義的應酬。但當放置在朝鮮使臣與周邊國家使臣對話的經過時，可留意到一些譯官在場作交流的媒介，使得使臣對話更為盡及仔細。[86]

作為兩種文化之間的語言翻譯，雖然我們不能還原當日雙方如何進行交涉，但史料提供了我們一些重要的線索，朝鮮譯官是朝鮮士大夫與外界，特別是非華人或清人之間的重要對話媒介。除了像洪大容這典型的例子外，一些朝鮮的外交史料，像《同文彙考》也有記述一些由譯官說明朝鮮和琉球之間使節的對話媒介：

> 琉球使臣來接提督館，通官謝宣亦隨使臣來。寓只隔一墻，
> 欲探耿精忠及鄭錦事情，而彼此門盡堅鎖，甲軍把守不得接
> 面。故使譯官密書問閩越事情。其答書曰：「康熙十三年三

---

[85] 鄭昌順等編：《同文彙考》，補編，卷3，使臣別單3，〈謝恩兼陳奏行書狀官李震休聞見事件〉，頁2b–3b。
[86] 沈玉慧曾提到：「朝鮮與暹羅、南掌、緬甸、蘇祿等國使節則因接觸次數少，加上無法如琉球、安南使節能直接以漢文交流，多透過重譯或是使節團中稍通漢語的隨行人員進行交流，其交談次數目次僅見一、二次，且未見學界有相關的探討。」沈玉慧對燕行使節在中國收集外國的情報有相當豐富的認識，故她亦特別留意到朝鮮燕行使節與外國使節對話時，也需通解漢語的譯官或相關人員陪同。關於此，詳參沈玉慧：〈乾隆二十五～二十六年朝鮮使節與安南、南掌、琉球三國人員於北京之交流〉，《臺大歷史學報》，第50期（2012年12月），頁112。

月十五日,耿精忠起兵,閩中殺總督知府等官,使其將曾江二人出浙江江西二路與清兵相持。鄭錦襲其後,興章泉三府已盡為其有。十六年和碩康親王帥師至閩,精忠復投降,仍為所執和。碩親王與鄭賊戰烏龍江,鄭賊敗歸台灣,故福建盡平即。今總督姚啓圖、撫院吳興祚,乃社稷臣也撫摩得宜,而但不幸處變亂之後,風俗小變云。」又書問鄭錦事情,則答曰:「鄭錦所據台灣島大而土瘠,人稀油麻棕鐵木料全無,正在福建之東直距五千餘里,島內兩山相對,山頂有兩城,城內有石橋一座,過此行十有八日無人之境,方是鄭賊所居。龍江戰敗之後,擁眾不出,而與日本相距一萬二千餘里云。此則不佞得之通洋者之言,不知其信否,而但不佞以琉球地方計之,則其言似然矣。」[87]

從全球史的角度,地理大發現打開新航道,讓歐洲的商旅或是傳教士利用全新的航道抵達東亞地區,進行各種貿易、傳教以及文化的交流。[88] 北京成為了普拉特所指的接觸空間,[89] 來自東亞的朝貢國按

---

87 鄭昌順等編:《同文彙考》,補編,卷2,使臣別單2,〈奏請兼冬至行書狀官申琓聞見事件〉,頁13a–14a
88 以全球史或地理大發現的角度來瞭解東亞,是一種以西方視野來閱讀東亞的想像,但這種出發大多在東西方學界的普及知識生產過程中,成為主流的論調。其中,這些研究認為早期世界在跨文化之間的頻繁交流,大多有賴於歐洲商旅在全球貿易與傳教。當然亦有像揚·弗里斯(Jan de Vries)嘗試指出的,全球化概念來瞭解當中的貿易過程,亦有一些很多值得注意的問題與局限。關於此,詳參 Jan de Vries, "The Limits of Globalization in the Early Modern World," *The Economic History Review*, 63:3 (2010): 710–733.
89 因為禮儀或朝貢貿易,各國都需要就著朝貢體系限定下的形式,以一種臣服的方法,嘗試獲得中國的認可,進而從事各種貿易、傳教或封貢的安排。而在元朝建都於大都,明成祖由南京遷都至北京,以及清朝沿用北京作首都。北京基本上是東亞

既定的程序抵京,進行朝貢及相關禮節活動。而另一方面,歐洲在南亞、東南亞等地占有據點,嘗試與中國展開各種溝通,其中一例為荷蘭。曾短暫占據臺灣的荷蘭,以巴達維亞為中心,維繫其於東亞的貿易網絡,並且曾以朝貢的形式,與清朝接觸。[90] 擁有不同的文化背景的群體均聚集於北京,彼此之間展開互動。抵京後,朝鮮譯官對他們的報告與理解,卻與我們今天瞭解的荷蘭自然有差異,但可以看見當時的知識傳播情況:

> 衙譯言於譯官曰:「荷蘭國在廣東海外數千里,去北京幾至萬里,其國人今方來貢,入接驗糧廳衙門。臣等領賞之時,所謂荷蘭國人領其所貢之物,亦入午門前。觀其容貌恰似我國漂來南蠻國人,而被髮冠服之制殊極奇怪,所貢之物則車載白檀大如柱者二株,胡椒亦數車,其他箱籠亦多,而其中皆是珊瑚寶貝等物。康熙六年　月[91]

除了荷蘭,當時暹羅亦入貢於清廷:

> 暹羅國在南海距廣東省水路萬餘里。自廣東省距燕京五千里,而其國長新立,遣使請封。正使一人三品官,副使二人

完善的朝貢制度之中的文化中心,因此代表各國的使節們、商旅都在北京:這個「接觸空間」上所遭遇,關於此,詳參 Mary Louise Pratt, *Imperial Eyes: Travel Writing and Transculturation*, 1–11.

90　詳參 Yong Liu, *The Dutch East India Company's Tea Trade with China, 1757–1781* (Leiden: Brill, 2007).

91　鄭昌順等編:《同文彙考》,補編,卷1,使臣別單,〈謝恩兼陳奏行書狀官慶㝡聞見事件〉,頁22b。

四品官,從人五十餘名。禮部知會廣東省,留四十餘名開市買賣。使正副使及從人十名,進京納貢呈表。其表文名曰金葉表,字行橫書怪異,全不可解。使暹羅通事,僅翻漢以奏

乾隆四十九年　月　日[92]

兩例可以看見朝鮮使團成員能夠在北京與不同國家的貢臣和隨行成員接觸,但是礙於語言以及出行的原因,只有譯官才可對這些外國使節進行各種觀察,甚至對談。朝鮮譯官形容荷蘭國人為「被髮冠服之制殊極奇怪」,亦同時發現暹羅人的呈表為「其表文名曰金葉表,字行橫書怪異,全不可解。」(圖3)這些資訊整理為報告帶回朝鮮,譯官使朝鮮人對世界觀有新的瞭解,不再限制於較封閉的空間。而北京作為「接觸空間」,不同的文化代表交匯於此。能操漢語的使臣不多,故懂說漢語的朝鮮譯官,幫助朝鮮使臣與其他國家到來朝會的使團成員互相認識。雖然討論的內容並不算深入,但從此可提出重要的一點,朝鮮半島的士大夫與君王並非完全不懂世情,他們通過譯官的協助,在北京認識世界。

92　鄭昌順等編:《同文彙考》,補編,卷6,使臣別單6,〈謝恩兼冬至行首譯張濂聞見事件〉,頁39b。

圖3 臺北故宮博物院所藏乾隆年間暹羅國金葉表文

　　北京作為東亞世界匯聚多方文化的接觸空間,彼此之間可在前往北京時,互動溝通。但值得一提的是,朝鮮譯官等文化交流的媒介,在交流過程,協助朝鮮使臣克服各種語言障礙,與中國朝貢體系內的其他國家所派出的使臣,甚至是來自全球的天主教傳教士,都可在北京展開不同層次的對話。[93] 然而,儘管受到史料上的限制,無法更具體瞭解語言的交流情況,但在史料呈現的面貌,可說明朝鮮使臣對各種中國以外的意象與詮釋,很多時候均為譯官的翻譯與知識理解所建構的。

93　山口正之:〈清朝に於ける在支歐人と朝鮮使臣:西歐キリスト教文化の半島流傳について〉,《史學雜誌》,第44卷第7期(1933年7月),頁1–30。

五、小結

近年東亞文史哲的研究,受到歐美歷史學研究的「文化轉向」的影響,開始對於新文化史或其他後現代史學進行反思,以求可借鑑於東亞世界的脈絡。[94] 因此,東亞世界與華文史學採用「新文化史」思考方法的研究,日漸變得普遍,學界也常採用於全球史轉向、大眾文化史轉向、科學與醫療的轉向等的研究面向,但著名新文化史學家 Peter Burke 對於知識史的提倡與探討,是值得東亞學人們進一步思考的議題。Burke 先後撰寫了《知識的社會史》(*A Social History of Knowledge: From Gutenberg to Diderot*[95]、《什麼是知識史?》(*What is the History of Knowledge?*) 等著作,[96] 為的是把既有的知識「陌生化」,把理所當然熟悉的資訊與知識保持距離及變得陌生,重而令我們更有思考的意識,重新對待現存的知識系統,來認知知識的建立與組織過程。儘管 Burke 涉及的是印刷與閱讀所組成的知識系統與知識生產的過程,但是亦可作為瞭解士大夫與燕行使的中國知識,或是使行知識生產過程的框架的參考。

東亞學術界以往對燕行使對朝鮮社會的影響研究,都會認定這是朝鮮文人與士大夫在中國與其他知識分子互動,或是他們耳聞目

---

94 關於中國大陸的新文化史接受情況,張仲民作了非常精彩的回顧,詳參張仲民:〈問題與反思:中國大陸的新文化史研究〉,蔣竹山編:《當代歷史學新趨勢》(臺北:聯經出版,2019年),頁115–137。
95 Peter Burke, *A Social History of Knowledge: From Gutenberg to Diderot* (Oxford: Polity Books, 2000), 2.
96 Peter Burke, *What is the History of Knowledge?* (Oxford: Polity Books, 2015).

睹，所得出的文化結果。這是我們閱讀文本自然而生的意識與「常識」，卻忽視了這組「知識」背後生產的過程。誠然，士大夫在其教育與文化背景的牽引之中，他們關心的是在學術上得到體會的交流，認識的是與他們學術背景有直接關係的人。因此，與士大夫不同的是，使臣可透過譯官瞭解不同層面以及群體的歷史與社會現象，通過他們的認識與闡述，形成著另一層面的中國知識，使朝鮮社會與士大夫群體，都需要通過譯官的眼光作為媒介，來瞭解中國以及其相關的議題與資訊，讓這些士大夫在其《燕行錄》一一記載，傳播到朝鮮社會。

　　無論是吳三桂的經歷，抑或是當時清朝管治下的中國社會，還是域外人士的形象。朝鮮士大夫通過譯官的眼光，認識著不一樣的中國。這些描寫與敘述也許是表面，也許是帶有譯官的偏見，卻可以說明，朝鮮譯官成為了朝鮮士大夫認識中國的主要渠道。但這種知識築構的過程，過去均被東亞文化交流史中的學者所忽視，但從上述所提及的例子，可說明相對於士大夫自己的考察以及分析，譯官的媒介是不同層次與面向的眼光，其看到不一樣的中國歷史記憶、社會風俗以及當時東亞文化空間下所形成的世界觀。當通過譯官作為研究主體，將可更全面瞭解朝鮮士人對外知識生產的過程，同時亦可為東亞世界的知識史帶來新的視野。

第六章　藕船雅正：
譯官與清人對朝鮮文壇的認識

一、引言

學界近年對東亞的中介者，如何影響區域的文化互動，提出了不少具體的研究成果及框架，廖肇亨在編輯《轉接與跨界：東亞文化意象之傳佈》論文集時曾提到：

> 共相與互相之間的關係極其複雜多歧，中介者的角色在東亞文化意象形塑的過程中發揮了相當程度的選擇與定調作用。本論集雖然從文學、思想、宗教、藝術的面向出發，但對於中介者的角色始終著意有加，特於使節、翻譯者（通事）、海商、僧侶於文化交流過程中的功能深入探究文化交流過程中改編、挪用、重寫、傳譯過程裡的誤讀（包括刻意與無意）令人目眩神迷。中介者的位置雖說隱而不顯，然而其影響與作用卻往往出乎意外的巨大，而扮演了極其吃重的角色。無論如何，透過對於中介者的研究，對東亞共同文化圈的形態與論一形成的過程，應該會有更深刻的理解。[1]

---

[1] 廖肇亨：〈中介、轉接與跨界——東亞文化意象形塑過程蠡探〉，收入石守謙、廖肇亨編：《轉接與跨界：東亞文化意象之傳佈》（臺北：允晨文化，2015年），頁

廖肇亨這一論點旨在強調中介者在東亞文化交流過程中，看似位置隱而不顯，實則影響頗為巨大。然而，如何隱而不顯但影響卻巨大，石守謙則指出：「在面對這些問題（文化意象之形塑的選擇）時，中介者各式各樣的『人為考慮』正是促使某一書籍開始進入中介『過程』的必要脈絡。」[2]

通過兩位學者的觀點，在此處特別指出，在史料的限制之下，也許我們無法全面瞭解東亞文化交流史中的中介者作出每個決定、對答，甚至選擇時的背後原因。然而，一點必須說明的是，由於中介者的參與，造就各種人為考慮，通過演繹或形式、塑造或改變，從而使文化現象得以某種形式被傳遞、瞭解以及認識。因此，本章希望探討清朝與朝鮮在緊密的文化互動過程中，譯官如何在兩地之間，扮演文化互動的中介者或媒介的角色。故本章將通過一些資料的考察，試圖瞭解他們在文化交流過程之中，如何經由他們的介入，而使清人對朝鮮的各種認識，產生不一樣以及更深刻的理解。

以《同文彙考》一則資料作例，清朝管治下似乎沒有視朝鮮與日本派遣通信使作交鄰手段為之禁忌，反而可以看出清廷與皇帝均認為可以通過朝鮮來瞭解日本的情況：「常明言皇帝及十三王，欲知倭國風俗規制，一一錄示問於倭學譯官，洪舜明略略錄送。」[3]

19–20。
2　石守謙：〈中介者與東亞文化意象之形塑〉，收入石守謙、廖肇亨編：《轉接與跨界：東亞文化意象之傳佈》頁3。
3　鄭昌順等編：《同文彙考》，補編，卷4，使臣別單4，〈冬至正行正使尹淳副使趙翼命別單〉，頁41b。

於是，長期執行赴日職務的譯官，[4]所書寫的日常紀錄以及各種情報，便不只成為協助朝鮮使臣與社會瞭解日本的材料，同時亦讓中國皇帝與官員對不在於朝貢限域內的日本，作一定程度的認識。[5]因此，朝鮮譯官在東亞的各種文化地域中，擔當交流的中介人，構築的是雙向互動，而非單方面的。當然資訊者接收因背景的不同，譯官的文化中介帶來的意義也有一定的差異。本章以李尚迪及其周邊群體為中心，瞭解譯官如何作為中介人建構清人對朝鮮文化、歷史以及社會的面向，通過各種文學交流與詩文酬唱而得到更深入的瞭解。首先，相對於明人，清人對朝鮮使團成員有更多的描寫，包含一些士大夫的對話以及白塔派與清人的交流，例如19世紀初董文煥（1833-1877）對譯官有深刻的描寫，其中尤為重要的是董文煥與李尚迪及其弟子李容肅等譯官之間的對話，從中可看到董文煥如何通過這些譯官掌握到朝鮮的文壇情況。故本作希望進一步通過李尚迪與他的其他中國友人的交流，瞭解譯官如何成為清人瞭解朝鮮的社會與文化的重要渠道。最重要的是，學界過去忽略了李尚迪的譯官身分與其老師金正喜（1786-1856）的〈歲寒圖〉創作有相當大的關係。其中，〈歲寒圖〉在清朝為人所認識，又令清人通過〈歲寒圖〉瞭解朝鮮政局與文壇，都是李尚迪的功勞。可見，譯官的個人情感、語言能力以及人際關係等，均是形塑清人認識朝鮮的關鍵。

4　許智恩（허지은）：〈조선후기 왜관에서의 倭學譯官의 정보수집〉，《일본역사연구》，第36卷（2012年12月），頁63-96。

5　關於倭情的匯報情況，詳參程永超：〈通信使関係倭情咨文と明清中国〉，《史林》，第99卷第6號（2016年11月），頁803-836。

二、董文煥的《韓客詩存》與清人的朝鮮文壇的認識

18世紀末至19世紀初,朝鮮漢語譯官在史料上的記載不再單是情報與政治周旋的身分,譯官的名字也經常被清人的文集以及詩集所記錄。雖然早於13至14世紀,譯官就已成為朝鮮赴華使行之中的媒介,諸如洪純彥(1530–1598)、[6]李和宗等為人所認識,[7]但鮮有中國人對譯官的活動或各種互動的紀錄與書寫。

18世紀時,隨著士大夫的出行機會增加,也驅使朝鮮漢語譯官與清人有更多交流,明朝時,朝鮮士大夫的活動空間本就局限,人與人之間可交往的機會非常之缺乏,較清代康雍乾時期少得多。正如第一章提到洪大容所指出,朝鮮使節的活動空間到康熙中葉以後才得以擴闊。而另一方面,洪大容、朴趾源、朴齊家等被學者形容為「北學派」的18世紀中葉燕行使者擴闊了朝鮮文人對清朝的想像,[8]從過去的蔑清轉為應瞭解清朝社會,倡導向清朝學習,並帶動此類思考氛圍,亦因而開始與清朝一些名氣大的學者交流。

---

6 據金英淑分析,他曾在宗系辯誣、壬辰請兵之中立下了很多功勞,曾多次通過其語言能力、人際網絡在明朝與朝鮮之間的交流之中有明顯的媒介作用。詳參金英淑(김영숙):〈譯官 洪純彥과 朝明外交〉,《中國史研究》,第70輯(2011年2月),頁195–221。

7 李和宗為出身於慶州的漢語譯官,因精通漢語而聞名,在《通文館志》之中記載他在北京曾於禮部呈交公文時,解釋朝鮮使臣在北京購書有助於禮儀的履行,故請求解禁不可買書的規定。關於此,詳參金指南、金慶門、李湛編:《通文館志》,卷7,〈人物〉,頁4b–5b。另外,據《芝峰類說》所述,曾有一位前來朝鮮半島的明朝天使曾問鯔魚的俗名,有一位譯官不懂而稱之為水魚。而譯官李和宗上前解釋:「此名秀魚,非水魚,以魚中之秀故名,天使以為然。」李睟光:《芝峰類說》(서울:成均館大學校大東文化研究院,1964年),卷20〈禽蟲部・鱗介〉,頁1a。

8 Daehwan Noh, "The Eclectic Development of Neo-Confucianism and Statecraft from the 18th to the 19th Century," *Korea Journal* 43.4(2003): 87–112.

如朴趾源的學生朴齊家（1750–1815）曾與紀昀（1724–1805）的交往成為了顯例，[9] 一些同期的師友，如李德懋、[10] 柳得恭（1748–1807）、李書九（1754–1825）等，都在其使行過程中，與清友人交流，留下各種文句、詩詞。朝鮮文學史之中，視四人為白塔詩派。[11] 白塔詩派的詩集《韓客巾衍集》，最後通過柳得恭之叔父柳琴（1741–1788）傳入中國，獲得當時中國的一位文人李調元（1734–1803）的青睞，並親自為紀念詩集撰序出版。[12] 這些兩地文人之間的對話與文學交流，學術界已經有豐碩的成果，故不再多論述，但筆者關心的是，在這種文化氣氛之下，兩地文人之間的互動已經成為了朝鮮使臣前往北京例必參與的事情，而譯官自身也在身分與工作的容許範圍內，盡可能擴闊活動的空間和時限，並四處認識來自全國各地的文人雅士。自此不再只是朝廷官方活動上的媒介，亦是在文學上或私人交誼上，成為清人認識朝鮮文學及社會的中介人。

　　晚清的山西文人董文煥的文學活動，可作為切入點來考察譯官如何作為中介人並發揮作用。[13] 董氏曾編輯《韓客詩錄》一書，書中除了記述39位韓國文人共402首作品外，他還在篩選及評點後另外編輯成書。《韓客詩錄》沒有在董氏在世期間出版，而且稿件已經

9　金柄珉：〈朝鮮詩人朴齊家與清代文壇〉，頁100–104。
10　李德懋的文學成就、著作以及其生平，詳參徐東日：《李德懋文學研究》（牡丹江：黑龍江朝鮮民族出版社，2003年）。
11　韋旭昇：《韓國文學史》（北京：北京大學出版社，2008年），頁394–395。
12　李調元為清代著名的文學家，在詞林與詩學界皆有名氣，其中他在飲食方面亦有著名的成就，撰寫了《醒園食譜》。關於此，詳參孫德彪：〈朝鮮四家詩人與李調元的詩文友誼〉，《社會科學論壇》，2010年10期（2010年10月），頁164–167。
13　劉婧：〈通過董文煥日記考朝鮮詩文集流入中國及朝鮮譯官的作用〉，頁255–276。

散失了，[14] 但董文煥刻意收錄不少譯官作品，並加以評論，在他的日記提到收集的情況。現在讀者雖然無法閱讀當時董文煥的評論，但是通過李豫、崔永禧的輯校，重新將董文煥的日記，其他的詩文集或手稿及其他刻本等所有的詩集整理後，輯出《韓客詩錄》曾有提及和點評的詩集，輯錄成《韓客詩存》，[15] 大體看到董文煥的收集經歷。李氏與崔氏的整理對於朝鮮與晚清文人的文學交流研究，有重大的學術貢獻。

據李豫、崔永禧二人整理董文煥的日記中可以發現，《韓客詩錄》之中包括的朝鮮詩集有 35 種，詳參表 2。[16]

表 2 《韓客詩錄》曾點定入選的詩文集

	作者	詩集名	備註
1	李彥瑱	松穆館集	漢語譯官
2	李彥瑱	李虞裳詩稿	漢語譯官；選數十首
3	金炳陸	金雨觀詩草	朝鮮生員
4	朴鳳彬	蓬桑錄	朴永輔的兒子
5	朴永輔	燕槎錄	
6	鄭顯德	海所詩草	選 13 首
7	李近憲	峨洋詩錄	未選入
8	朴齊鴻	雲巢山房詩草	

---

14 董文煥編、李豫、崔永禧輯校：《韓客詩存》（北京：書目文獻出版社，1996 年），頁 8。
15 錢志熙：〈從《韓客詩存》看近代的韓國漢詩創作及中韓文學交流〉，《동북아시아문화학회 국제학술대회 발표자료집》（2001 年 10 月），頁 61–76。
16 董文煥編、李豫、崔永禧輯校：《韓客詩存》，頁 10–12。季南的論文所指應為 36 種，兩者不同的是，季南多了朴永輔的《雅詩堂詩鈔》、柳得恭的《二十一都懷古》；而李豫、崔永禧的書則多收錄了南樵的《正雅集、海客詩錄》。但季南沒有解釋所發現的材料的來源，故在獲得更多資訊以前，不以季氏之文作圖表，而是以李豫、崔永禧的書為基礎。筆者再據兩人的整理，修正部分筆誤或補充作者資料。

表 2　《韓客詩錄》曾點定入選的詩文集（續）

	作者	詩集名	備註
9	沈英慶	鍾山詩稿	選 5 首
10	楊士彥	蓬萊詩草	
11	李廷稷	天籟詩稿	漢語譯官；選 15 首
12	南樵	正雅集、海客詩錄	選 15 首
13	李尚迪	恩頌堂前後集	漢語譯官；選數十首
14	趙舜韶	金剛山記	
15	金敬之	惕若集	
16	金國卿	恭齋集	
17	金叔度	朝天錄	朝鮮初期文臣
18	金麟孫	金麟孫詩集	朝鮮初期文臣
19	金謹思	金謹思詩集	朝鮮初期文臣
20	金宗直	金宗直詩集	朝鮮初期文臣
21	金淨	金淨詩集	朝鮮初期文臣
22	白光鎮	白光鎮詩集	共選光鎮、光斗兄弟詩 13 首
23	白光斗	白光斗詩集	共選光鎮、光斗兄弟詩 13 首
24	李豐翼	友石詩冊	選 7 首
25	崔性學（輯）	《海客詩鈔》[17]	漢語譯官
26	不知撰人	東國諸家詩	
27	卞元圭	卞蛛船詩稿	漢語譯官
28	金秉善	金丹史詩稿	漢語譯官
29	金求爵	存春軒詩鈔	
30	徐相雨	鼎金章詩草	1882 年後任統理機務衙門
31	李穡	李微隱詩集	朝鮮初期文臣
32	洪元燮	太湖集	
33	李廷柱	夢觀詩	
34	趙性敏	趙韶亭詩集	
35	鄭夢周	鄭圃隱詩草	朝鮮初期文臣

17　「譯官六家」等譯官的詩文與詩集被董氏所收錄之。當中，崔性學將「譯官六家」的詩稿，名為《海客詩鈔》。韓國學界關於《海客詩鈔》，詳參劉婧：〈조선 역관 6인의 시선집 『海客詩抄(해객시초)』에 대한 고찰：3종 필사본을 중심으로〉，《漢文學報》，第 28 輯（2013 年），頁 229-270。

表2 的35 種詩集中，有不少來自譯官，如李廷稷（1781–1816）、李彥瑱、[18] 李尚迪、卞元圭、金秉善、[19] 崔性學（1842–？）等人，[20] 而董文煥與譯官之間關係尤為緊密，因此董氏能獲得譯官們的文本，而在董文煥的日記之中，有提到如李容肅等譯官，是把這些材料帶給董文煥的主要媒介，在此脈絡之下，董文煥自然會閱讀及認識更多來自譯官的作品。因此，董文煥視野以及他對朝鮮文壇的認識，則全賴譯官的書寫、幫助以及轉介。雖然今天學者們也無法再瞭解董文煥的具體點評，但可以看見在《韓客詩錄》的編輯過程中，譯官是不可被忽略的，否則此書基本上亦不會出現。

據劉婧利用董文煥的日記分析，發現朝鮮譯官在協助編輯《韓客詩錄》之中扮演重要的角色，其中她所舉的例子是李容肅。李容肅是李尚迪的學生，同時本人也是譯官，[21] 在《韓客詩錄》的編輯過

---

18 李彥瑱在文學成就以及漢詩的水平受到東亞各地學人高度評價，關於他的文學水平，詳參李春姬：〈明 王世貞の文學思想と虞裳李彥瑱の漢詩〉，收入劉建輝編：《前近代における東アジア三国の文化交流と表象—朝鮮通信使と燕行使を中心に—》（京都：国際日本文化研究センター，2011年），頁269–283；李春姬：〈貧窮和憤懣的和弦：十八世紀朝鮮李彥瑱之詩歌〉，《長春理工大學學報 (社會科學版)》，第26卷第2期（2013年2月），頁192–194。

19 關於金秉善的活動，詳參金榮鎮（김영진）：〈韓中文學交流資料의 總集《華東唱酬集》〉，《漢文學論集》，第44輯（2016年10月），頁371–393。

20 據中央研究院近代史研究所據清代總理各國事務衙門之「朝鮮檔」中整理的奏摺之中提到崔性學曾擔任賞咨官到北京處理咨文事宜：「詢之在津之朝鮮司鐸（司譯）奉事崔性學，言該國王尚有咨禮部公文一角。該通事已於十二日進京投遞，並聞將續派三品文職於七月十五日，由該國起程來報王妃之訃，亦崔性學聞諸通事者也。」關於此，詳參郭廷以、李毓澍編：《清季中日韓關係史料》（臺北：中央研究院近代史研究所，1972年），第3卷，頁824。

21 李尚迪曾撰詩〈送菊人游燕〉：「天子三旬稱壽日，行人千里聚糧餘。閩風伏雨遼河路，多少前車戒後車。東南半壁尚烟塵。小醜游魂今幾春。聞說故人多殉難。九泉不負讀書身。萬頃荷花萬樹蟬。九天風露記清妍。至今一片尋詩夢。長在金鰲玉蝀邊。一醉陶然納晚涼。碧蘆滿地似江鄉。客中逃暑無多處。恨未曾尋萬柳堂。離席

程中，董文煥多次提及到李容肅將鄭夢周（1337–1392）的《鄭圃隱詩草》、楊士彥的《蓬萊詩草》、柳得恭的《二十一都懷古》、李尚迪的《恩誦堂前後集》、李尚迪父親李廷稷的《天籟詩稿》等朝鮮譯官與文人的著作帶到北京交付予董文煥。[22] 朝鮮著名的詩人，同時也是譯官的李彥瑱，[23] 雖然本人沒有赴華，亦英年早逝，但身為漢語譯官的他，撰寫了各種出色的作品，使當時一些朝鮮文人也相當佩服。李尚迪在他死後為他的詩集編為《松穆館集》。這本書亦是由李容肅帶到北京，將之轉遞到董文煥手中，使董文煥將李彥瑱的詩收錄入他的詩錄，讓中國文壇能對李彥瑱有所認識。據董文煥的《硯樵山房日記》指出：

> 同治一年二月初五：午刻，同顧齋詣城內中和參局，為李鍾山並菊人（註：即李容肅）小棠送行，筆談竟日，屬書屏對，并寄琴泉、桓卿、蘭西、秋潭諸友人信，俱面交矣，薄暮旋寓，接讀鍾山午問候札，小棠是日以外出未晤。[24]

恩恩日暮何。楝花飛盡綠陰多。春明舊雨如相訊。傳唱樳桑濯足歌。」此詩一方面說明了李容肅需賀壽到北京，而且他作為「前車」身分對他的學生作一些關心與祝福。李尚迪：《恩誦堂文集》，續卷7，〈送菊人游燕〉，頁7a–b；關於李容肅的活動，詳參金麗華：〈조선후기 역관 李容肅의 행적과 작품 개관〉，《민족문화》，第49輯（2017年6月），頁261–291。

22　劉婧：〈通過董文煥日記考朝鮮詩文集流入中國及朝鮮譯官的作用〉，頁260–268。
23　1763年，他曾擔任漢語譯官陪同成大中出使日本，協助執行通信使團的活動。該次通信使團中，成大中、李彥瑱等結織了一批日本的文人，展開了各式各樣的筆談酬唱。關於此，詳參張伯偉：〈漢文學史上的1764年〉，《文學遺產》，2008年第1期（2008年2月），頁114–131。
24　董文煥：《硯樵山房日記》，收入董壽平、李豫編：《清季洪洞董氏日記六種》（北京：北京圖書館出版社，1996年），冊1，頁43。

李尚迪的編輯及由李容肅轉遞給董文煥詩集的過程,可看出李彥瑱這位英年早逝的譯官,逐漸被董文煥所瞭解的過程。一位沒有自己友人的朝鮮詩人與譯官,其天姿因早逝原應被歷史所遺忘。但是同為譯官的李尚迪與李容肅卻讓他重現在歷史的舞臺。《朝鮮王朝實錄》從來沒有提及的李彥瑱,雖然曾參與在朝鮮通信使前往日本,在當地略有名氣,但是幾乎在朝鮮與中國的文壇並不是受到極大人的關注,但李尚迪與李容肅的牽引,李彥瑱終為人所認識。

李容肅作為李尚迪的學生,也經常協助他處理詩集的傳遞。他曾協助李尚迪把詩集贈給董文煥,例如董文煥的日記便曾提到:「同治二年正月十八:菊人送來藕船函寄天籟詩稿、恩頌堂前後集。」[25] 由此可見,李容肅與李尚迪等譯官促使董文煥可以欣賞朝鮮詩人作品,特別是譯官的作品,也可藉此將之收藏並編入《韓客詩存》之中。李春姬的著作裡曾形容李彥瑱為懷才不遇的譯官,故可推論到李容肅或李尚迪背後的一些考量,也是希望讓與自己相似身分與經歷的詩人之名可以得以留存於世。

無論是董文煥本人在日記中的紀錄,抑或是編輯《韓客詩錄》的資料,都充分說明他通過一些與譯官的交流機會,閱讀到譯官或譯官轉贈的詩集作品。由於朝貢使行活動提供的機會,朝鮮的譯官可以多次往返中國,並保持與中國友人之間的聯繫。而這些中國友人可透過如李容肅、[26] 卞元圭等譯官的幫忙,收集各種朝鮮譯官與朝

---

25 劉婧論文曾引該段,但其所引之內容與原文有誤,故應參董文煥:《硯樵山房日記》,頁174。
26 劉婧提到李容肅先後將李尚迪的《恩誦堂前後集》、李廷稷:《天籟詩稿》帶予董文煥,關於此,詳參劉婧:〈通過董文煥日記考朝鮮詩文集流入中國及朝鮮譯官的作用〉,頁262–263。

鮮文人的文集。在董文煥眼中，朝鮮譯官猶如詩壇交流的橋樑。李春姬特別提到在這時代的韓中文學交流中，是建基於同道與知己意識之下而產生的。朝鮮的譯官與董文煥等願意與李尚迪等譯官交往的清人，產生了共鳴以及互動的意識。[27]以董文煥為例，可通過無障礙的酬唱、文集、詩集的收藏以及寄贈，而在某種程度的意識，感受與體驗朝鮮文人的經歷，並對朝鮮文學與文化發展有著一定深入的認知。

譯官不只是限於傳遞書籍的中介，甚至是清人作為酬唱的對象。董文煥曾於咸豐年間作秋懷唱和八首，他本人提到：「辛酉夏，閉關習靜，吟詠自遣，性本幽憂，逢秋多感，良宵漸永，蟹緒無端，習習於中，不能自己，遂成八首，命曰《秋懷》，出以示人。顧齋見而善之，股評反歌，輒以呈海秋、魯川兩先生，俱蒙首肯。一時同人屬和遂多，人事好乖，吟侶俄復星散，既以出稟裝襲篋衍。」[28]秋懷本自唐宋以來，都被文人作為對於社會的困境而產生無力感，而通過詩詞作出抒發愁悶的意象，晚清複雜的社會自然對本有抱負與情懷的士大夫有所呼應，自然吸引到很多清人唱和董文煥的秋懷。董文煥的友人間傳示後，唱和的人相當多，而有趣的是，一些朝鮮友人包括李容肅、朴永輔（1808–?）、林致學、林鳳彬、李尚迪、趙徽林（1808–?）、卞元圭、沈鍾山等，將他們的詩作寄回給董文煥。而董文煥整理後，於1862年與1870年在他的書齋龍文齋先後刊行了《秋懷唱和詩》、《秋懷唱和詩續》。朝鮮友人當中得

27　李春姬：《19世紀 韓・中 文學交流：李尚迪을 중심으로》，頁36。
28　董文煥編、李豫、崔永禧輯校：《韓客詩存》，〈同治壬戌京城龍文齋刻秋懷唱和詩序言〉，頁224。

到一種秋懷的意象共鳴，也是因朝鮮同樣面對著相近的情況，他們彼此之間，通過詩作的交流，彼此之間得到了對應。而當中有回響的，如曾擔任使團成員的林致學等，也包括像李尚迪、卞元圭與李容肅等都是多次往返中國的朝鮮譯官。但當中更深刻的交流，則是李尚迪與李容肅兩位譯官。如1864年（同治3年，朝鮮高宗元年），李尚迪擔任譯官抵京便與董文煥見面，過程中贈予董文煥詩〈山海關中途中口占示清珊〉：「登渤碣嘆勞生，髀肉全消兩鬢明。古戍草深多牧馬，荒村花落未聞鶯。自期誓墓將終老，不道乘槎又遠征。只有故人重見日，不遵春酒證蘭盟。」[29]

從後來的歷史脈絡來看，李尚迪回國後不久便逝世。而他詩中也可看見，他提到自己年華老去，仍需遠赴北京，但是能夠有機會與故友董文煥見面，還是在其此生涯中有所慰藉。而董文煥的日記也記載了在1864年3月與李尚迪見面時與交往的經歷：

> 三十晴，同顧翁赴伯寅邀陪朝鮮李藕船，飲暢譚竟日，同坐者實大蓉州，午橋若農香濤誼亭海老，伯寅示其新刊王孟調明經西鳧草，藕老贈朴氏竹西詩稿一冊，並索書楹聯橫幅。藕老此來，凡十二度矣，亦罕事也。宜亭擬繪春明餞春圖，同人分題，其後即用藕老途中口占韻，與顧翁夜話。[30]

過程除了兩地文人的直接交流以外，書畫互贈、酬唱也是交流的重要方式。董文煥亦因而回贈李尚迪一詩：「婪尾初殘夏已生，

29　董文煥編、李豫、崔永禧輯校：《韓客詩存》，〈同治壬戌京城龍文齋刻秋懷唱和詩序言〉，頁219–220。
30　董文煥：《硯樵山房日記》，〈同治壬戌京城龍文齋刻秋懷唱和詩序言〉，頁420。

無端此會又春明。空將幽夢留芳蝶,不耐閒愁怯曉鶯。帝裡春仍前度別,關門人是隔年征。彼圖莫嘆垂垂老,會向花間續舊盟。」[31] 從李尚迪的經歷為例,李尚迪因其譯官身分來往中國12次,[32] 對董文煥這位清代文人來說,也知道是很罕有的事情。李尚迪每次都有贈冊的習慣,這次的見面,董文煥便從李尚迪手上獲得朝鮮文人朴竹西的文集。[33] 清人可通過朝鮮譯官的眼光及其網絡,而對朝鮮的社會與文化有某程度的瞭解。[34] 值得留意的是,二人早於這次見面前,已有緊密的交流,而李尚迪的學生李容肅也因此與董文煥保持聯繫。在日記不難發現相關記載:「初十晴午後,海客李菊人同其副使朴錦齡、嗣漪園過,留飲暢譚。」[35] 李容肅並不只是自己單獨與董文煥交談,而是邀請他同行的使節朴永輔一起與董文煥暢談,在此可說明譯官的職責和特殊身分,形成他們獨有的網絡,使兩地間文人得到機會交談。而從此脈絡觀之,他們因此便在清人的作品與日記中,留下了不少的記憶與作品,而清人憑藉與他們交談,亦可認識更多與朝鮮相關的社會情報、生活形式,以及文學創作。

31　董文煥:《硯樵山房日記》,〈饒春圖為朝鮮李藕船題同次原韻〉,頁385–386。
32　李氏第一次擔任譯官是在朝鮮純祖29年(1829)出發的冬至兼謝恩使行,最後一次則是朝鮮高宗元年(1864)告訃請諡兼承襲使行,橫跨30多載。關於此,華文研究中,以溫兆海的列表,最為方便讀者瞭解李尚迪的出使情況。詳參溫兆海:《朝鮮詩人李尚迪與晚清文人交流研究》,頁1–2;李春姬:《19世紀 韓‧中 文學文流:李尚迪을 중심으로》,頁53–54。
33　朴竹西並非傳統的兩班貴族,故與李尚迪等譯官的身分背景更為接近,關於此詳參元珠淵(원주연):〈박죽서 시에 나타난 그리움의 세계〉,《한문고전연구》,第22卷(2011年),頁149–168。
34　像黃爵滋(1793–1853)、葉名灃(1811–1859)等當時清人名家,均藉著認識董文煥的關係,瞭解李尚迪的文筆,並藉此酬唱與回應。因此,可以瞭解官所塑築的文學網絡,不限於所對唱的清人,也包含其背後的文化與文學團體與網絡。關於他們的詩作,詳參董文煥編、李豫、崔永禧輯校:《韓客詩存》,頁97–102、104–107。
35　董文煥:《硯樵山房日記》,頁168。

就此，讀者很容易產生了疑問，何以董文煥日記所記的朝鮮客人以及文學創作對話的主要都是譯官，或是譯官選擇的詩人？譯官從什麼時候開始，不再單單被視為富商、情報收集的形象，而是成為朝鮮文學的代名詞呢？就此，劉婧提出的觀察很值得留意：

> 朝鮮後期譯官階層經濟上的富有，必然促使他們文學活動上的活躍。他們的文學活動在朝鮮內主要體現為詩文創作、詩社活動、編撰詩文集和中人階層的選集等方面。例如，譯官階層組織詩社的同時也編撰了《昭代風謠》、《風謠續選》、《風謠三選》等規模較大的詩選集。當時這些詩選集的編撰不僅表明他們在文學素養上的提升，同時，在書籍刊印裡是大士夫階層專利的朝鮮社會，也顯示出譯官階層在經濟上的實力。[36]

劉氏所舉的想法，李春姬亦有提及相關的分析，而李氏更進一步補充，指出譯官的漢語能力也是關鍵，李氏列舉了《通文館志》中，朝鮮後期譯官所閱讀的書籍來證明相關的能力，與此同時也提及到貿易為譯官帶來的知識生產。[37]

不過，除了語言與財富以外，更重要的是，因朝鮮是一個基本上通過世襲與家庭背景，來維繫原來身分的社會，故譯官很難在朝鮮社會得到身分上流的機會。從這種背景的分析，可瞭解譯官面對職責與社會的無力改變，固然轉投於尋求立場與氛圍更加貼合的環

---

[36] 劉婧：〈通過董文煥日記考朝鮮詩文集流入中國及朝鮮譯官的作用〉，頁270–271。
[37] 李春姬：《19세기 韓·中 文學文流：李尚迪을 중심으로》，頁37–42。

境，故通過創作，希望尋求更多人的認同，這亦是朝鮮的閭巷文學在18世紀興起的原因。因此，一些像高時彥所編的《昭代風謠》、[38]洪世泰的《柳下集》等書的出版，也象徵著士大夫之外的平民與中人為中心的漢文創作委巷文學的興起。譯官在原來的工作以外，獲得了一個機遇，展示自己的能力、水平，擴闊了譯官於朝鮮社會的文化活動空間。[39]而閭巷文學的其中一個特徵，是他們的面向不只是朝鮮民間，也通過譯官的網絡，將這些作品，帶到中國，讓清人得以認識朝鮮的文壇。如上述所提及的文學作品所形成的文壇風氣，實際上反映譯官藉著原來的身分所獲得的語言、權力以及財政的機遇，使他們得以在文學交流上也擁有中介人的身分。而董文煥亦通過這些譯官的幫助，獲得了珍貴的書稿、掌握了文壇的情況，更重要獲得了深刻的交談，我們雖然無法看見董文煥最終如何評論譯官詩作，但從行動面的觀點來看，董文煥有意編輯此書，其實已經可看到他對朝鮮的文壇感到相當大的興趣。

---

38 一位兩班官員李得臣（1742–1802）閱讀過昭代風謠後指「多清新雋警語，意謂國朝右文之化。」黃宅厚：《華谷集》，收入民族文化促進會編：《韓國文集叢刊》（首爾：民族文化促進會，2003年），冊209，李得臣：〈華谷集序〉，頁1a。《昭代風謠》是高時彥聯合蔡彭胤（1669–1731）所編的，主要是收錄一些兩班以外的一般百眾茶餘飯後聚集的詩會內容，故當中不少譯官與非士大夫群體的成員在這些詩會之中，參與一些漢詩的創作。平民與中人之分野一般在於漢文的閱讀與運用，故一般來說委巷文學所相對的概念便為中人的創作。關於此，詳參閔丙秀（민병수）：〈朝鮮後期 中人層의 漢詩研究〉，《東洋學》，第21輯（1991年10月），頁155–174；另參簡江作：《韓國歷史與現代韓國》（臺北：商務印書館，2005年），頁132–133。

39 許敬震（허경진）：《조선위항문학사》（首爾：태학사，1997年）。

三、譯官李尚迪與清人的朝鮮認識形塑

董文煥的例子讓我們瞭解到清人可以通過他的朝鮮譯官好友，建構文化網絡，讓他或其他人更能瞭解朝鮮的文壇與文人風氣，其中李尚迪是董文煥接觸較多的朝鮮譯官。李尚迪，字允進、惠吉，號稱藕船先生，是朝鮮晚期重要的一位譯官。他出生譯官世家，父親李命裕是漢學譯官，而生父李廷稷也曾擔任司譯院的僉正，他本人則在1825年（道光5年）考獲朝鮮的譯科一等及格。[40] 據瞭解他曾出使12次，平均每3年來華一次。據李春姬與溫兆海等人的研究與整理，[41] 共超過100位清人曾有和李尚迪交遊的痕跡，[42] 當中又以文人的風格、學術與地域所在分為阮元學派、[43] 常州文人、[44] 桐城派、[45]

40　司譯院編：《譯科榜目》（서울：서울大學校奎章閣韓國學研究院藏，古4650-4），卷2，道光乙酉式年條，頁26b。
41　關於李尚迪的研究華文、韓文學者也有不少先前的研究，如鄭俊洙（정후수）：《이상적시문학연구》（서울：東國大學校博士論文，1989年），華文則可參考孫衛國、李春姬、溫兆海等人研究。
42　李春姬以李尚迪的《懷人詩》、《續懷人詩》、《西笑編》為例整理其友人約為101人，關於此，詳參李春姬：《19세기 韓·中 文學交流：李尚迪을 중심으로》，頁86-88。
43　關於阮元研究，詳參 Betty Wei Peh-T'I, *Ruan Yuan, 1764-1849:The Life and Work of a Major Scholar-Official in Nineteenth-Century China before the Opium War* (Hong Kong: Hong Kong University Press, 2006).
44　關於常州文人各派群體，詳參周佳榮、丁潔：《天下名士有部落：常州人物與文化群體》（香港：三聯書店，2013年）；並參楊旭輝：《清代經學與文學：以常州文人群體為典範的研究》（南京：鳳凰出版社，2006年）。
45　桐城派是在清朝重視古文，並主張經世致用的文學派別。一般學者視方苞（1668-1749）、劉大櫆（1698-1779）、姚鼐（1731-1815）等學者為桐城派的主要代表人物。關於桐城派研究，詳參王基倫：〈《春秋》筆法與桐城三祖方苞、劉大櫆、姚鼐的古文創作〉，《國文學報》，第51期（2012年6月），頁203-221；曾光光：《桐城派與清代學術流變》（北京：中國社會科學出版社，2016年）。

宣南學社（或稱消寒詩社）等，[46] 學界已有不同學者通過各種的面向，來瞭解李尚迪，並得到頗為豐碩的成果。然而，本作期盼以李尚迪的經歷為例，觀察李尚迪如何使清人藉著他的文學創作，形塑對朝鮮的社會、文化以及文學的認識。並通過他的詩詞、酬唱，讓清人瞭解他對朝鮮社會的想法。此可補充及回應過去學者所忽略的一個面向，就是一種通過中介作為文化形象塑造的交流史。

雖然李尚迪沒有如洪大容等士大夫撰寫燕行錄，但是通過其《恩誦堂集》的詩句大抵可瞭解他擔任譯官的經歷，除了途徑一般燕行所經之地，例如瀋陽、姜女廟、會寧嶺、山海關等，此外也需擔當一些情報收集的內容，李尚迪曾有詩提到：「日邊消息杳難尋，爆竹千門散積陰。燕柳含煙春色淺，唐花如雪客愁深。三盃灩灩傾藍尾，萬里懸懸隔素心。莫遣鷄人催箭漏，今宵一迄值千金。」[47] 此外，他亦在北京曾與中國人，就漢語發音問題與人交流：「一方自有一方音，謾把諧聲辨古今。心折傳翁曉人語，汀芒喚起顧亭林。」[48] 可見，李尚迪的一般工作與其他譯官無異。

以張曜孫與李尚迪的交往為例，可看出作為譯官的李尚迪與張曜孫交往後，張曜孫等清人可藉著李尚迪的感受與書寫，瞭解朝鮮人所面對的困難和所經歷的社會。張曜孫（1803–1863），字仲遠，江蘇陽湖人，為常州文人代表。父親為張琦（1764–1833），

---

46 他們主要是一批翰林院官員，而大多在宣武門外的地方交往，而燕行使節於北京大多聚居以及活動的地方亦是宣武門附近一帶的地方，因此他們之間在北京的空間之中，產生了一些文化認可。關於宣南文人群體研究，詳參魏泉：《士林交游與風氣變遷：19世紀宣南的文人群體研究》（北京：北京大學出版社，2009年）。
47 李尚迪：《恩誦堂文集》，卷5，〈燕館除夕　正使邀諸賓小酌　次杜共賦〉，頁5b。
48 李尚迪：《恩誦堂文集》，續卷10，〈燕館與人論華語〉，頁10b。

著有《宛鄰詩文集》等,其伯父為著名的詞學家與經學家張惠言(1761-1802),兩人並稱「毗陵二張」。雖然在文壇上,張氏家族得到一定的認可,但張曜孫家中並非富有,僅以行醫自給。自道光23年(1843)中舉,則開始在各地擔任知縣等地方低級官員,曾參與抵抗太平軍的戰役,張曜孫著有《謹言慎好之居詩》、《產孕集》以及未完稿《續紅樓夢》。

張曜孫本人在清人文壇之中並非最有代表性,但張曜孫的家庭卻是在清廷文壇頗為著名,其中最為人所認識的是他家中的母親湯瑤卿(1761-1831)、[49] 大姊張䌌英、[50] 二姊張䌌英等,他們都為著名的清代女性作家,且曾出版詩集,而三姊張綸英則是著名的書法家。[51] 曼素恩(Susan Mann)曾先後撰寫《綴珍錄》(*Precious Records: Women in China's Long Eighteenth Century*)及《張門才女》(*The Talented Women of the Zhang Family*)兩種書籍並分別以不同的研究方法來瞭解18至19世紀期間的清代女性作家,如《綴珍錄》以18世紀女性作為中心來重新探討婦女生活與清代社會變革的互動;[52] 而《張門才女》以微觀史學為研究方法,觀察居於江南常州的張門才女。Mann利用各種零散的史料重整家庭關係、社交網絡以

---

49 Susan Mann, *The Talented Women of the Zhang Family* (Berkeley : University of California Press, 2007), 9–61.
50 她是著名的晚清女詩詞家,特別能反映晚清的社會環境與文學思潮。關於張䌌英的文學成就,詳參林佳蓉:《常州才女張䌌英研究》(高雄:國立中山大學中國文學系碩士論文,2013年)。
51 曼素恩(Susan Mann)著,陳志明譯:〈張綸英〉,載劉詠聰編:《中國婦女傳記辭典:清代卷》(悉尼:悉尼大學出版社,2010年),頁220–221。
52 Susan Mann, *Precious Records: Women in China's Long Eighteenth Century* (Standford: Standford University Press, 1997), 201–226.

及情感生活,來瞭解清朝的女性才女或作家的私人世界、書寫模式以及女性視角中的社會。[53] Mann在論述中亦特別提到,這些張門女作家作品得以出版,實際上是張曜孫協助出版。[54]

張曜孫幫助他們家中的女性成員的作品出版過程中,實際上亦經過李尚迪等能夠多次往來朝鮮與中國的譯官,把這些作品帶到朝鮮半島,使朝鮮文壇對清廷女性視角可以有一定的瞭解。例如張曜孫的大姊張絪英的《澹菊軒集》通過了李尚迪,交予其老師金正喜,金正喜亦題詩肯定張絪英的成就:「廿四品中澹菊如,人功神力兩相於。墨緣海外全收取,讀遍君家姊妹書。」[55]而金正喜亦就張曜孫的三姊張綸英的〈綠槐書屋圖〉題詩:「閨藻天然古北碑,更從隸法點波奇。綠槐影裏傳家學,龍虎雄強屬黛眉。」[56]張曜孫家中的女性成員的文學成就,並非本作主要探索的對象,但是金正喜從來沒有與張曜孫見面,但卻在這種由譯官所築構的人際網絡中,彼此之間可以互相認識,以及為對方的作品題詞撰句。沒有見過張曜孫的金正喜卻知道張曜孫醫術高明:「張仲遠世守黃法。仲遠父子,醫理極精,第以燥土降逆煖水蟄火之法為問,得其藥方,並叩現證,

---

53 Susan Mann, *The Talented Women of the Zhang Family*, 62–129.
54 《澹䔥軒詩初稿》原由張曜孫出版,惜於太平天國之亂後,其版完全被燒毀。李尚迪從其書信往來之中,亦得知此事:「粵西烽焰延三房,傷心梨棗委灰塵。」李尚迪:《恩誦堂文集》,續卷9,〈仲遠重刻伯姊孟緹夫人《澹榮軒詩集》屬題一言〉頁3b–4a;並參林佳蓉:《常州才女張絪英研究》(高雄:國立中山大學中國文學系碩士論文,2013年),頁53–54。從此例可見,張曜孫是讓其家中的女性成員的詩作得以出版的關鍵,而這一點在朝鮮文人,特別是李尚迪的書寫之中可以證明。另外Susan Mann, *The Talented Women of the Zhang Family*, 121–122.
55 金正喜:《阮堂先生全集》,收入民族文化促進會編:《韓國文集叢刊》(서울:民族文化促進會,2003年),冊301,卷10,〈題澹菊軒詩後〉,頁9a。
56 金正喜:《阮堂先生全集》,卷10,〈題張曜孫四姊綠槐書屋圖〉,頁9a。

要一良劑似好，伏未知如何。燥土降逆之法，恐有相合處矣。卸却重擔，夬理閒裝，消搖林泉，寔爲勝服清凉幾劑，然未敢知果能諧此否。」[57] 這些例子背後所說明的是，一方面是金正喜在北京的名聲，已為人所讚譽，但更重要的是，李尚迪作為當中的中介人，使金正喜能被清人所認知，甚至是希望金正喜作為張曜孫出版家中著作的主要導讀及認證人。因此，李尚迪與張曜孫本人之間的關係，值得再作更深入的探討。

張曜孫本人雖然創作上不如家中的女性成員在文壇聲名顯赫，但可見張曜孫出生於這類詩書世家，其文學水平不容忽視。加上，本人亦因在北京長年生活關係，接觸各地士人，亦藉著文壇所形成的人際與社交網絡，接觸到朝鮮與其他文人團體，彼此之間保持著緊密聯繫。道光16年（1836），李尚迪擔任使團譯官，從朝鮮半島抵北京，當時李尚迪拜訪吳贊（1785–1848）。吳贊即張綯英的丈夫，當時吳贊所居的蔣園，位於宣南地區，是中朝文人之間交往的重要地點。[58] 因姐夫吳贊與李尚迪實屬好友，使張曜孫通過吳贊的人際關係，成為這次雅聚的成員之一。據李尚迪的《續懷人詩》中，便包括了吳贊的名字。《續懷人詩》、《懷人詩》等，是李尚迪用作「益寄懷海內朋舊之作也。」意思是指他利用詩句去回憶那些他到北京擔任譯官期間所認識的友人。換言之，通過李尚迪這些《懷人詩》，可瞭解他的人際網絡，例如詩集中包括了汪喜孫

57　金正喜：《阮堂先生全集》，卷3，〈書牘・與權彛齋〉，頁11a。
58　如文人朴永元（1791–1854），曾撰詩題他曾參與蔣園的餞春活動。關於此詳參朴永元：《梧墅集》，收入民族文化促進會編：《韓國文集叢刊》（서울：民族文化促進會，2003年），冊302，卷3，〈蔣園餞春後　和大始台見示韻〉，頁17a–b。

(1786–1848)、[59]黃爵滋（1793–1853）、吳式芬（1796–1856）、潘曾瑋（1818–1886）、潘遵祁（1808–1892）等，而當中少不了的當然是吳贊。李尚迪是這樣形容這場雅聚的：「白頭迭唱酬，好逑樂鐘鼓。竹裡芰荷香，留客共逭暑。欲將鷄絮哭，池館已易主。」[60]李尚迪所指的是吳贊當時提供了場地讓聚會客人彼此可以唱酬，亦因此張曜孫可以在這空間之中，能夠與李尚迪交流。

張曜孫在吳贊家中認識李尚迪，但卻在第一次見面時沒有深刻交流，故希望與他能夠再見面。幸而在翌年，李尚迪再次來華，這次張曜孫有機會對話。故他自言：「道光丁酉孟春與藕船仁兄相識，匆匆握別未暢所懷。越六月，復以使事來都，晤於客館。」[61]而張曜孫對於兩人交往的詩之中第一句明言：「清飆從東來，肅肅戾坷賓，披襟憶宿昔。」[62]其實簡單的一句詩句，已經可以瞭解到張曜孫對於李尚迪到來，並且能夠彼此交往的期盼。而張曜孫在寄給李尚迪的書信中多次強調的是：「得一知己，可以無憾。君以相許，僕何敢辭？」[63]表面看來，只是友人之間對於感情重視所表露的言語。

---

59 據《東鄰尺牘》中，汪喜孫寄給李尚迪的書函中曾提到：「前山泉（注：金命喜）書來索海內治齊魯韓三家詩，及公羊春秋之學者。今後張仲遠處，覺得魏默復（注：深，即魏源）《詩古微》及《劉申甫集》。申甫治公羊者也，容即面致，乞歸里轉交山泉，並乞寄語秋史侍郎。」從此處可以看到李尚迪與汪喜孫之間的交流，其中大前題與金命喜拜託汪喜孫幫忙，而汪喜孫則通過張曜孫聯繫之下，而獲得了金命喜希望得到的書籍。這裡反映關於此，詳參醉香山樓編：《海鄰尺牘》，哈佛大學燕京圖書館收藏手抄本，汪甘泉喜孫條，頁2a。

60 李尚迪：《恩誦堂文集》，續卷4，〈偉卿吳比部〉，頁11b。

61 張曜孫：〈喜晤李藕船即贈〉，收入《海鄰書屋收藏中州詩》（서울：서울대학교규장각한국학연구원장，古3441–40），頁5a。

62 張曜孫：《謹言慎好之居詩》（香港中文大學崇基學院所藏清光緒30年（1904年）刻本），卷2，頁1a。

63 醉香山樓編：《海鄰尺牘》（哈佛大學燕京圖書館收藏手抄本），張曜孫書信條。

但是,如將張曜孫的家庭與社會背景,再對比李尚迪的社會地位就可以發現兩人之間當中的書寫背後的關係。據孫衛國探討,張曜孫與李尚迪於吳贊之家見面時,並將雅會經過繪畫了〈海客琴尊圖〉,而張曜孫看後並將之自題海客琴尊圖,其句如下:

> 黃金台空馬骨死,此地胡為著張子。十年作賦思問天,不信天門竟萬里。一車碾破長安塵,揮灑不惜丹壺春。士安多病輯靈素,扁鵲鬭技游齊秦。朝出都門暮九陌,溽暑嚴寒苦相逼。滿目瘡痍望救心,微權斟酌回天力。儒冠儒術誠無用,倒屣公卿絕矜寵。鹵莽時名得失休,消磨心力年華送。鶯花尺五東風天,玉驄金勒多少年。主人憐我苦抑欝(謂吳比部偉卿留客納涼之館),手闢三徑供流連。一笑紛紛皆熱客,歌笑無端激金石。野性難辭軫蓋喧,同心零落岑苔跡。忽然海客天外來,握手便覺忘形骸;飄流人海渺一葉,眼底直已無群材。招要裙屐蓬門開,勝賞那復辭深杯;高吟一篇琴一曲,天風海水浮蓬萊。歡宴方闌促征役,客歸我亦還江國;倦侶棲遲白下游,神交浩蕩滄溟隔。吳君知我憶舊遊,寫出新圖增感激;事業中年剩友朋,遭逢一例傷今夕。青山青青白日白,良會浮生幾回得;但結清歡便不孤,苦求知己終何益。披圖我正感索居,驛使忽送雙魚書;謫仙文彩秀東國(時適得朝鮮李藕船書,索作分書並刻印石),愛我翰墨如明珠。鯨波千丈招靈槎,銀台瓊館神仙都;揮弦獨賞伯牙曲,痛飲好臥長房壺。相攜世外足千古,局促塵壤胡為乎?

嗚呼，局促塵壤胡為乎，古來騏驥駞耳多鹽車（道光十九年三月張曜孫自題于白門節署，右拙詩呈政並乞題賜征詠）。[64]

據孫衛國所指，這首詩「清楚地交代了〈海客琴尊圖〉的來歷……深深地表達了結交李尚迪時的，他內心之激動」，他並以夫馬進洪大容與嚴誠之情所建構的東亞世界的「情」來闡述張與李之間的友誼乃東亞情的世界延續。[65]而溫兆海則所指張曜孫本人考科舉名落孫山的悲憤心情以及李尚迪讚許過張曜孫的文才，所以使張曜孫對李尚迪的到會有如此感動。[66]然而，兩篇文章沒有聚焦兩人之間彼此的身分與遭遇才會產生如此的情感。在張曜孫寄贈〈海客琴尊圖〉後，並請李尚迪接受，為〈比屋聯吟圖〉和〈海客琴樽圖〉題詩，李尚迪當然亦欣然接受：

有酒如澠琴一曲，竹深荷淨無三伏。（丁酉夏君與余讌集于偉卿，留客納涼之館）醉來握手貴知音，後會寧歎難再卜。青衫何時滯春明，書劍飄零誤半生。痛飲離騷為君讀，大海茫茫移我情。[67]

李尚迪一句「醉來握手貴知音，後會寧歎難再卜」感歎因地緣問

64　張曜孫：《喜唔李藕船即贈》，收入《海鄰書屋收藏中州詩》，頁7a。
65　孫衛國：〈清道咸時期中朝學人之交誼：以張曜孫與李尚迪之交往為中心〉，《南開學報（哲學社會科學版）》，2014年第5期（2014年9月），頁100。
66　溫兆海：《朝鮮詩人李尚迪與晚清文人交流研究》，頁121。
67　李尚迪：《恩誦堂文集》，卷7，〈張仲遠　曜孫　囑題比屋聯吟海客琴樽二圖〉，頁1b–2a。

題，兩人估計難以有再見面的機會，而後面的一句「青衫何時滯春明，書劍飄零誤半生。」更明確指自己因讀書，在外做官浪費了半生時間。李尚迪背後當然說明的是同情張曜孫與自己因功名方面浪費了時間，卻得不到人所肯定之感歎。張曜孫所面對的現實悲哀，以及知音難覓，無法在清朝社會找尋到認同。反而張曜孫在李尚迪這裡獲得了安慰與滿足，只要再將李尚迪的背景與身分並排來看，就可瞭解張曜孫何以與李尚迪呈現這樣的情感，而李尚迪亦對他的想法有深刻的回應。李尚迪作為譯官，即使文采頗受清人文壇歡迎，但畢竟他只是中人階層，未能因各種貢獻，獲提拔為兩班，而兩班亦未有對他的詩作高度欣賞與評價，這是受制於朝鮮社會階級制度下的譯官命運。所以身分為中人的李尚迪曾寫詩道：「記曾身慕御爐烟，捐棄空箱值幾錢。但向酒家償宿債，一蓑歸老白鷗邊。」[68]慨嘆自身地位卑微，可見在思想上李尚迪對於自身無法獲得更高的待遇有所失望。

　　因此，當面對同樣情景的張曜孫，故能放心與李尚迪大談此問題，而李尚迪亦有所感同身受。由此可見中人譯官的身分使這些失落於科舉的清文人，能夠對對象作出抒發，而往往有所回應。此點似乎是過去學者未有特別注意的。而事實上，不少與李尚迪等譯官有深交的文人，實際上大多也是在仕途上並非一帆風順，故此譯官被這些清代文人所留意，並且嘗試進行交流，並留下各種書寫，背後關鍵的因素是譯官能夠感受到他們的失落、慨嘆與迷茫，他們有著共同命運的想像，故彼此之間的感情變得特殊，也成為後人所讚

68　李尚迪：《恩誦堂文集》，續卷2，〈典朝衣〉，頁10a。

頌的因由。而兩者之間的感情由此而產生，張曜孫再創作〈海客琴尊第二圖〉時，並再之邀請李尚迪題韻：

> 十載重揩眼，西山一桁青。題襟追漢上，修禊續蘭亭。顏髮俱無恙，莊諧輒忘形。今來團一席，昔別隔層溟。記否懷人日，依然逐使星。馬諳燕市路，槎泊析津汀。往跡尋泥雪，良緣聚水萍。延陵佳邸第，平子舊居停（讌集於吳偉卿比部留客納涼之館，時中遠寓此）。凍解千竿竹，春生五葉蓂（時乙巳新正五月也）。勝流皆國士，幽趣似山烏。投轄從君飲，焦桐與我聽。盃深香灩灩，調古韻冷冷。此日傳清散，何人賦磬瓶。願言鍾子賞，休慕屈原醒。北海存風味，西園見典型。古歡等觀樂，中聖劇談經。文藻思焚筆，詞鋒怯發硎。已知交有道，矧感德惟馨。海內留圖畫，天涯託性靈。百年幾相見，萬里即門庭。[69]

譯官和其他士大夫不同的情況是，他們可以有回到中國的機會，並再次與他的友人見面，延續彼此之間的話題。朝鮮士大夫也許與清人亦有交往，但可能最終只有能依賴書信延續，始終不及與譯官交談深刻。雖然學者忽略譯官的人際網絡，但是譯官身分所築構的文壇網絡其實存在並對兩地文壇有深刻意義。

譯官不只是瞭解朝鮮文化與社會的渠道，清人也視譯官作為兩地文物傳遞以及文人溝通的橋樑，如著名的金石學家劉喜海（1793–1852），在編其《海東金石苑》時，他已認識了不少重要的朝鮮金石

69　李尚迪：《恩誦堂文集》，卷9，〈追題海客琴尊第二圖二十韻〉，頁3b–4a。

學專家,如金正喜、金命喜、趙寅永(1782–1850)等。據朴現圭的研究解釋到何以劉喜海會與朝鮮士人,特別是金正喜兄弟有相當密切的聯繫,他指出:

> 查閱朴齊家和金正喜,紀昀和劉氏的關係,由他們之間的關係,金正喜有機會結成了與劉氏一家之間的因緣。年輕的朝鮮學者朴齊家,到中國時,拜見了當時的大學者紀昀;此時紀昀已經是六十七歲的高齡,但他不顧年齡差異,格外喜歡朴齊家的學問和人品,而與朴齊家進行了學問交流;朴齊家回家以後,通過外交使臣,給他寫信,表達對他的懷念。他們之間的交流,在當時的朝鮮朝廷和文壇上認為一種特大好事。
>
> 紀昀是劉統勳(劉喜海曾祖父)的門生弟子,與劉墉(劉喜海祖父之兄)為朋儕,與劉鐶之(劉喜海父親)是同年(同年進士)。他經常與劉墉一起欣賞書畫,接了劉統勳的贈與硯臺,當時紀昀與劉家有密切的關係。金正喜以朴齊家為老師,修養各種學問,比其人人更早認識中國文化,而且因介紹而在北京認識劉氏一家等中國學者。
>
> 後來,金正喜以子弟軍官的身分,到中國時,與平日敬仰對金石學、書法名望高的劉氏一家結成了因緣。[70]

因此金正喜與劉喜海彼此之間通過了師緣與家緣,在北京相見,建

---

70 朴現圭:〈《朝鮮書目》介紹及關於劉喜海與朝鮮學者之間交遊的研究〉,《慕山學報》,第8輯(1999年6月),頁59–104。

立了緊密的文化聯繫。然而,金正喜此程之後,並再沒有機會遇到劉喜海。到底他如何可以把朝鮮的金石學材料收錄在他的著作中?畢竟當時的朝鮮人不能經常往來北京,他們不可能自行把材料親手交付給劉氏。[71] 但在劉喜海自己編的《海東金石苑》之中,寫的序文提及他們如何把朝鮮碑文拓本送給劉喜海:[72]

> 麥宗巡狩日,光大二年秋。遺蹟搜黃草,殘碑冠海陬。濟麗無此作,歐趙未曾收。誰復編金石,臨風憶舊游。道光辛卯,劉燕庭方伯輯海東金石苑,首載此碑。屬余書序文,近聞燕庭身後,其書亦湮沒焉,可勝愴惜。[73]

據藤塚鄰(1879–1948)保留的金正喜材料之中,也說明李尚迪就是把他們所擁有的材料及拓本送給劉喜海的關鍵媒介。[74] 他發現劉喜海

71　趙寅永、金正喜等也只是因家庭因素,而偶爾獲得機會參與使行之中。趙寅永只有在1815年擔任子弟軍官,隨其堂兄趙鐘永(1711–1829)前往北京;而金正喜則隨著父親金魯敬(1766–1840)。
72　劉喜海:《海東金石苑》,收入《叢書集成續編》(臺北:新文豐,1989年,據1873年觀古閣叢刻本影印),冊93頁2a。
73　李尚迪:《恩誦堂文集》,續卷8,〈小棠索題新羅眞興王巡狩碑拓本〉,頁6a。
74　藤塚鄰原於東京帝國大學支那哲學科畢業,亦曾留學中國學習漢文,1926年他始擔任京城帝國大學教授,專門負責支那哲學、支那語學、支那文學等,期間完成其文學博士學位論文,題目為《朝鮮的清文化的傳入與金阮堂》。1940年他於京城帝大退休回到日本,先後擔任東京文理科大學、大東文化學院、東京高等學校等,1948年於東京逝世,終年70歲。他在朝鮮半島期間,搜集了大量有關金正喜在清朝結交的好友往來的書信以及各種文學創作,並將之整理以圖瞭解金正喜如何將清朝當時的文化,如考據學、經學等傳入朝鮮半島,是首位現代學術意義上,以文化史視野說明金正喜如何利用中朝關係燕行活動,建構兩地的文化互動的學者。然而,大部分這些書信原件,都隨着二戰時東京大轟炸的影響下,被完全燒毀,故我們只能通過藤塚鄰的專書,來瞭解當中的書信內容。關於此,詳參藤塚鄰著,藤塚明直編:《清朝文化東傳の研究:嘉慶・道光學壇と李朝の金阮堂》,頁348–391。

與金命喜之間的書信中,看到李尚迪作為兩者交流的重要媒介,也解釋到金氏等人與趙寅永均將他們珍貴的拓本交由李尚迪轉遞。雖然今天只能轉引藤塚的材料,但仍可一窺當時李尚迪如何把劉喜海與金正喜之間聯繫起來。1829年(道光9年)9月,時任兩廣總督的阮元所編的《皇清經解》得以完稿,[75] 該書又稱為《學海堂經解》,共收73家,記書188種,凡1400卷,只「以人之先後為次序,不以書為次序。」[76] 該書被視為乾嘉學術的重要整理與總結,儒學經解集大成成果。金正喜與阮元一直有所聯繫,於是他得知《皇清經解》編妥後,便馬上聯繫阮元的長子阮常生,[77] 希望獲得該書。

阮常生慷慨答應,並委託當時於廣州的劉喜海把《皇清經解》從廣東運至北京後,將之轉交給朝鮮使者。因當時他們瞭解到將書信、物品傳至朝鮮,均需通過朝鮮的燕行使團,劉喜海因認為此書珍貴,故不敢尋找不相識的人員協助,當時劉喜海撰信予金命喜時提到:

> 再啟者,阮雲臺先生,有寄令兄《皇朝經解》一大麓,前小

---

75 18世紀的經學與考據學在清朝文壇中興起。當中以乾嘉學派為主軸。清初經學從理學的主流轉向辨偽為主的清初經學,而乾嘉之間則從辨偽的經學轉向於以小學、名物考訂為主的乾嘉經學,故此為乾嘉學派之由來。乾嘉學派中又以江南,特別是揚州學派最為傑出,被視為實事求是的傳統,而阮元被視當中重要一員及代表。關於乾嘉學派研究,可參考賴貴三:〈清代乾嘉揚州學派經學研究的成果與貢獻〉,《漢學研究通訊》,第76期(2000年11月),頁588–595。
76 阮元:《皇清經解》(臺北:復興書局,1961年),卷1,頁1a。
77 阮常生實為其姪輩,因阮元妻江氏卒,當時阮元父便以族子常生出為江氏出,故實為其養子。李尚迪一直作為阮常生與金正喜之間的橋樑,阮常生在書信中曾提到:「蒙示願悉,令業師金秋史仁兄望為致意。恕匆匆不及寄函矣。家刻六種聊以報命,望察權此。覆諸惟朗鑒不具。真州阮堂生啟。」醉香山樓編:《海鄰尺牘》,阮伯長常生條,頁30a。

雲出守永平時，北將此書交存弟處，本擬此次貢使東歸，託其帶交，奈三行人，俱與弟不相識，無緣托寄，悵甚悵甚。望閣下將此轉致長令兄，並囑令兄，今冬覓一便人，持書至弟寓，取歸此物，可耳，又及。[78]

因此，1831年李尚迪帶著金正喜的信件與劉喜海見面，確認金正喜希望拜託的人就是李尚迪，在劉喜海手上取到《皇清經解》。劉喜海便把《皇清經解》交給李尚迪後，亦向金正喜交代了此事：「秋史仁兄閣下，九月杪藕船來，交到手翰，雒誦再三，如親謦欬，藉諗興居如意，心跡雙清，頓恥遠懷，是勝抃頌，承惠法書便面，並妙香寺碑，收到，謝謝……經解一書，已交藕船，囑其妥為捆載，望即檢收。」[79]李尚迪是年便把《皇清經解》，大約1831年末至1832年初，使金正喜得以閱讀。而同時期的百科全書式學者李圭景曾提到阮元編的《皇清經解》東傳的情況：

此後今閣學阮筆經元，有《皇清經解》幾卷。謹按王考青莊先生《盎葉記》，正廟戊戌，沈涵齋念祖使燕，購朱竹坨《經解》，今藏于大內皆有窩。阮筆經《經解》亦入我東云，然姑未知誰所藏棄。[80]

---

78 藤塚鄰著，藤塚明直編：《清朝文化東傳の研究：嘉慶・道光學壇と李朝の金阮堂》，頁381。
79 藤塚鄰著，藤塚明直編：《清朝文化東傳の研究：嘉慶・道光學壇と李朝の金阮堂》，頁384。
80 李圭景：《五洲衍文長箋散稿》（서울：서울大學校古典刊行會，1966年），下冊，卷58，頁854–856。

趣的是當時李圭景不知道誰藏該書,[81] 從此可推論當時李尚迪以私人身分幫助自己的老師而暗地處理此事。無論如何,李尚迪因此事與劉喜海結成好友,自此李尚迪亦成為了劉喜海尋求朝鮮各種古碑拓本的重要媒介。[82]

劉喜海最初對李尚迪有所懷疑,但不久卻完全信任,甚至是劉喜海請求李尚迪為他的《海東金石苑》撰寫書序與題詩,背後李尚迪亦指出各個譯官為此書完成的關鍵人員:

燕庭今歐陽,千卷藏金石。奎光照眉字,嗜古成痼癖。

剔秦鳳漢雨,臨碧碣禹畫。編摩厥有書,尚嫌寰宇窄。

象罔求海珠,旁蒐窮貘貊。荒碑拂苔蒼,殘幢剔鐵赤。

---

[81] 李圭景所寫的《五洲衍文長箋散稿》,被視為朝鮮中後期的「百科全書」。儘管李圭景的長箋有很多有價值的資訊,但是圍繞著他本人的經歷及想法的研究,在學界並不多。如鄭州大學的黃卓明探討李圭景對《說文解字》的認知,並從其〈說文辨證說〉證明朝鮮時代知識分子對《說文解字》的研究程度和研究水準。詳參黃卓明:〈李圭景《說文辨證說》探微〉,《長江大學學報(社會科學報)》,第35卷第8期(2012年8月),頁65–67。除此之外,李圭景亦對詩歌有很多的認識,亦有學者對此作研究。不過,關於李圭景本人的想法,以及有關他對技術上、習俗上及其他文化層面的話題,在韓國學界之中,當然亦有一定的研究成果,但是討論的空間仍十分廣闊。1992年就有一篇成均館大學韓國哲學科碩士論文提及到李圭景的實學思想,論文作者用林善英以《五洲衍文長箋散稿》作為探討對象,以展示李圭景的實學思想的發展及特點。林善英(임선영):《五洲 李圭景의 實學思想 研究》(서울:成均館大學校韓國哲學科韓國哲學專攻碩士論文,1992年)。而2009年,成均館大學漢文學科博士畢業生金菜植亦以《五洲衍文長箋散稿》為中心,聚焦李圭景的學問及其博學精神。詳參金菜植(김채식):《이규경의『오주연문장전산고』연구》(서울:成均館大學校漢文學科博士論文,2009年)。另外,筆者也曾就李圭景的西洋知識掌握作出了分析,詳參樂然:〈開港前朝鮮知識分子對西洋地理的認知與考辨:以李圭景和其《五洲衍文長箋散稿》為研究中心〉,《東西人文》,第2輯(2014年10月),頁105–130。

[82] 藤塚鄰著,藤塚明直編:《清朝文化東傳の研究:嘉慶・道光學壇と李朝の金阮堂》,頁385。

鰲藏集換鵝,興法存返璧。蜿蜿暹潮字,熊熊白蓮額。

千禩㳽羅麗,百編象儒釋。秋雲良同好,槧拓無今昔。

嘉貺替縞紵,萬里憑重譯。含咀遍麎鯖,補綴類瓠腋。

愛奇擴異聞,闡幽恐泯迹。繕寫付鈔胥,烏絲蠻牋白。

複壁供秘玩,一部當典冊。文物斯為盛,賴免青邱僻。

鯫生藉流芳,幸作燕南客。客牕識韻語,黃花澹將夕。[83]

詩中李尚迪提到劉喜海此書全憑譯官作出協助,得以成書,當中其實可闡述在近現代的東亞世界中,在外地的物品與文書,均需要媒介者作當中行動,而譯官則扮演此角。李尚迪詩集的另一首詩中亦曾提到此事:「一通車笠便忘形,文正之孫有典型。萬里才函心耿耿,十年重見髮星星。家聲黼黻傳清白,古學琳琅訂汗青。記否烏絲曾索字,塗鴉慚絕換鵝經。(君昔屬余書海東金石苑序,贈蘇詩一部為潤筆)」[84] 李尚迪訴說了劉喜海與他之間的友情,以及《海東金石苑》編訂的背景。而李尚迪對劉喜海找自己幫忙的決定,表現得相當高興。因李尚迪不受其譯官身分所限,借此獲得劉喜海的認同。而事實上,劉喜海曾與金命喜交往時,提到把書信轉交李尚迪處理是最為理想:「壬辰冬便,務祈惠我德音。俾釋遐想,是荷,

---

83 李尚迪:《恩誦堂文集》,卷2,〈劉燕庭輯海東金石苑　屬書題辭　兼索一言〉,頁8a–b;並參劉喜海:《海東金石苑》,〈題詞〉,頁1a。
84 李尚迪:《恩誦堂文集》,卷5,〈劉燕庭刺史薦卓異入都伴送琉球使臨別索贈一言賦贐其行〉,頁5b–6a。

即交藕船轉寄,似更妥也。奉覆金石各條,別詳別楮,專此,敬候近祉。」[85] 故清人對於譯官的身分相當重視,特別認同他們在文藝交流上的意義。而李尚迪對劉喜海編撰金石集也是特別深刻,故撰《懷人詩》亦提到:「好古劉燕庭,少無軒冕氣。言將一麾去,足支文墨費。平生金石錄,關心剞劂未。」[86] 可以看見李尚迪相當重視劉喜海的好古精神,而劉喜海亦藉著李尚迪的重視以及如此緊密的關係,從李尚迪方面取得各種朝鮮古碑或瞭解朝鮮學界情報與資訊。[87]

此外,李尚迪的著作在北京的出版,也許更能看到李尚迪的詩集如何被清人所重視,而清人也可藉著他的詩集瞭解朝鮮。據李尚迪自識,他指出《恩誦堂集》在琉璃廠出版的背景:

尚迪少承家學,壯資師友。粗涉文藝,略有撰著。上下三數十年,交遊唱酬遍海內外。屬草盈篋,而未嘗有收錄焉。頃者前席,承聆玉音,琅然吟誦臣舊作。繼以文筆之近,於中國頗嘉之。榮感惺悆,曷有至極!噫,古所謂藏之名山,傳之其人者,猶足為詞林文苑之所羨慕無窮,而況特受華袞於人主也乎!竊敢不計讕劣,手輯詩文若干卷,自署其首曰《恩誦堂集》,蓋紀恩也已。[88]

---

85 藤塚鄰著,藤塚明直編:《清朝文化東傳の研究:嘉慶・道光學壇と李朝の金阮堂》,頁384–385。
86 李尚迪:《恩誦堂文集》,卷3,〈劉燕庭喜海〉,頁6b。
87 呂佺孫和呂侶孫曾與李尚迪書信聯繫,希望李尚迪代為轉送一些朝鮮的書籍與文物:「祈有以教之,前承允惠東國海東三韓諸品古泉,東使來時,乞附便寄下,為幸行人倚裝,拉雜書此。」詳參醉香山樓編:《海鄰尺牘》,呂堯仙佺孫、呂星田侶孫條,頁13a。
88 李尚迪:《恩誦堂文集》,〈自識〉,頁2–3。

圖 4　佚名繪〈燕行圖・琉璃廠〉

據孫衛國分析:「從《恩誦堂自識》中,可以看出,李尚迪之所以編輯文集,乃是因為被朝鮮憲宗國王召見之時,憲宗曾吟誦其詩,他深受感動,故而1847年在北京期間,他開始編輯詩文集,取名為《恩誦堂集》。」[89] 如翻開恩誦堂集的其他部分,《恩誦堂續集》的封面,是由一位清人「大興劉銓富」為此書署名,又有吳昆田贊李尚迪像,孔憲彝為其贊所書:「其氣春溫,其神秋清,詩成千首酒百觥,高山大澤深呻閟,使車十度來上京,豪長者倒屐爭相迎,伊川巾東坡笠吾呻想先生。」(見圖5)[90] 這些例子可反映清文人對李尚迪的文彩相當的欣賞,而李尚迪甚至請來一位清朝文人許宗衡為此

89　孫衛國:〈清道咸時期中朝學人之交誼:以張曜孫與李尚迪之交往為中心〉,頁110–111。
90　孔憲彝:〈恩誦堂集畫像〉,收入李尚迪:《恩誦堂文集》。

書作序,在許宗衡的序中道出李尚迪詩集在北京得以出版的原因,同時亦解釋了李尚迪的詩集何以在北京出版:

> 李君藕船,以賀正旦來京師,遂同止而觴焉,君凡十至京師,與孔君為舊交,而葉君潤臣、馮君魯川、潘君伯寅,亦先後各以文讌相酬。接余與李君竹朋吳君稼軒、王君少鶴、張君良哉,則初見也坐間。君以詩索席,孔君屬余為之。余既憖弗文,且初識君,又未盡觀君之詩,安敢序。然國家聲教之訖,友朋應求之,故文字之,感既契於同心,切劘之義,無間於異域,海天頏洞恍惚如舊相識,序亦何敢辭。[91]

圖5 李用霖摹〈藕船先生像〉

---

91 許宗衡:〈序〉,收入李尚迪:《恩誦堂文集》,續集,頁1a。

從許宗衡的說明，李尚迪多次往來北京，在北京既有舊交亦有新友，即使李尚迪生於「異域」，亦無損兩地之間的友誼。由此可見李尚迪的詩，讓他交得一批北京的清人，因此自然通過認同其文才的清人，在北京出版，對李尚迪的成就是一種認可，與此同時許宗衡說明這些清人認同李尚迪的詩能夠協助他們認識朝鮮情況，許氏續指：「詩之為教，其實契於神明，而顯徵於事物，其託詞於諷諭，而歸義於忠孝，深之於學問，積之於閱歷，本天理之感，召達人心之微，茫其所散布為境且萬而窮原竟委，靡不本乎情之真，因其情之真，可以知其文之至。然則，余雖未盡觀君之詩，而君詩之善則無不可見也。」[92]

由此可見，清人大多對李尚迪的詩風及其意涵相當欣賞，而選擇在北京出版的李尚迪的詩集，一方面讓清人能夠通過他的詩集認識當時朝鮮的社會、文化以及風氣。例如在詩裡描寫燕行的經歷外，也提及一些朝鮮內部情況，例如他的老師金正喜的遭遇、[93] 朝鮮半島獨有的歷史文物與話題、[94] 朝鮮燕行使節前往北京的經歷等。[95] 這些有別一般清代文人所寫的內容，他在北京的好友可通過閱讀李尚迪在

92　許宗衡：〈序〉，收入李尚迪：《恩誦堂文集》，續集，頁1a–b。
93　如他曾撰寫了〈立春後一日龍湖訪金秋史學士〉、〈謝金秋史閣學贈墨蘭啟〉、〈奉輓秋史金侍郎〉等，來記述他與金正喜的情誼，同時亦通過各種詩句，說明金正喜被貶的經歷。詳參李尚迪：《恩誦堂文集》，卷1，〈立春後一日龍湖訪金秋史學士〉，頁7b–8a；卷2，〈謝金秋史閣學贈墨蘭啟〉，頁4a–b；續卷3，〈奉輓秋史金侍郎〉，頁10a–b。
94　如安市城、箕子墓等，詳參李尚迪：《恩誦堂文集》，續卷1，〈安市城〉，頁1b；續卷1，〈箕子墓〉，頁1b。
95　一般來說燕行使均在途中撰詩作句，從朝鮮的燕行文學角度來看，並非什麼值得一提的事情。但是，李尚迪詩集出版於北京，讀者不再只有朝鮮半島的文人，而是包括清朝文人。故朝鮮使者在中國寫下的詩，也成為了清朝文人認識中國不同地方的渠道。

北京出版的詩集,瞭解當時的朝鮮各種面貌。而另一方面,李尚迪作為譯官,在朝鮮國內不可能與身分較高的兩班和唱,也受到朝鮮身分的社會秩序困擾,無法發揮所長。因此李尚迪只能以張曜孫、劉喜海、許宗衡、孔憲彝等留京或路經北京的文人作為交流或抒發情感的對象,而這樣也有意無意地把譯官世界裡的朝鮮情況轉告予清人所知道。從上述的例子可見,清人眼中的譯官與過去朝鮮文獻之中關心的譯官有所不同,他們沒有受制於朝鮮社會的身分,而願意與譯官作深刻交流。與此同時,這些與譯官交流的文人,當中不少其實都是在朝廷或社會得不到認同,或有著深深不平或遺憾,但像李尚迪般的譯官,卻請他們寫序或題詩,[96] 使他們雙方引起更強烈的共鳴,這種共鳴使兩地的人能有更深刻交流,而這些清人便可藉著譯官,而瞭解到當時朝鮮社會,體會到譯官的困境以及譯官書寫與創作下的朝鮮文壇與社會風氣。

四、李尚迪與清朝文人對金正喜的關心

當譯官有如此巨大意義的媒介作用,他們的個人經歷對他們所引發的文化互動便顯得相當重要了。李尚迪一生最重要的老師,是〈歲

---

[96] 蘇州三傑之一潘世璜(1765–1825)的兒子潘遵祁(1808–1892)和潘希甫(1828–1893)曾向李尚迪求字:「前託仲遠求題次冊,並條翻一枋求書,想俱揮就。乞付讀茲,帶呈先大父盡蘭一聯,又別集一本、先嚴遺書一種(拙面)一握希鑒留之,另扇二枋,懇即賜揮行草數行,俄錄近作,尤妙此上藕船尊兄吟席。」醉香山樓編:《海鄰尺牘》,潘遵祁潘希甫條,頁23b。

寒圖〉作者金正喜。與金正喜的學術淵緣，也成為了李尚迪與中國人展開學術與文學對話的關鍵。宣南詩社、阮元學派等文人得悉李尚迪是金正喜學生，便邀請他參加雅會，又展開不同形式的文化交流。[97] 李尚迪對於他本人作為金正喜學生的身分，表現得相當重視。

李尚迪在〈奉輓秋史金侍郎〉裡，[98] 除了擄發受學於阮堂先生時的感受，也說明其師金正喜各方面的成就，[99] 特別提到「素心蘭又歲寒松」。其實反映金正喜對李尚迪來說，〈歲寒圖〉是他對金正喜最深刻印象的表述。金正喜繪此圖最初的目的，只是感激李尚迪不辭勞苦攜書至濟州，但是金正喜沒有想過，〈歲寒圖〉被轉化為中國人認識朝鮮社會以及他個人經歷的關鍵媒介。李尚迪基於譯官職務上的方便，容許中國人觀賞閱讀。換句話說，誰可成為鑑賞〈歲寒圖〉，決定權不在創作者金正喜，而在受贈者李尚迪。

金正喜系出的慶州金氏，在朝鮮時代屬於兩班貴族。生父金魯敬（1766–1837），因兄長金魯永沒有子嗣，將金正喜過嗣予伯父，

97　以張曜孫為例，衣若芬提到：「金正喜與張曜孫之父親張琦、叔父張惠言（1761–1802）相識，李尚迪因金正喜之故，於一八三六年於燕京結識張曜孫。」參衣若芬：〈睹畫思人：15至19世紀朝鮮燕行使的紀念圖像〉，頁67。

98　李尚迪：《恩誦堂文集》，續集卷3，〈奉輓秋史金侍郎〉，頁10a至10b。

99　李尚迪弟子金奭準撰〈李藕船先生傳〉，借用不同文人的用語來記述李尚迪一生，當中提到李尚迪是金正喜的高足：「嘗為金秋史侍郎高足，文望日隆。」見金奭準：〈李藕船先生傳（仿史傳集句之例）〉，收入李尚迪著、金奭準編：《藕船精華錄》（서울：서울대학교奎章閣韓國學研究院藏，朝鮮高宗六年刊本），序頁2a。參孫衛國：〈道咸間朝鮮通譯李尚迪與張曜孫家族之交往〉，收入氏著：《從「尊明」到「奉清」：朝鮮王朝對清意識之嬗變，1627–1910》（臺北：國立臺灣大學出版中心，2019年），頁452–454。關於金正喜藝術方面成就，另可參考金炫權（김현권）：〈秋史 金正喜 의 산수화〉，《미술사학연구》，2003年第12期（2003年12月），頁181–219；金炫權：〈추사 김정희의 묵란화〉，《미술사학》，第19期（2005年8月），頁35–67。

但金正喜與生父關係仍然相當密切。後來金魯敬受命為副使，[100]出使北京。金正喜早年深受朴齊家「北學議」的想法影響，曾賦詩曰：「慨然起別想，四海結知己。如得契心人，可以為一死。日下多名士，艷羨不自已。」[101]可見四海結知己的想法是不少18世紀朝鮮讀書人的共同心願。

　　1809年，金正喜時年二十四歲，初抵北京。因他擔任子弟軍官，並非使行的重要成員，無需兼顧各種禮儀或職責，使他有機會與當地文人結交。一些認識朝鮮文人的中國文人得知金正喜到來，也紛紛與金正喜相約交流，如乾隆年間進士曹江，是朝鮮文人柳得恭的好友。[102]當時像曹江般希望結識金正喜的士大夫人數並不少，得知金正喜來華後，如徐松、翁方綱父子、[103]阮元等紛紛與金正喜結交。當然，他們與金正喜的相遇並非出於偶然，而是一種中朝文人間的文化傳承。洪大容開啟朝鮮士大夫到北京結交名士的潮流，[104]朴齊家、朴趾源、柳得恭等踵繼其後。1810年金正喜到訪北京時，遇到的中國人有像曹江一樣的，過去曾與朝鮮士大夫交往，如朴齊家

100　朝鮮王朝實錄記載在1809年，金魯敬擔任冬至兼謝恩副使。見國史編纂委員會：《朝鮮王朝實錄》，《純祖實錄》，卷12，純祖九年十月乙卯條，頁49b。
101　藤塚鄰著，藤塚明直編：《清朝文化東傳の研究：嘉慶・道光學壇と李朝の金阮堂》，頁78。
102　關於柳得恭與中國友人的關係，參謝正光：〈嘉慶初年京師之學人與學風：讀柳得恭《燕臺再遊錄》〉，《九州學林》，第3卷第3期（2005年），頁220–242。
103　衣若芬：〈翁方綱藏蘇軾「天際烏雲帖」與十九世紀朝鮮「東坡熱」〉，《域外漢籍研究集刊》，第11輯（2015年5月），頁350–355；趙微：〈論金正喜與翁方綱的學術交流〉，《漢字漢文研究》，第8期（2012年12月），頁31–47。
104　《日下題襟集》，清朱文藻編，收入編者友人嚴誠、潘庭筠、陸飛與洪大容等朝鮮使節的交流與唱和，原藏北京大學圖書館及首爾大學奎章閣圖書館，2018年上海古籍出版社出版劉婧點校本。

與翁方綱見面,[105] 阮元是朴齊家與柳得恭的好友。[106] 可見這些中朝士大夫之間的交流,背後有互相緊扣的人脈關係網絡,成就了金正喜與不同學派士大夫的友誼。

金正喜期盼與中國人見面,原因有二:一是他能放下各種在朝鮮面對的困境;二是他在北京活動可以得到不少中國人的青睞。圖像與文字的互動,恰巧為我們印證了上述金正喜在京的想法與見解。當金正喜使行接近尾聲快要離京東歸前,一群文人在京設宴送別。據當時的圖像題記名單,除了雅集主人朱鶴年以及阮元,參加者還有李林松（1770–1827）、洪占銓（1762–1812）、譚光祥、劉華東（1778–1841）等。[107] 見面少不了贈書送字給金正喜,朱鶴年還畫了一張〈秋史餞別宴圖〉,描繪當天雅聚的盛況。從圖6可以看見,幾位身穿清服的文人與身穿朝鮮士大夫服飾的金正喜暢談,屋外還有人絡繹赴會。由此看來,朱鶴年他們對金正喜極為欽佩,因而流露了依依不捨的心情。

---

105 衣若芬:〈睹畫思人:15至19世紀朝鮮燕行使的紀念圖像〉,頁63–64。
106 艾爾曼:〈朝鮮鴻儒金正喜與清朝乾嘉學術〉,《世界漢學》,第14卷（2014年12月）,頁38–40。
107 雖然這些文人沒有固定的地域關係,像劉華東是廣東狀師,李林松是上海一帶文人,但無疑都是阮元學圈中人。阮元成為了中介者,使這些並非享有盛名的清朝文人都在金正喜的記憶之中。

圖 6　朱鶴年繪〈秋史餞別宴圖〉[108]

資料來源：果川市秋史博物館編：《秋史博物館開館圖錄》（果川：果川市秋史博物館，2014 年），頁 20–21。

從畫中人的服飾可以很容易分辨出誰是金正喜，因為只有一人穿著朝鮮官服，其他人則穿著清朝官服。[109]這群與金正喜雅聚的中國人，相當期盼金正喜前來，也不捨他即將回國。圖中刻意描寫有人從外趕往會場，可見大家對這次宴會是如何重視。雖然圖中沒有點明誰是阮元，但從圖旁的題句「勝會同集者，揚州阮芸臺」，[110]可知在宴會中阮元為座上客，也可見金正喜與阮元所建立跨地域的深厚友誼。

108　此為臨摹版，朱鶴年原畫，1940年李漢民臨摹，全畫大小22 × 324 cm。
109　衣若芬分析圖中人物，明確指出金正喜與阮元的位置：「朱鶴年以俯瞰的視角，畫怪石古松圍繞的庭園屋舍裡，五人聚桌而坐，一裡僕人侍立於側。五人中，頭戴笠子、穿著朝鮮服裝的人，即為金正喜。金正喜右側舉杯致意的人，想必為主人阮元。」參衣若芬：〈睹畫思人：15至19世紀朝鮮燕行使的紀念圖像〉，頁65。
110　果川市秋史博物館編：《秋史博物館開館圖錄》，頁21。

阮元與朴齊家、柳得恭是相交甚得的好友，這種互動網絡也使金正喜等朝鮮文人對阮元學術經歷有深刻的認識，因此金正喜也希望藉此次燕行與他相見，以圓其多年心願。[111] 阮元與金正喜相見，贈與所著書，金正喜說道：「此《揅經堂文集》之第六卷。庚午春，謁雲臺先生於泰峕雙碑之館，抽贈此卷，時原集未盡校勘矣。」[112] 即使書未校完，已迫不及待贈予金正喜，可見阮元對他是如何的看重。在思想上金正喜也受阮元的影響，何以見得？就在金正喜東歸以後，將原來常用的自號「秋史」改為「阮堂」。[113] 這點足以反映他希望向阮元致敬，也希望向他學習。金正喜回國後有〈我生九夷〉詩，反映他使華的經歷，特別說明阮元在文學、經籍、金石學等方面對他的啟發：

> 我生九夷真可鄙，多媿結交中原士。樓前紅日夢裏明，蘇齋門下瓣香呈。後五百年唯是日，閱千萬人見先生。芸臺宛是畫中覯，經籍之海金石府。土華不蝕貞觀銅，腰間小碑千年古。化度始自䁖蜳齋，攀躋緣阮並作梯。君是碧海掣鯨手，我有靈心通點犀。埜雲墨妙天下聞，句竹圖曾海外見。況復古人如明月，却從先生指端現。翁家兄弟聯雙璧，一生難遣愛錢癖。[114]

---

111 陳東輝：〈阮元在中朝關係史上的若干事蹟考述〉，《湖南大學學報（社會科學版）》，2006年第2期（2006年3月），頁43–46。

112 藤塚鄰著，藤塚明直編：《清朝文化東傳の研究：嘉慶・道光學壇と李朝の金阮堂》，頁114。

113 金正喜詩云：「攀躋緣阮並作梯。」按金正喜自號阮堂、寶覃齋，可見他仰慕阮元、翁方剛（覃溪），有心承繼。參衣若芬：〈翁方綱藏蘇軾「天際烏雲帖」與十九世紀朝鮮「東坡熱」〉，頁351。

114 金正喜：《阮堂先生全集》，卷9，〈我入京，與諸公相交，未曾以詩訂契。臨歸不禁悵觸，漫筆口號〉，頁18a。

金正喜撰此詩，是因為有感於身為「九夷」，有愧於「結交中原士」。這些中原士像芸臺與翁家兄弟，給予他很多啟發，使他獲益匪淺。朝鮮文人在18世紀以前明顯有「華在朝鮮，夷在清」的華夷觀念，但在金正喜的論述裡，卻自稱「九夷」，表明自己學識不及當時清朝名流如阮元、翁方綱等，並期待從他們身上學習。可見「實事求是」是金正喜的思想主導。他拋棄朝鮮社會氛圍下的華夷觀，視自己為中國文化與學術的承傳者。

然而，金正喜東歸以後，心情並不如他在中國時那麼愉悅。他回國後一直因安東金氏與豐壤趙氏之間的勢道之爭，[115] 面對多宗獄案。1840年，金正喜的政治與文化好友趙寅永（1782–1850）被安東金氏打擊，[116] 他也受到連累，流放濟州島。

流放濟州島是金正喜人生最感困擾與痛苦的階段，幸而還有學生遠赴濟州島探望，令他稍感安慰。舉例而言，他的學生許鍊（1809–1892），[117] 畫了一張〈阮堂先生海天一笠像〉，以蘇東坡流放海南島的經歷，來比照金正喜流放濟州島的遭遇（見圖7、圖8）。[118]

---

115 鄭後洙（정후수）：〈추사 김정희의 제주도 유배생활〉，《한성어문학》，第15輯（1996年），頁33–63。
116 當時政府的判刑見國史編纂委員會：《朝鮮王朝實錄》，《憲宗實錄》，卷7，憲宗六年九月辛卯條，頁12b。
117 許鍊是朝鮮前期士大夫許筠（1569–1618）的後人，號小痴、老痴、石痴。深受中國水墨山水畫家王維的影響，改名許維，視為一種藝術的繼承。
118 衣若芬：〈翁方綱藏蘇軾「天際烏雲帖」與十九世紀朝鮮「東坡熱」〉，頁356。

圖 7　許鍊摹〈蘇東坡笠屐圖〉(左)[119]　**圖 8　許鍊〈阮堂先生海天一笠像〉(右)**[120]

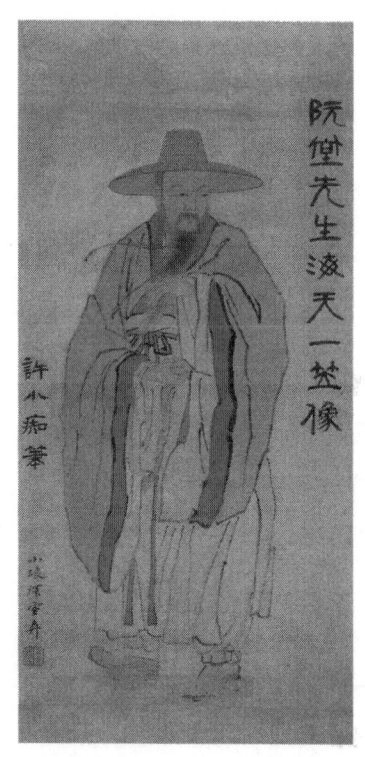

資料來源：果川市秋史博物館編：《秋史博物館開館圖錄》，頁 46。

資料來源：果川市秋史博物館編：《秋史博物館開館圖錄》，頁 47。

　　中國自宋代以來，像許鍊所摹的東坡笠屐圖有不同的版本在文人間流傳，如趙孟堅（1199–1264）的〈東坡硯背笠屐小像〉、唐寅（1470–1523）的〈蘇文忠公笠屐圖〉和李公麟（1049–1106）的〈東坡金山像〉等，都有一段流傳的歷史。而在朝鮮半島，蘇東坡得到

119　許鍊：〈蘇東坡笠屐圖〉，1847年，42 × 13.2 cm。
120　許鍊：〈阮堂先生海天一笠像〉，十九世紀，51 × 24 cm。

不同時代學者的欣賞與喜愛,「東坡熱」自高麗時代到朝鮮中後期依然不減。[121] 金正喜前往北京時,與好友翁方綱相會,得以飽覽翁氏所藏〈東坡笠屐圖〉,並且從中臨摹了一個吳歷(1637–1718)的版本。[122]

　　無論在中國文人還是朝鮮文人眼裡,東坡的笠屐形象都可以看作是一種在流放生活中超然面對現實環境的思想境界。蘇軾被貶瓊州,一直以穿著笠屐的形象為人所知,歸根究柢,這種造型是最適合在南方潮濕炎熱天氣生活的。但同時間這個造型在文人眼中展現蘇軾在流放期間仍能從容面對困境的心情,於是成為後世緬懷蘇東坡的重要形象。後來金正喜因勢道之爭流放濟州時,許鍊便以笠屐圖的形象呈現金正喜的處境。事實上,許鍊除了把金正喜所摹的吳歷版本再摹一次,更為他繪畫了〈阮堂先生海天一笠像〉,把他比喻為流放南方的蘇軾。許鍊不只是純粹把金正喜的遭遇比喻蘇東坡,而是把蘇東坡作為讓金正喜把自己情感投射的對象,用文字和圖像表達金正喜表露被流放的心跡,並提出某種政治訴求。[123] 許鍊選擇東坡笠屐像作為原來畫像主體來呈現金正喜的想法,也是基於他在

121　柳素真:〈高麗時期的「東坡熱」與李奎報詩歌〉,《東亞文化》,第50輯(2012年),頁75–152。像與金正喜同時代的李德懋,也常參考引用蘇東坡的思想與觀念。參尹浩鎮(윤호진):〈한국 한문학의 동파수용양상〉,《중국어문학》,第12輯(1986年12月),頁129–148。
122　姜慶姬(강경희):〈조선후기 崇蘇熱과 東坡笠屐圖〉,《중국어문학논집》,第65輯(2010年12月),頁415–431。
123　如毛文芳對比金正喜的自題小照與許鍊的畫後,提出「畫中人彷彿被帶回到700多年前北宋元祐年間東坡被貶謫的宿命裡」;而許鍊的畫像也能「以抒情寫志的理念為像主存留人生影跡與心悰」。見毛文芳:〈禮物:朝鮮與盛清文人的畫像墨緣及相涉問題〉,《中正漢學研究》,第28期(2016年12月),頁194。

北京的燕行，翁方綱讓他鑑賞東坡的真蹟，[124]而東坡當時也是因為政見不合流放海南的，這種畫像於是聯繫上了金正喜的學思背景，也是後來出現在〈歲寒圖〉的背景。

許鍊贈畫予金正喜，金正喜固然喜不自勝，但令他更加感動的，則是他另一個學生漢語譯官李尚迪，從中國給他帶來書籍。金正喜以當時流放的身分，根本無從買書。然而，李尚迪卻因職務之便，可以購入各類中國書。李尚迪每次探訪金正喜，都會帶去一些中國書，如桂馥（1736–1805）的《晚學集》、惲敬（1757–1817）的《大雲山房文稿》、[125]魏源與賀長齡合編的《皇朝經世文編》。為了投桃報李，金正喜決定畫一張〈歲寒圖〉送予李尚迪。然而師生之間的禮物，何以值得學界如此重視？特別是到底李尚迪為何及如何把書帶到濟州島？這個問題必須從〈歲寒圖〉具體的部分與創作過程說起。

圖9〈歲寒圖〉分圖像與文字說明兩部分：畫名為〈歲寒圖〉，是阮堂贈送給弟子李尚迪的，學界一般稱為阮堂〈歲寒圖〉，以別於東亞傳統裡其他的〈歲寒圖〉。〈歲寒圖〉三字旁是「藕船是賞　阮堂」六字，即金正喜贈予李尚迪。四個印章：「正喜」、「阮堂」、「秋史」三個是金正喜自號的印章，象徵他不同時期的身分與信念；另一印章「長毋相忘」在全畫的右下角，指的相信是李尚迪與金正喜之間的關係。此外，〈歲寒圖〉也有金正喜作畫緣由的題文。

124　李尚迪也曾閱賞翁方綱所藏王春波摹本，見李尚迪：《恩誦堂集》，續集卷2,〈題蘇文忠公笠屐圖〉，頁11a–12b。
125　補充一點，惲敬是張曜孫伯父張惠言的好友，他們同屬陽湖派，提倡古文，而又喜作駢文，與金正喜想法不謀而合。

該畫原大22.3 × 108.3 cm，李尚迪帶至中國，經友人鑑賞後，加上各種詩詞、題句，畫的長度延至1,388 cm。[126] 畫像的延伸，反映了在中國的再創作，使畫的內容更豐富，更有意義。

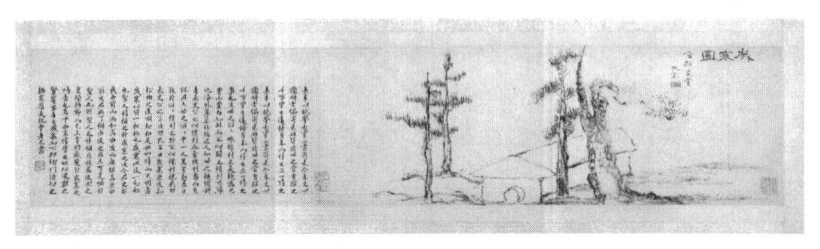

圖9　秋史〈歲寒圖〉

為什麼金正喜會將〈歲寒圖〉送給李尚迪呢？金正喜與李尚迪有師弟之誼，自然時相往還，但更重要的是李尚迪該次到訪濟州島時，帶給金正喜《晚學集》、《大雲山房文稿》、《皇朝經世文編》等書。這些書籍與經世之學、考據學相關，正是金正喜一直以來專心從事的學問。〈歲寒圖〉有以下文字敘述：

> 去年以大雲晚學二書寄來，今年又以藕耕文編寄來，此皆非世之常有。購之千萬里之遠，積有年而得之，非一時之事也。且世之滔滔，惟權利之是趨，為之費心費力如此，而不以歸之權利，乃歸之海外蕉萃枯槁之人，如世之趨權利者。太史公云：「以權利合者，權利盡而交疏。」君亦世之滔滔中一人，其有超然自拔於滔滔權利之外，不以權利視我耶？

126　果川市秋史博物館編：《秋史博物館開館圖錄》，頁52–56。

> 太史公之言非耶？孔子曰：「歲寒，然後知松柏之後凋。」松柏是貫四時而不凋者，歲寒以前一松柏也，歲寒以後一松柏也，聖人特稱之於歲寒之後。今君之於我，由前而無加焉，由後而無損焉。然由前之君，無可稱；由後之君，亦可見稱於聖人也耶。聖人之特稱，非徒為後凋之貞操勁節而已，亦有所感發於歲寒之時者也。[127]

可見金正喜有感於李尚迪不嫌他落魄，慨然伸出援手。[128] 金正喜引太史公之言為說，[129] 認為人會以權利去衡量各種事物，而李尚迪卻不著眼於權利，也不計較回報，殊為難得。他又引《論語・子罕》孔子曰「歲寒，然後知松柏之後凋也」，指君子在歷經亂世與逆境之後，仍能夠不變其節，值得人們欽佩。

文字的論述，當然已可窺探李尚迪在金正喜心中的重要地位；而再配合〈歲寒圖〉的圖像說明，更可見金正喜眼裡的李尚迪，怎樣使他如此感動及值得欣賞，從而決心創作〈歲寒圖〉贈予李尚迪。〈歲寒圖〉的構圖是這樣的：兩株松樹，右邊的老松樹向左邊年輕、筆直、茂盛的松樹傾斜，呈現依靠的樣子。老松樹有分叉分枝，一邊直接向天，一邊則有新葉在生長。松樹後面是一間小屋，屋有一扇月門。遠方兩株柏樹，枝繁葉茂。中國的文化傳統，松樹有壯志未酬的視覺表現傳統，而金正喜亦以松樹比喻自己的困境。但與其

---

[127] 金正喜：《阮堂先生全集》，卷4，〈與李藕船〔五〕〉，頁32b。
[128] 這不是特例，後來金正喜也寫信感謝李尚迪，原因是就算李尚迪使行時間不長，也將一些中國文人圖冊攜回韓國，例如這裡便提到：「槎期此迫，于橐于囊，已滿足。」見金正喜：《阮堂先生全集》，卷4，〈與李藕船〔七〕〉，頁34b。
[129] 司馬遷：《史記》（北京：中華書局，1982年），卷42，〈鄭世家贊〉，頁1777。

他〈歲寒圖〉不同的是，金正喜比喻自己為垂老的松樹，身旁卻有一株年輕、茂盛的松樹支撐著，象徵他在李尚迪的支持下活下去。再有一點，這不是單純的支撐，而是使他有如新葉那樣生長。兩株松樹，一老一幼，象徵著生命的延續。這點生命的感應，除了從文學上解釋李尚迪與金正喜的關係，更可看到是李尚迪的譯官身分為金正喜帶來如此感慨的緣由。

　　從整個文圖的互動以及背後的脈絡再全盤瞭解，可知李尚迪把從中國所得書籍，例如惲敬的《大雲山房文稿》、賀長齡與魏源編的《皇朝經世文編》等，送給金正喜，讓金正喜瞭解中國的經學與社會情況，使金正喜大受感動之餘，又得以延長學術生命。不過一個士大夫究竟如何得書？除了在書肆購買，也許是靠別人贈送。一般來說，士大夫聚書都不會以別人的贈書為主，於是唯有借助使團隨行者，如此方可得書，而譯官就是隨行者的其中之一。李宜顯曾提到，使臣買書需要譯員幫忙聯絡中國官吏。[130] 事實上，自17世紀以來，漢語譯官有很多得到情報與書籍的機會。他們負責安排禮儀，也會擔任齎咨官，[131] 為兩國之間的通信擔當媒介，故不像一般的士大夫，僅有一次機會參觀北京，體會中國文化。相反，譯官使行的次數極為頻繁，容許他們為朝鮮帶來重要書籍。[132] 如從這樣的背景

---

[130]　「譯官居其間，使臣欲購冊子，必使譯輩求諸序班，彼此互有所利，故交結甚深」。見李宜顯：《陶谷先生文集》，卷30，〈庚子燕行雜識下〉，頁21a。

[131]　「齎」有付給的意思，故「齎咨」實指傳遞信息，「齎咨官」也就是傳遞信息的官員。一般來說，齎咨官都是一些不涉重大事情的使臣，主要負責傳遞奏文、咨文，押解漂流人、向化人和犯越人等的任務。因需與中方朝廷官員對話交涉，故一般派遣的都不是士大夫，而是司譯院譯官。參李善洪：〈明清時期朝鮮對華外交使節初探〉，頁60。

[132]　哈佛大學燕京圖書館藏李尚迪著《海鄰尺牘》抄本裡，有一些經整理過的清人與李

重新閱讀〈歲寒圖〉，我們便可明白〈歲寒圖〉的創作由來，不應只是金正喜遭遇的呈現，而應是李尚迪如何利用譯官身分，在執行職務期間，獲得了很多運送或交換書籍物品的機會，從而讓金正喜得償所願。〈歲寒圖〉的文化意象，其實由擔當中介者的譯官主動導向了〈歲寒圖〉的具體形成故事。因此，文與圖並列一同探討外，也需把文圖背後的人際脈絡一併審視，才能夠以更全面的視角視察〈歲寒圖〉。

前文指出〈歲寒圖〉的出現，與李尚迪利用其譯官身分，把書籍從中國帶到濟州有關。進一步要探索下去的是，到底誰人有機會鑑賞〈歲寒圖〉，而鑑賞者又是由誰去決定的。這一點除了涉及金正喜的名氣，還要看李尚迪如何主導整個交流過程和鑑賞者的多元性。李尚迪獲贈〈歲寒圖〉，深受感動，把畫帶到中國供中國友人鑑賞。[133] 過去的研究似乎沒有提到即時有朝鮮士大夫鑑賞過〈歲寒圖〉。這一點非常重要，因為反映李尚迪選擇了中國友人來分享此圖，而非朝鮮文人圈子，這選擇背後顯然與譯官的思維與時代氛圍相關。因此，這幅圖在1840年完成後，很快便在1844年隨著李尚迪再次擔任使團的漢語譯官，被帶到北京。

李尚迪抵達北京後，在中國人張曜孫的協助下，決定假張曜孫的姐夫吳贊（或稱吳廷鈐，字偉卿）家雅聚，與中國文人分享手上

尚迪之間的書信，從中可見張曜孫要求李尚迪代為收集書籍：「前求各件及代求各件，乞細檢付下，勿遺忘。」其中包括醫書：「醫書目一帋，重託仁兄為我盡力搜訪。價值工資雖數百金，有所不惜，幸留意有以鬢之午懇午懇。」李尚迪既可為張曜孫買書，當然也有辦法為金正喜買書了。見醉香山樓編：《海鄰尺牘》，「張仲遠曜孫」條，頁一下。

133　前文引用過的金奭準〈李藕船先生傳〉，就是用不同中國文人對李尚迪的評語，以仿史傳集句的方式介紹李尚迪生平。

的〈歲寒圖〉。張曜孫（1803-1863），字仲遠，江蘇陽湖人，常州文人代表。父親張琦（1764-1833），著有《宛鄰詩文集》等

可以說，金正喜〈歲寒圖〉的鑑賞者不是單純因金正喜的文彩而形成的，而是李尚迪作為譯官，與其中國文友所主導與形成的。在吳贊家的雅聚，李尚迪得到張曜孫的幫助，邀請各方文人一同鑑賞、分享、抒發他們對金正喜經歷、創作、畫功等的想法。[134] 當日與會文人計有：章岳鎮、吳贊、趙振祚（?-1860）、潘遵祁（1808-1892）、潘希甫（1828-1893）、潘曾瑋、馮桂芬、汪藻、曹楙堅（1786-1853）、陳慶鏞（1795-1858）、姚福增（1808-?）、吳淳韶、周翼墀、莊受祺（1810-?）、張穆（1805-1849）、張曜孫。但除了吳贊一人，實際都沒有與金正喜見過面。此外還有四位朝鮮人參與創作〈歲寒圖〉，他們是金正喜的後人金準學、吳慶錫的兒子吳世昌（1864-1953），以及李始榮（1868-1958）、鄭寅普（1893-1950）。金準學在1854年題句，其他三人則是在上世紀四十年代，孫在馨從藤塚鄰手上自日本購回〈歲寒圖〉後，題字記述孫氏將畫帶回半島的感受。[135]

134　亦可參考鄭後洙（정후수）：〈李尚迪 과《歲寒圖》觀覽 清朝 人士 와의 交遊（2）〉，《동양고전연구》，第40輯（2010年9月），頁223-248。
135　Sung Lim Kim, "Kim Chŏng-hŭi (1786–1856) and Sehando: The Evolution of a Late Chosŏn Korean Masterpiece," Archives of Asian Art 56(2006), 38–39.

表 3　十九位與〈歲寒圖〉有關聯的清朝人

	姓名	時齡	出生地	科舉經歷
1	章岳鎮	不詳	江蘇 陽湖	
2	吳贊	60	江蘇 常熟	
3	趙振祚	40	江蘇 武進	1835 年進士
4	潘遵祁	37	江蘇 吳縣	1845 年進士
5	潘希甫	34	江蘇 吳縣	1836 年舉人
6	潘曾瑋	27	江蘇 吳縣	蔭生
7	馮桂芬	36	江蘇 吳縣	1840 年進士
8	汪藻	31	江蘇 吳縣	
9	曹楙堅	69	江蘇 吳縣	1832 年進士
10	陳慶鏞	50	福建 晉沖	1832 年進士
11	姚福增	40	江蘇	1832 年進士
12	吳淳韶	不詳	浙江	進士
13	周翼墀	不詳	江蘇 無錫	舉人
14	莊受祺	不詳	江蘇	1840 年進士
15	張穆	40	山西 平定	貢生
16	張曜孫	37	江蘇 陽糊	1843 年舉人
17	吳儁	不詳	江蘇 江陰	
18	秦緗業	32	江蘇 無錫	副貢
19	黃秩林	31	江西 宜黃	1843 年舉人

資料來源：轉引自鄭後洙(정후수)：〈《歲寒圖》관람 清朝 19 人 인물 탐구〉，《동북아 문화연구》，第 14 輯 (2008 年 3 月)，頁 242。

根據鄭後洙的研究，題詞者合共十六人。此外畫家吳儁、秦緗業、黃秩林三人，他們在不同時間與地方鑑賞過〈歲寒圖〉。[136] 鄭後洙整理這十九人的背景後，發現他們有以下的特徵：（一）年齡介於二十至六十歲間；（二）絕大部分與江蘇省，特別是陽湖派有

136　朴現圭(박현규)：〈청 문사의 金正喜「歲寒圖」감상과 眞迹本 밖 題贊詩〉，《大東漢文學》，第25輯 (2006 年)，頁225–248。

關；[137]（三）身為中下層士大夫；（四）同情金正喜的遭遇，欣賞其情節。[138]

鄭氏已詳細分析這些人物的背景，茲不贅述。本章也不擬探討〈歲寒圖〉裡各種文學與題贊的具體內容，而是以〈歲寒圖〉的文和圖以及有關人物的經歷為例，闡明譯官的工作範圍及職責如何形成一個交流平臺，讓中國人對朝鮮文化與社會有所認識。李尚迪從金正喜手上取得〈歲寒圖〉，利用前往中國工作的機會，帶至北京。在李尚迪與張曜孫的安排下，邀請友人前來鑑賞〈歲寒圖〉過程的同時，也讓我們瞭解李尚迪與金正喜身處的朝鮮社會，他們所面對的困境與經歷。值得一提的是，雅聚裡唯一見過金正喜的吳贊，在他的題贊裡可見他對金正喜的遭遇感受極其深刻：

林木似名節，松柏有本性。君子窮益堅，不容復何病。榮枯亦偶然，豈與凡卉競。時邁霜雪嚴，氣得天氣正。傳習後凋心，希賢以希聖。：奉題歲寒圖即請藕船尊兄大雅正之，海虞吳贊呈稿。[139]

吳贊從譯官李尚迪處得悉金正喜被貶事，深感同情，也瞭解到朝鮮社會各種的不公與黑暗。這一點也見於潘曾瑋所寫題贊詩：

金君海外英，夙昔聞盛名。盛名毀所歸，輒為世網嬰。滔滔

---

137 鄭氏分析過參與者的背景，認為這次雅會是李尚迪與張曜孫刻意安排的。見鄭後洙：〈《歲寒圖》 관람 清朝19人 인물 탐구〉，頁251。
138 鄭後洙：〈《歲寒圖》 관람 清朝19人 인물 탐구〉，頁239–64。
139 Sung Lim Kim, "Kim Chŏng-hŭi (1786–1856) and Sehando: The Evolution of a Late Chosŏn Korean Masterpiece," 43.

視流俗，誰知士之清。懷念風塵中，早識賢友生。高誼篤終始，歲寒無渝盟。始彼松與柏，本性同賢貞。貌此後凋質，用以答厚情。　藕船先生屬，潘曾瑋。[140]

另外，張曜孫曾經提及過：「秋史翁，忽遭遠謫，殊非意料，道高毀來，真古今同慨。晅孫，企慕有年，未得一晤，尤為悵佗。」可見，潘曾瑋因〈歲寒圖〉瞭解到朝鮮社會的政治糾紛與俗流損毀了金正喜的盛名。

中朝兩國在丙子胡亂後雖然建立緊密的朝貢關係，但實際上中國人對朝鮮認識不深。過去研究中朝交流大多聚焦在禮儀與官方層面上的交涉，甚少有觸及人與人之間的交往。即使有個人間的互動，也局限於唱酬或是個人感受的表述，較少關懷對方的社會與政治困境。但在〈歲寒圖〉的雅會裡，可以發現李尚迪作為媒介，引導中國人認識金正喜經歷背後的朝鮮社會與文化。[141]

雖然張曜孫是少數〈歲寒圖〉創作群的中國文人裡曾認識金正喜的人，然而二人也素未謀面。[142] 但在這場雅會後，張曜孫藉著〈歲寒圖〉增加了對朝鮮社會的認識。張曜孫題詩裡有「傳經消息虞

140　果川市秋史博物館編：《秋史博物館開館圖錄》，頁54–55；Sung Lim Kim, "Kim Chŏng-hŭi (1786–1856) and Sehando: The Evolution of a Late Chosŏn Korean Masterpiece," 45。

141　趙旻祐認為張曜孫《續紅樓夢》與金正喜〈歲寒圖〉有若干關係，但歲寒本是傳統文學常有觀念，不可完全確定二者有緊密的互聯影響。然而張曜孫與金正喜頗相往還，這點卻是不可忽略的。見趙旻祐(조민우)：〈張曜孫『續紅樓夢』중"歲寒樓"와 秋史 金正喜〉，《중국어문학논집》，第102輯（2017年2月），頁269–292。

142　張曜孫〈歲寒圖〉題字有云：「藕船出示金秋史先生所作〈歲寒圖〉屬題，率先二律，兼懷秋史先生翰墨神交，識面未知何日，殊愴然耳。」見果川市秋史博物館編：《秋史博物館開館圖錄》，頁54。

翻易」句，把金正喜的經歷用中國人熟悉的例子去掌握朝鮮的政治文化。虞翻（162–233），三國時期東吳政治家，在王朗（?–228）、孫權（182–252）麾下曾多次向上級進諫，不大受朝臣歡迎，最終流放交州，即當時吳國的南方。在詩裡，張曜孫形容金正喜面對的是如虞翻的困境，但相信他經歷過苦難後將會是「一卷蕭疏千古意，後凋高節著清溟」。李尚迪轉述金正喜流放的遭遇，讓張曜孫瞭解到朝鮮社會背後的政治困擾，這也許是過去單純的酬唱裡未必能完全體會到的現象。以曹楙堅為例，他原本也不認識李尚迪與金正喜，正如他在〈歲寒圖〉的詩句裡所寫道一樣：「早聞秋史名，惜哉未一面。」[143] 素未謀面又何能有深刻認識呢？事實就是曹氏在這次雅會獲得很特別的體會。曹楙堅有詩云：「城西為訪張平子，素問靈樞論不窮。下馬入門逢海客，琴尊想見畫圖中（初五月，就仲遠診脈，適與朝鮮李藕船相遇。去冬曾為仲遠題〈海客琴尊圖〉）。」[144] 曹楙堅是張曜孫好友，過去多有往來，自然成為雅會座上客。而在雅會裡，曹氏另有一篇長詩，[145] 不但記錄了參與雅會的成員，描述了雅

143　果川市秋史博物館編：《秋史博物館開館圖錄》，頁54–55；Sunglim Kim, "Kim Chŏng-hŭi (1786–1856) and Sehando: The Evolution of a Late Chosŏn Korean Masterpiece," 46。

144　曹楙堅：〈乙巳新正試筆十首〉其三，收入曹楙堅：《曇雲閣詩集》（北京大學圖書館古籍善本部藏本），卷6，頁17b。

145　曹楙堅：〈乙巳正月十三日，張仲遠明府（曜孫）、吳偉卿前輩（贇），招同李藕船（尚迪），宴集邸齋，為賦長歌一篇，以紀其事，即送藕船歸朝鮮。同集者張石洲明經（穆）、中翰潘順之（遵祁）、補之（希甫）、上舍潘玉泉（曾瑋）、趙伯厚贊善（振祚）、編修莊蕙生（受祺）、馮景亭（桂芬）、姚湘坡吏部（福增）、汪鑑齋工部（藻）、黃子幹（秩林）、周席山（翼墀）兩孝廉、章仲甘上舍（岳鎮），寫真者吳冠英，後至者侍御陳頌南也〉，收入曹楙堅：《曇雲閣詩集》，卷6，頁18a–19a。

會的情況,也闡釋了他個人對當時中國與朝鮮文壇的一些看法。[146]當中比較有趣的是,他在雅會認識了李尚迪,而從李尚迪口中又認識了朝鮮的文壇與社會,也體會了金正喜的困境。[147]由此可見,曹楙堅與金正喜本來沒有聯繫,也互不認識,但是雅會使曹氏在京城體會金正喜在濟州的遭遇。

另一個例子可以看到這種網絡不斷通過文人之間的關係而擴大。參與雅會的張穆題詩云:「昔從徐孺子,獲耳阮堂名。」[148]張穆本也是不認識金正喜的,但徐鈞卿是金正喜的好友,張穆可以從徐鈞卿方面認識到金正喜,並在李尚迪「阮堂高弟子,納琛達神京」,使他能一覽金正喜的〈歲寒圖〉,並在題詩裡鼓勵金正喜:「得意與失意,絜量鴻毛輕。」在金正喜以圖來說明李尚迪的支持,以文字交待自己面對的惡劣環境時,李尚迪不離不棄。由於在閱讀的故事與李尚迪有關,大家就像是通過李尚迪得知金正喜的故事,猶如在現場一樣,對金正喜寄予同情與支持。

因此所有在〈歲寒圖〉的題詩創作,都是請李尚迪「奉正」的,而不是金正喜。雖然〈歲寒圖〉的作者是金正喜,但是讓〈歲寒圖〉

---

146 詩云:「本朝詩人邁唐宋,新城秀水相伯仲。隨園一生弄狡獪,流傳價亦雞林重。兩當傑出真奇才,可惜壯歲薤蒿萊(與藕船論及本朝人詩派)。」提及清代詩壇兩位最主要的領軍人物,就是新城王士禎和秀水朱彝尊。詩句也諷刺袁枚,可見作者對清代詩壇相當熟悉。參李春姬:〈道咸年間詩風與朝鮮文壇詩歌取向〉,《社會科學戰線》,2009年第8期(2009年8月),頁184–188。

147 詩云:「阮堂海外之所宗,近聞遷謫嗟龍鍾。寒林槁木致蕭瑟,想見孤直人難容。」可見作者鑑賞過〈歲寒圖〉後,對金正喜的經歷有深刻的體會。

148 果川市秋史博物館編:《秋史博物館開館圖錄》,頁54–55;Sunglim Kim, "Kim Chŏng-hŭi (1786–1856) and Sehando: The Evolution of a Late Chosŏn Korean Masterpiece," 48。

公諸於世的則是李尚迪，這足以說明〈歲寒圖〉的故事脈絡背後關鍵不只是金正喜本人，而是李尚迪所建構的跨地域網絡。一些中國文人無論曾經認識金正喜與否，都在獲得邀請的情況下，通過李尚迪、吳贊或張曜孫友誼所構成的跨地域網絡，得到瞭解金正喜被貶以及朝鮮社會實況的機會。金正喜在李尚迪回國後，得悉〈歲寒圖〉的各家題跋，深受鼓勵。金正喜也借助李尚迪的網絡，聯繫了一些他只聞其名而未見其人的人物，例如常州趙振祚：

> 歲寒詩中趙宮詹振祚，知是何等人耶？能得其淺深耶？詩場酒所，流連光景，與他人等耶？此為申受先生之甥也。申受先生於諸甥中，特重宮詹。以申受先生之特重，知其人之出群拔類，必有外氏風也。故心竊嚮往有年，無緣梯及，今何幸歲寒詩中遇之也。必為我轉叩之，使知海外有想望趙宮詹先生風采者可也。[149]

文中提及的申受先生劉逢祿（1775–1829），[150] 是〈歲寒圖〉題字者之一趙振祚的舅父。金正喜提到趙氏受劉逢祿的重視，相信必為出類拔群之人，故他能在詩中相遇，也希望李尚迪「為我轉叩之」。劉逢祿原來也不認識金正喜，但是金正喜得到燕行使節劉用光的協助，與徐有壬書信往來，[151] 並在徐的贈書裡得知劉氏的經學成就與學術修為。

---

149 金正喜：《阮堂先生全集》，卷4，〈與李藕船〔六〕〉，頁33a。
150 金鎬（김호）：〈조선간본《신편산학계몽》의 중국 전파와 영향〉，《중국문학연구》，第58期（2015年2月），頁1–27。
151 藤塚鄰著，藤塚明直編：《清朝文化東傳の研究：嘉慶・道光學壇と李朝の金阮堂》，頁314–22。

此例說明，李尚迪人際網絡在〈歲寒圖〉的文學交流裡，起了一定的作用，確定誰是圖的鑑賞者。在〈歲寒圖〉文與圖的創作與再創作中，金正喜被黨爭連累的個人經歷確實是創作的最初原因，但〈歲寒圖〉如何被演繹以及此圖完成後的鑑賞者，甚至再創作者，便不是金正喜所能決定，而是由譯官李尚迪所形塑。因此李尚迪將〈歲寒圖〉帶至中國，讓其友人認識、瞭解，甚至同情〈歲寒圖〉背後的故事。這些中國人則以李尚迪為中介，認識朝鮮社會的種種問題。

　　有趣的是，這些中國人大多只是在社會上被視為一般的文人，如進士或者是地方舉人，不像朴齊家、金正喜來華時，接待與交流的都是翁方綱、紀昀、阮元等大儒。從身分上來看，李尚迪作為譯官，其網絡與認識的群體，與一般士大夫有所不同。而且，李尚迪可以用中文與中國人自由交談，無溝通障礙，使得經歷不同、身分不同的文人也有機會接觸李尚迪。另外，李尚迪是技術官僚，並非兩班貴族，在中國也不一定能輕易接觸到最高級的官員。相反的是，一些不具盛名的文人才是李尚迪時常接觸交流的對象。所以，當我們觀察鑑賞者名單，可以發現他們大部分是舉人，最多只有進士出身，沒有一位是位列高位的。雖然我們可看到〈歲寒圖〉在朝鮮或東亞藝術史上的定位，但如忽略了朝鮮譯官李尚迪的種種條件，便無法理解〈歲寒圖〉如何被安排到中國，給予中國文人「再創作」。而這種再創作是金正喜所欣賞的，因為他可以感受到在李尚迪的支持下，得到了一大批素未謀面的文人支持。

　　衣若芬在整合各種15至19世紀朝鮮燕行使節文化交流圖像時，指出圖像「是一種透過表述記錄歷史的視覺文化產品」，[152] 而〈歲寒

152　衣若芬：〈睹畫思人：15至19世紀朝鮮燕行使的紀念圖像〉，頁53。

圖〉絕對是表述金正喜個人故事和朝鮮社會歷史的產物。筆者願意進一步指出，這些藝術品背後被詮釋與再論述的過程，會與什麼因素在導向有關。〈歲寒圖〉經李尚迪傳入中國，中國人留下的題跋則鼓勵著金正喜。如此的互動，一方面說明著李尚迪在中國的網絡，如何導引不同群體關心金正喜的遭遇；另一方面中國人藉著李尚迪等譯官的情報與消息，瞭解朝鮮社會的狀況，雙方甚至成為互相感嘆的對象。李尚迪將〈歲寒圖〉帶回給金正喜，也引起朝鮮本土對金正喜的支持，權敦仁的〈歲寒圖〉仿作可證明部分朝鮮士人們也同情金正喜。[153] 以上這些認識，有助我們瞭解中朝關係發展中微妙的文化互動，同時可反映文與圖之間互相對比、配合，呈現出不一樣的心態、思想以及社會網絡。

五、小結

朝鮮晚期19世紀的文人金澤榮（1850–1927），[154] 曾經評價各個朝鮮時代文人雅士，其中在〈鄭芝潤傳〉裡提及到李尚迪。他指：「當是時，漢京舌官之族，有二詩人。一李尚迪，一即芝潤也。尚

---

153 毛文芳：〈禮物：朝鮮與盛清文人的畫像墨緣及相涉問題〉，頁194；毛文芳：〈禮物：金正喜與燕京文友的畫像交誼及相涉問題〉，《漢文學論集》，第42期（2015年10月），頁10。據作者說明，上述兩文，在《漢文學論集》上發表的是初稿，主要就金正喜與其清文友的畫像作為禮物，來說明「畫像文本」為近世東亞漢文化圈的共同指標。及後作者擴展研究，以更長久的畫像史作為切入點，以更多案例闡述原來的觀點，著重比較中朝兩地的畫像文化，但兩文觀點大體相符。
154 關於金澤榮的文學活動，詳參錢健：〈論金滄江的文學成就和文學觀〉，《逢甲人文社會學報》，第11期（2005年12月），頁1–16。

迪由漢語學登雜科,數導使臣入清京,與文士賦詩唱和,名譽徧於中州……金澤榮曰:『吾韓象胥之族,以詩聞者,有洪世泰、李彥瑱、李尚迪及芝潤四人……象胥之人,不得為士大夫,故其人之有才者,每落拓自棄,不求遠大之學,而惟用詩以自宣。」[155] 該文雖然主要評價另一位中人出身的鄭芝潤,但旁及李尚迪時,提到李尚迪等譯人雖然有其才幹,但因為不是士大夫,故不受重用而自棄,以詩自宣,表明心跡。這也反映著朝鮮譯官在文學創作與進行文化活動時,經常會視之為表達內心感受的方法,是抒發情感的主要渠道。

張伯偉教授提出了東亞世界中的書籍環流觀念,討論書籍如何通過閱讀跨國之間不斷被流傳,並作出回響,影響或改寫了原來作品的流播。本作發現,朝鮮譯官的文學活動,是一種多向與不斷互動的閱讀環流例子。張伯偉教授所指的閱讀環流,是受閱讀史研究的影響,認為書籍本來是思想傳播的載體,而且不是單向的,是多向流動的。[156] 本作所採用的例子,不只是看到書籍如何在東亞世界流動的增添或減損的問題,而是進一步看到環流的現象,如何受制於某獨特群體或人物的個人意識與考量影響,選擇與取捨流動的書籍與資訊。

李尚迪為讓中國文人瞭解他們眼中的朝鮮社會以及他們的經歷,在流動的過程刻意選擇傾向於把有著共同意識的作品帶到中國去。像李尚迪與李容肅先後協助董文煥編輯詩集,又刻意把譯人相當重

155　金澤榮:《韶濩堂文集定本》,收入民族文化推進會編:《韓國文集叢刊》(서울:民族文化推進會,2005年),冊347,卷9,〈鄭芝潤傳〉,頁16b–17b。
156　張伯偉:〈書籍環流與東亞詩學:以《清脾錄》為例〉,《中國社會科學》,2014年第2期(2014年2月),頁164–184。

視的譯官詩人李彥瑱的作品帶到中國去，借中國文人的影響力，增加中國文壇對李彥瑱的認識度，其目的明顯是借書籍的意識來呈現自己的身分與文化意識。而這些書籍所呈現的朝鮮文學在中國文人群體流轉所產生的回響。很多時候，這些回響都是李尚迪等譯官所珍視的，並借中國文人的評價，來肯定自己的價值與文化水平，他們樂於用自己的作品，或是他們熟悉的作品持續與中國文人進行更多的互動。從而可見，朝鮮文人的詩作、書籍以及書畫都不是單純文人與文人之間的友誼而決定，反過來是由一些文化意象的中介者，因應他們的所需來持續的互動的。

本作嘗試以李尚迪等譯官為例，希望更具體地呈現文化意象的交流過程。黃俊傑曾在〈作為區域史的東亞文化交流史〉提出轉向聚焦文化交流活動的過程，以進行典範轉移。[157] 東亞世界的網絡是無數的文化中介者不斷穿插與編織而成，並非只有一個他者或主體可以覆蓋與說明一切的文化意象。因此，本作試圖推翻譯官只是次要的交流人物，而是肯定其在東亞文化交流的中介者角色。在實際的歷史場景裡，譯官們會因應自身的文化認同從而作出的行動，是促進或引導著文化意象形塑的關鍵。因此，在東亞文化意象的研究框架下，學界不再需要爭論中介者是否有其角色，而是尋找更多的線索與例子重組與形構更具體與深刻的中介者形象與角色。

中介人產生的作用是雙向的，聆聽者是雙向的，表達者也是雙向的。過去東亞文化交流史的研究，因礙於研究角度的問題，導致

157　黃俊傑：〈作為區域史的東亞文化交流史：問題意識與研究主題〉，頁192。

一種學術錯覺，誤以為文化的交流或許是單方面的傳播。但以譯官活動為例，可見文化媒介是雙向的，一方面是朝鮮文人認識中國、瞭解清朝的渠道，另一方面也是清人接觸朝鮮以及其社會文化的主要中介群體。

從清人眼中，譯官在文人社群之中，占有很重要的地位。這種重要性不僅體現在認識朝鮮的話題，還體現於文化交流、文學創作，以及心靈的共鳴中。譯官的創作獲得清代文人的認同，文人的創作也受到譯官多加讚賞，這樣的交流之中，使得譯官不再受制在過去於朝鮮社會所限制的身分，而受到更多的目光關注，或找到不同的清人成為好友。因此，朝鮮這群譯官來到中國，除了背負的朝鮮社會寄望的政治與文化責任以外，也搖身一變，成為備受當地文人所重視的群體。譯官在中國所受到的重視，反而是在朝鮮社會無法得到的。因此，譯官將自己的創作、個人感受等，均讓清人知道，而清人藉此發現朝鮮譯官的文采，以及朝鮮譯官對本國社會的控訴，對自身身分的不安等。無法從朝鮮脈絡中窺探，但在清人眼中，卻可看到不一樣的朝鮮譯官眼中的朝鮮世界。

金正喜與李尚迪的故事，反映的是譯官決定了清人所認識的朝鮮社會與面貌，李尚迪選擇了將金正喜的〈歲寒圖〉帶到中國，與吳贊與張曜孫等人分享，藉此說明他們在朝鮮社會所面對的困境，以金正喜被貶的遭遇成為了他們所認識朝鮮的視角。石守謙曾指出：「『外圍的中介者』在文化意象的移動過程中如何運作？其運作又如何對意象之形塑產生作用？這些問題很難僅從外在的制度運作去理解，而需要同時顧及那些中介者的『人』的層面，去思考其

之所以作為的動機、盤算以及在中介過程中的各種可能的臨場因應、自我調整。」[158] 所以，〈歲寒圖〉在外在的制度運作，是不能瞭解其傳播的意義，故學者均以金正喜的創作背景探討，但將之放置於東亞的文化意象形塑來看，卻可看到作為中介者的李尚迪，是決定該圖由誰來閱讀以及閱讀的感受的主導者。從上述的例子可見，朝鮮漢語的譯官在東亞文化交流的脈絡中，不只是擔任朝鮮人認識世界的媒介，更決定了朝鮮的文化意象，社會形態以及個人遭遇如何被表現和形塑，讓他們所認識的中國文人瞭解、感受以及同情。

158　石守謙：〈中介者與東亞文化意象之形塑〉，頁2。

第七章　前古未行：
19世紀朝鮮開化期的譯官身分轉變

一、引言

19世紀的東亞除了面對歐美各國向東亞區域各地的擴展，同時間這些東亞區域在傳統的交涉過程及框架之下，分別主動及被動地回應這些局面上的轉變。很多學者如費正清提及到挑戰與回應的觀點，[1]在西力東漸背景之下，才出現如日本的明治維新、清朝的洋務運動以及朝鮮的開化運動，這些意圖進行近代化及改變傳統的變革。[2]學界不少學者對此作出討論，試圖從這些社會的傳統與這些思想轉化的過程並論而談，以朝鮮的開化運動為例，不少過去學界均歸咎於歐洲勢力的來臨，對朝鮮半島以及東亞產生重大威脅，而作出的對應。[3]然而，「挑戰與回應」這種思考方式已經在學術界有豐

1　羅威廉（William Rowe）著，李仁淵、張遠譯：《中國最後的帝國：大清王朝》，頁9。
2　「挑戰與回應」當然被視為以西方中心出發的亞洲史觀點，但諸如徐中約（1923–2005）的《近代中國史》和安德魯・戈登（Andrew Gordon）等都在不少篇幅談及兩國的近代改革嘗試。筆者認為這兩本中國與日本的近代史的通論著作值得作為瞭解兩國史的入門，甚至是深化研究內容的參考著作，詳參 Immanuel C. Y. Hsu, *The Rise of Modern China* (New York: Oxford University, 2000); Andrew Gordon, *A Modern History of Japan: From Tokugawa Times to the Present*.
3　關於開化思想的全面說明，詳參范永聰：〈從實學到開化：朴珪壽思想淺析〉，收入周佳榮、范永聰編：《東亞世界：政治・軍事・文化》，頁267–302。

富的討論，甚至有學者對此作出質疑。[4] 故此，關於19世紀東亞社會變動的研究，應從過去未有採用的視野及材料來審視時局，才可更擴闊東亞近現代史歷史的課題可能性。

譯官自明清易代以後，成為了朝鮮文人或是朝鮮朝廷與外界接觸的前線媒介，他們在19世紀以前，大多負責維繫朝貢制度的禮儀，或是擔任朝鮮與中國文化交流的中介人及國家權益周旋者。因為他們長期往返中朝兩地，相較一般朝鮮文人，掌握更多關於中國或外界的各方面的情報。踏入19世紀，朝鮮半島朝廷與知識分子亦不可獨善其身來忽略東亞的變局。他們在情願與不情願之間，改變了原來對清的傳統朝貢活動，展開了現代意義的外交事務，當中包括與日本或其他歐洲國家等議定各種通商或貿易安排。朝廷安排這些事務，大多安排朝鮮譯官等人執行，相信與他們過去均被派往外國擔任文化媒介的背景有關。而這些譯官在各種19世紀的政局變化中，意識到開化在社會的意義，並在朝鮮社會培養後來的開化派中堅分子。[5]

---

4 法國「年鑑學派」（Annales school）的研究興起，他們主張的社會、經濟與文化結構的長時段的研究，亦因此帶來中國社會史的研究。而這種社會史轉向，據William Rowe 所指「史家開始批評『衝擊與回應』模式對中國近代史起了重要作用的觀點，轉而將焦點集中在中國內部的各種變化，強調中國自身的歷史有諸多可能性，而非停滯不前。」羅威廉（William Rowe）著，李仁淵、張遠譯：《中國最後的帝國：大清王朝》，頁11。
5 林亨芬引用姜在彥的說法指出開化運動最早的階段，是由開明的兩班所發動。可是，單純的將所有參與開化運動及提倡開化思想之知識分子定義為兩班並非妥當。當然早期的開化思想並非完全相等於後來以金允植（1835–1922）及魚允中（1848–1896）等人投入的實際的開化運動，只是舉此例來指出學界對於朝鮮社會身分之間的張力及對思想建構的影響不是特別的著重。參林亨芬：《從封貢到平行：甲午戰爭前後的中韓關係（1894–1898）》，頁27–28。

關於朝鮮的開化思想，一些學者從朝鮮傳統儒學觀點出發，特別關注北學與開化的承傳關係，但是朝鮮開化思想的研究，無論是從亞洲史的「挑戰與回應」的角度，[6]或是朝鮮性理學思想史的觀點，均忽略了開化思想倡導者們在社會身分和文化背景。其身分和文化背景實際驅使他們容易接收外來資助，並接受朝鮮開化的主張。[7]而事實上，早期一些被視為開化派的人物，像劉鴻基和吳慶錫等皆出身自中人家庭，[8]他們均為朝鮮譯官。因此，這種背景並非巧合，是相反譯官的背景，才驅使他們倡議在朝鮮發起及鼓動開化運動。

19世紀以前，譯官都是以周旋活動為主，被認定在語言、人脈及周旋能力上扮演重要的角色。但隨著時代的變遷，到19世紀時，從一些譯官對西洋列國活動的情報收集以及中國應對為例，可見譯官在東亞地區的變化過程中，他們一方面仍保持著過去收集情報的責任，而另一方面朝鮮譯官身分與角色亦有日漸明顯的改變。以卞元圭的經歷為例，他代表朝鮮直接與清廷的李鴻章就外交事務進行交涉，可見譯官在此時已站在東亞外交舞臺的前端。另一位漢語譯官吳慶錫的經歷，[9]則讓我們瞭解到譯官如何從他的譯事、外交活動

---

6 相近的觀點可參考如下文章，魯學海：〈略論朝鮮開化派基本思想〉，《延邊大學學報（社會科學版）》，1985年第4期（1985年），頁96；朱明愛：〈朝鮮開化思想詮論：以穩健開化派為主的探索〉，《山東大學學報（哲學社會科學版）》，2011年第5期（2011年9月），頁107。

7 姜在彥：《朝鮮の開化思想》（東京：明石書店，1996年），頁79–164；范永聰：〈從實學到開化：朴珪壽思想淺析〉，頁267–279。

8 姜在彥：《朝鮮の開化思想》，頁115。

9 關於吳慶錫的專門研究學界實際不多，大多散見在一些韓文論文之中，而這些論文都主要關注其開化思想的探討，或是分析他在韓中文人交流之角色，因為他曾有相關的材料，記錄了他與中國文人之間的交往。這些研究可參考如下，最完整的研究，可參考慎鏞廈：〈吳慶錫의 開化思想과 開化活動〉，頁107–187。另外，關於

的經驗,轉化為推動朝鮮社會開化改革的動力。學界過去整理吳慶錫的活動,以瞭解他的開化思想的形成與主張。而長期擔任漢語譯官的吳慶錫,因語言能力,以及朝貢制度或通信使活動容許往來國內外,獲得多次接觸外界的機會。而吳慶錫亦隨著他的見識增長,希望推動開化思想。雖然他未能見證到社會的開化,但卻引導了開化派的出現,在朝鮮進行最後一次的國內社會現代化嘗試。從東亞的變局之中,除了看到朝鮮社會的轉變外,也可看到譯官角色在時代之中亦有所改變,從過去只是作翻譯、情報收集或權益周旋,蛻變為朝鮮前線的外交官或是社會的改革者。因此,本章把譯官的活動置在多變及複雜的19世紀東亞脈絡下討論,可瞭解譯官身分與角色如何受環境因素而轉變,以及最終淡出歷史的舞臺。

二、譯官在中國收集的西方勢力情報

與17–18世紀不同,19世紀的東亞局勢已大致被歐洲列強的勢力所主導。英國在18世紀末通過東印度公司在印度與蒙兀兒帝國的戰爭,[10]確立了亞洲地區的勢力版圖。而通過東印度公司的貿易網

韓中文人之交流的研究,可參考李文豪(이문호):〈吳慶錫의 韓中 交流 研究:『中士簡牘帖』을 中心으로〉(서울:漢城大學校大學院韓國語文學科國文學博士學位論文,2014年);關於吳慶錫的金石碑刻研究,則可參考李奎泌(이규필):〈오경석의『삼한금석록』에 대한 연구〉,《민족문화》,第29輯(2006年12月),頁341–374。

10　C. A. Bayly, *The New Cambridge History of India, II.1: Indian Society and the Making of British Empire* (Cambridge: Cambridge University Press, 2002).

絡，[11]中國與英國彼此之間進行一定的物資以及文化交流。在馬禮遜（Robert Morrison，1782–1834）來華前後的英國貿易商旅或是英國社會，對中國仍然有相當的重視與正面的討論。[12]在英國不至於視中國為需被拯救的社會，但隨著東印度公司於19世紀中葉日漸瓦解，英國政府失去了傳教士——東印度公司的一手情報資訊，轉移相信及依賴由英商直接主導中國觀的認知。因此，中國被視為文化落後，等待被救贖的形象，英政府亦日漸轉為認同英商視中國與遠東等地為擴張對象的想法。一些英國商人希望擴展其社會與帝國網絡，這一點相當容易理解。[13]於是18與19世紀間，中國在西歐人士的認知裡出現很大的轉變，原因在於歐洲各地，特別是英國社會轉換了對漢學或中國的定義，認定東亞貿易空間甚至在當地建立殖民地對帝國發展有積極意義，故把中國由原來的貿易對象，塑造為遠征對象。

而鴉片戰爭爆發，其實朝鮮已開始相當關心戰爭情況，三好千春的研究指出朝鮮當時收到燕行使節在北京所搜集得到的社會現象，而作出各種判斷，例如鴉片的販賣與銀貨關係、戰爭期間英人對中國社會的滋擾等。[14]因朝鮮使節依賴的材料，都是從中國社會而來，自然產生了對英國等歐洲國家的偏見。因此，朝鮮對一些歐洲國家有相當的戒心，每當海域周邊有各樣異樣船的往來，他們都相

---

11 K. N. Chaudhuri, *The Trading World of Asia and the English East India Company: 1660–1760* (Cambridge, Cambridge University Press, 1978), 1–56.
12 Ulrike Hillemann, *Asian Empire and British Knowledge: China and the Networks of British Imperial Expansion* (New York: Palgrave Macmillan, 2009), 152–168.
13 Ulrike Hillemann, *Asian Empire and British Knowledge: China and the Networks of British Imperial Expansion*, 168–171.
14 三好千春：〈アヘン戦争に関する燕行使情報〉，頁28–62。

當謹慎,可見朝鮮並沒有完全忽略局勢發展。其中,譯官成為這些資訊往來的情報收集者。據《同文彙考》,朝鮮憲宗(李奐,1827–1849,1834–1849在位)國王曾撰咨文提到在1845年(朝鮮憲宗11年)時提到一艘異樣船停泊於旌義縣斗滿浦牛島,[15]當時便由譯官李寅和(1784–?)協助前往問情:

> 譯官李寅和該地方官旌義縣監任秀龍馳往問情,不通言語替用文字詳探。來歷稱是紅毛國人,又稱大英國人。而二年前自本國始發,本年四月初四日自廣東開船,本月二十二日到此,爲摸畫山川云。同船者總計二百人,問船票有無,船主嘆叨稱其國船本無照票。察其形貌或黑或黃,髮如羊毛。上下服着表黑裏白,極狹且小。二人踞床而坐,其餘腰環刀手鳥銃,銃有三刃鎗。以繩索遍量島勢,築石,塗灰,插鐵,釘焚香,祭拜。其中解文字者一人,辮髮垂後容貌衣服與彼不同,故問之則稱:大清國廣東省香山縣人,姓吳名亞順者,作爲通事云。船製前後平低豎三桅,桅上有三層橫木,船左右鑿穴數十穴裝大砲。船中什物欲爲一一點檢,則稱以但裝、火藥、大砲、柴糧而已,不肯開示。此與尋常漂風商舶,絕異勢強難迫搜查。[16]

從上述的咨文之中,所指的是當異樣船抵朝鮮半島時,朝鮮都異常緊張,亦相當抗拒,可見他們受當時鴉片戰爭以後中國社會情況的

15　斗滿浦牛島即今天濟州島東邊城山里的日出峰對岸的牛島。
16　鄭昌順等編:《同文彙考》,原編續,漂民6・上國人,〈請禁斷英夷船來往咨〉,頁15a–b。

情報影響了他們的判斷,希望清朝能夠禁斷這些「英夷」到朝鮮半島海域活動,故當時朝鮮憲宗最後甚至向清朝表示以「人臣無外交」為理由,拒絕與英人繼續維繫任何關係:

> 小邦僻處東隅,雖未詳此夷極西極北之事情。如何若如傳說所聞,則此夷專以交易為事,恒處廣東洋中如澳門等處是也。然則此夷之欲與小邦開市交易之計有難預測,而揆以藩臣禮度,斷不可有外交也。且況小邦物産鮮少在彼無可易之資,銀貨乏絕在我無可交之需,而一自此舶逗遛作梗之後,民情繹騷難以底定。苟或有日後之患,漸致滋蔓難圖之境。則小邦之弊姑捨勿論,其在密邇天朝,無異內服之地亦豈無仰貽憂虞之慮哉。茲庸備悉事,由有此咨,陳煩乞貴部,轉達天聽,特降飭諭於海徼番舶之管理處,以爲先事禁斷之道,俾小邦得藉隆庇永底妥靜千萬幸甚云云。[17]

因此,他們意識到異樣船對國家的威脅,而譯官便成為與異樣船交涉的重要成員。而異樣船活動的出現,也讓當時譯官在北京收集的情報,不再限於當時中國社會,而是利用北京所見所聞,記錄當時列國在華或東亞地區的活動。這些紀錄或情報,大多都受到當時中國社會氣氛所影響,故情報亦展露了當時中國人對形勢的看法,也影響到後來朝鮮如何理解歐洲各國的角度。

《龍湖閒錄》是朝鮮晚期的朝廷官員宋近洙(1818–1903)所編

---

17 鄭昌順等編:《同文彙考》,原編續,漂民6・上國人,〈請禁斷英夷船來往咨〉,頁16a–b。

輯關於國內外政治關係文獻的史料與紀錄書。所以,一些19世紀的聞見文本,被宋氏收錄於《龍湖閒錄》之中,內裡看到一位譯官在1860年英法聯軍之役期間,在熱河進行一些當時中國政局的考察。他留意到當時的亂事極多,但官員卻無從入手處理:「而近年以來,南匪外,如回匪、苗匪、捻匪、嘓匪、教匪、土匪等許多名目,在在猖獗,往來滋擾,商路阻梗,人心危懼,宵旰之憂,日甚一日。而王大臣等,文恬武嬉,終無出力抒患之策是如爲白齊。」[18] 此外,他亦留意到在十多年以來地方官員嘗試以銀貨與外人交涉,仍得不到解決問題辦法:「蓋其所爲,雖曰叵測,而十數年來,以依其願來往交易事。皇帝前,進獻禮物,曾經兩廣總督及在部權臣處,行賂銀貨,不知幾千萬兩,而至今令無字回示,致此無前變亂。用事諸人誤國之罪,良可痛惋,是如爲白齊。」[19] 從他的情報得知英人入京後,便由奕訢、桂良等人負責善後,而英人入京居後,社會卻相當平靜:「自皇帝駕幸熱河之後,恭親王奕訢、滿大臣桂良、漢大(註:臣)周祖培,留都辦理,招入英夷,定約條。而該夷等,分住王府之處,屋上,插三色旗一面,門外,貼約條一通,渠輩所謂衙門鋪舍,方張始役,而工匠役夫汲水人外,並不許出入,亦無殺戮掠奪之患,故市肆閭閻安堵如常是白齊。」[20]

　　從上述的情報可見,譯官站在戰爭的前線,瞭解到英法聯軍之

18　宋近洙:《龍湖閒錄》(서울:國史編纂委員會,1979年),卷3,〈熱河使行中譯官聞見事件〉,頁6。
19　宋近洙:《龍湖閒錄》,卷3,〈熱河使行中譯官聞見事件〉,頁7。
20　宋近洙:《龍湖閒錄》,卷3,〈熱河使行中譯官聞見事件〉,頁7。

後,咸豐帝遷至熱河後的種種社會情況。在譯官眼中,似乎他們留意的不是英法聯軍帶來的破壞,反而聚焦清人毫無解決問題之法,導致問題延續。而譯官也特別提到的是英法聯軍入京後,並「無殺戮掠奪之患,故市肆閭閻安堵如常。」這與一些既有的歷史想像,論述聯軍暴行明顯有所不同,可以看見朝鮮朝廷從這些譯官的資訊,在動盪的中國局勢中,掌握到各方面極度重要的外交情報,以對應各種情況的發生。

前章提及李尚迪於1864年擔任燕行使團的首譯。該次使行,他亦像其他的譯官撰寫聞見事件。其書寫的內容可以和上述《龍湖閒錄》所記的手本互相對照,可藉此瞭解1860年代簽訂各式條約後的中國社會面貌。其中,《天津條約》的簽訂,讓洋人獲得北京駐守與居住權:

> 自洋夷留住皇城以後,與俄羅斯聲氣相通往來無間。於是俄夷憑藉其勢,漸有凌侮中國之意。近日俄夷欲廣拓其館舍,勒買民家,民不能堪控訴于議政王。王慮其有生釁之端,首鼠未決。而洋夷則城內各處買宅入居者年增,歲加又欲築室於東華門內。蓋其陰蓄虎視之志,先試蠶食之計,推此可知云云是白齊。[21]

在李尚迪當時擔任隨行首譯時的情報交代了外人隨著《天津條約》

---

21 鄭昌順等編:《同文彙考》,補編續,使臣別單2,〈告訃請諡兼承襲奏請行首譯李尚迪聞見事件〉,頁77b。

的簽訂，[22] 西洋各國使節及商旅可藉此而留居於中國。[23] 據李尚迪指出當時官員無任何方法面對有關問題，使民家受苦不堪，然後他推論這些外人之志，指出洋人來華的目的，或許是蠶食之計，所以他特別留意到一些洋人的舉動。他發現洋人來華後，讓他們的子弟學習華語，[24] 又帶一些華人子侄到外國，[25] 李尚迪認為要深慮這些行動的目的：

> 洋夷駕海九萬里，流入皇城今已五年。洋女稍稍來留生子生女猶屬餘事。而五六歲兒亦復率來肄習華語於華人。為華人者則利其金而授之語，其亦可駭彼類之學語。其意何居，且彼類往往收買華人之子侄。年未滿十四五歲者，移送其國究厥所為尤極叵測識者，為之深慮云云是白齊。[26]

從兩方的觀察，可以看見當時他們並非單憑各種中方的資訊所論述

22　《天津條約》為1858年基於第二次鴉片戰爭（或稱英法聯軍之役）以後清廷與英、美、法俄所簽訂的條約，當中英法被容許官員進駐北京。而由於美國有最惠國條款，故當時容許了這些國家的條約也使美國也可一體均沾。

23　1863年隨著北京的開放，著名的美國傳教士丁韙良（William Alexander Parsons Martin，1827–1916），便從寧波移居至北京，繼續傳教活動。後來，甚至獲委派擔任北京同文館總教習。因此，丁韙良之例，可作為引證當時歐美人仕在中國的活動空間的移動。詳參傅德元：《丁韙良與近代中西文化交流》（臺北：國立臺灣大學出版中心，2013年）。

24　詳參岳嵐：〈晚清社會變遷與西洋人的漢語學習〉，《清史研究》，2017年第2期（2017年5月），頁122–129。

25　早於1847年，容閎便被當時的傳教士勃朗牧師（Samuel Robbins Brown）返回美國，並考入耶魯學院（Yale College），成為首位留學美國的華人。關於容閎的活動與其文化認同，詳參陳瑋芳：〈西學之子：容閎與新島襄的異國經驗與文化認同〉，《中國文哲研究集刊》，第30期（2007年3月），頁223–265。

26　鄭昌順等編：《同文彙考》，補編續，使臣別單2，〈告訃請諡兼承襲奏請行首譯李尚迪聞見事件〉，頁78a–b。

而報告當時洋人到華後的情況，而是在北京實地瞭解，並將他們所見的及收集的情報當時洋人對社會帶來的衝擊，以及應該預警的事情告知朝廷。但李尚迪的情報之中，有一點值得注意的是李尚迪不是盲目批判，而是指出各種未來應注意的各種會出現的可能性。

而自中國被打開了通商貿易的方式後，譯官的情報手本之中，除了過去一般所留意到的各種社會問題，如一些地方騷亂以及人事變動，定必留意不同國家在華的活動與去向，或因此而產生的各種矛盾，例如玄鐸留意到貿易的活動如何產生英法之間的不信任，而引起了衝突：

> 洋夷部落之中，嘆法兩國鳩聚各樣物貨交易於中國，取其利剩，兩國相分，自是定規。而挽近物貨之辦備，每每嘆多法少，及其分利則依舊相半。兩國之甘苦懸殊，自生釁端。嘆夷竟至於舉兵侵法屢月爭鬪是如是白齊。[27]

玄鐸指英法雖然在中國貿易活動之間一直均分，但其實際上的利益均是英多法少，故兩者之間彼此間有所衝突。但玄氏的報告，時為1871年3月，當時他指的「英人舉兵侵法，屢月爭鬪。」似乎所指的應為普法戰爭。當然，譯官在情報收集，絕對有可能有情報出錯的情況，或是對當時資訊並不完全掌握。因此，不同譯官定時呈上手本變得很重要。如翌年出訪的譯官李應三，則留意到普法戰爭之間因事而引發了衝突：

---

[27] 鄭昌順等編：《同文彙考》，補編續，使臣別單2，〈冬至兼謝恩行首譯玄鐸聞見事件〉，頁85b。

> 年來洋夷之來住京師者，不知爲幾百名而恣行，不法莫敢誰何矣。西洋諸國中最強者即布國，而伐法國戰爭不息，故京師天津等處洋夷之來住者，漸次還歸是如是白齊。[28]

李應三指當時西洋諸國最強者為布國，布國為清時稱為普路士（或即普魯士，Prussia），即德意志帝國統一前的王國名稱。從李應三的觀察中，得知法國因普法戰爭，使軍民留於北京的人數減少或有所出入。譯官雖然沒有確認自己記述的真偽，但是譯官們的聞見事件或情報，卻確實讓當時的朝廷意識到這些外來勢力的威脅，半島不是孤立於東亞與國際世界以外，把過往既有的「隱士之國」的稱號完全推翻。

與此同時，朝鮮譯官亦在19世紀之中，成為了國家之間的情報交流的媒介。像是李容肅擔任1876年朝鮮派往日本的修信使的譯官時，他亦按著傳統的中朝之間的咨表模式，特別向清朝朝廷報告，當時在日本的所見所聞：「光緒二年三月初九日小邦差送修信使禮曹參議金綺秀於日本，緣由已有具咨轉報于上國。而修信使始於六月初一日無事竣還，詳探日本事情則方與十七諸國通商。而自小邦復修舊好之後，值此信使之來邀接館餼照例無虧。外務卿政府大臣俱各設宴施禮，而國君引見勞問。其大臣貴官以魯西亞占據地方逼近朝鮮北界，深以爲憂密語，叮囑使之歸告。本國早爲備禦之策，又言將以開港商辦細節目，事派遣理事官當在修信使還國後旬日之

---

28 鄭昌順等編：《同文彙考》，補編續，使臣別單2，〈冬至兼謝恩行首譯李應三聞見事件〉，頁87a。

內......」²⁹ 從上述裡面，朝鮮制度所形成的東亞帝國網絡，使朝鮮即使已需展開了條約外交的方法，但是仍通過傳統禮儀的咨文形式，通報各種日本的消息。而這種消息確實對中國亦相當重要，因為中國在面對朝貢體系日漸瓦解的過程中，只可通過朝鮮繼續維繫原來的傳統。

19世紀以降，譯官的記述更多聚焦在一些洋人在華的活動以及國家勢力背後的各種環境。他們站在中國的前線，能夠讓朝鮮朝廷可藉著他們的所見所聞，或各樣的情報，衡量當時的局勢。因此，通過譯官的情報網絡，朝鮮仍保持著對世界各方面的情報認知，即使該資訊是否完全準備也好，朝鮮譯官仍在朝鮮對外界情報收集上有一定貢獻，而非完全對外界無知。而另一方面，朝鮮朝廷大多時候，會就著這些譯官在北京的情報，決定以及改變他們的對外政策及國家施政的關鍵資訊。1866年丙寅洋擾時，大院君便是通過當時使團收集到關於法軍的情報，而落實了鎖國政策並當時下令抗擊法軍。³⁰ 朝鮮最終在兩敗俱傷下，勉強取得了這場衝突的勝利。此例說明，這些情報帶回朝廷以後，朝廷會藉著這些資訊而判斷各種往後的行動。

29　鄭昌順等編：《同文彙考》，原編續，倭情，〈報與日本使臣商辦開港通商等條約咨〔咨官李容肅〕〉，頁27b。
30　關於此，詳參羅樂然：〈作為媒介的燕行使：柳厚祚1866年的燕行與朝鮮開港前的東北亞資訊認知〉，頁393–417。

三、卞元圭的講究武備與東北亞活動

卞元圭字吉雲,為1855年漢學考試的狀元,並獲授教誨崇祿知樞一職。多年來以譯官身分往返中國,與李尚迪一樣,曾與清人作各種詩歌酬唱。[31]而卞元圭在1880年代起,經常被安排負責對外的交涉工作。他在1880年(光緒6年,朝鮮高宗17年)委任為別賷咨官,曾於天津與李鴻章見面。《同文彙考》的紀錄提及卞元圭於1880年9月14日,帶同小通事二名、從人二名,前往天津與李鴻章交涉。[32]自《江華島條約》簽訂後,朝鮮上下已意識到外在環境的轉變,對朝鮮內部將帶來不同的衝擊。本來已熟悉外界事務的譯官,在此時刻之中卻由一般的使團協調成員,轉移為擔任前線的外交官,並協調、草擬甚至是與清朝或其他地方官員交涉作各種外交決定。卞元圭的外交活動可讓我們瞭解譯官的角色如何隨著局勢而有所轉移。他抵京後,便獲得與李鴻章會面,並呈交了希望中國協助朝鮮改革武備的〈講究武備咨文〉,該文主要請求中國容許朝鮮派員到天津學習各種重要武備。該咨文由卞元圭帶往,與李鴻章交涉。該咨文提到:

> 一國輿論:「咸以為上國器械精利,以威天下。天津廠等處,寔四方巧工之所會,各國神技之攸萃也。亟宜選送明幹

---

31 《海客詩鈔》中,崔性學將卞元圭的46首詩收錄,並將之交予董文煥收錄。關於此,詳參劉婧:〈조선 역관 6인의 시선집 『海客詩抄(해객시초)』에 대한 고찰:3종 필사본을 중심으로〉,頁238。

32 鄭昌順等編:《同文彙考》,原編續,軍務,〈禮部知會賷咨官派通官伴送天津咨〉,頁6a–b。

人員，情願學造器械，為今急務。」仍伏念皇上威靈，達于四極，視貺流于萬區。小邦常飲醇和，最被覆燾。苟此輿情之得徹，庶幾寵施之不靳，而惟猥越是懼，不敢具奏。先茲悉陳于部堂大人。仰冀曲察導達，特降隆旨，俾小邦匠工，學造於津廠。且簡選解事人員，或於邊外習教，隨處方便，竟能有成，則內而竭屏翰之職，外而盡禦侮之方。環東土幾萬生靈，永賴以妥靖。頌戴帝力，豈特與穹壤而無窮也？不任誠懇祈祝之至。專差副司直卞元圭，齎咨前往，合行移咨，請照驗轉奏施行，須至咨者。[33]

當時《朝鮮王朝實錄》記載到兩人會面的情況：「齎咨官卞元圭以九月十六日抵天津，見機器局、製造局、軍機所及西沽儲備火器、火藥各庫。旋於二十二日，會見李鴻章，商議來津學習製器練兵分條，朝鮮來學製造操練章程。」[34] 當時卞元圭的工作相當明確，就是與李鴻章商議來津學習。《清實錄》也有記載卞元圭來華商議，得到朝廷派員接待的同時，也提他們同異相關建議：

前因禮部奏朝鮮請派匠工學造器械，當令齎奏卞元圭前赴天津。由李鴻章詢問情形，奏明辦理。茲據李鴻章奏，與該使往覆籌議學習製器練兵各條。開具節略，尚屬周妥，著照所議。即由禮部咨照朝鮮國王自行酌辦，並飭令卞元圭即行回

---

33 國史編纂委員會編：《高宗純宗實錄》，《高宗實錄》，卷17，高宗十七年七月乙亥條，頁18a-b。
34 國史編纂委員會編：《高宗純宗實錄》，《高宗實錄》，卷17，高宗十七年七月乙亥條，頁18b。

國。另片奏、酌議該國員弁來學製造操練章程四條,著一併咨照該國王照議辦理。[35]

而據《同文彙考》指李鴻章收到卞元圭的咨文後,便馬上向朝廷會報,可看到當時李鴻章相當支持朝鮮的建議:

> 朝鮮國王姓　特遣齎奏官卞元圭齎到咨文一件,臣等公同閱看,係因該國器械不利,求往天津廠等處學造器械,並簡選人員於邊外教習等,情懇爲據咨轉奏謹抄錄原咨,恭呈御覽可否准其前往天津學習製造之處,伏候聖裁……[36]

值得一提的是,李鴻章當時支持朝鮮的行動,主要原因是1879年李鴻章曾撰信予當時朝鮮的執政李裕元,建議需要「密修武備,籌餉鍊兵,愼固封守,仍當不動聲色,善爲牢籠。」李裕元因此回信,同意李鴻章的建議,但問題是在於朝鮮可從哪一方去改良,最終他回信李鴻章希望清朝協助強化武備,他指:「蓋上國規模,譬則天地之大也。巨細咸宥橐鑰,嫩惡畢就瓠椀,麟鳳蛇龍,無適無莫,時式制宜,而旋措泰盤,因萬方所歸極。而小邦遽欲,則傚不猶鹽雞之學皋鳥乎?」因此朝鮮便派了卞元圭與李鴻章接洽。

據《清代中朝關係檔案史料匯編》收錄的檔奏摺記載,李鴻章

35　世續等奉敕修,《清實錄・德宗景皇帝實錄》(北京:中華書局,1986年),卷120,光緒六年九月甲午條,頁13a–b。

36　鄭昌順等編:《同文彙考》,原編續,軍務,〈禮部知會本國匠工往天津廠學造器械着該大臣妥籌其奏上諭咨:原奏〉,頁5b–6a。

將之上奏於清廷後，決定接納卞元圭的意見。[37]而從《清實錄》記載中，可看見卞元圭時與李鴻章商量以後，回國後便協助草擬〈朝鮮國員弁來學製造操練章程〉：

> 一擬選派三十八人分入東南兩局學習製造，以兩員分管之通事傳語者，東局用二人，南局用一人。又選派精明強壯弁兵四十人，分隸親軍槍砲營內，學習操練。亦以兩員分管之通事傳語者二人，以上共以八十七人為額。資斧火食等項，皆朝鮮國自備，惟住房由中國借給。
>
> 一朝鮮國朝貢信使往來所經道路，自必永遵成憲。惟此次派人來學，係屬破例之舉。若得徑從海道，更覺便捷，且製造操練等事一二年內當可探討門徑，為期不至過久。擬請酌量變通奏咨。立案暫由海道來往，不在朝請常行公事之列。除來學之弁兵學徒委員通事從人而外，別人別事不得援照辦理。至朝鮮國請中國代購軍械機器等件，俟購到後，由中國咨照朝鮮，方可派員從海道前來領運。
>
> 一委員弁兵學徒通事人等，由北洋大臣衙門給發空白憑票，交朝鮮國按名填給，幷造名冊呈送北洋大臣衙門及禮部備查。到中國後遵守中國規矩，專心聽教，倘或不遵約束，由中國官發交派來委員查核辦理。至隨從之人數用為止，不必

---

37 中國第一歷史檔案館編：《清代中朝關係檔案史料匯編》（北京：國際文化出版，1996年），〈直隸總督李鴻章奏遵籌朝鮮講究武備並說土儀應否收受摺〉，頁25–26。

> 多派亦按名給予憑票,附列冊末一體遵奉,約束不得私帶商販,及一切貨物。一凡屬練兵學藝購器軍務公文,由朝鮮國王分咨禮部及北洋大臣衙門以歸便捷。[38]

雖然〈朝鮮國員弁來學製造操練章程〉只是一文件的草擬,但以譯官身分轉移的角度來看,可見過去只擔任通事與翻譯的譯官,卻為朝鮮草擬並提交關於朝鮮到華學習軍務的教學與公務章程。此信函的意義不但見於身分上的轉變,亦看到卞元圭對當時國際形勢與環境的相當熟識,並清楚交待各種公文的遞交以及各種程序的安排。

在這次行程之中,卞元圭也曾與李鴻章詳談關於開港以後的通商問題,李鴻章特別提醒卞元圭,朝鮮應在通商過程之中,應多加小心,在李鴻章的奏議中提到:

> 此次賫奏官卞元圭來津謁見臣,與筆談良久,觸類引伸俾徐悟保邦之大計,即臣上年七月致李裕元一函。彼亦知為忠告,因與開誠布公,迎機善導,剴切而詳示之。聞朝鮮與日本通商數年尚未收稅,彼並不知稅額重輕,臣告以西洋各國通例令,勿為日本所蒙,且知重稅之有裨國計。朝鮮與法美有怨,慮其見侵。臣告以法美志在通商,並無用兵強迫之意。而俄人則窺伺甚急,朝鮮東北海口俄接界,防禦太疏。臣告以德源永興口,既准日本開埠,倘俄以兵船闖入,或先禮後兵,應派員把機接應。[39]

---

38 鄭昌順等編:《同文彙考》,原編續,軍務,〈謹將朝鮮賫咨官卞元圭與津海關道鄭藻如等擬議該國員弁來學製造操練章程錄呈御覽〉,頁11a–12a。
39 中國第一歷史檔案館編:《清代中朝關係檔案史料匯編》,〈直隸總督李鴻章奏報與卞元圭筆談朝鮮現與各國通商情形片〉,頁29–30。

兩人之間亦就著不同的問題詳細筆談,一方面李鴻章通過卞元圭得知朝鮮對通商、邊界防守、針對俄人威脅的應對等方面的情況。另一方面,李鴻章亦提示朝鮮應按當時國際情況收取合適的稅項,以及因為他認為「一國不能獨佔,佔之則必群起而爭」,[40] 故他強烈請朝鮮必須考慮容許各國自由活動的全面通商,藉此維護朝鮮的國家利益。而筆談最重後,也是最重要的部分,便是李鴻章向卞元圭問:「貴國所求派人學習製器練兵各事業,令諸位道台與之妥議數日。昨呈略摺大端已甚,詳晰貴官能遵允否?」[41] 卞元圭回答:「此事係前古所未行,素意行不蕃,乃敢咨請者仰恃　大朝之於小邦有籲,無從不遂之。德意亦維我中堂眷芘之惠溥,如有所教不奉遵。」[42] 卞李之間的筆談,一方面象徵著清朝隨著《江華島條約》及琉球合併事件以後,刻意強化清朝在朝鮮的大國身分,改變過去不干涉及評論朝貢國事務的方向。另一方面,朝鮮亦意識到國家的命運需得到清朝的支持與確定。因此,兩人的筆談可用現代意義與目光來觀察,是一場外交合作的會議以及合作對談。而事實上,兩國亦因此而得到一些合作的方式以及商議後得出的行動。

此次交流以後,朝鮮朝廷便多次在外交事務上起用卞元圭,與李鴻章等清朝官員處理各種對外的通商章程以及外交身分問題,特別是中朝兩國的對等問題。陳尚勝指出朝鮮安排卞元圭交涉的考慮:「朝鮮國王首選卞元圭赴華議約建交,則是由於卞元圭早在

40　中國第一歷史檔案館編:《清代中朝關係檔案史料匯編》,〈與朝鮮賫咨官卞元圭筆談清單〉,頁34。

41　中國第一歷史檔案館編:《清代中朝關係檔案史料匯編》,〈與朝鮮賫咨官卞元圭筆談清單〉,頁34。

42　中國第一歷史檔案館編:《清代中朝關係檔案史料匯編》,〈與朝鮮賫咨官卞元圭筆談清單〉,頁34。

1880年就與李鴻章在天津相識並在此後有過多次接觸。由卞元圭承擔建立中韓兩國新型外交關係任務，朝鮮國王顯然考慮到李鴻章在中朝與中俄關係上的特殊影響力，以便借用清政府力量影響俄國，並以中俄合力來牽制日本。」[43]從陳尚勝的論述可以看見，過去只是作為譯官的卞元圭，在外交事件上有主導角色，亦考慮到譯官在中國的人際關係。而最終朝廷就《中朝商民陸貿易章程》的協調或1883年派出駐津大員時，亦派遣卞元圭陪同就任。[44]

1883年，朝鮮派員赴津就任駐使，其實在朝鮮或東亞史之中有重要的意義。[45]朝鮮從朝貢藩屬體制，走向當時國際認可的對等、協商形式的外交模式。在這種形式的轉變中，朝鮮試圖從過去「人臣無外交」蛻變過來，為著朝鮮社會及外交上的利益。而據陳紅民的研究，李鴻章專責處理中朝問題之上，清朝仍堅持著中朝之間保持著藩屬朝貢關係，文書之間保持原有的形式與禮儀。而派遣使節期間，亦希望朝鮮能夠以中國欽差先行。[46]這些問題其實在朝鮮社會之中帶來了很多的不便，特別1880年代以後，朝鮮各級大臣試圖在對

---

43 陳尚勝：〈徐壽朋與近代中韓關係轉型〉，《歷史研究》，2013年第3期（2013年6月），頁57。
44 金良洙：〈朝鮮開港前後 中人의 政治外交：譯官 卞元圭 등의 東北亞 및 美國과의 활동을 중심으로〉，頁339–341。
45 1882年清與朝鮮鑑於壬午軍亂以後，希望強化中朝兩國的間的宗藩關係，特別是希望藉此與日本勢力作周旋，故與朝鮮簽訂《中朝商民水陸貿易章程》。據此章程之中，清朝北洋大臣將派商務委員到已開口岸照顧中國商民，而朝鮮亦應派駐大員到天津及其他成員到已開口岸，以平行相待的方式往來。因此，1883年以後，朝鮮便開始通過自身的外交手段，與中國及歐美列強周旋，保障自身的利益。關於此，詳參廖敏淑：〈西力東漸前後的中朝關係：兼論《中朝商民水陸貿易章程》〉，收入李宇平編：《中國與周邊國家關係》（新北：稻鄉出版社，2014年），頁29–106。
46 詳參陳紅民：〈晚清外交的另一種困境：以1887年朝鮮遣使事件為中心的研究〉，《歷史研究》，2008年第2期（2008年4月），頁119–131。

外關係上，從清朝手上取得更多的自主權，於是朝廷把這種外交的爭取與周旋重責，再次放在卞元圭手上。

1891年，卞元圭與與李鴻章見面，試圖改變三端的要求。[47] 三端者，據陳紅民、林亨芬等人所引的一段「三端」原則：「一韓使初至各國，應先赴中國使館，再報請由中國欽差挈同赴外部，以後自不拘定；一遇有朝會公宴酬酢交際，韓使應隨中國欽差之後；一交涉大事，關係緊要者，韓使應先密商中國欽差核示。此皆屬邦分內應行之體制，與各國無干，各國不能過問。」[48] 三端者實即朝鮮派使出國時，應注意的禮節。[49] 而中方在此仍堅持過去的禮儀秩序，即朝鮮使臣必須隨中國使臣之後，甚至重要大事都必須得到欽差核准。李鴻章起初表現得強硬，但清朝意識到在清朝與朝鮮之間，最終只需維繫的是上國的尊嚴，而非各種細節。最終，他派出幕僚羅豐祿（1850–1901）、潘志俊等人與卞元圭再談朝鮮修改「三端」的事情。最終在交涉的過程中，卞元圭在清朝的同意下，一些文字上的妥協，為朝鮮帶來對外交涉的方便，藉此滿足到最初周旋的動機。

縱使有學者認為卞元圭欠缺漢語的溝通能力，需以筆談與李鴻章交談，[50] 但是卞元圭作為譯官身分而擔任賚咨官，他不再只是一個

47　岡本隆司：《属国と自主のあいだ：近代清韓関係と東アジアの命運》（名古屋：名古屋大学出版会，2004年），頁223。
48　故宮博物院編：《清光緒朝中日交涉史料》（永和：文海出版社，1963年），上冊，卷10，第578號文書，頁202–203。
49　三端的起因，來自朝鮮需派出朴定陽（1841–1904）出使美國而引起的。關於此，詳參岡本隆司：《属国と自主のあいだ：近代清韓関係と東アジアの命運》，頁170–225。
50　王元周：《小中華意識的嬗變：近代中韓關係的思想史研究》（北京：民族出版社，2013年），頁129。

单纯的消息传达者或是情报收集者,而是在19世纪东亚变局中,他被朝鲜朝廷委任,担当朝鲜对外事务的执行者。他的职责与身分因此而有很大的转变,朝廷亦重视他们周旋的能力,安排他与当时专门负责戎务与外务的李鸿章交谈。[51]而朝廷亦在1882年朝鲜便仿效当时清朝的「总理各国事务衙门」成立「统理机务衙门」专责外事的部门。[52]而卞元圭在1883年与赵秉弼、金玉均、李祖渊等获委任担任交涉通商事务参议的工作。由此可见,因应东亚的政局,朝鲜日渐起用各种诸如汉语译官等中人,担当各种外交事务,为朝鲜在外务上取得更多合理的权益。[53]基本上,从上述的例子之中来看,卞元圭在19世纪已经以译官的身分前往北京,但不再只是协助使臣处理各种外交事宜,而是在外交问题上,走在外交的最前线代表朝鲜,为着国家的利益与其他国家的官员面对面的交涉,以求得到最有利的成果。

四、吴庆锡与开化改革的倡议

19世纪朝鲜史在学界的研究中,很多时候都被学者以「开化」

---

51 据李容肃所指出,译官群体及朝鲜朝廷均知道李鸿章为当时的对外事务的主管。关于此,详参郑昌顺等编:《同文汇考》,补编续,使臣别单2,〈冬至兼谢恩行首译李容肃闻见事件〉,页94a。
52 张存武:〈清代中韩关系之变通〉,收入氏著:《清代中韩关系论文集》,页150。
53 《同文汇考》中记载,《江华岛条约》后,朝鲜需派出修信使前行日本,汉语译官李容肃亦担任使行的译官,并撰写了修信见闻事件,详参郑昌顺等编:《同文汇考》,附编,信行别单1,〈修信行别遣首译李容肃闻见事件〉,页6a–7b。

的名詞把各種材料連結起來,以解釋朝鮮晚期的士大夫或者知識分子如何嘗試力挽狂瀾,改變朝鮮社會的面貌。開化一詞原自於日本的明治維新時代,最早的字句來源為「文明開化」,是著名的社會改革與思想家福沢諭吉(1835–1901)所提出的。他在《文明論之概略》中,提出通過學習西洋文明的由來,比較日本與西洋之分別,並指出文明所指的是包括從工商企業、科學技術甚至文學智慧等,凡為人類社會的物質與精神財富應被包含在內。[54] 而文明開化所指的,亦即日本應從人類社會各方面的物質與精神價值改變,以達到一種進步的社會標準與狀態。[55] 朝鮮社會隨著1876年簽訂《江華島條約》後,並且在1882年統理機務衙門的成立後,分別在通商與朝貢的過程中,從中國與日本瞭解當時各地社會的變化。而部分朝鮮知識分子受到兩地之間的變革所影響,[56] 便主張在朝鮮社會中推行各方面的現代化變革,而這些知識分子大多被定義為開化派。

開化派深信朝鮮通過開國以後,從社會各方面推行現代化變革,並經歷文明化、西洋化及富國強兵等步驟,從而實現「全民開化」的精神,[57] 其改革精神與明治維新的構想有相當密切的關係。然

---

54 福沢諭吉著,松沢弘陽校注:《文明論之概略》(東京:岩波文庫,1995年)。
55 詳參高橋弘通:《福沢諭吉の思想と現代》(福岡:海鳥社,1997年);並參陳水逢:《日本文明開化史略》(臺北:臺灣商務印書館,1993年)。
56 王恩美以開化與西勢東漸的背景之中,探討朝鮮知識階層對西方文明以及基督新教信仰的接受轉變,詳參王恩美:〈朝鮮知識階層「文明觀」的轉變與對「基督新教」信仰的接受:以《皇城新聞》與「皇城基督教青年會」為中心的討論〉,《師大學報:語言與文學類》,第59卷第1期(2014年3月),頁63–94。
57 范永聰:〈從實學到開化:朴珪壽思想淺析〉,頁267–268。

而，朝鮮除了面對如丙寅洋擾、[58]辛未洋擾等外力問題，[59]而朝鮮朝廷亦在大院君強烈抗衡及維持封國的策略之下，延誤了開化派的主張。而開化派亦受到大院君的抵制，國內都因黨爭而產生了各方主張與階層之間的互相不信任與衝突。[60]學者歸納出，他們認為開化派相信朝鮮需向外吸取新知識，從新知識之中改變朝鮮的社會現況。這些新知識的來源，實際是由朝鮮性理學蛻變而成的實學及北學為主導的思考模式，其中又以金正喜之實學思想最值得關注，因為其思想實際上影響了不少譯官，包括吳慶錫等人，對開化思想的倡議。[61]

第一章曾提到洪大容的燕行及北學思想受到金元行及其洛派思想下提倡的人物性無差異的觀念下，驅使他認為有必要放棄自明末清初建立起來的華夷之別，並倡導不同的人的本性是一樣，沒有善惡之分。故清朝管治下的中國人以及域外人與朝鮮的朝鮮人，本性仍是一樣。因此，洪大容相信人物為一致，而且華夷也應為一也。而「華夷一也」對18世紀末，19世紀初的朝鮮文人影響甚深，使當時很多人深信燕行為他們理解社會改良辦法，或是吸取新文化及知識的最佳方法。[62]故此，如朴趾源、朴齊家和金正喜等，便隨著洪大容的步伐，透過燕行去瞭解世界。朝鮮人從學術思想得以解放，

---

58 Yongkoo Kim, *The Five Years' Crisis, 1866–1871: Korea in the Maelstrom of Western Imperialism*, 20–22; 李基白著，厲帆譯，厲以平譯校：《韓國史新論》，頁275。

59 辛未洋擾的背景來自於1866年一艘美國商船舍門將軍號駛近朝鮮後，被朝鮮官民於大同江附近燒毀的事件，而美國在1871年為了追究舍門將軍號的問題，而到朝鮮商議罪責及開港等問題。關於此，詳參伊原澤周：《近代朝鮮的開港：以中美日三國關係為中心》，頁11–12；李永春：〈試論大院君時期朝鮮的對外政策：以「丙寅洋擾」、「辛未洋擾」及朝鮮的對應為中心〉，頁63–75。

60 李基白著，厲帆譯，厲以平譯校：《韓國史新論》，頁278。

61 姜在彥：《朝鮮の開化思想》，頁115。

62 姜在彥：《朝鮮の開化思想》，頁80–85。

不少人日漸接受外來文化，特別是對於各種科學及實用新知尤為重視，從而改善社會及經濟的變革。[63] 而這種被稱為「北學」的思想，實際上是嘗試改變過去性理學治國的問題，而是強調經世致用的精神。[64] 因此范永聰指出金正喜的想法，如何使朝鮮產生開化思想，提出了精闢的意見：

> 金氏否定「理」在傳統儒家學說中絕對崇高地位；他認同儒學是「聖學」，但不認同作為朝鮮王朝立國指導思想的「性理學」完全等同儒學。在金正喜的心目中，只有《論語》中所強調的「禮」，才是「聖學」的最重要本體。這種思想充分展現了19世紀韓國實學的批判性特質，它敢於向主宰朝鮮王朝政治文化數百年的性理學提出控訴；也揭示了實學知識份子在接受西學的洗禮後，嘗試對僵化、空疏的舊學問發動革命的實況。由此觀之，於19世紀末出現、以力陳改革重要性為主調的開化思潮，與實學思想之間，可說甚有關聯。[65]

金正喜的想法使朝鮮文人從華夷觀中釋放，改變了性理學所形成的華夷身分的認同與立場，使朝鮮願意放棄傳統的性理學爭論，而接

63　范永聰：〈從實學到開化：朴珪壽思想淺析〉，頁273–277。
64　所謂「經世致用」，引用 William Rowe 的說法：「從宋代以來，理學思想中一直強調『治術』，此日益增長的自我意識傳統通常被稱為『經世』，這個詞在英文習慣翻譯為 statecraft（治國之道），但如果逐字翻譯應該是 ordering the world（治理世界），如此翻譯才能跳脫『國家』的概念，並且捕捉住追求治理秩序，同時也追求宇宙秩序的精神。」詳參羅威廉（William Rowe）著，李仁淵、張遠譯：《中國最後的帝國：大清王朝》，頁65。
65　范永聰：〈從實學到開化：朴珪壽思想淺析〉，頁277；這方面的西學轉向，亦可參考許怡齡：〈從「儒學」到「儒教」的脈絡性轉換：「西學」與朝鮮思想史的轉換點〉，《臺灣東亞文明研究學刊》，第13卷第2期（2016年12月），頁101–126。

受各種新文化的原點。由湖洛之爭到華夷一也,又由「華夷一也」開出北學,並建構了金正喜對於外來思想重視及支持,並特別是聯繫了「華夷一也」與「開化思想」之間緊密的關係。即從先進思想與制度學習,應放棄傳統堅守的華夷觀念,不再單純蔑視清人為胡夷,而是轉移強調朝鮮在新的世界秩序維繫國家的正統性及民族獨立自主的傳統,[66]無需拘泥於傳統的朝貢體制,或是華夷秩序,而是向值得學習的知識方面發展。由此可見,開化思想的形成與整個性理學的蛻變有相當密切的關係。其中值得補充的一點是,譯官吳慶錫的老師,就是金正喜。在《阮堂全集》,也見兩師生曾就詩詞字句、金石古碑問題等問題交流,金正喜更曾在書文中提到:「近日綠陰滿眼,村日如年,甚思君不已。」[67]從這些書信往來的經歷中,可見金正喜視吳慶錫為重要的學生之一。

最早研究吳慶錫的學者慎鏞廈(신용하)指出吳慶錫是開化思想的鼻祖,也是影響深遠的朝鮮開化觀的倡議者。[68]而他成為譯官是推動開化思想的關鍵,或應該這樣說,他成為了一位慢慢提倡開化思想的人,與其譯官背景及身分有相當密切的關係,亦即是說與他家中背景有關係。吳慶錫家門為海州吳氏,實為中人家庭,其世代都以譯科或相關中人職位。其八世祖吳志恆開始,直到其父吳膺賢(1810–1877)皆為譯官。朝鮮社會發展為明確的身分秩序分層,一般非兩班人士均不能參與文科考試。故作為世代均為技術官僚的家族後代只可以參與雜科考試。因此,吳慶錫在1846年,取得了當

66　姜在彥:《朝鮮の開化思想》,頁80–85;范永聰:〈從實學到開化:朴珪壽思想淺析〉,頁278–279。
67　金正喜:《阮堂先生全集》,卷4,〈與吳生〔四〕〉,頁37b–38a。
68　慎鏞廈:〈吳慶錫의 開化思想과 開化活動〉,頁107。

年的漢學譯科合格的譯官之一。[69] 當時，吳慶錫被任命為司譯院的漢學習讀官，開始其擔任漢語譯官的生活。[70]

與其他章節提及的其他譯官一樣，吳慶錫獲得不少機會前往北京。吳慶錫第一次前往北京的機會是在1853年4月，當時他跟隨由正使姜時永（1788-？）、副使李謙在（1800-？）及書狀官趙雲卿（1800-？）率領之使團前往的燕行行程，前往北京，及後在1855至1875年期間，先後共13次擔任各次的燕行活動及其個人的工作，[71] 前往北京，擔當譯官或執行執務，慎鏞廈通過《朝鮮王朝實錄》、《燕京書簡帖》、《吳慶錫‧吳世昌年譜》等整理了其出使列表（表4）：

表4　吳慶錫出使列表

次數	年度	正使、副使、書狀官名（依次）
1	1853年4月–1854年3月	姜時永、李謙在、趙雲卿
2	1855年10月–1856年3月	趙得林、　章煥、姜長煥
3	1856年10月–1857年3月	徐載淳、任百經、李容佐
4	1857年10月–1858年3月	慶平君李晧、任百秀、金昌秀
5	1860年10月–1861年3月	申錫愚、徐衡淳、趙雲周
6	1862年10月–1863年4月	李宜翼、朴永輔、李在聞
7	1863年10月–1864年3月	趙然昌、閔泳緯、尹顯岐
8	1866年5月–1866年10月	柳厚祚、徐堂輔、洪淳學
9	1868年閏4月–1868年8月	賫咨官
10	1869年8月–1869年12月	李承輔（正）
11	1872年7月–1872年12月	朴珪壽、成彝鎬、姜文馨
12	1873年10月–1874年3月	鄭健朗、洪遠植、李鎬翼
13	1874年10月–1875年3月	李會正、沈履澤、李建昌

資料來源：慎鏞廈：〈吳慶錫의 開化思想과 開化活動〉，頁132-133。

69　司譯院編：《譯科榜目》，卷2，道光丙午式年條，頁37b。
70　慎鏞廈：〈吳慶錫의 開化思想과 開化活動〉，頁115。
71　慎鏞廈：〈개화사상의 형성과 동학의 창도〉，收入國史編纂委員會編：《한국사》，第37輯（서울：國史編纂委員會，2002年），頁96。

從表4可見，作為譯官可以有豐富的北京使行機會，這遠較擔任使行正使、副使等人的機會為多。表中可見，除了擔當使行譯官以外，吳慶錫還多次因各種任務，擔當賫咨官，前往中國。例如朝鮮高宗3年（1866年，同治5年），就報當時朝鮮半島發現洋舶情形，而前往北京。[72] 又高宗5年（1868年，同治7年）閏四月，再就「報洋夷情形」進行賫咨行，前往北京。[73] 譯官往來中國的機會較一般官員為多，與中國知識分子及各階層碰面機會亦自然較多。而由於他懂得漢語的關係，加上他對書畫與金文石碑有濃厚興趣，[74] 使他在多次往返中國期間，能夠結交當時不少名流，成為中朝交流的代表。[75] 而當時與他交流的人物，大多是藏書家或是文人，或許如李尚迪一樣，並非名留清史的人物，例如陶彥壽、范維卿、符保森，但他們大多都是書畫家，其中范維卿便是書籍商。[76] 這些文人使吳慶錫可以購得不同種類的書籍，吸收多種知識，與他往後倡議開化思想，有一定的關係。

---

72 鄭昌順等編：《同文彙考》，補編，卷7，使行錄，〈同治五年四月初九日進賀謝恩兼奏請行〉，頁83b。
73 鄭昌順等編：《同文彙考》，補編，卷7，使行錄，〈同治七年閏四月十六日賫奏行〉，頁84a。
74 金正喜曾與他探討原州興法寺的古碑殘字文本：「菊天且暮，但覺頭上跳丸之飛騰，卽承來械，攬時感物。美人遲暮之思，安得不黯消。古碑只有此原州興法寺半折殘字一本，是集唐太宗書，中國之所傳者皆在此，如覃溪、曉嵐諸人，無不寶重者耳。息慎石砮，頃為李君收去，苦無遺儲，斷不於君秘惜也。來紙與舊囑紙箋，姑未究竟，第當收拾神思。趂萬里橐中，一試之耳。從近一面甚企，都留不宣。」金正喜：《阮堂先生全集》，卷4，〈與吳生〔二〕〉，頁37b；另參吳世昌：《槿域書畫徵》（京城：啟明俱樂部，1928年），頁251–254。
75 關於此，李文豪的博士論文，通過未被學界曾採用的「中士簡牘帖」作為研究的文獻，來探討吳慶錫與中國友人之間的往來，以說明當時他在北京的活動情況。關於此，詳參李文豪：《吳慶錫의 韓中 交流 研究：『中士簡牘帖』을 中心으로》，頁38–129。
76 慎鏞廈：〈吳慶錫의 開化思想과 開化活動〉，頁134。

除了一般在書畫交流的文人外,值得一記的是,吳慶錫所交往的都是當時朝廷的官員,是中國朝廷有決策地位的官員,也是他交際之友人之一,例如內閣中書孔子的73代孫孔憲彝以及禮部尚書萬青藜(1821-1883)等,[77]甚至當時洋務運動主要的倡導者張之洞(1837-1909)也曾和吳慶錫有交談。[78]由此可見,吳慶錫在北京期間,其活動層面頗廣,除了滿足予其個人興趣與文學層面外,吳慶錫也有機會與當時重要的中國官員領導層見面,從中展開不同面向的深度交流,就著國家、外交等問題相談。

所以,當吳慶錫在中國履行各種官職任命時,他利用了使行的機會,和中國士人接觸,而這些接觸對於吳慶錫的開化思想形成有很大的作用。雖然朝鮮社會裡北學及實學思想漸漸形成,亦鼓勵了當時的各階層知識分子對於外來文化及知識接觸,但是實際上如何開化,具體的改革措施,還是不得不從中國方面所學習及獲得相關的知識與情報。而由於吳慶錫的身分是朝鮮漢語譯官,角色的方便讓他可往返北京多次,而他在北京活動的範圍亦相當大,他所前往的地方也相當自由,如書店、飯店、琉璃廠等,[79]接觸的人層面相當廣泛,故他所獲得的書籍之廣亦相當之多,學者慎鏞廈的研究之中,以列表指出吳慶錫從中國所獲得書籍,包括了:魏源(1794-

---

77 其中萬菁藜對於中朝之間當時的情報傳播以及清廷對於朝鮮的關心有一定的貢獻,在1866年時,當時萬氏得知法國人準備從中國前往朝鮮半島該處,希望處理丙寅邪獄的問題,時任禮部尚書的萬氏,就向當時柳厚祚率領的燕行使團通報,使朝鮮使臣及時向當時朝廷作出提醒,在法國軍隊進攻江華島時作出應對。關於此,詳參羅樂然:〈作為媒介的燕行使:柳厚祚1866年的燕行與朝鮮開港前的東北亞資訊認知〉,頁407-408。
78 慎鏞廈:〈吳慶錫의 開化思想과 開化活動〉,頁141。
79 李文豪的論文對於吳慶錫與中國知識分子交流之地點,也作出了相關考察,詳參李文豪:《吳慶錫의 韓中 交流 研究:『中士簡牘帖』을 中心으로》,頁110-129。

1857)《海國圖志》、徐繼畬（1795–1873）《瀛寰志略》，英人合信（Benjamin Hobson，1816–1873）《博物新編》、姚滌山《粵匪紀略》、何秋濤（1824–1862）的《北徼彙編》、佚名所著的《揚水機製造法》、《地理問答》等等不同種類的書籍。當中，比較獨特的書籍，包括清廷第一次向外交流使團的斌椿的《海國勝遊草》和《天外歸帆草》，以及《中西見聞錄》等。[80]

其中，《海國圖志》與《瀛寰志略》兩本對於當時無論是中國還是朝鮮的知識分子的傳統世界觀來說是一大衝擊，[81] 兩書均對傳統的華夷秩序的思考帶來不同樣的觀點，儘管兩書的撰寫態度及觀點還是以原來華人自身的角度出發，去瞭解世界的形成，但是，當中魏源在《海國圖志》中，呈現著「師夷之長技以制夷」，[82] 這一種向外學習，特別是向當時他們稱之為夷人的西洋人學習，這一種思考對於當時的知識界來說，是一種進步，而吳慶錫帶著這一本書返回朝鮮半島，連同其相當的思考，便形成了當時要求朝鮮放棄鎖國政策，提倡開國的思想。這一種想法，與《海國圖志》所提倡的是一脈相承。[83]

在吳慶錫的著作之中，[84] 其實有不少經已散失，故部分資料只可

---

80 慎鏞廈：〈개화사상의 형성과 동학의 창도〉，頁99–100。
81 李紀祥：〈輿圖史與接受史中的海國與大地：清季世界新圖之分型〉，《輔仁歷史學報》，第22期（2009年1月），頁27–94；並參彭明輝：〈外國史地引介與晚清史學〉，《國立政治大學歷史學報》，第17期（2000年5月），頁197–228。
82 魏源：《海國圖志》，收入《續修四庫全書》（上海：上海古籍出版社，1995年），史部地理類，冊743，卷1，〈籌海篇一‧議守上〉，頁1b。
83 金正喜與友人書信時，也曾提到面對外力威脅，「海國圖志，是必需之書。」詳參金正喜：《阮堂先生全集》，卷3，〈書牘‧與權彝齋〔十八〕〉，頁18a。
84 其著作包括《三韓金石錄》、《三韓訪碑錄》、《天竹齋劄錄》、《隨意快讀》、《洋擾記錄》、《初祖菩提達大師說》等等，關於此，詳參慎鏞廈：〈吳慶錫의 開化思想과 開化活動〉，頁117–120。

以透過其兒子吳世昌的轉載,[85]將吳慶錫的知識及想法,重新揭櫫,但從這些散落的材料,各種資料的補充之中,可以看見吳慶錫如何是第一人,對於開港持開放態度,亦鼓勵朝鮮應參考當時清廷的洋務運動進行改革,雖然作為中人,其思想無法最終讓完全朝鮮朝廷採用,但至少在知識界之中,作出了種種衝擊,讓日後的朝鮮社會對於開化及如何開化,作出了不少爭論,這種結果,與吳慶錫的工作相關。

1866年,吳慶錫擔任柳厚祚擔任正使的使團譯官,[86]亦在使團以後再擔任賚咨官,協助朝廷收集關於法國的情報。據韓國國立中央圖書館所藏,吳慶錫撰寫的《洋擾記錄》中,可留意到當時吳慶錫洋擾的記錄,除了從官方獲取一些洋擾情報外,更重要的是他當時採用了大量其中國友人的想法,意圖顯示外交活動的必要以及西洋艦隊對當時朝鮮朝廷的威脅與影響。當時被記錄於《洋擾記錄》的清人意見,包括張丙炎、王軒、吳懋林、劉培芬、萬青藜等,他們都在清朝朝廷占有一地位。[87]其中萬青藜的主張,指英國與法國均視財利為主要的目的,除了俄羅斯深不可測外,[88]其實應開放與西歐

---

85 其中《天竹齋劄錄》今天可看到的材料,實際也是因為見於其兒子吳世昌的《槿域書畫徵》之中。吳世昌的《槿域書畫徵》是韓國畫家與書法家的傳記記錄,故吳世昌的整理雖然為二手資料,仍然是值得參考的材料。關於此,詳參慎鏞廈:〈吳慶錫의 開化思想과 開化活動〉,頁118;Sunpyo Hong, "O Sech'ang's Compilation of Kŭnyŏk sŏhwa sa 槿域書畫史 (History of Korean painting and calligraphy) and the Publication of Kŭnyŏk sŏhwa ching 槿域書畫徵 (Biographical records of Korean painters and calligraphers)," trans. Jungsil Jenny Lee & Nathaniel Kingdom, *Archives of Asian Art* 63.2 (2013): 155–163.
86 慎鏞廈:〈吳慶錫의 開化思想과 開化活動〉,頁133。
87 吳慶錫纂:《洋擾記錄》(1866年,韓國中央圖書館藏,위창고2159–15),頁1–38。
88 關於燕行使對俄羅斯的認識,詳參三好千春:〈燕行使のロシア認識〉,《駿台史学》,第96號(1996年1月),頁117–144;並參吳慶錫纂:《洋擾記錄》,頁10。

國家通商,並容許他們行文傳教,以避免產生正面衝突。萬氏的想法,其實亦可與當時柳厚祚文集中所提到「今貴國武備少弛,覓於講求,恐有不逮,愚意此事當先以理析之。朝鮮之法,向來如此,不自今始,今所殺洋人少而本地之人多,且止知為莠民,不知其為鄰國之教士也。自今以後,如有外人之入我本境傳教者,本國之法,但加於本國之民,鄰國之人,以禮遣之,絕不殺如此。相約於理甚足,而彼亦無可置辨,然後以其暇日,遂將練兵之自國之策,得數十年,即可自強矣,以為如何?」[89] 通過兩項史料的對比,可見當時吳慶錫相當重視萬氏的想法,認同開港為有利於朝鮮。因此,慎鏞廈認為吳慶錫強調朝鮮應以自主張開化政策主動開國,以走往近代國家。然而,吳慶錫試圖在1871年辛未洋擾時,再次提倡開港,可是時為執政的大院君繼續實行鎖國政策。如此的鎖國政策使吳慶錫相當失望,但吳慶錫仍積極在外交事務中參與。

　　1875年日本利用「雲揚號事件」試圖打開朝鮮的港口。在此時朝鮮已經無法自主開港,進行貿易的約束,反而需要像清朝一樣因為條約而開港。自此,朝鮮的命運已失去了其自主的選擇。但是,這些前線的譯官仍在前線與列國交涉時,仍積極為國家的權益進行交涉。其中,於1876年日本與朝鮮已決定簽署《江華島條約》,當時朝廷便委派了吳慶錫和倭學譯官玄昔運等專門負責問情,[90] 並接待日本的官員森山茂。據《朝鮮王朝實錄》記載:

89　柳厚祚:《洛坡先生文集》(서울:大譜社,1994年),〈柳大人台啟:丙寅燕行時與禮部尚書萬青藜筆談〉,頁1005。
90　問情的報告,詳參東北亞歷史財團編:《近代韓國外交文書》(서울:東北亞歷史財團,2009年),卷3,〈朝日修好條規〉,頁357–358。

江華留守趙秉式狀啓:「彼船通議次,發送訓導玄昔運、譯官吳慶錫于仁川地矣。回告內:『彼船已爲起煙上來,不得相接追及項山島留碇處,見森山茂,則彼言以爲:「日前聞仁川地方官所傳,則貴國大官來留江華云。明日下陸入城,接見留守,講定相見大官儀節。而貴國兵民,若或有暴擧,俺亦有自當道理。」云。』爲辭矣。在我初不先犯,而任他下陸,則臣之接見,奚暇更論?若當此境,職縻防禦,不勝惶恐。」啓。[91]

吳慶錫在擔任接待人員過程,代表朝鮮與森山茂先後交涉與瞭解停泊江華島的安排以及日後的程序。而在條約簽署之後,吳慶錫曾與森山茂作深度的對話,從二人之間對話,可以看見吳慶錫對大院君的政策有所不滿,以及他對朝鮮半島開港的態度:

茂　聞院君與其兄意向反對,議論相軋蓋眞乎?

錫　誠然。

茂　何爲然乎?

錫　院君主戰,其兄與國王主和也。

茂　國王旣主和則百官有司從,王命固其所也。而和戰不決特派院君愛顧之大臣,以謀此次大事豈無疑乎?

---

[91] 國史編纂委員會編:《高宗純宗實錄》,《高宗實錄》,卷13,高宗十三年一月乙巳條,頁4a–b。

錫　國王柔弱,院君剛愎。故百官皆不能明言和議。

茂　聞李公卽爲領議政,而非統理國家之器如何?

錫　所以不能主意也,雖然院君今不得如前秉權。

茂　目今和事不成,戰端旣開,則兩黨所爲如何?

錫　皆無定算,各爭口舌而已。兵亦不多,又無紀律。

茂　僕向相遭仁川府防禦使尹暎人,此人頗憂方今之形行,先生知此爲人乎?

錫　此人表裡不同,向與先生所言之事,已達朝廷,欲爲阻塞計此,是院君舊親人也。

茂　與僕相遭,唯言志耳。而以相遭之故,爲阻塞之計,不可解也。

錫　以先生之言,粉飾添詞以諠之也,朝廷皆信之,而小生獨知其意耳。

茂　僕欲得貴國京城之地圖書久矣,而未能得之也,冀先生給之。

錫　京城無圖,只有今八道全圖。然耳目煩多,今不敢奉納悚々。

茂　問京城及八道戶數人口幾千乎?

錫　京城人口無的確數，攴況八道乎？非僕不詳知也，朝廷亦不知。是以可歎見此，則國規可以諒悉。

茂　不能知其詳細面然，只以大約所目示之如何？

錫　現多逃散無幾干人，兵則老弱合不過數千人耳，仁川狼兵千餘云。

茂　八道人口大約幾千乎？

錫　屢十萬人

茂　恐可不過一千萬口也

錫　誠然，此時事或不成一朝。院君復得正權必大動干戈，多殺生靈，豈不極可悶乎？望須今般竣事，切勿空返，以救我八道人民。[92]

從上述的對話，可以看見吳慶錫對大院君的鎖國立場、舉動以及其所屬下的人員相當反感，他對大院君大動干戈表示反感，故希望通過外交方式，能夠為朝鮮打開國門，為朝鮮開化作出準備。在對話中，吳慶錫多番強調朝鮮的軍備薄弱，可見他對開化的渴求極為明顯。可惜的是，他的主張得不到當時的朝廷所認可，使他早在1860年代，轉移為在文化上倡議，作為開化思想者的主者人。

92　東北亞歷史財團編：《近代韓國外交文書》，卷3，《朝日修好條規》，〈與吳慶錫筆談〉，頁433–434。

據古筠記念会所編的《金玉均傳》中所指，當時吳慶錫兒子吳世昌向金玉均解釋，父親吳慶錫有感於往來中國期間，在中國的見聞以及列國的歷史與政治情況感到慨嘆，但無奈其改革無法得到改變，因此歸國與友人劉鴻基等閱讀他從中國所帶回來的各種新學書籍，從而開導一些當時抱有改革信念的知識分子，這些人大多的都是居住於北村的上流階級兩班子弟，以圖通過教育為朝鮮社會帶來改革的希望。[93] 而據慎鏞廈所指，當時一些的兩班弟子，包括了金玉均，[94] 都受到吳慶錫的影響。而金玉均實際上就是 1884 年發動由日本背後支持的甲申政變的主張者，雖然其政變試圖清除朝鮮的保守派，但袁世凱的介入，使金玉均的改革想法不能得以落實。[95] 縱使他被一些學者認為「親日派」，但金玉均的主張反映，當時一些開化黨的朝鮮知識分子希望透過社會改革，特別是體制上的改革，使朝鮮走向富國強兵之路，而他的路向採取的是參考日本明治維新的方式。[96] 而他強烈渴求朝鮮走上開化之路的原因，幾可肯定的是，受當時吳慶錫等人的主張所影響的。

93　林毅陸編：《金玉均傳》（東京：慶應出版社，1944年），頁49–50。
94　慎鏞廈：〈吳慶錫의 開化思想과 開化活動〉，頁143。
95　1884年朝鮮較激進的改革者，如金玉均與朴泳孝（1861–1939）等開化派試圖聯繫日本駐朝公使竹添進一郎（1842–1917）密議政變，並發兵要脅朝鮮高宗，要求朝鮮擺脫清朝獨立。保守勢力邀請駐軍朝鮮的袁世凱出兵阻止政變，竹添進一郎事敗自焚使館。日本藉此派出軍艦到朝鮮與中國交涉，兩者最終在天津簽訂《中日天津會議專條》，雙方派兵需要互相通知，此引發了東學黨之亂爆發時，雙方均派兵而衍生甲午戰爭的導火線。關於此，詳參 Yong-ho Ch'oe, "The Kapsin Coup of 1884: A Reassessment," *Korean Studies* 6 (1982): 105–124.
96　權赫秀：〈近代朝鮮開化派金玉均的日本觀及其東亞史意義〉，《日本研究》，2012年第4期（2012年12月），頁96–103。

2018年播出獲得高收視成績的韓國電視劇《陽光先生》(미스터 션샤인, *Mr. Sunshine*)講述大韓帝國與日韓合併之間,韓國政府如何面對義兵、日本與美國之間周旋的故事。劇集經常出現一組相近類型的劇情,就是擔任朝日或朝英翻譯的譯官,經常以誤譯或主導譯語的方法,來應對韓國皇帝或官員與外國使節代表之間的語言障礙。故事的人物雖然是虛構,但是說明譯官在這些朝代更替的關鍵時刻,有著關鍵的主宰地位。因此,吳慶錫作為譯官,他的角色與身分不再單純為朝鮮朝廷或使行成員協助他們認識中國的社會或世界其他國家,而是通過他譯官的身分,掌握到的知識,希望得以轉化到國家的社會與外交政策之上。雖然礙於黨爭及其文化身分的問題,其主張得不到當時大院君的認同,因此他逐漸轉為開化思想的倡導者及教育家。可見,譯官角色因應在19世紀的東亞局勢,已不再只單純履行其職責之下的禮儀或翻譯的工作,而是作為外交官。

五、小結

1894年朝鮮半島爆發東學黨之亂,以征討日寇為由,引起全國起義。[97]朝鮮高宗立刻聯繫北京,希望藉清軍平定叛亂。而因《中日天津條約》的規定,雙方派軍時,需互相通知,故日本亦派軍到朝

---

[97] Choonsung Kim, "Donghak: Towards Life and Spirituality," *Korea Journal* 42:4 (Winter 2002): 158–186.

鮮半島。然而,日本抗絕要求,希望兩國共同改革朝鮮內政,日軍甚至囚禁高宗,以圖迫令朝鮮接受日本的內政改革建議。李鴻章意識到事態嚴重,便急速派軍,其中租借英商的運兵船高陞號被日艦擊沉,最終引發清朝在1894年7月初一,正式對日發表宣戰詔書,並派出北洋水軍,以及劉坤一所率的各支東北各地、淮軍、湘軍各營等所組成的陸軍支援是次戰爭。[98]

然而,這場在中國歷史中,被視為見證洋務運動成效的甲午戰爭,反映自1860年代以來的中國現代化嘗試最終隨著黃海海戰等重要戰役中慘敗,被迫與日本簽訂《馬關條約》,並結束各種對華過去的朝貢、禮儀以及各種相關的活動形式。朝鮮在這場戰役之後,必須從清朝擺脫朝貢國身分,踏上獨立之路。朝鮮宮廷與朝廷,在戰後大臣與知識分子一直在親日開化黨、親中事大黨以及甚至是親俄派之間等立場搖擺,高宗更甚至在明成皇后被日人暗殺後,日人勢力日漸強大的背景下,逃往俄國駐朝鮮公使館,史稱「俄館播遷」。[99] 日本受制俄羅斯的干預,對朝鮮的控制稍為緩和。而在俄人支持與保護下,加上獨立協會在輿論上鼓動國民,1897年朝鮮高宗宣布將朝鮮國改國號為大韓帝國,被視為主權獨立的國家,並將年號改為「光武」。[100]

---

[98] 麥勁生:〈海上大戰:甲午戰敗〉,收入氏編:《中國史上的著名戰役》(香港:天地圖書,2012年),頁166–167。
[99] 詳參潘曉偉:〈略論1895–1898年俄日在朝鮮半島的政治博弈〉,《延邊大學學報(社會科學版)》,第47卷第2期(2014年3月),頁88–92;尤淑君:〈甲午戰爭後的中朝關係〉,《山東社會科學》,2014年第5期(2014年5月),頁26–35。
[100] 蔡建:《晚清與大韓帝國的外交關係》(上海:上海辭書出版社,2008年)。

連同1894年甲午更張廢除一府六曹制，[101]到金弘集（1842–1896）與朴泳孝起草的1895年的洪範十四條，[102]抑或是到大韓帝國的成立，可以看見朝鮮尋求外交甚至主權獨立的過程之中，朝鮮內外的社會政局或國際形勢，驅使到朝鮮放棄原有通過儒學以及朝貢禮儀所維繫的社會秩序與管治方式。這種社會格局之上的轉變，也逐漸使屬於傳統朝貢體系產物的朝鮮譯官，日漸不再需要履行原來的職責，不再負責翻譯，而當時相對於西歐語言或日語，漢語變得並非重要。譯官亦失去了原來的角色，換來的就像吳慶錫的兒子吳世昌，以大學語言老師、記者、畫家、外交家或是革命家的身分，被歷史書寫所記述。[103]反而，他的譯官身分卻早被世界所遺忘。直到日治時期的學者與戰後的韓國學人為了各種政治及社會需要，以學術的眼光，探索朝鮮的譯學史、譯官們的教材以及譯官在歷史中的身分，譯官便因此從一些對歷史產生時代意義的人物，轉變為被用作探討過去的群體。

---

101 柳永益（유영익）：《甲午更張研究》（서울：一潮閣，1990年），頁178–222。
102 國史編纂委員會編：《高宗純宗實錄》，《高宗實錄》，高宗三十一年十二月甲寅條，頁69b。
103 Sunpyo Hong, "O Sech'ang's Compilation of Kŭnyŏk sŏhwa sa 槿域書畫史 (History of Korean painting and calligraphy) and the Publication of Kŭnyŏk sŏhwa ching 槿域書畫徵 (Biographical records of Korean painters and calligraphers)," 155–157；關於吳世昌參與政治活動的經歷，詳參〈已未運動의先驅者 葦滄先生訪問記〉，《新天地》，第1卷第2號（1946年），頁31–33。

第八章　結論：
朝鮮漢語譯官與東亞世界網絡

　　從丙子胡亂至甲午戰爭,清朝與朝鮮之間的關係起伏,不但是兩國的國別史之中重要的課題,[1]也是東亞關係史不可忽略的學術議題。本作以兩地的關係變化過程的歷史事件進行考察,探討朝鮮漢語譯官的群體形成過程以及他們的身分,特別關注他們在禮儀、翻譯以及文化活動的介入,從中重塑了朝鮮譯官在歷史書寫記載的形象。除了譯商或是語言學的研究對象外,本作旨在探討朝鮮譯官作為中國與朝鮮兩方不同層面互相瞭解的媒介。而漢語譯官群體的身分,使大家互相認識的角度,與過去較重視的士大夫群體的筆談所看到的話題有所不同。朝鮮譯官因工作關係,他們認識的都是一些平民大眾,或是一些中下層官員,故他們藉此而看到的中國社會與文化,與士大夫所建構的中國社會不盡相同。

---

1 韓國學的研究,白永瑞提出了重要的特點:「正如主張主體性和實踐性的朝鮮學運動根源於民族主義,韓國學與民族主義也有著密切的聯繫。」其實可以看見如中國史的書寫一般,韓國學研究畢竟受制於民族主義的立場觀察。雖然白永瑞指出韓國學者以嘗試以『開放的民族主義』的視角,試圖重構韓國學,但是沒有得到具體確定,韓國學亦有回到民族主義框架的危險。關於此,詳參白永瑞:《橫觀東亞:從核心現場重思東亞歷史》(臺北:聯經出版,2016年),頁258-260。另關於韓國歷史書寫情況,詳參 Henry Em, "Historians and Historical Writing in Modern Korea," in *The Oxford History of Historical Writing*, Vol.5, ed. Axel Schneider and D. R. Woolf (Oxford : Oxford University Press, 2011), 659–677.

與此同時，他們在朝鮮的社會身分不及兩班貴族，只是被視為中人技術官僚，故當清人與朝鮮譯官交談過程中，他們所看到的就是朝鮮譯官情感或經歷之中所塑造的朝鮮社會的各種現象與環境。因此，本作通過整理各種不同朝鮮文人的紀錄、清人的文獻，或是譯官的各種報告、書寫以及詩文，看到相關的文化意象。而在19世紀隨著局勢的轉變，原來的制度不再容許譯官的角色，而他們逐漸轉向其他身分，在不同範疇之中，在近代歷史的不同場景之中遊走。

回顧全文的論述，〈緒論〉和第一章〈服事天朝〉交代整個研究的方向與歷史背景，瞭解漢語譯官在歷史舞臺的研究價值，當中希望能有完整的歷史脈絡；第二章〈因譯以達〉通過朝鮮漢語譯官在明清易代的社會需求轉變，從而重新探討培訓制度及歷史，並通過翻譯規範的概念，瞭解譯官的語言與禮儀的學習與朝鮮當時的社會與事大政策相關，藉此說明譯官在肩負朝廷對文化、外交及翻譯的各種期盼；第三章〈善為周旋〉則從不同種類的史料之中，說明譯官在朝貢禮儀的履行之下，如何處理禮儀活動的周旋及安排的協調，以使朝鮮可以維繫「禮義之邦」的名義；第四章〈悉委於譯〉以國家權益為思考框架，瞭解譯官的工作如何為國家爭取合符朝廷期盼的權益，而金指南、金慶門兩公子在白頭山的周旋可作為重要的例子來瞭解譯官如何為朝鮮的權益作出周旋，並取得合符其國家意願的結果；第五章〈雖不目見〉在18世紀以來的譯官，像金慶門等，在使行的過程之中，如何主導了朝鮮士大夫對中國知識生產過程，建構他們的中國觀與世界觀；第六章〈藕船雅正〉以李尚迪的經歷為個案，探討清人與李尚迪之間如何建構的社會網絡，如何促成彼此之間的文學及文化交流，而金正喜所贈的〈歲寒圖〉，李尚

迪如何穿連清人與金正喜，使清人亦可與金正喜感同身受，體會到朝鮮的社會；第七章〈前古未行〉顧名思義指譯官在 19 世紀以後隨著時代的變化，他們的工作不再只是限於權益的周旋，轉移為作為與外界交涉、擔當前線的外交官，甚至是提出社會改革的倡議者。總括來說，本作在丙子胡亂至甲午戰爭之間的中朝關係的歷史脈絡之下，理解不同漢語譯官的職責，以說明譯官如何在周旋、交涉、翻譯等文化過程之中，為朝鮮社會主張或個人立場為中心，以符合「達志」與「通欲」的目標。

白永瑞在探索韓國學在當代的歷史論述過程中，他提出將韓國學重構為「全球地域學」（Glocalogy）的，他所強調的即「既可以批判西方中心的普遍主義，又可以在注重韓國這一空間性的同時，不局限於特殊性，實現追求普遍性的學術之路。」[2] 其實白氏所強調的是在全球普遍性及民族國家的特殊性之中取得互動的元素，也是當今學術研究之中的重要價值。而回顧整篇論文之中，通過對譯官群體的描寫與論述，可以看到在他們所穿連的東亞世界中，譯官如何在反映朝鮮社會的特殊性及爭取朝鮮的權益外，也藉著與中國官員、文人與民間互動之中，瞭解東亞的普遍性意識如何驅使他們作出不同的回應。地域或在地的特殊性與東亞的普遍性，得以從譯官群體的活動綜合起來，而這亦是本作一直強調以東亞世界為中心的視野來處理朝鮮漢語譯官與中朝關係的背後目的——將東亞的普遍性與特殊性能投射於研究譯官的論述中。

本作以東亞世界為中心，重視的是譯官與中朝關係以及背後所

2　白永瑞：《橫觀東亞：從核心現場重思東亞歷史》，頁264。

建構的文化交流。歷史學家在20世紀,隨著與社會學、計量科學及人類學等新興學科的互動之下,學術視野及領域受到不同層面的衝擊,諸如社會史、微觀史學、心態史等課題在學術界開拓了學者對歷史材料重新解讀的視野。「在中國發現歷史」的思考影響下,[3]學者亦藉著西方的史學發展之中,通過中國的歷史現象以引證及討論。而20世紀末,隨之而興起的便是通過「語言」、「再現」、「論述」等方式,改變歷史學的過去視野,像Roger Chartier所說:「史學家們在閱讀文本或圖像時,不再直接將其視為資料性文獻,而是要就其所象徵的意義來瞭解各種個體行為或集體性的儀式。」[4]因此,本作以中朝關係為討論的中心,通過分析漢語譯官所執行的任務以及爭取的權益,呈現譯官如何在不同的行動、儀式與互動過程中擔當中介者,建構中國與朝鮮彼此的認知。本書的討論結果,不但為東亞文化交流史帶來新的反思,也可形塑一些課題的新視野。

近代中國或東亞翻譯史的學者,大多就著文化之間有明顯差異的跨文化互動,從事語言或文字的翻譯研究。他們通過文本的對照、翻譯的策略,以及各種因翻譯而產生的議題,例如在鴉片戰爭以後的中英翻譯議題,彼此之間文化有各種差異,才可展開各種值得探討翻譯而產生的各種語言與文化議題。按翻譯史往常的論述,東亞以漢字為交流的中心,中國與朝鮮之間並無翻譯的必要,因筆談已可處理大部分的交流事項。然而,朝鮮的漢語譯官訓練過程中,不但只是一種語言的翻譯培訓,而是看到的是一種當時朝鮮社會期盼

3　Paul Cohen, *Discovering History in China: American Historical Writing on the Recent Chinese Past* (New York: Columbia University Press, 1984).

4　Roger Chariter 著,楊尹瑄譯:〈「新文化史」存在嗎?〉,頁200。

的禮儀、文化的培訓，故在語言以外，譯官也肩負禮儀與文化的責任。因此，翻譯史之中從「語言」轉向至「文化」，亦使翻譯的意涵從過去放置在文化有明顯差異的角度，轉為彼此接近的話題。而且，朝鮮派遣使團或譯官執行邊界公務時，除了筆談不便外，而且不少接觸的清人不一定能夠以文字與朝鮮使臣或譯官對話，而譯官的角色不限於翻譯，情報交換、禮儀執行以及外交周旋等，其實也存在譯官的角色之中，因此在整個交流過程之中，是有著不可被忽視的角色，而翻譯史的轉向提供了重要的想法。

另一方面，本作強調朝鮮漢語譯官在明清易代後角色在歷史書寫之中受到重視，亦可藉此說明譯官的活動可看到中朝之間的文化觀感轉移。自元朝以來，高麗朝已培訓熟習漢語的譯官作為國與國之間的溝通與交流，而元明易代以後，朝鮮因「事大政策」，培訓各種譯官以處理各種職務，但實際均為一般協調的工作。直至丙子胡亂以後，譯官隨著士大夫階層受制於「小中華意識所引起的排清意識和自尊意識具有相當廣泛的社會影響」，[5]他們被委以重任，作為朝鮮維繫事大禮儀及爭取權益的主要代表。如王元周指出直到18世紀末，像朴思浩（1784–?）、朴趾源等均批判使臣將使行事務全部交由譯官處理的做法極為不恰當。[6]但他們兩人對問題的提出，實際正是華夷觀所引起的意識，讓使臣依賴譯官已成明清易代以後的慣例，而朝鮮使臣或士大夫在有意或無意之間，被朝鮮譯官選擇了對中國的認識以及解決朝貢問題的方法。華夷觀、朝鮮的中國觀等

5　王元周：《小中華意識的嬗變：近代中韓關係的思想史研究》，頁75–76。
6　王元周：《小中華意識的嬗變：近代中韓關係的思想史研究》頁128–129。

課題無論在今天的中國明清史學界還是韓國朝鮮史學界都是仍相當熱門的題材,但大多均從士大夫的眼光出發,卻沒有意識到士大夫與譯官之間的互動中,瞭解華夷的想像。因此,本作嘗試讓學界對中朝關係或東亞文化交流之中流行的課題提出了新的觀點以及新的材料應用。

西嶋定生提出儒學為四大元素之一,華夷意識本已是重要的東亞儒學課題。華夷意識特別在朝鮮、越南等儒者眼中已是他們的學問的重要組成部分。另一方面,朝貢制度的禮儀活動,亦應視為東亞世界的典型儒家思想於現實落實與執行的例子。而朝鮮王朝無論在朝貢文書、迎接體制還是出使禮儀,都有全面及完整的程序處理,可見朝鮮對禮儀活動的重視。[7] 而本作亦指出朝鮮的譯官培訓過程,反映到譯官對儒家文化、帝國朝貢禮儀程序有豐富的知識,而譯官亦是執掌禮儀的負責人員。由此可見,朝鮮譯官的研究,同時也是東亞禮學的研究。譯官研究可用作瞭解東亞儒學思想的形成及落實,特別是儒家對社會與國家秩序實際操作的影響。

本作縱使嘗試收集各種史料來瞭解朝鮮漢語譯官的群體,但是礙於過去歷史論述的面向,有意與無意忽略作為中介人的譯官。因此,本作遺憾的是,譯官書寫的材料偏少,即使存有譯官本人的書寫,當中亦或帶有強烈的個人觀點,或是過於散略。因此筆者閱讀各種譯官們所寫的材料的同時,也特別注意他們與歷史脈絡之間的關係。雖然本作也視譯官群體為考察的對象,但畢竟亦配合與對比各種譯官的材料,仍能可窺探譯官的活動軌跡。然而,未來研究可

7　金文植:《조선왕실의 외교의례》,頁63–176。

將隨著譯官各種自我書寫的材料作整理，從譯官的眼光重新摸索，他們的自我意識以及對身分的想像與認同，似乎可補充學界對朝鮮譯官的研究。

本作就著朝鮮的漢語譯官的研究的脈絡，最終希望藉此課題回應東亞世界的知識與文化的構成過程。本作引言時借引Rothman的Cultural Brokers的概念，觀察兩種文化在帝國的邊線之間互動下，如何通過文化代理人處理與應對文化網絡所形成的知識生產、身分認同與地理空間，以呈現跨國的文化代理者對於塑造區域歷史的意義。儘管東亞世界的有著與地中海空間不同的權力架構：一個以禮儀與軍事主宰著區域運作的中華帝國，但是朝鮮漢語譯官的活動正好符合Rothman的說法，一直在中國與朝鮮的邊線之間，兩地相互認知之間的知識生產結果，正是由他們所擔任媒介所展示出來的表現作定斷。[8]

烏爾里克・希里曼（Ulrike Hillemann）在研究英國帝國主義在亞洲的延伸過程中，強調帝國下的一些外地群體，如東印度公司、傳教士或自由貿易者，如何組成一個英國的帝國資訊網絡，使不同的知識、資訊、想法在東南亞、倫敦、華南地區中流傳。這種流傳的過程對當時的英國在遠東地區的的知識掌握有深遠影響，特別是英人對中國的理解的判斷。[9] Hillemann採用了法國社會學家布魯諾・拉圖（Bruno Latour）的行動者網絡理論（Actor Network Theory）

8　E. Natalie Rothman, *Brokering Empire: Trans-Imperial Subjects between Venice and Istanbul*, 251.
9　Ulrike Hillemann, *Asian Empire and British Knowledge: China and the Networks of British Imperial Expansion*, 1–15.

提供的想法,[10]指出社會或社會的解釋並非固定實體,而是不同的行動者通過網絡的聯繫的過程之中不斷變化而形成。換言之,以英國為例,英國在遠東的擴張或英帝國並非一個固定的地方接受資訊及進行決策,而是不斷通過其擴張後的帝國空間,繼續接受資訊來掌握知識,從而進行判斷。

如中朝關係下的朝鮮譯官放置在Hillemann的框架下觀察,可發現雖然中國與朝鮮之間的關係或是整個中國傳統朝貢制度並不能與英帝國的殖民網絡相提並論。然而,借助她的觀點,可解釋到本作的各個譯官活動例子的更深層的文化意義。清朝與朝鮮之間的互相認知,並非國家之間單純站在自身位置進行觀察的結果。而是經過作為媒介的譯官的經歷、語言能力或是有意無意地的表達選擇,確立了對雙方的文化認同感。因此,本作借用Hillemann的帝國網絡觀念轉借為「東亞世界網絡」,期望提出中國歷代朝貢制度,特別是以明清兩朝而引伸的各式文化交流活動:如朝鮮、琉球、越南派遣燕行使節、西歐或東南亞各國與中國之間的貿易活動過程中,因應東亞世界構成:如漢字、儒學等元素的形塑,驅使網絡中不同行動者彼此間的聯繫,如本作中譯官如何論述三藩之亂改變朝鮮社會對明清易代的立場;李尚迪把金正喜的〈歲寒圖〉帶到中國,讓清人對朝鮮的身分問題與內部黨爭有更深刻的認識;卞元圭與吳慶錫如何利用自己的網絡與知識爭取朝鮮在外交的權益等,均可看見朝鮮漢語譯官作為東亞的文化交流的行動者,在文化互相聯繫的網絡中,在各種文化形構築兩地之間的各種認知以及文化觀感。

10　Bruno Latour, *Reassembling the Social: An Introduction to Actor Network Theory* (Oxford: Oxford University Press, 2005).

本作通過中朝關係的演變去瞭解譯官的活動與角色,築構出「東亞世界網絡」的想法。黃俊傑過去積極推動東亞文化交流史的構想中,提倡文化交流史的研究應不再只是重視交流結果,進行範式轉移,關注交流的過程。他也特別提出在東亞文化研究之中,重視脈絡,而非單純對文本的解讀。他指出:「從東亞文化交流的經驗來看,文本或概念在異域的交流互動之中,都有其社會、政治、文化的脈絡,甚至交流活動中的人物之言語也都有其特定之語境或『語脈』,因此,文化交流中互動雙方人物都應被視為歷史舞臺上的演員,而思想則應被視為『歷史事件』。文化交流史中的諸多事件也可以被視為『觀念史圖像中的事件』。正是從這個論點出發,我們可以轉入關於東亞文化交流史中『再脈絡化』現象的研究方法。」[11] 因此,本作藉著譯官的活動,可回應黃俊傑的想法,指東亞之中的各種語言、文本均有脈絡,而非單純的歷史事件。而廖肇亨和石守謙不約而同地也提出東亞文化意象的形成,均需瞭解當中的行動者與中介者。「東亞世界網絡」的倡議是拋棄過往把中國或東亞其他各國視為一種單純的描寫對象的研究方法,而是根據東亞的歷史脈絡,透過各種的文人的詞句、政府的公文或是畫家的圖像,認識網絡聯繫之間如何形塑各種文化之間的瞭解,像本作以中朝關係為例,中國與朝鮮彼此的利益與立場都是決定事情轉變的關鍵,從此角度而看,很多東亞的課題亦可放置在「東亞世界網絡」中討論。它的應用不只限於中朝關係,亦可放置於中日關係、日琉關係、日鮮關係、越朝關係討論,甚或是跨國的議題,如海盜、漂流民、

---

11 黃俊傑:〈東亞文化交流史中的「去脈絡化」與「再脈絡化」現象及其研究方法論問題〉,頁66。

傳教士與貿易等等議題，亦可藉此來瞭解跨地域的網絡聯繫，如何構成各種文化意象。

　　總結而言，朝鮮漢語譯官的研究並不只是作為探討中朝關係或相關的東亞文化交流史的部分議題，也可以作為瞭解儒學建構下的東亞，特別是禮儀落實的重要實例。本作亦可同時為新文化史、翻譯史、歷史記憶、域外漢文學等新興學術課題，注入新想法，為這些領域延伸各方面的討論或是批判，以及形塑相互對照的例證與論述。因此，本作不只局限於構築朝鮮漢語譯官在「東亞世界網絡」的作用，也希望像白永瑞所說一般，不只對過去作客觀的敘述，而是通過故事重現過去，擴展到更多元的領域，接近當下讀者所想。[12] 亦即把論述過程之中所得出的經驗、概念，以及價值，通過再現的方式，與其他當下大眾共同關心的話題展開對話，諸如全球地域化、當代東亞局勢等，也可通過本作而可望有所助益。

12　白永瑞：《橫觀東亞：從核心現場重思東亞歷史》，頁249–250。

附錄　17–19世紀期間漢語譯官事蹟舉隅

前言

譯官著作甚少,並不容易發掘其身分與歷史定位,故特以附錄,對部分關鍵漢語譯官的生平關鍵之處及其在17–19世紀期間的各樣活動以列表簡介,以供讀者參考,對譯官能有更深透的認識,從而思考譯者與東亞世界歷史之間的關係。

譯官列表

姓名 (生卒年)	最高品位／ 入職官職	事蹟	出版著作
張炫 (1613–?)	崇祿大夫／ 漢學教誨	字公明,胡亂以後曾陪同昭顯世子留居瀋陽,據《通文館志》載任職譯官四十多年,赴燕超過三十次。 張炫任職期間被朝廷官員多次批評他作弊、私自帶貨(特別是人參)以及就燕行期間貿易自作主張。 晚年,他受姪女張禧嬪與姪子張希載謀害仁顯王后的事的影響被流放,無史料記載其往後的事情。 有趣的是,《通文館志》並未描述這方面的故事。	／

譯官列表（續）

姓名 （生卒年）	最高品位／ 入職官職	事蹟	出版著作
金指南 （1654–1718）	知中樞府事／ 漢學教誨	字季明，號廣川，為牛峰金氏後人，先後多次參與各次重要的使團，如1682年擔任前往日本的朝鮮通信使漢學譯官，當時受到日本文人的歡迎。又於1692年參與燕行使團。是年，被使節成員閔就道要求尋找有關煮硝法的參考書籍。該書在回國後，並由他本人親自翻譯為諺文，以供官員閱讀。 1712年，康熙帝為應對朝鮮一帶的劃界問題，派出穆克登前往朝鮮處理，金指南與兒子金慶門時擔作接伴使團成員，陪同穆克登，並引導穆克登在天池上定立有利朝鮮一方的界碑。 《通文館志》早期的資料主要由金指南主要整理，但去世前未能得以刊行，需由兒子金慶門繼承父業，而金慶門也特別提到金指南五子登科，被推恩加階至知中樞府事。	《新傳煮硝方》 《通文館志》 《北征錄》
金是瑜 （1677–?）	崇祿大夫／ 漢學上通事	字子柔，《通文館志》以「最嫻華語」來形容他。他曾先後赴燕二十餘次，每當朝鮮需有大事需向清廷匯報，均委仗於金是瑜。其中，他曾先代表朝鮮特別向清廷周旋，要求清廷盡快處理英祖冊封。 此外，他曾就《明史》裡的仁祖反正問題與朝鮮太祖初期的事件，私下通過金常明、張廷玉、留保等人周旋，最終《明史》以金是瑜之建議而書寫相關的歷史。	／

譯官列表（續）

姓名 （生卒年）	最高品位／ 入職官職	事蹟	出版著作
金慶門 （1673–1737）	資憲大夫／ 漢學教誨	字守謙，號蘇巖，為金指南的兒子。早年，曾與父親一同協助處理穆克登分界事宜，而他父親年老，故主要由他與穆克登在天池上指畫區域與應對。 1721–1722年，金慶門曾擔任燕行使團譯官，行程中副使李正臣不斷向他查詢各種有關中國社會與文化的知識，金慶門一一解答，並得到李正臣的讚賞。 及後，他就皇帝希望於慶源江以北設鎮的問題，與清廷官員商量，最終獲清朝許可撤去對岸鎮所，以平衡兩國邊界的利害。	《通文館志》
李樞 （1675–1746）	崇祿大夫／ 漢學教誨	字斗卿，朝鮮肅宗年間譯官，歷來赴燕超過三十餘次，曾協助將漂海民送回清朝，又與清朝皇族官員有不少交流，以為朝鮮爭取更多權益。 雍正4年（1726），李樞與金是瑜代表朝廷就仁祖反正時向朝廷進行辯誣，以求清朝所《明史》符合朝鮮的書寫想像，並最終在他們的請求下獲得了當時的《明史》稿件的謄本。 乾隆11年（1746），清朝計劃取消柵門邊境市場，李樞以帶病之軀，與清廷官員商議相關安排。	《通文館志》

譯官列表（續）

姓名 （生卒年）	最高品位／ 入職官職	事蹟	出版著作
洪世泰 （1653-1726）	聰敏／ 漢學吏文學官	字道長，生於1653年，南陽洪氏後人，曾於1682年與金指南一樣擔任赴日通信使的漢學譯官。 金慶門參與白頭山劃界事情後，便曾拜託洪世泰將相關事蹟記載下來，撰有《白頭山記》。 而洪世泰本人以詩聞名，是18世紀初委巷文學形成初期的重要代表。康雍之際，清朝派使前往朝鮮，朝鮮派出王室成員接迎，據《朝鮮王朝實錄》記載，當時清人要求無理，而當時士大夫不願贈詩題詠予清人，故最終洪世泰製贈四韻詩予清使。 其詩作收入其文集《柳下集》，並曾把各身分不高的詩人作品編纂成《海東遺珠》。	《白頭山記》 《柳下集》 《海東遺珠》
高時彥 （1671-1734）	嘉善大夫／ 漢學教誨	高時彥，字國美，號省齋，為朝鮮漢學譯官成員之一，1687年譯科合格，曾編著重要的委巷文學詩集《昭明風謠》。 1720年，司譯院已諺譯《伍倫全備記》，並不遲於1746年，把書作為譯官學習的教材之一，該書的諺文版應為高時彥主要修訂，並為該書作序。 雍正6年（1728），高時彥曾於燕行期間，取得時憲曆，協助朝鮮的觀象監，修訂曆法。 及後，據《通文館志》載，當司譯院興建院內建築「洌泉樓」時，高時彥負責序其事，於序指出朝鮮「上下仰慕中華」，並指胡亂後「華夏文明之地，變為腥穢之區。」	《昭明風謠》 《伍倫全備記諺解》

譯官列表（續）

姓名 （生卒年）	最高品位／ 入職官職	事蹟	出版著作
李尚迪 （1804–1865）	崇祿大夫／ 漢學教誨	李尚迪，字允進、惠吉，號稱藕船先生，是朝鮮晚期重要的一位譯官。他出生譯官世家，父親李命裕是漢學譯官，而生父李廷稷也曾擔任司譯院的僉正，曾受金正喜的指導。他本人則在道光5年（1825）考獲朝鮮的譯科一等及格。 他曾出使12次，平均每3年來華一次，曾先後與超過100位清人交遊，其中董文煥、張曜孫等文人有緊密的交流。 1844年金正喜曾被貶到濟州，李尚迪為探訪其師，走遍大半國土前往濟州探訪，同時把從中國帶回朝鮮的書籍，如桂馥的《晚學集》和惲敬的《大雲山房文稿》贈給金正喜。金正喜大為感動，並繪製〈歲寒圖〉贈予李尚迪。李尚迪把〈歲寒圖〉帶到北京，與十多名中國士人分享，士人們通過李尚迪對金正喜的遭遇及朝鮮社會的各種情況得到充分的掌握。 他本人也是一名著名的詩人，其作品均收錄在《恩誦堂集》及其弟子所編的《藕船精華錄》。	《恩誦堂集》 《藕船精華錄》

譯官列表（續）

姓名 （生卒年）	最高品位／ 入職官職	事蹟	出版著作
李容肅 （1818– 1890）	嘉善大夫／ 司譯院正 （漢學教誨）	字敬之，於1835年雜科及格，為李尚迪的弟子之一。 與李尚迪一樣，多年往返燕京與朝鮮，結識多位中國士人，並曾協助中國士人編輯朝鮮文人的詩集以及金石集。 另一方面，他也是19世紀朝鮮一名重要漢學譯官，早於1866年舍門將軍號事件中，李容肅已負責協調交旋的工作。 《江華島條約》之後，他擔任堂上譯官協助修信使金綺秀。其後，也曾協助朝鮮官員與李鴻章商議派員學習機械事宜，又協助金弘集在1880年與駐日清國公使何如璋會談。1882年李容肅曾於天津代表朝鮮處理大院君的問題以及《朝美修好通商條約》簽訂的安排。	《全州李氏族譜》
李彥瑱 （1740– 1766）	漢學主簿	字虞裳，號松穆館、滄起。李彥瑱為英年早逝的譯官，雖然身為漢學譯官，但他只曾隨行過赴日通信使，而未有前往過中國。他在日本期間，其文學成就以及漢詩的水平得到日本當地文人的評價。 由於他未曾赴華，亦英年早逝，但身為漢語譯官的他，撰寫了各種出色的作品，使當時一些朝鮮文人也相當佩服。因此，李尚迪後來把他的詩集編纂為《松穆館集》（或稱松穆館燼餘稿），使東亞各地學人均能深入認識李彥瑱的詩作。	《松穆館燼餘稿》

譯官列表（續）

姓名 （生卒年）	最高品位／ 入職官職	事蹟	出版著作
趙秀三 (1762–1849)	贈嘉善大夫	字芝園，號秋齋，文詞鴻博為名，曾多次赴燕，與中國士人交往，因身為譯官，而且往來中國多次，故華語水平極高，與各華文人有所密切交流，1789年該次前往燕京，期間遇到較著名的中國文人如朱文翰、劉喜海等有深度的交流。 根據吳世昌的《槿域書畫徵》，時人以十福（風度、詩文、功令、醫學、弈棋、字墨、強記、談論、福澤、壽考）來概括他的性格與成就。 正祖年間成立的松石園詩社，是當時委巷文人的聚集與吟詩作樂場所，而趙秀三是當時的關鍵人物。	《北行百絕》 《秋齋紀異》 《次耕織圖韻》 《隴城雜詠》 《高麗宮詞》
卞元圭 (1837–1896)	正憲大夫／司譯院正	字大始，號吉雲、蛛舡。是朝鮮晚期有頻繁對外接觸與周旋的漢學譯官。除了與李尚迪等人一樣，曾與中國文人有酬唱交流的經歷外，他更多時間在處理外交事務。 卞元圭於1880年9月14日，帶同小通事二名、從人二名，前往天津與李鴻章交涉，提出清廷協助朝鮮增強軍備的建議。 最終，李鴻章與卞元圭達成協議，同意卞元圭安排朝鮮學生前往天津學習軍械，成就了清與朝鮮之間的軍事合作。其後，1881年金允植率領的領選使前往北京，正是卞元圭從旁擔任譯官協助相關工作。 1882年朝鮮仿清朝總理衙門成立統理交涉通商事務衙門，卞元圭便擔任征榷司，及後則轉為器械局幫辦，被視為朝鮮晚期重要的軍事改革倡議者。	《卞蛛舡詩稿》

譯官列表（續）

姓名 （生卒年）	最高品位／ 入職官職	事蹟	出版著作
吳慶錫 （1831– 1879）	嘉義大夫／ 漢學教誨	海州吳氏，字亦梅，號鎮齋、天竹齋。他先後多次赴華擔任漢學譯官。雖然為譯官出身，但他師承朴齊家、金正喜，故其思想深受北學派的影響。 作為譯官的吳慶錫在交涉期間與華人交流，並取得不少新書，如《海國圖志》、《瀛環志略》、《博物新編》等，同時也得到不少中國文人的賞識，有深刻的交往，如孔憲彝、萬菁藜、張之洞等。外交方面，他曾於1876年簽訂《江華島條約》時，與日本進行筆談，進行各種交涉的安排。 他在開化改革方面，被後來的開化派視為改革的鼻祖。《金玉均傳》記載吳慶錫有感於往來中國期間，在中國的見聞以及列國的歷史與政治情況感到慨嘆，但無奈其改革無法得到改變，因此歸國與友人劉鴻基等閱讀他從中國所帶回來的各種新學書籍，從而開導一些當時抱有改革信念的知識分子。 其於金石學方面收集的貢獻，也得到中朝兩地文人加譽，他幾乎是朝鮮半島擁有最豐富古代碑版的人。	《三韓金石錄》 《三韓訪碑錄》 《天竹齋箚錄》 《洋擾記錄》

譯官列表（續）

姓名 （生卒年）	最高品位／ 入職官職	事蹟	出版著作
吳世昌 （1864– 1953）	漢學偶語新 遞兒	字仲銘，號葦滄、韙傖。20歲起擔任譯官，其後擔任統理交涉通商事務衙門屬下新設立的博文局，是一個專責為了學習現代化技術，而進行《漢城旬報》出版工作及派遣學生的部門，及後也曾擔任農商工部參書官、通信局長等官職。 1902年受開化黨事件影響，流亡到日本，同時加入天道教。1919年三一運動期間，吳世昌是其中一名聯合簽訂獨立宣高書的知識分子。及後，他曾擔任記者，被日本政府嚴密的監控。 日韓合併後，吳世昌於1928年成立啟明俱樂部，轉移從事藝術工作，專門整理大量朝鮮畫家的歷史、文獻與畫作。 1940年代，他與幾位朝鮮藝術家合作從日本藤塚鄰爭取，把金正喜的真蹟及〈歲寒圖〉帶回朝鮮半島，避過東京大轟炸的悲劇。逝世後，1962年吳世昌獲大韓民國頒發建國勳章大統領獎（二等），代表其對大韓民國成立作出的貢獻。	《槿域書畫徵》

後記

　　踏過而立之年，回首走過的學術路，十分感激遇上對自己影響深遠的師長、同道及關愛我的人，使我得以順利出版首本專著。本書亦見證我十多年來學術路的各個重要里程碑。

　　2007 年一個下午，我參加香港浸會大學歷史系的課程簡介講座後，修讀研究院的念頭自此萌生。那時，我只是中學的一個平庸之輩，雖然最終能夠如願順利入讀歷史系，但成績卻差強人意，更莫說希望直接升讀研究院。慶幸遇上范師永聰，他啟發我對朝鮮研究的興趣之餘，還鼓勵我繼續追夢，我實在衷心感激他的支持和肯定。此外，我也感謝各個指導過我的師長，包括周佳榮教授、李金強教授、林啟彥教授、劉詠聰教授、麥勁生教授、黃文江教授、譚家齊博士等等。當中特別感激金師由美，帶領我踏出追夢的第一步，讓我畢業後留校擔任助理，從事歷史研究，為學術之途建立了起點。

　　2015 年 8 月 9 日，我終於踏足北緯一度，在新加坡國慶慶典的一片歡騰中，開始在南洋理工大學的博士路。由衷感謝接受我入學，並一直指導我的衣師若芬。與衣師的相遇可算是全球化的事例，從網絡認識、互相討論課題、到面試入學以及商討論文內容，我們都用盡網絡的便利。老師在言談中有意無意之間的意見，往往是我完成論文關鍵的一把。同時，衣師的開明及理解亦令我平衡生活所需，

讓我回到香港一邊工作，一邊繼續論文寫作。在此，我也要向柯思仁博士、郭淑雲博士，以及新加坡國立大學王昌偉教授致謝。他們先後通過我的研究計劃及最後論文，既給予欣賞和肯定，也句斟字酌提供建議，幫助我強化論文內容，以避免一些不必要的犯錯。

由當初遙不可及的夢想，到此時此刻，可算是向著目標邁進了一大步。除了有賴遇上的每位師長，亦不得不感謝一群不斷鼓勵我的師友：衣門弟子、在新加坡的同學及朋友、在香港的中學和大學學友、香港二百的朋友、饒館的同工、在海內外會議中認識的同道學友、高麗大學各文史系所的老師前輩、澳門大學歷史系同仁、香港都會大學的同事、五夜講場的台前幕後、足球隊友，甚至是遊戲平台上的戰友（人數極多未能一一點名盡錄）……對於我來說，他們的一句問候、一條短信，甚至一場學術爭論，都是拙作得以順利出版的重大推動力。

最重要的同行者，必定是我的內子。這些年來，她陪伴我走過學術路上的每一小步。縱使這條路是漫長且不明朗，但非常感激她的相伴，陪著我經歷每個高低起跌。她跟我分享每一個成果，闖每一個難關，是我畢生的幸運。每當已經夜深自己一人仍然躲在圖書館寫論文的時候，她總會提醒我：「要小心，不要太夜歸家」；每次我外出參加會議，她總會在訊息中說一句：「平安去，平安回來」。她對我默默的支持和關心，即使旁人不曉得，我感受到一切。因為她，我的追夢路就有了原因，亦成就了每一個收穫。

本書出版過程中，不但有幸得到華藝學術出版的總編輯張慧銖、營銷經理黃鈺臻及本書執行編輯黃于庭所領導的專業團隊順利處理編校工作，也獲得中國文化大學韓國語文學系副教授兼東亞人文社會

科學研究院執行長許怡齡博士的全力支持,使書籍順利出版。另外,兩名給予指導的匿名評審亦使文稿增添說服力,在次一併感謝。

　　朝鮮譯官李尚迪(藕船)先生遇上了海外知音張曜孫時,撰寫了以下詩句——「青衫何事滯春明,書劍飄零誤半生。痛飲離騷爲君讀,大海茫茫移我情。」很多人在學術路上爲求工作,浪費了不少青春,忘記最初的初心。但回頭一看,只要發現身邊仍有不斷支持自己的好友,以及願意購下這本著作的讀者,相信一切的努力均饒富意義,驅使我繼續進步。

　　最後,謹以此書獻給女兒匡凝。

庚子 冬至
識於 藍巴勒海峽
辛丑 十一月十一
增識於 城南 雲中館

參考文獻

說明：本文的參考文獻中史料部份以按著作作者或編者的筆劃為順，如該材料沒有作編者則以書名筆劃為先。而參考著作、單篇論文等的排序按書寫的文字排次，分別是中文、韓文、日文與西方語文。中文則以作者姓名的筆劃順序，如同一作者的文獻，則按年份排序。而韓文、日文、西方語文等則按該語言字典的拼音習慣，以其作者姓名排序。

一、史料與古籍

（一）中文文獻

〈已未運動의先驅者 葦滄先生訪問記〉，《新天地》，第1卷第2號（1946年），頁31–33。
《老乞大》，서울：서울大學校奎章閣，1997年。
《海鄰書屋收藏中州詩》，서울：서울大學校奎章閣韓國學研究院藏，夢華齋抄本。
丁若鏞：《事大考例》，서울：成均館大學校동아시아學術院，2008年。
中國第一歷史檔案館編：《清代中朝關係檔案史料匯編》，北京：國際文化出版，1996年。
司馬遷：《史記》，北京：中華書局，1982年。
司譯院編：《譯科榜目》，서울：서울大學校奎章閣韓國學研究院藏，古4650–4。
世續等奉敕修，《清實錄‧德宗景皇帝實錄》，北京：中華書局，1986年。
成大中：《青城先生文集》，收入韓國文集編纂委員會編，《韓國歷代文集叢書》，冊2733–2734，서울：景仁出版社，1999年。
朴永元：《梧墅集》，收入民族文化促進會編：《韓國文集叢刊》，冊302，서울：民族文化促進會，2003年。
朴趾源：《燕巖集》，收入民族文化促進會編：《韓國文集叢刊》，冊252，서울：民族文化促進會，2003年。
朴齊家：《貞蕤集》，서울：國史編纂委員會，1961年。
朱熹：《孟子集注》，上海：上海古籍出版社，1987年。

阮元:《皇清經解》,臺北:復興書局,1961年。
李正臣:《櫟翁遺稿》,收入民族文化促進會編:《韓國文集叢刊》,續冊53,서울:民族文化促進會,2008年。
李民宬:《敬亭續集》,收入林基中編:《燕行錄全集》,冊15,서울:東國大學校出版部,2001年。
李民宬:《敬亭先生文集》,收入韓國文集編纂委員會編,《韓國歷代文集叢書》,冊901–903,서울:景仁出版社,1999年。
李圭景:《五洲衍文長箋散稿》,서울:서울大學校古典刊行會,1966年。
李承召:《三灘集》,收入民族文化促進會編:《韓國文集叢刊》,冊11,서울:民族文化促進會,2003年。
李尚迪著、金奭準編:《藕船精華錄》,서울:서울大學校奎章閣韓國學研究院藏,朝鮮高宗六年刊本。
李尚迪:《恩誦堂文集》,收入韓國文集編纂委員會編,《韓國歷代文集叢書》,冊2707,서울:景仁出版社,1999年。
李東陽等奉敕撰,申時行等奉敕重修:《大明會典》,臺北:臺灣商務印書館,1984年。
李宜顯:《陶谷先生文集》,收入韓國文集編纂委員會編,《韓國歷代文集叢書》,冊972,서울:景仁出版社,1999年。
李宜顯:《庚子燕行雜識》,收入林基中編:《燕行錄全集》,冊35,서울:東國大學校出版部,2001年。
李書九:《惕齋集》,收入民族文化促進會編:《韓國文集叢刊》,冊270,서울:民族文化促進會,2003年。
李睟光:《芝峰類說》,서울:成均館大學校大東文化研究院,1964年。
李頤命:《燕行雜識》,收入林基中編:《燕行錄全集》,冊34,서울:東國大學校出版部,2001年。
吳世昌:《槿域書畫徵》,京城:啓明俱樂部,1928年。
吳慶錫纂:《洋擾記錄》,1866年,韓國中央圖書館藏,위창고2159–15。
宋近洙:《龍湖閒錄》,서울:國史編纂委員會,1979年。
宋時烈:《宋子大全》,收入民族文化促進會編:《韓國文集叢刊》,冊108–116,서울:民族文化促進會,2003年。
沈象圭、徐榮輔編:《萬機要覽》,京城:朝鮮總督府中樞院,1938年。
汪維輝編:《朝鮮時代漢語教科書叢刊》,北京:中華書局,2005年。
汪維輝、遠藤光曉、朴在淵、竹越孝編:《朝鮮時代漢語教科書叢刊續編》,北京:中華書局,2011年。

金元行：《渼湖先生文集》，收入韓國文集編纂委員會編，《韓國歷代文集叢書》，冊169–171，서울：景仁出版社，1999年。
金正喜：《阮堂先生全集》，收入民族文化促進會編：《韓國文集叢刊》，冊301，서울：民族文化促進會，2003年。
金地粹：《苔川集》，收入民族文化促進會編：《韓國文集叢刊》，冊續21，서울：民族文化促進會，2007年。
金尚憲：《淸陰集》，收入民族文化促進會編：《韓國文集叢刊》，冊77，서울：民族文化促進會，2003年。
金昌協：《農巖先生文集》，收入韓國文集編纂委員會編，《韓國歷代文集叢書》，冊248–252，서울：景仁出版社，1999年。
金昌祚等注解：《朴通事新解》，서울：서울大學校奎章閣，1997年。
金昌翕：《三淵先生文集》，收入韓國文集編纂委員會編，《韓國歷代文集叢書》，冊253–257，서울：景仁出版社，1999年。
金昌業：《老稼齋燕行日記》，收入林基中編：《燕行錄全集》，冊31，서울：東國大學校出版部，2001年。
金指南編譯：《諺解新傳煮硝方》，서울：서울大學校奎章閣韓國學研究院藏，古662.2–G421s。
金指南：《北征錄》，收入《白山學報》，第16號（1974年6月），頁195–246。
金指南、金慶門、李湛編：《通文館志》，서울：서울大學校奎章閣韓國學研究院，2006年。
金貞益：《辛丑北征日記》，收入林基中編：《燕行錄續集》，冊135，서울：尚書院，2008年。
金堉：《潛谷遺稿》，收入民族文化促進會編：《韓國文集叢刊》，冊86，서울：民族文化促進會，2003年。
金景善：《燕轅直指》，收入林基中編：《燕行錄全集》，冊70，서울：東國大學校出版部，2001年。
金履安：《三山齋文集》，收入韓國文集編纂委員會編，《韓國歷代文集叢書》，冊182，서울：景仁出版社，1999年。
金德承：《少痊集》，收入民族文化促進會編：《韓國文集叢刊》，冊續27，서울：民族文化促進會，2007年。
金澤榮：《韶濩堂文集定本》，收入民族文化推進會編：《韓國文集叢刊》，冊347，서울：民族文化推進會，2005年。
東北亞歷史財團編：《近代韓國外交文書》，서울：東北亞歷史財團，2009年。
來保等編：《欽定大清通禮》，臺北：商務印書館，1978年，文淵閣四庫全書珍本版。

洪大容:《湛軒書》,收入民族文化促進會編:《韓國文集叢刊》,冊248,서울:民族文化促進會,2003年。
洪世泰:《柳下集》,收入民族文化促進會編:《韓國文集叢刊》,冊167,서울:民族文化促進會,2003年。
柳厚祚:《洛坡先生文集》,서울:大譜社,1994年。
故宮博物院編:《清光緒朝中日交涉史料》,臺北:文海出版社,1963年。
姜銑:《燕行錄》,收入林基中編:《燕行錄全集》,冊28,서울:東國大學校出版部,2001年。
徐居正:《四佳集》,收入民族文化促進會編:《韓國文集叢刊》,冊10–11,서울:民族文化促進會,2003年。
剛林等奉敕修:《清實錄‧太宗文皇帝實錄》,北京:中華書局,1985年。
徐浩修:《燕行紀》,收入林基中編:《燕行錄全集》,冊51,서울:東國大學校出版部,2001年。
夏原吉等修:《明太祖實錄》,臺北:中央研究院歷史語言研究所,1966年。
高時彥:《伍倫全備諺解》,서울:서울大學校奎章閣,2005年。
特登額等纂:《欽定禮部則例》,臺北:成文出版社,1966年。
孫詒讓著,汪紹華點校:《周禮正義》,北京:中華書局,2015年。
馬齊等奉敕修:《清實錄‧聖祖仁皇帝實錄》,北京:中華書局,1985年。
國史編纂委員會編:《承政院日記》,서울:國史編纂委員會,1964年。
國史編纂委員會編:《高宗純宗實錄》,서울:探求堂,1979年。
國史編纂委員會編:《朝鮮王朝實錄》,서울:國史編纂委員會,1968年。
張廷玉等撰:《明史》,北京:中華書局,1974年。
張居正等修:《明穆宗實錄》,臺北:中央研究院歷史語言研究所,1966年。
張登桂等編纂:《大南實錄》,東京:慶應義塾大学語学研究所,1981年,慶應義塾大学圖書館藏本影印。
張曜孫:《謹言慎好之居詩》,香港中文大學崇基學院所藏清光緒30年(1904)刻本。
郭廷以、李毓澍編:《清季中日韓關係史料》,臺北:中央研究院近代史研究所,1972年。
魚叔權:《稗官雜記》,收入任東權、李元植、婁子匡編:《韓國漢籍民俗叢書》,冊8,臺北:東文文化書局,1971年。
崔恆、盧思慎、徐居正編:《經國大典》,서울:서울大學校奎章閣,1997年。
曹秋堅:《疊雲閣詩集》,北京大學圖書館古籍善本部藏本。
復旦大學文史研究院編:《朝鮮通信使文獻選編》,上海:復旦大學出版社,2015年。

黃宅厚:《華谷集》，收入民族文化促進會編:《韓國文集叢刊》，冊209，서울：民族文化促進會，2003年。

黃梓:《甲寅燕行錄》，收入林基中編:《燕行錄叢刊改訂增補版》，서울：KRPIA資料庫藏。

鄂爾泰等奉敕修,《清實錄・世宗憲皇帝實錄》，北京：中華書局，1985年。

鄂爾泰等奉敕修,《清實錄・世祖章皇帝實錄》，北京：中華書局，1986年。

朝鮮正祖:《弘齋全書》，收入民族文化促進會編:《韓國文集叢刊》，冊262-267，서울：民族文化促進會，2003年。

閔鎮遠:《燕行日記》，收入林基中編:《燕行錄叢刊改訂增補版》，서울：KRPIA資料庫藏。

董文煥:《硯樵山房日記》，收入董壽平、李豫編:《清季洪洞董氏日記六種》，冊1，北京：北京圖書館出版社，1996年。

董文煥編，李豫、崔永禧輯校:《韓客詩存》，北京：書目文獻出版社，1996年。

董越:《朝鮮賦》，收入《景印文淵閣四庫全書》，史部地理類，冊594，臺北：臺灣商務印書館，1984年，據國立故宮博物院藏本。

董壽平、李豫編:《清季洪洞董氏日記六種》，北京：北京圖書館出版社，1996年。

趙文命:《鶴巖集》，收入民族文化促進會編:《韓國文集叢刊》，冊192，서울：民族文化促進會，2003年。

趙爾巽等撰:《清史稿》，北京：中華書局，1976-1977年。

趙翼:《甌北集》，收入《續修四庫全書》，集部別集類，冊1446-1447，上海：上海古籍出版社，1995年，據嘉慶17年湛貽堂刻本。

鄭玄注，孔穎達正義，呂友仁整理:《禮記正義》，上海：上海古籍出版社，2008年。

鄭玄注，孔穎達疏，陸德明音義:《禮記注疏》，收入《景印文淵閣四庫全書》，經部禮類，冊115，臺北：臺灣商務印書館，1986年，據國立故宮博物院藏本。

鄭昌順等編:《同文彙考》，서울：國史編纂委員會，1978年。

鄭麟趾撰:《高麗史》，서울：亞細亞文化社，1972年。

劉向集錄:《戰國策》，上海：上海古籍出版社，1978年。

劉喜海:《海東金石苑》，收入《叢書集成續編》，冊93，臺北：新文豐，1989年，據1873年觀古閣叢刻本影印。

醉香山樓編:《海鄰尺牘》，哈佛大學燕京圖書館收藏手抄本。

蕭嵩等撰:《大唐開元禮》，臺北：商務印書館，1978年，據清文淵閣四庫全書本影印。

魏源:《海國圖志》，收入《續修四庫全書》，史部地理類，冊743，上海：上海古

籍出版社,1995年。
顧寶田、鄭淑媛譯注、黃俊郎校閱:《新譯儀禮讀本》,臺北:三民書局,2002年。
權尚夏:《寒冰齋文集》,收入韓國文集編纂委員會編,《韓國歷代文集叢書》,冊726,서울:景仁出版社,1999年。
權橃:《沖齋先生文集》,收入韓國文集編纂委員會編,《韓國歷代文集叢書》,冊582,서울:景仁出版社,1999年。
麟坪大君:《松溪集》,收入民族文化促進會編:《韓國文集叢刊》,續冊35,서울:民族文化促進會,2007年。
서울大學校奎章閣編:《日省錄》,서울:서울大學校奎章閣,1996年。
서울大學校奎章閣韓國學研究院編:《象院題語・華夷譯語》,서울:서울大學校奎章閣,2010年。

(二)日文文獻

果川市秋史博物館編:《秋史博物館開館圖錄》,果川:果川市秋史博物館,2014年。
福沢諭吉著,松沢弘陽校注:《文明論之概略》,東京:岩波書店,1995年。

二、專書
(一)中文文獻

王元周:《小中華意識的嬗變:近代中韓關係的思想史研究》,北京:民族出版社,2013年。
王鑫磊:《同文書史:從韓國漢文文獻看近世中國》,上海:復旦大學出版社,2015年。
文玉柱:《朝鮮派閥鬪爭史》,東京:成甲書房,1992年。
中國學論叢刊行委員會編:《金俊燁教授華甲紀念:中國學論叢》,서울:中國學論叢刊行委員會,1983年。
尤淑君:《賓禮到禮賓:外使觀見與晚清涉外體制的變化》,北京:社會科學文獻出版社,2013年。
白永瑞:《橫觀東亞:從核心現場重思東亞歷史》,臺北:聯經出版,2016年。
付百臣編:《中朝歷代朝貢制度研究》,長春:吉林人民出版社,2008年。
伊原澤周:《近代朝鮮的開港:以中美日三國關係為中心》,北京:社會科學文獻出版社,2008年。
石源華、胡禮忠編:《東亞漢文化圈與中國關係》,北京:中國社會科學出版社,

2005年。
李光濤：《記明季朝鮮之「丁卯虜禍」與「丙子虜禍」》，臺北：中央研究院歷史語言研究所，1972年。
李光濤：《朝鮮「壬辰倭禍」研究》，臺北：中央研究院歷史語言研究所，1972年。
李宇平編：《中國與周邊國家關係》，新北：稻鄉出版社，2014年。
李孝悌編：《中國的城市生活》，北京：北京大學出版社，2013年。
李花子：《明清時期中朝邊界史研究》，北京：知識產權出版社，2011年。
李花子：《清朝與朝鮮關係史研究：以越境交涉為中心》，香港：香港亞洲出版社，2006年。
李英順：《朝鮮北學派實學研究》，北京：中國社會科學出版社，2011年。
李丙燾著，許宇成譯：《韓國史大觀》，臺北：正中書局，1961年。
李基白著，厲帆譯，厲以平譯校：《韓國史新論》，北京：國際文化出版，1994年。
李焯然：《丘濬評傳》，南京：南京大學出版社，2005年。
李隆生：《清代的國際貿易：白銀流入、貨幣危機和晚清工業化》，臺北：秀威資訊，2010年。
李雲泉：《朝貢制度史論：中國古代對外關係體制研究》，北京：新華出版社，2004年。
吳政緯：《眷眷明朝：朝鮮士人的中國論述與文化心態（1600–1800）》，臺北：秀威資訊，2015年。
何新華：《威儀天下：清代外交禮儀及其變革》，上海：上海社會科學院出版社，2011年。
宋慧娟：《清代中朝宗藩關係嬗變研究》，長春：吉林大學出版社，2007年。
周佳榮、丁潔：《天下名士有部落：常州人物與文化群體》，香港：三聯書店，2013年。
明清史國際學術討論會論文編輯組編：《第二屆明清史國際學術討論會論文集》，天津：天津人民出版社，1993年。
松浦章著，鄭潔西等譯：《明清時代東亞海域的文化交流》，南京：江蘇人民出版社，2009年。
林子候：《甲午戰爭前之中日韓關係（一八八二年–一八九四年）》，嘉義：玉山書局，1990年。
林亨芬：《從封貢到平行：甲午戰爭前後的中韓關係（1894–1898）》，臺北：致知學術出版社，2014年。
林明德：《袁世凱與朝鮮》，臺北：中央研究院近代史研究所，1970年。
范永聰：《事大與保國：元明之際的中韓關係》，香港：香港教育圖書，2009年。

茅海建：《天朝的崩潰：鴉片戰爭再研究》，北京：生活・讀書・新知三聯書店，2005年。
韋旭昇：《韓國文學史》，北京：北京大學出版社，2008年。
孫衛國：《大明旗號與小中華意識：朝鮮王朝尊周思明問題研究（1637-1800）》，北京：商務印書館，2007年。
徐東日：《李德懋文學研究》，牡丹江：黑龍江朝鮮民族出版社，2003年。
徐東日：《朝鮮朝使臣中的中國形象：以〈燕行錄〉〈朝天錄〉為中心》，北京：中華書局，2010年。
徐耿胤、石之瑜：《恢復朝貢關係中的主體：韓國學者全海宗與李春植的中國研究》，臺北：國立臺灣大學政治學系中國大陸暨兩岸關係教學與研究中心，2012年。
烏雲高娃：《元朝與高麗關係研究》，蘭州：蘭州大學出版社，2012年。
張存武、葉泉宏編，《清入關前與朝鮮往來國書彙編，1619-1643》，臺北：國史館，2000年。
張存武：《清代中韓關係論文集》，臺北：臺灣商務印書館，1987年。
張存武：《清韓宗藩貿易（1637-1894）》，臺北：中央研究院，1978年。
張伯偉：《作為方法的漢文化圈》，北京：中華書局，2011年。
張伯偉：《域外漢籍研究入門》，上海：復旦大學出版社，2012年。
張禮恆：《在傳統與現代之間：1626-1894年間的中朝關係》，北京：社會科學文獻出版社，2012年。
許逸之：《中國文字結構說彙》，臺北：臺灣商務印書館，1991年。
陳水逢：《日本文明開化史略》，臺北：臺灣商務印書館，1993年。
陳戍國：《中國禮制史：元明清卷》，長沙：湖南教育出版社，2002年。
陳尚勝等：《朝鮮王朝（1392-1910）對華觀的演變：〈朝天錄〉和〈燕行錄〉初探》，濟南：山東大學出版社，1999年。
陳維新：《清代對俄外交禮儀體制及藩屬歸屬交涉（1644-1861）》，哈爾濱：黑龍江教育出版社，2012年。
陳慧：《穆克登碑問題研究：清代中朝圖們江界務考證》，北京：中央編譯出版社，2011年。
傅德元：《丁韙良與近代中西文化交流》，臺北：國立臺灣大學出版中心，2013年。
彭林：《三禮研究入門》，上海：復旦大學出版社，2012年。
彭林：《中國禮學在古代朝鮮的播遷》，北京：北京大學出版社，2005年。
復旦大學文史研究院編：《從周邊看中國》，北京：中華書局，2009年。
曾光光：《桐城派與清代學術流變》，北京：中國社會科學出版社，2016年。

黃仁宇：《大歷史不會萎縮》，臺北：聯經出版，2004年。
楊旭輝：《清代經學與文學：以常州文人群體為典範的研究》，南京：鳳凰出版社，2006年。
楊雨蕾：《燕行與中朝文化關係》，上海：上海辭書出版社，2011年。
溫兆海：《朝鮮詩人李尚迪與晚清文人交流研究》，北京：中國社會科學院出版社，2013年。
葉泉宏：《明代前期中韓國交之研究（1368–1488）》，臺北：臺灣商務印書館，1991年。
葛兆光：《想象異域：讀李朝朝鮮漢文燕行文獻札記》，北京：中華書局，2014年。
葛榮晉：《韓國實學思想史》，北京：首都師範大學出版社，2002年。
劉小萌：《滿族從部落到國家的發展》，北京：中國社會科學出版社，2013年。
劉為：《清代中朝使者往來研究》，哈爾濱：黑龍江教育出版社，2002年。
劉述先編：《儒家思想在現代東亞：韓國與東南亞篇》，臺北：中央研究院中國文哲研究所籌備處，2001年。
劉家駒：《清朝初期的中韓關係》，臺北：文史哲出版社，1975年。
劉詠聰編：《中國婦女傳記辭典：清代卷》，悉尼：悉尼大學出版社，2010年。
蔡建：《晚清與大韓帝國的外交關係》，上海：上海辭書出版社，2008年。
蔣竹山編：《當代歷史學新趨勢》，臺北：聯經出版，2019年。
盧仁淑：《朱子家禮與韓國之禮學》，北京：人民文學出版社，2000年。
聯合報文化基金會國學文獻館編：《第五屆中國域外漢籍國際學術會議論文集》，臺北：聯合報文化基金國學文獻館，1991年。
瞿林東：《中國史學史綱》，臺北：五南圖書，2002年。
簡江作：《韓國歷史與現代韓國》，臺北：商務印書館，2005年。
魏泉：《士林交游與風氣變遷：19世紀宣南的文人群體研究》，北京：北京大學出版社，2009年。
羅威廉（William Rowe）著，李仁淵、張遠譯：《中國最後的帝國：大清王朝》，臺北：國立臺灣大學出版中心，2013年。

（二）韓文文獻

姜信沆（강신항）：《李朝時代의 譯學政策과 譯學者》，서울：塔出版社，1978年。
金良洙（김양수）：《조선후기 中人집안의 발전：金指南，金慶門등 牛峰金氏事例》，서울：백산자료원，2008年。
金文植（김문식）：《조선왕실의 외교의례》，서울：세창출판사，2017年。

藤光曉等編：《譯學書文獻目錄》，서울：박문사，2009年。
梁伍鎮（양오진）：《（漢學書）老乞大 朴通事 研究》，서울：제이앤씨，2008年。
梁伍鎮（양오진）：《漢學書研究》，서울：박문사，2010年。
柳永益（유영익）：《甲午更張研究》，서울：一潮閣，1990年。
李成茂（이성무）：《韓國의 科舉制度》，서울：集文堂，2000年。
李哲成（이철성）：《朝鮮後期對清貿易史研究》，서울：國學資料院，2000年。
李春姬（이춘희）：《19世紀 韓・中 文學文流：李尚迪을 중심으로》，서울：새문사，2009年。
李賢珠（이현주）：《역관상언등록 연구：17세기 조선 외교사를 담당한 역관들의 생생한 기록》，파주：글항아리，2016年。
李花子（이화자）：《朝淸國境問題研究》，파주：集文堂，2008年。
林基中（임기중）：《연행록 연구》，서울：일지사，2006年。
林基中：《燕行錄研究層位》，서울：學古房，2014年。
林東錫（임동석）：《朝鮮譯學考》，서울：亞細亞文化社，1983年。
白玉敬（백옥경）：《朝鮮前期譯官研究》，서울：韓國研究院，2006年。
申翼澈（신익철）編譯：《연행사와 북경 천주당：연행록 소재 북경 천주당 기사집성》，서울：보고사，2013年。
鄭光（정광）：《朝鮮朝譯科試券研究》，서울：成均館大學校出版部，1975年。
鄭光（정광）、藤本幸夫、金文京（김문경）編：《燕行使와 通信使：燕行・通信使行에 관한 韓中日 三國의 國際워크숍》서울：박문사，2014年。
鄭光（정광）：《譯學書研究》，서울：제이앤씨，2002年。
鄭玉子（정옥자）：《조선후기 조선중화사상 연구》，서울：一志社，1998年。
崔韶子（최소자）：《淸과 朝鮮：근세 동아시아의 상호인식》，서울：혜안，2005年。
崔韶子、鄭惠仲（정혜중）、宋美玲（송미령）：《18세기 연행록과 중국사회》，서울：혜안，2007年。
許敬震（허경진）：《조선위항문학사》，서울：태학사，1997年。

（三）日文文獻

岡本隆司：《属国と自主のあいだ：近代清韓関係と東アジアの命運》，名古屋：名古屋大学出版会，2004年。
河內良弘：《明代女真史の研究》，京都：同朋舍，1992年。
高橋弘通：《福沢諭吉の思想と現代》，福岡：海鳥社，1997年。

青木保:《儀礼の象徵性》,東京:岩波書店,1983年。
中村榮孝:《日鮮關係史の研究》,東京:吉川弘文館,1969年。
藤塚鄰著,藤塚明直編:《清朝文化東傳の研究:嘉慶・道光學壇と李朝の金阮堂》,東京:国書刊行会,1975年。
劉建輝編:《前近代における東アジア三国の文化交流と表象—朝鮮通信使と燕行使を中心に—》,京都:国際日本文化研究センター,2011年。
林毅陸編:《金玉均傳》,東京:慶應出版社,1944年。
姜在彥:《朝鮮の開化思想》,東京:明石書店,1996年。

(四)西文文獻

Baigorri-Jalón, Jesús, and Kayoko Takeda., eds. *New Insights in the History of Interpreting*. Amsterdam: John Benjamins, 2016.

Bayly, C. A. *The New Cambridge History of India, II.1: Indian Society and the Making of British Empire*. Cambridge: Cambridge University Press, 2002.

Burke, Peter. *A Social History of Knowledge: From Gutenberg to Diaerot*. Oxford: Polity Books, 2000.

Burke, Peter. *What is the History of Knowledge?* Oxford: Polity Books, 2015.

Chaudhuri, K. N. *The Trading World of Asia and the English East India Company: 1660–1760*. Cambridge: Cambridge University Press, 1978.

Chesterman, Andres. *Memes of Translation*. Amsterdam and New York: John Benjamins, 1997.

Cheung, Martha P. Y. *An Anthology of Chinese Discourse on Translation (Vol. 1): From Earliest Times to the Buddhist Project*. Manchester: St. Jerome Publishing, 2006.

Cheung, Martha P. Y. *An Anthology of Chinese Discourse on Translation (Vol. 2): From the Late Twelfth Century to 1800*. London: Routledge, 2016.

Cohen, Paul. *Discovering History in China: American Historical Writing on the Recent Chinese Past*. New York: Columbia University Press, 1984.

Dyer, Svetlana Rimsky-Korsakoff. *Grammatical Analysis of the Lao ch'i-ta with an English Translation of the Chinese Text*. Canberra: Australian National University Press, 1983.

Dyer, Svetlana Rimsky-Korsakoff. *Pak the Interpreter: An Annotated Translation and Literary-Cultural Evaluation of the Piao Tongshi of 1677*. Canberra: Pandanus Books, 2006.

Elman, Benjamin A., ed. *Rethinking East Asian Languages, Vernaculars, and Literacies, 1000–1919*. Leiden, Netherlands: Brill, 2014.

Fairbank, John K., ed. *The Chinese World Order: Traditional China's Foreign Relations*.

Cambridge, MA: Harvard University Press, 1968.
Gentzler, Edward. *Contemporary Translation Theories*. London and New York: Routledge, 1993.
Gordon, Andrew. *A Modern History of Japan: From Tokugawa Times to the Present: From Tokugawa Times to the Present*. New York: Oxford University Press, 2003.
Hevia, James. *Cherishing Men from Afar: Qing Guest Ritual and the Macartney Embassy of 1793*. Durham: Duke University Press, 1995.
Hsu, Immanuel C. Y. *The Rise of Modern China*. New York: Oxford University, 2000.
Kim, Yongkoo. *The Five Years' Crisis, 1866–1871: Korea in the Maelstrom of Western Imperialism*. Incheon: Circle, 2001.
Lary, Daana, ed. *The Chinese State at the Borders*. Vancouver: University of British Columbia Press, 2007.
Latour, Bruno. *Reassembling the Social: An Introduction to Actor Network Theory*. Oxford: Oxford University Press, 2005.
Lefevere, André. *Translation, Rewriting, and the Manipulation of Literary Fame*. London and New York: Routledge, 1992.
Liu, Yong. *The Dutch East India Company's Tea Trade with China, 1757–1781*. Leiden: Brill, 2007.
Mann, Susan. *Precious Records: Women in China's Long Eighteenth Century*. Standford: Standford University Press, 1997.
Mann, Susan. *The Talented Women of the Zhang Family*. Berkeley : University of California Press, 2007.
Pöchhacker, Franz, ed. *Routledge Encyclopedia of Interpreting Studies*. London: Routledge, 2015.
Pratt, Mary Louise. *Imperial Eyes: Travel Writing and Transculturation*. London: Routledge, 1992.
Rothman, E. Natalie. *Brokering Empire: Trans-Imperial Subjects between Venice and Istanbul*. Ithaca: Cornell University Press, 2012.
Roland, Ruth A. *Interpreters as Diplomats:A Diplomatic History of the Role of Interpreters in World Politics*. Ottawa: University of Ottawa Press, 1999.
Schmid, Andre. *Korea Between Empires, 1895–1919*. New York: Columbia University Press, 2002.
Hillemann, Ulrike. *Asian Empire and British Knowledge: China and the Networks of British Imperial Expansion*. New York: Palgrave Macmillan, 2009.
Wei, Betty Peh-T'I. *Ruan Yuan, 1764–1849: The Life and Work of a Major Scholar-Official in Nineteenth-Century China before the Opium War*. Hong Kong: Hong Kong University Press, 2006.
Schneider, Axel, and Daniel Woolf, eds. *The Oxford History of Historical Writing, Vol.5*.

Oxford: Oxford University Press, 2011.
Lary, Diana, ed. *The China State at the Borders*. Vancouver: University of British Columbia Press, 2007.
Toury, Gideon. *Descriptive Translation Studie¬s and Beyond*. Amsterdam: John Benjamins, 2012.
Keliher, Macabe. *The Board of Rites and the Making of Qing China*. Berkeley: University of California Press, 2019.
Lewis, James. B. *The East Asian War, 1592–1598: International Relations, Violence, and Memory*. New York: Routledge, 2015.
Kim, Seonmin. *Ginseng and Borderland: Territorial Boundaries and Political Relations between Qing China and Choson Korea, 1636–1912*. Berkeley: University of California Press, 2017.
Song, Ki-joong. *The Study of Foreign Languages in the Chosŏn Dynasty (1392–1910)*. Seoul: Jimoondang International, 2001.
Saje, Mitje, ed. *A. Hallerstein—Liu Songling: The Multicultural Legacy of Jesuit Wisdom and Piety at the Qing Dynasty Court*. Maribor: Association for Culture and Education, 2009.

三、專書論文

(一) 中文文獻

子安宣邦著，童長義譯：〈「東亞」概念與儒學〉，收入高明士編：《東亞文化圈的形成與發展：儒家思想篇》，頁35–54。臺北：國立臺灣大學出版中心，2005年。

石守謙：〈中介者與東亞文化意象之形塑〉，收入石守謙、廖肇亨編：《轉接與跨界：東亞文化意象之傳佈》，頁1–15。臺北：允晨文化，2015年。

朴元熇：〈明初文字獄與朝鮮表箋〉，收入明清史國際學術討論會論文編輯組編：《第二屆明清史國際學術討論會論文集》頁322–338。天津：天津人民出版社，1993年。

衣若芬：〈韓國古代文人對「北京八景」之「薊門煙樹」的憧憬與創生〉，收入廖肇亨編：《共相與殊相：東亞文化意象的轉接與異變》，頁35–66。臺北：中央研究院中國文哲研究所，2018年。

全海宗著，全善姬譯：〈清代韓中朝貢關係考〉，收入氏著：《中韓關係史論集》，頁181–242。北京：中國社會科學出版社，1997年。

西嶋定生著，高明士譯：〈東亞世界的形成〉，收入劉俊文編：《日本學者研究中國史論著選譯》，第2卷，頁88–103。北京：中華書局，1992年。

李光濤:〈記朝鮮國表箋之學〉,收入氏著:《明清史論集》,上冊,頁42–56。臺北:臺灣商務印書館,1971年。

李焯然:〈通俗文學與道德教化:明代傳奇《伍倫全備記》與韓國漢文小說《彰善感義錄》探討〉,收入氏著:《中心與邊緣:東亞文明的互動與傳播》,頁122–135。桂林:廣西師範大學出版社,2015年。

松浦章著,卞鳳奎、鄭潔西譯:〈明代的海外各國通事〉,收入氏著,鄭潔西等譯:《明清時代東亞海域的文化交流》,頁42–55。南京:江蘇人民出版社,2009年。

松浦章著、鄭潔西譯:〈嘉端十三年的朝鮮使者在北京所遇到的琉球使節〉,收入氏著,鄭潔西等譯:《明清時代東亞海域的文化交流》,頁56–77。南京:江蘇人民出版社,2009年。

范永聰:〈從實學到開化:朴珪壽思想淺析〉,收入周佳榮、范永聰編:《東亞世界:政治‧軍事‧文化》,頁267–302。香港:三聯書店,2014年。

孫衛國:〈道咸間朝鮮通譯李尚迪與張曜孫家族之交往〉,收入氏著:《從「尊明」到「奉清」:朝鮮王朝對清意識之嬗變,1627–1910》,頁417–458。臺北:國立臺灣大學出版中心,2019年。

高英津:〈朝鮮時代的國法與家禮〉,收入高明士編,《東亞傳統家禮、教育與國法(二):家內秩序與國法》,頁300–317。上海:華東師範大學出版社,2008年。

袁展聰:〈投筆從戎:晚明袁崇煥及其部將之研究〉,收入周佳榮、范永聰編:《東亞世界:政治‧軍事‧文化》,頁196–222。香港:三聯書店,2014年。

張仲民:〈問題與反思:中國大陸的新文化史研究〉,收入蔣竹山編:《當代歷史學新趨勢》,頁115–137。臺北:聯經出版,2019年。

張存武:〈清韓關係:一六三六――一六四四〉,收入氏著:《清代中韓關係論文集》,頁1–71。臺北:臺灣商務印書館,1987年。

張存武:〈清代中韓關係之變通〉,收入氏著:《清代中韓關係論文集》,頁147–177。臺北:臺灣商務印書館,1987年。

張存武:〈穆克登所定的中韓國界〉,收入氏著:《清代中韓關係論文集》,頁275–303。臺北:臺灣商務印書館,1987年。

莊吉發:〈他山之石:朝鮮君臣對話中的大清盛世皇帝〉,收入氏著:《清史論集(二十一)》,頁129–173。臺北:文史哲出版社,2011年。

陳尚勝:〈偰長壽與高麗、朝鮮王朝的對ији外交〉,收入黃時鑒編:《韓國傳統文化‧歷史卷:第二屆韓國傳統文化學術研討會論文集》,頁119–134。北京:學苑出版社,2000年。

許怡齡:〈從「光海君」統治正當性看朝鮮的價值觀:冊封、執政能力與儒家道德〉,收入中國文化大學韓國語文學系暨韓國學研究中心編輯委員會編:《韓國學研究論文集(四)》,頁143–156。臺北:中國文化大學華岡出版部,2015年。doi:10.6624/PCCUJKS.2015.8

麥勁生:〈海上大戰:甲午戰敗〉,收入氏編:《中國史上的著名戰役》,頁155–188。香港:天地圖書,2012年。

郭嘉輝:〈明清「朝貢制度」的反思:以《萬曆會典》、《康熙會典》中〈禮部・主客清吏司〉為例〉,收入周佳榮、范永聰編:《東亞世界:政治・軍事・文化》,頁42–79。香港:三聯書店,2014年。

黃時鑒:〈朝鮮燕行錄所記的北京天主堂〉,收入北京大學韓國學研究中心編,《韓國學論文集》,第8輯,152–167。北京:社會科學出版社,1999年。

馮瑋:〈辛酉教難及其對朝鮮西學發展的影響〉,收入復旦大學韓國研究中心編,《韓國研究論叢》,第7輯,頁279–297。上海:上海人民出版社,2000年。

楊雨蕾:〈朝鮮華夷觀的演變和北學的興起〉,收入氏著:《燕行與中朝文化關係》,頁200–245。上海:上海辭書出版社,2011年。

楊雨蕾:〈燕行使臣和朝鮮西學〉,收入氏著:《燕行與中朝文化關係》,頁159–199。上海:上海辭書出版社,2011年。

楊祖漢:〈韓儒「人性物性異同論」及其哲學意義〉,收入劉述先編:《儒家思想在現代東亞:韓國與東南亞篇》,頁11–41。臺北:中央研究院中國文哲研究所籌備處,2001年。

趙珖:〈清人周文謨來朝及其活動〉,收入北京大學韓國學研究所編:《韓國學論文集》,第4輯,頁234–241。北京:社會科學文獻出版社,1995年。

廖敏淑:〈西力東漸前後的中朝關係:兼論《中朝商民水陸貿易章程》〉,收入李宇平編:《中國與周邊國家關係》,頁29–106。新北:稻鄉出版社,2014年。

廖肇亨:〈中介、轉接與跨界——東亞文化意象形塑過程蠡探〉,收入石守謙、廖肇亨編:《轉接與跨界:東亞文化意象之傳佈》,頁17–30。臺北:允晨文化,2015年。

(二) 韓文文獻

高柄翊(고병익):〈麗代 征東行省의 研究〉,收入氏著:《東亞交涉史의 研究》,頁184–292。서울:서울大學校出版部,1980年。

金泰俊、金一煥:〈子弟軍官和譯官們的使行時代〉,收入鄭光、藤本幸夫、金文京編:《燕行使와 通信使:燕行・通信使行에 관한 韓中日三國의 國際워크

숍》,頁504–510。서울:박문사,2014年。
李健衡(이건형):〈朝鮮王朝의 譯學教育〉,收入大邱教育大學校編:《大邱教大論文集(人文・社會科學篇)》,頁241–363。大邱:大邱教育大學校,1980年。
慎鏞廈(신용하):〈개화사상의 형성과 동학의 창도〉,收入國史編纂委員會編:《한국사》,第37輯,頁89–139。서울:國史編纂委員會,2002年。
元永煥(원영환):〈朝鮮時代의 司譯院制度〉,收入南溪曹佐鎬博士華甲紀念論叢刊行委員會編:《現代史學의 諸問題:南溪曹佐鎬博士華甲紀念論叢》,頁257–280。서울:一潮閣,1977年。
張伯偉:〈名稱・文獻・方法:關於「燕行錄」研究的若干問題〉,收入鄭光、藤本幸夫、金文京編:《燕行使와 通信使:燕行・通信使行에 관한 韓中日 三國의 國際워크숍》,頁41–70。서울:박문사,2014年。
鄭光(정광):〈朝鮮時代 燕行・通信使行과 譯官 教材의 修訂〉,收入鄭光、藤本幸夫、金文京編:《燕行使와 通信使:燕行・通信使行에 관한 韓中日 三國의 國際워크숍》,頁89–113。서울:박문사,2014年。
黃元九(황원구):〈「實學」私議:東亞에서의 實學의 異同性〉,收入氏著:《東亞細亞史研究》,頁358–367。서울:一潮閣,1976年。
黃元九(황원구):〈李朝 禮學의 形成過程〉,收入氏著:《東亞細亞史研究》,頁53–76。서울:一潮閣,1976年。

(三)日文文獻

金泰俊:〈虛子と実翁の出会い及び宇宙論:学者・学問論〉收入氏著:《虛学から実学へ:十八世紀朝鮮知識人洪大容の北京旅行》,頁190–221。東京:東京大学出版会,1988年。
金泰俊:〈書き継がれる旅行記:清の学者との交友錄〉,收入氏著:《虛学から実学へ:十八世紀朝鮮知識人洪大容の北京旅行》,頁113–147。東京:東京大学出版会,1988年。
原田環:〈19世紀の朝鮮における対外的危機意識〉,收入朝鮮史研究会編:《朝鮮史研究会論文集》,第21輯,頁73–105。東京: 陰書房,1984年。
三好千春:〈両次アヘン戦争と事大関係の動搖——特に第2次アヘン戦争時期を中心に〉,收入朝鮮史研究会編:《朝鮮史研究会論文集》,第27輯,頁47–68。東京: 陰書房,1990年。
夫馬進:〈1765年洪大容の燕行と1764年朝鮮通信使:両者が体驗した中国・日本の「情」を中心に〉,收入氏著:《朝鮮燕行使と朝鮮通信使》,頁328–360。名古屋:名古屋大學出版會,2015年。

夫馬進：〈洪大容『医山問答』の誕生：帰国後における中国知識人との文通と朱子学からの脱却過程〉，收入氏著：《朝鮮燕行使と朝鮮通信使》，頁391-416。名古屋：名古屋大學出版會，2015年。

夫馬進：〈洪大容『乾浄衕会友録』とその改変：18世紀東アジアの奇書〉，收入氏著：《朝鮮燕行使と朝鮮通信使》，頁361-390。名古屋：名古屋大學出版會，2015年。

夫馬進：〈朝鮮燕行使とは何か〉，收入氏著：《朝鮮燕行使と朝鮮通信使》，頁1-25。名古屋：名古屋大學出版會，2015年。

夫馬進：〈朝鮮燕行使による反清情報の収集とその報告：1669年閔鼎重の「王秀才問答」を中心に〉，收入氏著：《朝鮮燕行使と朝鮮通信使》，頁187-204。名古屋：名古屋大學出版會，2015年。

夫馬進：〈明清時期中國對朝鮮外交中的「禮」和「問罪」〉，《明史研究論叢》，第10輯，北京：紫禁城出版社，2011年，頁283-304。

李春姬：〈明 王世貞の文学思想と虞裳李彥瑱の漢詩〉，收入劉建輝編：《前近代における東アジア三国の文化交流と表象─朝鮮通信使と燕行使を中心に─》，頁269-283。京都：国際日本文化研究センター，2011年。

（四）西文文獻

Chia, Ning. "Lifanyuan and Libu in Early Qing Empire Building," In *Managing Frontiers in Qing China: The Lifanyuan and Libu Revisited*, edited by Dittmar Schorkowitz and Chia Ning, 43-69. Leiden: Brill, 2016.

Chia, Ning. "Lifanyuan and Libu in the Qing Tribute System." In *Managing Frontiers in Qing China: The Lifanyuan and Libu Revisited*, edited by Dittmar Schorkowitz and Chia Ning, 144-183. Leiden: Brill, 2016.

Haboush, Kim JaHyun. "Constructing the Center: The Ritual Controversy and the Search for a New Identity in Seventeenth-Century Korea." In *Culture and the State in Late Choson Korea*, edited by JaHyun Kim Haboush and Martina Deuchler, 46-90. Cambridge, MA: Harvard University Asia Center, 1999. doi:10.2307/j.ctt1tg5ht2.7

Han, Myung-gi. "The Inestimable Benevolence of Saving a Country on the Brink of Ruin': Chosŏn-Ming and Chosŏn-Later Jin Relations in the Seventeenth century." In *The East Asian War, 1592-1598: International Relations, Violence, and Memory*, edited by Lewis, James. B, 277-293. New York: Routledge, 2015.

Henry Em, "Historians and Historical Writing in Modern Korea," In *The Oxford History of Historical Writing, Vol.5*, edited by Axel Schneider and D. R. Woolf,

659–677. Oxford: Oxford University Press, 2011.
Hermans, Theo "Norms and the Determination of Translation: A Theoretical Framework." In *Translation, Power, Subversion*, edited by R. Alvarez and M. CarmenAfrica Vidal, 25–51. Clevedon: Multilingual Matters, 1996.
Kwon, Naehyun "Chosŏn-Qing Relations and the Society of P'yŏngan Province During the Late Chosŏn Period." In *The Northern Region of Korea: History, Identity, and Culture*, edited by Sun Joo Kim, 37–61. Seattle: Center for Korea Studies, University of Washington, 2010.
Schmid, Andre. "Tributary Relations and the Qing-Chosŏn Frontier on Mount Paektu." In *The China State at the Borders*, edited by Lary, Diana, 126–150. Vancouver: UBC Press, 2007.
Toury, Gideon. "Studying Translational Norms." In *Descriptive Translation Studies and Beyond*, 79–92. Amsterdam: John Benjamins, 2012.
Zhang, Yongjiang. "The Libu and Qing Perception, Classification and Administration of Non-Han People." In *Managing Frontiers in Qing China: The Lifanyuan and Libu Revisited*, edited by Dittmar Schorkowitz and Chia Ning, 116–143. Leiden: Brill, 2016.

四、單篇論文

(一) 中文文獻

丁崑健：〈元代征東行省之研究〉,《史學彙刊》, 第10期（1980年6月）, 頁157–190。

刁書仁：〈論薩爾滸之戰前後後金與朝鮮的關係〉,《清史研究》, 2001年第4期（2001年11月）, 頁43–50。

王元周：〈夷齊論與朝鮮朝後期政治〉,《韓國研究論叢》, 第25輯（2013年）, 頁128–147。

王元周：〈論「朝鮮中華主義」的實與虛〉,《史學集刊》, 第3期（2009年5月）, 頁47–55。

王永一：〈朝鮮初期女真族裔李之蘭在政界的活躍〉,《中國邊政》, 第177期（2009年3月）, 頁45–58。

王永一：〈韓國朝鮮王朝世宗大王世宗大王時期與女真族關係研究〉,《中國邊政》, 第194期（2013年6月）, 頁44–60。

王永超：〈《朴通事》所見元末北方官話區民俗〉,《民俗研究》, 2009年第1期（2009年1月）, 頁123–144。

王明星：〈朝鮮李朝末年教案探因〉,《東疆學刊》, 第17卷第1期（2000年1月）,

頁29–32
王明珂:〈歷史事實、歷史記憶與歷史心性〉,《歷史研究》,2001年第5期(2011年11月),頁136–147。
王政堯:〈《燕行錄》初探〉,《清史研究》,1997年第3期(1997年8月),頁1–8。
王振忠:〈朝鮮燕行使者所見18世紀之盛清社會:以李德懋的《入燕記》為例(上)〉,《韓國研究論叢》,第22期(2010年12月),頁60–85。
王振忠:〈朝鮮燕行使者所見18世紀之盛清社會:以李德懋的《入燕記》為例(下)〉,《韓國研究論叢》,第24期(2012年8月),頁340–357。
王恩美:〈朝鮮知識階層「文明觀」的轉變與對「基督新教」信仰的接受:以《皇城新聞》與「皇城基督教青年會」為中心的討論〉,《師大學報:語言與文學類》,第59卷第1期(2014年3月),頁63–94。
王基倫:〈《春秋》筆法與桐城三祖方苞、劉大櫆、姚鼐的古文創作〉,《國文學報》,第51期(2012年6月)。
王榮湟:〈百年袁崇煥研究綜述〉,《明代研究》,第17期(2011年12月),頁155–186。
王鍾翰:〈論袁崇煥與皇太極〉,《社會科學戰線》,1985年第1期(1985年1月),頁126–134。
王鑫磊:〈從16世紀末中、朝士人的陽明學辨論看東亞儒學資料:以許篈《朝天記》為中心〉,收入復旦大學韓國研究中心編:《韓國研究論叢》,第27輯,上海:社會科學文獻出版社,2014年,頁181–192。
毛文芳:〈禮物:金正喜與燕京文友的畫像交誼及相涉問題〉,《漢文學論集》,第42期(2015年10月),頁9–40。
毛文芳:〈禮物:朝鮮與盛清文人的畫像墨緣及相涉問題〉,《中正漢學研究》,第28期(2016年12月),頁191–239。
文炳贊:〈朝鮮時代的韓國以及清儒學術交流:以阮堂金正喜為主〉,《船山學刊》,2011年第1期(2011年1月),頁177–180
尤淑君:〈甲午戰爭後的中朝關係〉,《山東社會科學》,2014年第5期,2014年5月,頁26–35。
尹鉉哲、劉吉國:〈試論光海君的世子身份問題與即位初期的政策〉,《延邊大學學報(社會科學版)》,第45卷第1期(2012年2月),頁136–140。
孔慧怡:〈重寫翻譯史〉,《二十一世紀》,第71期,2002年6月,頁46–53。
白新良:〈薩爾滸之戰與朝鮮出兵〉,《清史研究》,1997年第3期(1997年8月),頁9–15。
朱明愛:〈朝鮮開化思想詮論:以穩健開化派為主的探索〉,《山東大學學報(哲學

社會科學版)》,2011年第5期(2011年9月),頁107–112。
朱溢:〈唐至北宋時期賓禮的禮儀空間〉,《成大歷史學報》,第47期(2014年12月),頁195–241。
衣若芬:〈韓國「民族文化推進會」與《韓國文集叢刊》的編纂與出版〉,《中國文哲研究通訊》,第14卷第1期(2004年3月),頁203–208。
衣若芬:〈漂流到澎湖:朝鮮人李邦翼的意外之旅及其相關書寫〉,《域外漢籍研究集刊》,第4輯(2008年5月),頁131–156。
衣若芬:〈翁方綱藏蘇軾「天際烏雲帖」與十九世紀朝鮮「東坡熱」〉,《域外漢學研究》,第11輯(2015年10月),頁344–367。
衣若芬:〈睹畫思人:15至19世紀朝鮮燕行使的紀念圖像〉,《故宮學術季刊》,第33卷第2期(2015年12月),頁51–82。
朴現圭:〈《朝鮮書目》介紹及關於劉喜海與朝鮮學者之間交遊的研究〉,《慕山學報》,第8輯(1999年6月),頁59–104。
朴勝顯:〈巍巖李柬人物性同論與心性一致論的研究〉,《哲學與文化》,第41卷第8期(2014年8月),頁63–80。
艾爾曼(Benjamin A. Elman)、胡志德(Theodore Huters)著,趙剛、孟悅譯:〈馬嘎爾尼使團、後現代主義與近代中國史:評周錫瑞對何偉亞著作的批評〉,《二十一世紀》,第44期(1997年12月),頁118–130。
艾爾曼:〈朝鮮鴻儒金正喜與清朝乾嘉學術〉,《世界漢學》,第14卷(2014年12月),頁35–48。
李凡:〈《方言類解》中「中州鄉語」價值〉,《漢字研究》,第13輯(2015年12月),頁129–144。
李永春:〈試論大院君時期朝鮮的對外政策:以「丙寅洋擾」、「辛未洋擾」及朝鮮的對應為中心〉,《當代韓國》,2010年第3期(2010年9月),頁63–75。
李花子:〈康熙年間穆克登立碑位置再探〉,《社會科學輯刊》,2011年第6期(2011年12月),頁188–196。
李花子:〈清代長白山踏查活動及對三江源的記述〉,《韓國研究論叢》,第23期(2011年10月),頁425–465。
李孟衡:〈在主體性與他律性之間:戰後韓國學界的十七世紀朝鮮對外關係史研究特徵與論爭〉,《臺大東亞文化研究》,第3期(2015年10月),頁61–100。doi:10.6579/NJEAC.2015.3.3
李春姬:〈貧窮和憤懣的和弦:十八世紀朝鮮李彥瑱之詩歌〉,《長春理工大學學報(社會科學版)》,第26卷第2期(2013年2月),頁192–194。
李春姬:〈道咸年間詩風與朝鮮文壇詩歌取向〉,《社會科學戰線》,2009年第8期

（2009年8月），頁184–188。
李紀祥：〈輿圖史與接受史中的海國與大地：清季世界新圖之分型〉，《輔仁歷史學報》，第22期（2009年1月），頁27–94。doi:10.29439/FJHJ.200901.0002
李善洪：〈明清時期朝鮮對華外交使節初探〉，《歷史檔案》，2008年第2期（2008年6月），頁55–62。
李雲泉：〈賓禮的演變與明清朝貢禮儀〉，《河北師範大學學報（哲學社會科學版）》，第27卷第1期（2004年1月），頁139–145。
李德超：〈從實錄考朝鮮東學黨之亂與中韓兩國之關係〉，《韓國學報》，第10期（1991年5月），頁229–236。
沈玉慧：〈乾隆二十五～二十六年朝鮮使節與安南、南掌、琉球三國人員於北京之交流〉，《臺大歷史學報》，第50期（2012年12月），頁109–153。
沈玉慧：〈清代朝鮮使節在北京的琉球情報收集〉，《漢學研究》，第29卷第3期（2011年9月），頁155–190。
吳政緯：〈從中朝關係史看明清史研究的新面向：以《燕行錄》為中心〉，《臺灣師大歷史學報》，第51期（2014年6月），頁209–242。doi:10.6243/BHR.2014.051.209
吳政緯：〈論燕行文獻的特性與價值──以清書、清語與滿漢關係為中心〉，《臺灣東亞文明研究學刊》，第17卷1期（2020年6月），頁55–105。doi:10.6163/TJEAS.202006_17(1).0002
吳恩榮：〈元代禮失百年與明初禮制變革〉，《北京社會科學》，2016年第8期（2016年8月），頁101–109。
吳智和：〈明代祖制釋義與功能試論〉，《史學集刊》，1991年第3期（1991年8月），頁20–29。
折輔民：〈《五禮通考・賓禮》校讀〉，《古籍整理研究學刊》，1994年第3期（1994年6月），頁43–45。
宋慧娟：〈清代中朝關係中的司法制度〉，《東北亞論壇》，第15卷第1期（2006年1月），頁125–129。
林子候：〈日韓江華島事件的檢討（上）〉，《食貨月刊》，第14期第3/4期（1984年7月），頁158–173。doi:10.6435/SHM.198407.0158
林子候：〈日韓江華島事件的檢討（下）〉，《食貨月刊》，第14期第5/6期（1984年9月），頁250–264。doi:10.6435/SHM.198409.0250
林子候：〈關於「東學黨之亂」之再檢視〉，《韓國學報》，第15期（1998年2月），頁231–236。
林亨芬：〈近四十年來有關「甲午戰後清韓關係史」的研究回顧〉，《歷史教育》，第18期（2011年6月），頁135–165。doi:10.6608/THE.2011.018.135

林孝庭:〈朝貢制度與歷史想像:兩百年來的中國與坎巨堤(1761–1963)〉,《近代史研究所集刊》,第74期(2011年12月),頁41–82。doi:10.6353/BIMHAS.201112.0045

林侑毅:〈由《同文彙考》「使臣別單」論朝鮮後期使臣對周邊國家的認識:以對臺灣鄭氏政權及安南西山阮朝的論述為中心〉,*Journal of Korean Culture*, 35 (2016.11): 343–371.

金宣旼:〈雍正—乾隆年間莽牛哨事件與清朝—朝鮮國境地帶〉,《吉林師範大學學報(人文社會科學版)》,2014年第2期(2014年3月),頁65–73。

金柄珉:〈朝鮮詩人朴齊家與清代文壇〉,《社會科學戰線》,2002年第6期(2002年6月),頁100–104。

周晏菱:〈《老乞大》與《朴通事》中的民俗文化探究〉,《臺灣首府大學學報》,第1期(2010年9月),頁77–100

周錫瑞(Joseph W. Esherick)著,尚揚譯:〈後現代式研究:望文生義,方為妥善〉,《二十一世紀》,第44期(1997年12月),頁105–117。

岳嵐:〈晚清社會變遷與西洋人的漢語學習〉,《清史研究》,2017年第2期(2017年5月),頁122–129。

岳輝:〈朝鮮時代漢學師生的構成及特徵分析〉,《學習與探索》,2005年第6期(2005年12月),頁172–173。

河惠丁:〈韓國漢學文獻收藏及資料庫介紹〉,《漢學研究通訊》,第118期(2011年5月),頁31–39。

姚小鷗、李文慧:〈《周頌‧有客》與周代賓禮〉,《學術研究》,2011年第6期(2011年6月),頁142–146。

范永聰:〈明代土木之變與朝鮮的對應〉,《當代史學》,第7卷第3期(2006年3月),頁64–70。

范永聰:〈朝鮮大院君與壬午軍亂〉,《歷史與文化》,第3卷(2007年5月),頁1–41。

南炳文、魏淑霞:〈張廷玉《明史》重要擬稿徐氏《明史》試探之一:序言作者韓方卓乃沈朝初之號說〉,《史學集刊》,2016年第3期(2016年5月),頁81–86。

柳素真:〈高麗時期的「東坡熱」與李奎報詩歌〉,《東亞文化》,第50輯(2012年),頁75–152。

姜智恩:〈東亞學術史觀的殖民扭曲與重塑:以韓國「朝鮮儒學創見模式」的經學論述為核心〉,《中國文哲研究集刊》,第44期(2014年3月),頁173–211。

高王凌:〈劉松齡,最後的耶穌會士〉,《中國文化研究》,2006年第4期(2006年

11月),頁166–173。

高王凌:〈劉松齡筆下的乾隆十三年:劉松齡研究之二〉,《清史研究》,2008年第3期(2008年8月),頁93–100。

高在旭:〈導論:人物性同異論爭在韓國儒學史上的意義:人物性同異論之發生、展開及意義〉,《哲學與文化》,第41卷第8期(2014年8月),頁3–21。

高志超:〈試論薩爾滸戰後朝鮮與後金的關係:以姜弘立為中心〉,《東北史地》,2009年第2期(2009年3月),頁49–52。

高建旺:〈意識形態的戲化樂化:《伍倫全備記》論〉,《暨南學報(哲學社會科學版)》,第184期(2014年11月),頁152–158。

高艷林:〈朝鮮王朝對明朝的「宗系之辨」及政治意義〉,《求是學刊》,第38卷第4期(2011年7月),頁141–147。

馬孟龍:〈穆克登查邊與《皇輿全覽圖》編繪:兼對穆克登「審視碑」初立位置的考辨〉,《中國邊疆史地研究》,第19卷第3期(2009年9月),頁85–99。

秦國經:〈18世紀西洋人在測繪清朝輿圖中的活動與貢獻〉,《清史研究》,1997年第1期(1997年2月),頁37–44。

烏雲高娃:〈朝鮮司譯院蒙古語教習活動研究〉,《中央民族大學學報(人文及社會科學版)》,第28卷第4期(2001年7月),頁122–127。

烏雲高娃:〈14–18世紀東亞大陸的「譯學」機構〉,《黑龍江民族叢刊》,2003年第3期(2003年),頁80–83。

夏提葉(Roger Chartier)著,楊尹瑄譯:〈「新文化史」存在嗎?〉,《臺灣東亞文明研究學刊》,第5卷第1期(2008年6月),頁199–214。doi:10.6163/tjeas.2008.5(1)199

徐毅:〈洪大容與清代文士來往書信考論〉,《한국학논집》,第46輯(2012年3月),頁289–324。

孫德彪:〈朝鮮四家詩人與李調元的詩文友誼〉,《社會科學論壇》,2010年10期(2010年10月),頁164–167。

孫衛國:〈清修《明史》與朝鮮之反應〉,《學術月刊》,2008年第4號(2008年4月),頁124–133。

孫衛國:〈清道咸時期中朝學人之交誼:以張曜孫與李尚迪之交往為中心〉,《南開學報(哲學社會科學版)》,2014年第5期(2014年9月),頁95–113。

孫衛國:〈朝鮮史料視野下的石星及其后人事跡略考〉,《古代文明》,2012年第4期(2012年10月),頁63–72。

孫衛國:〈試說明代的行人〉,《史學集刊》,1994年1期(1994年),頁11–16。

孫衛國:〈試論入關前清與朝鮮關係的演變歷程〉,《中國邊疆史地研究》,第16卷

第2期（2006年6月），頁98–107。
孫衛國：〈論事大主義與朝鮮王朝對明關係〉,《南開學報（哲學社會科學版）》，2002年第4期（2002年8月），頁66–72。
張士尊：〈盛京「堂子」考：以朝鮮文獻為中心〉,《鞍山師範學院學報》，第15卷第1期（2013年2月），頁22–28。
張永江：〈禮儀與政治：清朝禮部與理藩院對非漢族群的文化治理〉,《清史研究》，2019年第1期（2019年2月），頁17–29。
張存武：〈「清代韓中朝貢關係綜考」評介〉,《思與言》，第5卷第6期（1968年3月），頁48–49、51。
張存武：〈清韓封貢關係之制度性分析〉,《食貨月刊》，第1卷第4期（1971年7月），頁11–17。doi:10.6435/SHM.197107.0201
張存武：〈清入關前與朝鮮的貿易，1627–1636〉,《東方學志》，第21輯（1979年3月），頁187–193。
張存武：〈清季中韓關係之變通〉,《中央研究院近代史研究所集刊》，第14期（1985年6月），頁105–125。
張存武：〈清韓關係，1636–1644〉,《故宮文獻》，第4卷第1期（1972年12月），頁15–37。
張伯偉：〈漢文學史上的1764年〉,《文學遺產》，2008年第1期（2008年2月），頁114–131。
張伯偉：〈書籍環流與東亞詩學：以《清脾錄》為例〉,《中國社會科學》，2014年第2期（2014年2月），頁164–184。
張伯偉：〈名稱・文獻・方法：「燕行錄」研究中存在的問題〉,《南國學術》，2015年第1期（2015年1月），頁76–89。
張佩瑤：〈從二元對立到相反相濟：談翻譯史研究的關鍵問題與太極推手的翻譯史研究路向〉,《中國文哲研究通訊》，第22卷第2期（2012年6月），頁21–40。doi:10.30103/NICLP.201206.0002
張亮：〈考霸伯盂銘文釋西周賓禮〉,《求索》，2013年第2期（2013年2月），頁81–83。
張春海：〈論明亡後《大明律》在朝鮮地位的動搖：以「禮訟」為中心的考察〉,《暨南學報（哲學社會科學版）》，2011年第6期（2011年6月），頁148–156年。
張敏：〈韓國譯學源流考〉，載復旦大學韓國研究中心編：《韓國研究論叢》，第22輯（上海：復旦大學韓國研究中心，2009年），頁319–334。

張崑將：〈十六世紀末中韓使節關於陽明學的論辨及其意義：以許篈與袁黃為中心〉,《臺大文史哲學報》,第70期（2009年5月）,頁55–84。doi:10.6258/bcla.2009.70.03

莊吉發：〈身穿清朝衣頭戴明朝帽：鴨母王朱一貴事變的性質〉,《歷史月刊》,第153期（2000年10月）,頁64–70。doi:10.6796/HM.200010.0064

陳尚勝：〈徐壽朋與近代中韓關係轉型〉,《歷史研究》,2013年第3期（2013年6月）,頁55–70。

陳東輝：〈阮元在中朝關係史上的若干事蹟考述〉,《湖南大學學報（社會科學版）》,2006年第2期（2006年3月）,頁43–46。

陳紅民：〈晚清外交的另一種困境：以1887年朝鮮遣使事件為中心的研究〉,《歷史研究》,2008年第2期（2008年4月）,頁119–131。

陳瑋芳：〈西學之子：容閎與新島襄的異國經驗與文化認同〉,《中國文哲研究集刊》,第30期（2007年3月）,頁223–265。

陳遼：〈《朴通事》：元明兩代中國文化的百科全書〉,《中華文化論壇》,2004年第2期（2004年2月）,頁76–81。

許怡齡：〈從「儒學」到「儒教」的脈絡性轉換：「西學」與朝鮮思想史的轉換點〉,《臺灣東亞文明研究學刊》,第13卷第2期（2016年12月）,頁101–126。doi:10.6163/tjeas.2016.13(2)101

曹虹：〈《燕轅直指》的清朝觀〉,《嶺南學報》,第6輯（2016年7月）,頁231–245。

崔溶澈：〈朝鮮時代中國小說的接受及其文化意義〉,《中正漢學研究》,第22期（2013年12月）,頁333–351。

郭嘉輝：〈明代「行人」於外交體制上之作用：以「壬辰倭禍（1592–1598）」兩次宣諭為例〉,《中國學報》,第70輯（2014年12月）,頁319–343。

郭嘉輝：〈明清「朝貢制度」的反思：以《萬曆會典》、《康熙會典》中〈禮部・主客清吏司〉為例〉,收入周佳榮、范永聰編：《東亞世界：政治・軍事・文化》,香港：三聯書店,2014年,頁42–79。

郭嘉輝：〈天下通禮：明代賓禮的流傳與域外實踐的紛爭〉,《臺灣師大歷史學報》,第59期（2018年6月）,頁1–40。doi:10.6243/BHR.201806_(59).0001

郭嘉輝：〈元明易代與天下重塑：洪武賓禮的出現及其意義〉,《臺灣東亞文明研究學刊》,第17卷第1期（2020年6月）,頁1–38。doi:10.6163/TJEAS.202006_17(1).0001

黃卓明：〈李圭景《說文辨證說》探微〉,《長江大學學報（社會科學報）》,第35

卷第8期（2012年8月），頁65–67。
黃俊傑：〈作為區域史的東亞文化交流史：問題意識與研究主題〉,《臺大歷史學報》，第43期（2009年6月），頁187–218。doi:10.6253/ntuhistory.2009.43.05
黃俊傑：〈東亞文化交流史中的「去脈絡化」與「再脈絡化」現象及其研究方法論問題〉,《東亞觀念史集刊》，第2期（2012年6月），頁55–77。doi:10.29425/JHIEA.201206_(2).0002
黃修志：〈「書籍外交：明清時期朝鮮的「書籍辨誣」〉,《史學月刊》，2013年第5期（2013年5月），頁81–95。
黃麗君：〈八旗制度與族群認同：清前期中朝關係史中的內務府高麗佐領金氏家族〉,《清史研究》，2019第2期（2019年5月），頁64–77。
彭明輝：〈外國史地引介與晚清史學〉,《國立政治大學歷史學報》，第17期（2000年5月），頁197–228。doi:10.30383/TJH.200005_(17).0006
廉松心：〈清代中朝文化交流的結昌：《奉使圖》〉,《北華大學學報（社會科學版）》，第6卷第3期（2005年6月），頁35–39。
楊雨蕾：〈18世紀朝鮮北學思想探源〉,《浙江大學學報》，第37卷第4期（2007年7月），頁88–93。
楊聯陞：〈中國文化的媒介人物：聯合國中國同志會第一七〇次座談會紀要〉,《大陸雜誌》，第15卷第4期（1957年8月），頁29–36。
楊艷秋：〈《大明會典》《明史》與朝鮮辨誣：以朝鮮王朝宗系辨誣和「仁祖反正」辨誣為中心〉,《南開學報（哲學社會科學版）》，2010年第2期（2010年3月），頁79–91。
葛兆光：〈大明衣冠今何在〉,《史學月刊》，2005年第10期（2005年10月），頁41–48。
葛兆光：〈從「朝天」到「燕行」：十七世紀中葉後東亞文化共同體的解體〉,《中華文史論叢》，2006年第1期（2006年1月），頁28–58。
葛兆光：〈亂臣、英雄抑或叛賊：從清初朝鮮對吳三桂的各種評價說起〉,《中國文化研究》，2012年第1期（2012年3月），頁22–31。
葉泉宏：〈偰氏家族與麗末鮮初之中韓關係〉,《韓國學報》，第12期（1993年11月），頁59–79。
葉泉宏：〈鄭夢周與朝鮮事大交鄰政策的淵源〉,《韓國學報》，第15期（1998年2月），頁97–114。
葉泉宏：〈權近與朱元璋：朝鮮事大外交的重要轉折〉,《韓國學報》，第16輯（2000年6月），頁69–86。
葉泉宏：〈乾隆千叟宴與清朝宗藩關係〉,《韓國學報》，第17期（2002年6月），頁

283–297。
葉泉宏：〈瀋館幽囚記（1637–1645）：清鮮宗藩關係建立時的人質問題〉，《韓國學報》，第18期（2004年6月），頁284–299。
葉高樹：〈大陸學者對吳三桂「降清」問題的討論〉，《近代中國史研究通訊》，第12期（1991年9月），頁114–120。
葉高樹：〈從《李朝實錄》看朝鮮君臣對「三藩之亂」的反應〉，《慕山學報》，第8輯（1996年6月），頁385–416。
葉高樹：〈清代文獻對吳三桂的記述與評價〉，《臺灣師大歷史學報》，第28期（2000年6月），頁85–108。doi:10.6243/BHR.2000.028.085
葉高樹：〈明清之際遼東的軍事家族：李、毛、祖三家的比較〉，《臺灣師大歷史學報》，第42期（2009年12月），頁121–196。doi:10.6243/BHR.2009.042.121
葉嘉：〈從「不忠」到「忠實」：從民初上海雜誌文本看翻譯規範的流變〉，《翻譯學研究集刊》，第18期（2014年12月），頁1–23。
趙冬梅：〈朝鮮時代漢語教本《象語題語》的編寫特色〉，《中國學論叢》，第33期（2011年8月），頁1–17。
趙亮：〈論東江軍將領降（後）金及其影響：以孔有德、耿仲明、尚可喜為中心〉，《理論界》，2006年第12期（2006年12月），頁170–172。
趙紅海：〈漢四郡設置述評〉，《北方文物》，2013年第4期（2013年12月），頁46–48、77。
趙微：〈論金正喜與翁方綱的學術交流〉，《漢字漢文研究》，第8期（2012年12月），頁31–47。
漆永祥：〈關於「燕行錄」界定及收錄範圍之我見〉，《古籍整理研究學刊》，第5期（2010年9月），頁60–65。
裴英姬：〈《燕行錄》的研究史回顧（1933–2008年）〉，《臺大歷史學報》，第43期（2009年6月），頁219–255。doi:10.6253/ntuhistory.2009.43.06
劉宜霖：〈「格義」之成住壞易：一個翻譯規範的考察〉，《翻譯學研究集刊》，第17期（2014年6月），頁93–126。
劉為：〈清代朝鮮使團貿易制度述略：中朝朝貢貿易研究之一〉，《中國邊疆史地研究》，2002年第4期（2002年12月），頁36–42。
劉婧：〈通過董文煥日記考朝鮮詩文集流入中國及朝鮮譯官的作用〉，《東亞人文學》，第12輯（2007年12月），頁255–276。
劉寶全：〈壬辰亂 後 朝鮮 對明 認識의 變化：「再造之恩」을 중심으로〉，《亞細亞文化研究》，第11輯（2006年12月），頁141–161。
潘斌：〈近二十多年來鄭玄《三禮注》研究綜述〉，《古籍整理研究學刊》，2007年

第5期（2007年9月），頁87-90。

潘曉偉：〈略論1895-1898年俄日在朝鮮半島的政治博弈〉，《延邊大學學報（社會科學版）》，第47卷第2期（2014年3月），頁88-92。

魯學海：〈略論朝鮮開化派基本思想〉，《延邊大學學報（社會科學版）》，1985年第4期（1985年），頁95-103。

錢志熙：〈從《韓客詩存》看近代的韓國漢詩創作及中韓文學交流〉，《동북아시아 문화학회 국제학술대회 발표자료집》（2001年10月），頁61-76。

錢健：〈論金滄江的文學成就和文學觀〉，《逢甲人文社會學報》，第11期（2005年12月），頁1-16。

錢穆：〈朱子學流衍韓國考〉，《新亞學報》，第12卷（1977年8月），頁1-70。

賴貴三：〈清代乾嘉揚州學派經學研究的成果與貢獻〉，《漢學研究通訊》，第76期（2000年11月），頁588-595。

閻麗環：〈春秋「行人」初探〉，《濮陽職業技術學院學報》，2005年第2期（2005年5月），頁63-65。

謝正光：〈嘉慶初年京師之學人與學風：讀柳得恭《燕臺再遊錄》〉，《九州學林》，第3卷第3期（2005年），頁220-242。

韓翠花，〈一部研究中、朝關係史的珍貴資料：《同文彙考中朝史料》評介〉，《東北史地》，2006年第2期（2006年4月），頁80-81。

魏志江：〈論後金努爾哈赤政權與朝鮮王朝的交涉及其影響〉，《民族研究》，2008年第2期（2008年3月），頁56-62。

羅志田：〈十八世紀清代「多主制」與《賓禮》的關聯與牴牾〉，《清史研究》，第4期（2001年11月），頁51-55。

羅樂然：〈乾隆禁教期的耶穌會士在華活動：以劉松齡為研究中心〉，《中國史研究》，第82期（2013年2月），頁93-114。

羅樂然：〈書評：Mitje Saje, ed. A. Hallerstein—Liu Songling—*劉松齡: The Multicultural Legacy of Jesuit Wisdom and Piety at the Qing Dynasty Court*〉，《漢學研究》，第31卷第1期（2013年3月），頁333-339。

羅樂然：〈清代朝鮮人西洋觀的形成：以洪大容燕行為研究中心〉，《臺灣東亞文明研究學刊》，第10卷第1期（2013年6月），頁299-345。doi:10.6163/tjeas.2013.10(1)299

羅樂然：〈作為媒介的燕行使：柳厚祚1866年的燕行與朝鮮開港前的東北亞資訊認知〉，《한국학논집》，第53輯（2013年12月），頁393-418。

羅樂然：〈開港前朝鮮知識份子對西洋地理的認知與考辨：以李圭景和其《五洲衍文長箋散稿》為研究中心〉，《동서인문》，第2輯（2014年10月），頁

105–130。
羅樂然：〈漢語與事大：從朝鮮的漢語翻譯人才培訓看其對明政策的轉變〉，《漢學研究集刊》，第19期（2014年12月），頁109–136。
羅樂然：〈燕行使團擔任文化媒介的朝鮮譯官：以金慶門為研究中心〉，《漢學研究》，第33卷第3期（2015年9月），頁345–378。
羅樂然：〈朝鮮燕行使視野下的乾隆禁教期間耶穌會士：以洪大容的《湛軒燕記》為研究對象〉，《明清研究》，第19期（2015年12月），頁101–134。doi:10.1163/24684791-01901006
羅麗馨：〈豐臣秀吉侵略朝鮮〉，《國立政治大學歷史學報》，第35期（2011年5月），頁33–74。doi:10.30383/TJH.201105_(35).0002
關詩珮：〈從林紓看文學翻譯規範由晚清由中國到五四的轉變：西化、現代化和以原著為中心的觀念〉，《中國文化研究所學報》，第48期（2008年7月），頁343–371。
權赫秀：〈近代朝鮮開化派金玉均的日本觀及其東亞史意義〉，《日本研究》，2012年第4期（2012年12月），頁96–103。
欒凡：〈明代中朝朝貢禮儀的制度化〉，《社會科學戰線》，2008年第12期（2008年12月），頁109–112。

（二）韓文文獻

姜慶姬（강경희）：〈조선후기 崇蘇熱과 東坡笠屐圖〉，《중국어문학논집》，第65輯（2010年12月），頁415–431。
姜世求（강세구）：〈운양호사건에 관한 고찰〉，《군사》，第15輯（1987年12月），頁89–134。
姜信沆（강신항）：〈李朝時代의 譯學政策에 關한 考察：司譯院, 承文院設置를 中心으로 하여〉，《大東文化研究》，第2卷（1965年），頁1–31。
姜信沆（강신항）：〈李朝中期以後의 譯學者에 對한 考察〉，《成均館大學校論文集》，第11期（1966年），頁43–58。
丘㙉榮（구도영）：〈조선 전기 조명외교관계의 함수："예의지국"〉，《大東文化研究》，第89輯（2015年3月），頁159–203。
丘凡真（구범진）：〈1780년 열하의 칠순 만수절과 건륭의 '제국'〉，《명청사연구》，第40期（2013年10月），頁177–217。
權乃鉉（권내현）：〈17세기 후반~18세기 전반 평안도의 대청사행 지원〉，《조선시대사학보》，第25輯（2003年6月），頁145–172。

權仁溶(권인용):〈明中期 朝鮮의 宗系辨誣와 對明外交:權橃의『朝天錄』을 中心으로〉,《명청사연구》,第24輯(2005年10月),頁93–116。
金良洙(김양수):〈朝鮮前期의 譯官活動(上)〉,《역사와 실학》,第7輯(1996年1月),頁33–86。
金良洙(김양수):〈朝鮮前期의 譯官活動(下)〉,《역사와 실학》,第8輯(1996年1月),頁5–66。
奇修延(기수연):〈中國學界의 漢四郡 研究 동향과 분석〉,《문화사학》,第27輯(2007年6月),頁1143–1160。
金曔淥(김경록):〈朝鮮時代 使行과 使行記錄〉,《한국문화》,第38輯(2006年12月),頁193–230。
金南允(김남윤):〈병자호란 직후(1637–1644) 朝淸관계에서「淸譯」의 존재〉,《한국문화》,第40期(2007年12月),頁249–282。
金東珍(김동진):〈許筠의 大明使行과 陽明學 變斥〉,《문화사학》,第21輯(2004年6月),頁825–853。
金東煥(김동환):〈尤庵 宋時烈의 著述과 刊行에 관한 一考察〉,《서지학연구》,第37輯(2007年9月),頁5–21。
金良洙(김양수):〈朝鮮開港前後 中人의 政治外交:譯官 卞元圭 등의 東北亞 및 美國과의 활동을 중심으로〉,《역사와 실학》,第12輯(1991年1月),頁311–366。
金良洙(김양수):〈조선시대의 譯官등 中人活動을 찾아서〉,《역사와 실학》,第39輯(2009年9月),頁203–222。
金良洙(김양수):〈朝鮮後期 譯官들의 軍備講究〉,《역사와 실학》,第19、20輯(2001年1月),頁364–365。
金良洙(김양수):〈朝鮮後期 中人집안의 活動研究(上):張炫과 張禧嬪등 仁同張氏 譯官家系를 중심으로〉,《역사와 실학》(1990年9月),頁28–34。
金良洙(김양수):〈朝鮮後期牛峰金氏의 成立과 發展:繼全公派의 金指南등中人을 中心으로〉,《歷史와 實學》,第33輯(2007年),頁5–74。
金麗華:〈조선후기 역관 李容肅의 행적과 작품 개관〉,《민족문화》,第49輯(2017年6月),頁261–291。
金文植(김문식):〈조선시대 外交儀禮의 특징〉,《東洋學》,第62輯(2016年1月),頁77–98。
金宣旼(김선민):〈人蔘과 疆域:後金–淸의 강역인식과 대외관계의 변화〉,《명청사연구》,第30輯(2008年10月),頁227–257。
金宣旼(김선민):〈朝鮮通事 굴마훈,淸譯 鄭命壽〉,《명청사연구》(明清史研

究〉，第41輯（2014年4月），頁37–65。
金成奎（김성규）：〈宋代 東아시아에서 賓禮의 成立과 그 性格〉，《동양사학연구》，第72輯（2000年10月），頁53–87。
金聖七（김성칠）：〈燕行小攷：朝中交涉史의 일착〉，《歷史學報》，第12期（1960年5月），頁1–79。
金信在（김신재）：〈金玉均의 正體改革論〉，《경주사학》，第14輯（1995年12月），頁79–107。
金英淑（김영숙）：〈譯官 洪純彥과 朝明外交〉，《中國史研究》，第70輯（2011年2月），頁195–221。
金榮鎮（김영진）：〈韓中文學交流資料의 總集《華東唱酬集》〉，《漢文學論集》，第44輯（2016年10月），頁371–393。
金正義（김정의）：〈위화도회군에 관한 고찰〉，《군사지》（軍事志），第16號（1988年8月），頁55–79。
金鍾圓（김종원）：〈丁卯胡亂時의 後金의 出兵動機：後金의 社會發展過程에서의 社會經濟的 諸問題와 관련하여〉，《동양사학연구》， 第12、13輯（1978年8月），頁55–93。
金河元（김하원）：〈초기 개화파의 대외 인식：오경석을 중심으로〉，《釜山史學》，第17輯（1993年6月），頁467–497。
金炫權（김현권）：〈추사 김정희의 묵란화〉，《미술사학》，第19期（2005年8月），頁35–67。
金炫權（김현권）：〈秋史 金正喜의 산수화〉，《미술사학연구》，2003年第12期（2003年12月），頁181–219。
金鎬（김호）：〈조선간본《신편산학계몽》의 중국 전파와 영향〉，《중국문학연구》，第58期（2015年2月），頁1–27。
南浩鉉（남호현）：〈朝清關係의 초기 형성단계에서「盟約」의 역할：丁卯胡亂期 朝鮮과 後金의 講和過程을 중심으로〉，《조선시대사학보》，第78輯（2016年9月），頁51–85。
梁伍鎮（양오진）：〈原本《老乞大》의 文化史的 價值에 대하여〉，《中國學報》，第47輯（2003年），頁43–65。
梁伍鎮（양오진）：〈한국에서의 중국어 역관 양성에 대한 역사적 고찰〉，《중국언어연구》，第11卷（2001年），頁1–33。
劉婧：〈조선 역관 6인의 시선집『海客詩抄(해객시초)』에 대한 고찰：3종 필사본을 중심으로〉，《漢文學報》，第28輯（2013年），頁229–270。
李康七（이강칠）：〈朝鮮孝宗朝羅禪征伐과 被我鳥銃에對한小考〉，《고문화》，

第20輯（1982年月份缺），頁15-28。
李奎泌（이규필）：〈오경석의『삼한금석록』에 대한 연구〉,《민족문화》,第29輯（2006年12月）,頁341-374。
李尙奎（이상규）：〈17세기 전반 왜학역관 康遇聖의 활동〉,《한일관계사연구》,第24期（2006年4月）,頁101-141。
李尙奎（이상규）：〈17세기 전반의 조일관계 전개와 왜학역관 제도의 변화〉,《조선시대사학보》,第62卷（2012年9月）,頁251-296。
李尙奎（이상규）：〈17세기 초중반 왜학역관 洪喜男의 활동：통신사 파견시 수행역관 활동을 중심으로〉,《한일관계사연구》,第26期（2007年4）,頁233-272。
李尙泰（이상태）：〈백두산정계비 설치와 김지남의 역할〉,《역사와 실학》,第33輯（2007年9月）,頁75-119。
李成茂（이성무）：〈朝鮮前期 中人層의 成立問題〉,《東洋學》,第8輯（1978年）,頁272-284。
李娟俶（이연숙）：〈17~18세기 영남지역 노론의 동향：송시열 문인가문을 중심으로〉,《역사와 실학》,第23輯（2002年1月）,頁81-116。
李英淑（이영숙）：〈高麗時代의 譯官 硏究〉,《韓國思想과 文化》,第46輯（2009年1月）,頁201-234。
李在弘（이재홍）、朴在淵（박재연）：〈奎章閣 所藏 譯學書『象院題語』에 대하여〉,《중국어문학논집》,第64號（2010年10月）,頁553-575。
李貞信（이정신）：〈高麗後期의 譯官〉,《한국중세사연구》,第38期（2014年4月）,頁373-403。
李哲成（이철성）：〈18세기 후반 조선의 對淸貿易 實態와 私商層의 성장：帽子貿易을 中心으로〉,《한국사연구》,第94輯（1996年9月）,頁113-150。
李泰鎭（이태진）：〈'海外'를 바라보는 北學：『열하일기』를 중심으로〉,《한국사 시민강좌》,第48輯（2011年2月）,頁185-209。
李泰鎭（이태진）：〈1876년 강화도조약의 명암〉,《한국사 시민강좌》,第36輯（2005年2月）,頁124-139。
閔斗基（민두기）：〈：第一次, 第二次 中英戰爭과 異樣船 出沒에의 對應〉,《東方學志》,第52輯（1986年9月）,頁259-279。
閔丙秀（민병수）：〈朝鮮後期 中人層의 漢詩硏究〉,《東洋學》,第21輯（1991年10月）,頁155-174。
朴星來（박성래）：〈洪大容《湛軒書》의 西洋科學 발견〉,《진단학보》,第79期（1995年6月）,頁247-261。

朴成柱（박성주）:〈朝鮮前期 對明 御前通事〉,《경주사학》,第29輯（2009年6月）,頁27-51。
朴元熇（박원호）:〈明初文字獄과 朝鮮表箋問題〉,《사학연구》,第25輯（1975年6月）,頁83-101。
朴鍾淵（박종연）:〈高麗시대의 中國語 通譯에 관한 연구:通譯官 選拔 養成과 名稱 問題를 中心으로〉,《중국어문학》,第62輯（2013年4月）,頁291-314。doi:10.15792/clsyn..62.201304.291
朴現圭（박현규）:〈1688년 조선 濟州島에 표착한 潮州 출항선 기록 검토〉,《동북아 문화연구》,第14輯（2008年3月）,頁29-46。
朴現圭（박현규）:〈청 문사의 金正喜「歲寒圖」감상과 眞迹本 밖 題贊詩〉,《大東漢文學》,第25輯（2006年）,頁225-248。
潘允洪（반윤홍）:〈備邊司의 羅禪征伐 籌劃에 대하여:효종조 寧古塔 파병절목을 중심으로〉,《한국사학보》,第11號（2001年9月）,頁123-143。
白玉敬（백옥경）:〈18세기 연행사의 정보수집활동〉,《명청사연구》,第38期（2012年10月）,頁201-229。
白玉敬（백옥경）:〈여말（麗末）선초（鮮初）설장수（偰長壽）의 정치활동（政治活動）과 현실인식（現實認識）〉,《조선시대사학보》,第46輯（2008年9月）,頁5-40
白玉敬（백옥경）:〈역관(譯官) 김지남의 일본 체험과 일본 인식:『동사일록(東槎日錄)』을 중심으로〉,《한국문화연구》,第10期（2006年10月）,頁169-198。
白玉敬（백옥경）:〈仁祖朝 淸의 譯官 鄭命守〉,《이화여자대학교 대학원연구논집》,第22輯（1992年）,頁5-21。
白玉敬（백옥경）:〈朝鮮後期 譯官의 政治的 動向研究:明・淸交替期를 中心으로〉,《國史館論叢》,第72輯（1996年12月）,頁127-149。
白玉敬（백옥경）:〈朝解前期譯官養成策과 制度의 整備〉,《역사문화연구》,第12輯（2000年8月）,頁135-164。
孫蕙莉（손혜리）:〈青城 成大中의 史論 散文 研究:『青城雜記』「揣言」을 중심으로〉,《대동문화연구》,第80卷（2012年12月）,頁367-399。
宋康鎬（송강호）:〈三田渡 大淸皇帝功德碑의 研究:滿漢文 對譯을 中心으로〉,《만주연구》,第11期（2011年6月）,頁293-358。
慎鏞廈（신용하）:〈吳慶錫의 開化思想과 開化活動〉,《역사학보》,第107期（1985年9月）,頁107-187。
延甲洙（연갑수）:〈丙寅洋擾와 興宣大院君 政權의 對應:《巡撫營謄錄》을 중심

으로〉,《군사》,第33輯（1996年12月），頁189-214。
吳宗祿（오종록）：〈壬辰倭亂~丙子胡亂時期 軍事史 研究의 現況과 課題〉,《군사》,第38輯（1999年10月），頁135-160。
禹慶燮（우경섭）：〈朝鮮中華主義에 대한 학설사적 검토〉,《한국사연구》,第159輯（2012年12月），頁237-263。
于晨：〈1885년 清、日 天津條約의 재검토〉,《명청사연구》,第43輯（2015年4月），頁257-289。
元珠淵（원주연）：〈박죽서시에나타난그리움의세계〉,《한문고전연구》,第22卷（2011年），頁149-168。
尹浩鎭（윤호진）：〈한국 한문학의 동파수용양상〉,《중국어문학》,第12輯（1986年12月），頁129-148。
李垌丘（이동구）：〈金元行의 實心 강조와 石室書院에서의 교육 활동〉,《진단학보》,第88期（1999年12月），頁231-248。
李相益（이상익）：〈洛學에서 北學으로의 思想的 發展〉,《철학》,第46輯（1996年3月），頁5-34。
李銀順（이은순）：〈李景奭의 政治的 生涯와 三田渡碑文 是非〉,《韓國史研究》,第60號（1988年3月），頁57-102。
李銀子（이은자）：〈韓、中 近代 外交의 실험, 1895-1905年〉,《중국근현대사연구》,第58輯（2013年6月），頁1-25。
張安榮（장안영）：〈18세기 지식인들의 눈에 비친 역관 통역의 문제점 고찰：『노가재연행일기』、『을병연행록』、『열하일기』를 중심으로〉,《어문론집》,第62輯（2015年6月），頁349-372。
全用宇（전용우）：〈華陽書院과 萬東廟에 대한 硏究〉,《湖西史學》,第18輯（1990年12月），頁135-176。
全海宗（전해종）：〈清代韓中朝貢關係綜考〉,《진단학보》,第29期（1966年12月），頁435-480。
全海宗（전해종）：〈韓中朝貢關係考：韓中關係史의 鳥瞰을 위한 導論〉,《동양사학연구》,第1輯（1966年10月），頁10-41。
鄭光（정광）：〈譯科 試券 연구의 제문제：朝鮮朝 後期의 譯科 試券을 중심으로〉,《精神文化研究》,第15卷第1號（1992年3月），頁109-122。
鄭錫元（정석원）：〈丁卯胡亂時 反清思想의 展開와 그 原因〉,《중국어문학논집》,第5輯（1993年8月）頁1-18。
鄭玉子（정옥자）：〈紳士遊覽團考〉,《역사학보》,第27輯（1965年4月），頁105-142。

鄭後洙（정후수）：〈《歲寒圖》관람 清朝19人 인물 탐구〉,《동북아 문화연구》,第14輯（2008年3月）,頁239-264。
鄭後洙（정후수）：〈추사 김정희의 제주도 유배생활〉,《한성어문학》,第15輯（1996年）,頁33-63。
鄭後洙（정후수）：〈李尚迪 과 《歲寒圖》 觀覽 清朝 人士와의 交遊（2）〉,《동양고전연구》,第40輯（2010年9月）,頁223-247。
趙旻祐（조민우）：〈張曜孫『續紅樓夢』중 "歲寒樓"와 秋史 金正喜〉,《중국어문학논집》,第102輯（2017年2月）,頁269-292。
趙誠乙（조성을）：〈洪大容 역사 인식：華夷觀을 중심으로〉,《진단학보》,第79號（1995年6月）,頁215-231。
趙峻晧（조준호）：〈조선후기 석실서원의 위상과 학풍〉,《조선시대사학보》,第11卷（1999年12月）,頁65-95。
崔韶子（최소자）：〈清과朝鮮：明清交替期東亞洲의國際秩序에서〉,《梨花史學研究》,第22輯（1995年）,頁183-196。
何淑宜著，朴美愛（박미애）譯：〈17・18세기 조선사절의 중국 예속 관찰〉,《국학연구》,第16輯（2010年6月）,頁537-573。
韓明基（한명기）：〈17、8세기 韓中關係와 仁祖反正-조선후기의 '仁祖反正 辨誣' 문제〉,《한국사학보》,第13輯（2002年9月）,頁9-41。
韓明基（한명기）：〈조중관계의 관점에서 본 인조반정의 역사적 의미：명의 조선에 대한 "의제적 지배력"과 관련하여〉,《남명학》,第16輯（2011年月份缺）,頁239-279。
許智恩（허지은）：〈조선후기 왜관에서의 倭學譯官의 정보수집〉,《일본역사연구》,第36卷（2012年12月）,頁63-96。
許台九（허태구）：〈임진왜란과 지도・지리지의 군사적 활용〉,《사학연구》,第113號（2014年3月）,頁167-198。
洪瑀欽（홍우흠）：〈11世紀 高麗와 北宋關係에 대한 蘇軾의 上疏文〉,《모산학보》,第13輯（2001年10月）,頁149-166。

（三）日文文獻

伊藤英人：〈高宗代司訳院漢字書字音改正について－「華語類抄」の字音を通して〉,《朝鮮語研究》,第1期（2002年3月）,頁129-146。
岩井茂樹：〈明代中国の礼制覇権主義と東アジアの秩序〉,《東洋文化》,第85號（2005年3月）,頁121-160。

三好千春：〈アヘン戦争に関する燕行使の情報源〉,《寧楽史苑》,第35號（1990年2月）,頁21-32。
三好千春：〈アヘン戦争に関する燕行使情報〉,《史艸》,第30號（1989年11月）,頁28-62。
三好千春：〈燕行使のロシア認識〉,《駿台史学》,第96號（1996年1月）,頁117-144。
山口正之：〈昭顯世子と湯若：朝鮮基督教史研究其四〉,《青丘學叢》,第5號（1933年8月）,頁101-117。
山口正之：〈清朝に於ける在支歐人と朝鮮使臣：西歐キリスト教文化の半島流傳について〉,《史學雜誌》,第44卷第7期（1933年7月）,頁1-30。
孫承喆：〈朝鮮後期実学思想の対外認識〉,《朝鮮學報》,第122期（1987年1月）,頁117-122。
程永超：〈通信使関係倭情咨文と明清中国〉,《史林》,第99卷第6號（2016年11月）,頁803-836。
鄭光：〈司訳院訳書の外国語の発音転写に就いて〉,《朝鮮学報》,第89期（1978年3月）,頁95-131。
鄭光：〈朝鮮司訳院の倭学における仮名文字教育－バチカン図書館所蔵の「伊呂波」を中心に〉,《朝鮮学報》,第231期（2014年4月）,頁35-87。
鄭光：〈朝鮮朝における訳科の蒙学とその蒙学書－来甲午式年の訳料初試の蒙学試差を中心として〉,《朝鮮学報》,第124期（1987年7月）,頁49-82。
鄭光：〈朝鮮朝の外国語教育と訳科倭学について〉,《紀要〈関西大・東西学術研究所〉》,第23期（1990年3月）,頁57-84。
李元植：〈朝鮮通信使に随行した倭学訳官について－捷解新語の成立時期に関する確証を中心に〉,《朝鮮学報》,第111期（1984年4月）,頁53-117。

（四）西文文獻

An, Pyong-uk and Chan-seung Park. "Historical Characteristics of the Peasant War of 1894." *Korea Journal* 34:4 (1994): 101-113.
Ch'oe, Yong-ho. "The Kapsin Coup of 1884: A Reassessment." *Korean Studies* 6 (1982): 105-124. doi:10.1353/ks.1982.0007
Choe, Yongchul. "Manchu Studies in Korea." *Journal of Cultural Interaction in East Asia* 3 (2012): 89-101.
Choi, Young-Jin. "The Horak Debate in Eighteenth-Century Joseon." *Korea Journal* 51:1 (2011): 5-13.

Chun, Hae-jongn. "Notes on the Sino-Korean Tributary Relations: Remarks on Mr. Chang's Review Article."《歷史學報》,第37輯(1968年6月),頁127-129。
de Vries, Jan. "The Limits of Globalization in the Early Modern World." *The Economic History Review* 63:3 (2010): 710-733.
Deuchler, Martina."Neo-Confucianism in Early Yi Korea: Some Reflections on the Role of Ye." *Korea Journal* 15:5 (1975): 12-18.
Han, Myung-gi."A Study of Research Trends in Korea on the Japanese Invasion of Korea in 1592 (Imjin War)." *International Journal of Korean History* 18:2 (2013): 1-29.
Hong, Sunpyo. "O Sech'ang's Compilation of Kŭnyŏk sŏhwa sa 槿域書畫史 (History of Korean painting and calligraphy) and the Publication of Kŭnyŏk sŏhwa ching 槿域書畫徵 (Biographical records of Korean painters and calligraphers)," trans. Jungsil Jenny Lee & Nathaniel Kingdom. *Archives of Asian Art* 63:2 (2013): 155-163.
Hur, Nam-lin. "Confucianism and Military Service in Early Seventeenth-Century Chosŏn Korea." *Taiwan Journal of East Asian Studies* 8:1 (2011): 51-84.
Hur, Nam-lin. "Works in English on the Imjin War and the Challenge of Research." *International Journal of Koraen History* 18:2 (2013): 53-80.
Jo, Yoong-hee. "New Directions for Research and the Tradition of *Yeonhaengrok*." *The Review of Korean Studies* 13:2 (2010): 135-157.
Jung, Jae-hoon. "Meeting the World through Eighteenth-century *Yonhaeng*." *Seoul Journal of Korean Studies* 23:1 (2010): 51-69.
Kang, Hyeok Hweon. "Big Heads and Buddhist Demons: The Korean Musketry Revolution and the Northern Expeditions of 1654 and 1658." *Journal of Chinese Military History* 2:2 (2013): 127-189.
Kim, Bongjin. "Rethinking of the Pre-Modern East Asian Region Order." *Journal of East Asian Studies* 2:2 (2002): 67-101
Kim, Choonsung. "Donghak: Towards Life and Spirituality." *Korea Journal* 42:4 (Winter 2002): 158-186.
Kim, Seonmin. "Ginseng and Border Trespassing Between Qing China and Chosŏn Korea." *Late Imperial China* 28:1 (2007): 33-61. doi:10.1353/late.2007.0009
Kim, Sunglim. "Kim Chŏng-hŭi (1786-1856) and Sehando: The Evolution of a Late Chosŏn Korean Masterpiece." *Archives of Asian Art* 56(2006): 31-60. doi:10.1484/aaa.2006.0003
Kye, Seung B. "Huddling under the Imperial Umbrealla: A Korean Approach to Ming China in the Early 1500s." *Journal of Korean Studies* 15:1 (2010): 41-66.
Law, Login Lok-yin. "Kim Wŏn-haeng's Intellectual Influences on Hong Tae-yong: The Case of Relations between Nakhak and Pukhak." *International Journal of*

Korean History 20:2 (2015): 121–152. doi:10.22372/ijkh.2015.20.2.121
Lee, Hyung-dae. "Hong Dae-yong's Beijing Travels and His Changing Perception of the West—Focusing on Eulbyeong yeonhaengnok and Uisan mundap." *The Review of Korean Studies* 9:4 (2006): 45–62.
Lew, Young-ick. "Yuan Shih-k'ai's Residency and the Korean Enlightenment Movement, 1885–94." *The Journal of Korean Studies* 5 (1984): 63–108.
Mende, Erling. "Korea between the Chinese and Manchu." *Bochumer Jahrbuch zur Ostasienforschung* 23 (2003): 45–61.
Noh, Daehwan. "The Eclectic Development of Neo-Confucianism and Statecraft from the 18th to the 19th Century." *Korea Journal* 43:4 (2003): 87–112.
Shim, Hyun-Nyo. "Yun Ch'i-ho and the Independence Club." *Korea Journal* 30:10 (1990): 27–43.
Tashiro, Kazui. "Tsushima han's Korean trade, 1684–1710." *Acta Asiatica* 30 (1976): 85–105.

五、學位論文

（一）中文文獻

李孟衡：《從朝鮮、滿洲間的逃人刷還問題看十七世紀東北亞國際秩序變遷》，臺北：臺灣大學歷史學研究所碩士論文，2015年。
林佳蓉：《常州才女張綗英研究》，高雄：國立中山大學中國文學系碩士論文，2013年。
林東錫：《朝鮮譯學考》，臺北：臺灣師範大學國文學系博士論文，1982年。
金研希：《十八世紀清朝與朝鮮文士交流──以洪大容與杭州文士的互動為例》，臺南：國立成功大學歷史學系碩士學位論文，2016年。
岳陽：《清代朝鮮賫咨行初探》，濟南：山東大學中外關係史專業碩士論文，2010年。
徐佳圓：《朝鮮王朝後期「事大」與「保國」政策的游移──以光海君到孝宗為中心（1608-1659）》，臺北：臺灣師範大學東亞學系碩士論文，2016年。
孫建琪：《蒙元與高麗的交聘制度》，臺北：中國文化大學史學系碩士論文，2011年。
郭嘉輝：《明洪武時期「朝貢制度」之研究（1368-1398）》，香港：香港浸會大學歷史學系博士論文，2015年。
裴英姬：《十八世紀初中朝文人物品交流及其中國觀感：以金昌業《老稼齋燕行日記》為中心》，臺北：臺灣大學歷史學研究所碩士論文，2009年。doi:10.6342/NTU.2009.02025

蔡至哲：《東亞基督宗教歷史意識的建構：韓國天主教初期歷史初探》，臺北：臺灣大學歷史學研究所碩士論文，2011年。

（二）韓文文獻

高光一（고광일）：《朝鮮時代 中國語 教育 研究：譯官 養成 및 教材를 中心으로》，서울：東國大學校教科教育學科碩士論文，2006年。

金南京（김남경）：《朝鮮時代 譯官과 翻譯史에 관한 研究：過擧의 譯官考察과 近代 翻譯史를 中心으로》，서울：高麗大學校中國語翻譯學科碩士論文，2006年。

金良洙（김양수）：《朝鮮後期의 譯官身分에 關한 研究》，서울：延世大學校大學院歷史學科博士論文，1986年。

金菜植（김채식）：《이규경의『오주연문장전산고』연구》，서울：成均館大學校韓文學科博士論文，2009年。

李文豪（이문호）：《吳慶錫의 韓中 交流 研究：『中士簡牘帖』을 中心으로》，서울：漢城大學校大學院韓國語文學科國文學博士學位論文，2014年。

李娟俶（이연숙）：《尤菴學派研究》，大田：忠南大學校史學科博士論文，2003年。

李賢珠（이현주）：《譯官上言謄錄譯注》，서울：高麗大學校古典翻譯協同科程碩士論文，2014年。

林善英（임선영）：《五洲 李圭景의 實學思想 研究》，서울：成均館大學校韓國哲學科韓國哲學專攻碩士論文，1992年。

鄭俊洙（정후수）：《이상적시문학연구》，서울：東國大學校博士論文，1987年。

邢志宇（형지우）：《朝鮮後期王朝에 끼친 天主教의 衝擊：辛酉邪獄 中心으로》，全州：全北大學校教育大學院一般教會教育專攻碩士論文，1983年。

（三）西文文獻

Dyer, Svetlana Rimsky-Korsakoff. "Structural Analysis of the Lao ch'i-ta." PhD diss., Australian National University, 1977. doi:10.25911/5d70f302b6e74

Wang, Sixiang. "Co-constructing Empire in Early Chosŏn Korea: Knowledge Production and the Culture of Diplomacy, 1392–1592." PhD diss., Columbia University, 2015. doi:10.7916/D84X56WM

國家圖書館出版品預行編目（CIP）資料

達志通欲：朝鮮漢語譯官與十七至十九世紀的中朝關係／羅樂然著. -- 初版. -- 新北市：華藝數位股份有限公司學術出版部：華藝數位股份有限公司發行, 2022.04
面；　公分. --（東亞學系列）
ISBN 978-986-437-194-5（平裝）
1. 中韓關係 2. 文化史
637　　　　　　　　　　　　　　　110020674

達志通欲：
朝鮮漢語譯官與十七至十九世紀的中朝關係

學門主編／許怡齡
作　　者／羅樂然
責任編輯／黃于庭
封面設計／張大業
版面編排／王凱倫

發 行 人／常效宇
總 編 輯／張慧銖
發行業務／賈采庭
出　　版／華藝數位股份有限公司學術出版部
　　　　　地址：234 新北市永和區成功路一段 80 號 18 樓
　　　　　電話：(02)2926-6006　　傳真：(02)2923-5151
　　　　　服務信箱：press@airiti.com

　　　　　中國文化大學韓國學研究中心
　　　　　地址：111 臺北市陽明山華岡路 55 號大仁館 3 樓
　　　　　電話：(02)28610511#22305

發　　行／華藝數位股份有限公司
　　　　　戶名（郵局／銀行）：華藝數位股份有限公司
　　　　　郵政劃撥帳號：50027465
　　　　　銀行匯款帳號：0174440019696（玉山商業銀行 埔墘分行）
法律顧問／立暘法律事務所　　歐宇倫律師
ISBN ／ 978-986-437-194-5
DOI ／ 10.978.986437/1945
出版日期／ 2022 年 4 月
定　　價／新臺幣 900 元

版權所有・翻印必究　　Printed in Taiwan
（如有缺頁或破損，請寄回本社更換，謝謝）